AF888389

§ 142 IV StGB

Schriften zum Verkehrsstrafrecht

Herausgegeben von Jan Zopfs

Band 1

PETER LANG
Frankfurt am Main · Berlin · Bern · Bruxelles · New York · Oxford · Wien

Sven Henseler

§ 142 IV StGB

Ist eine tätige Reue des Gesetzgebers erforderlich?

PETER LANG
Internationaler Verlag der Wissenschaften

Bibliografische Information der Deutschen Nationalbibliothek
Die Deutsche Nationalbibliothek verzeichnet diese Publikation in der Deutschen Nationalbibliografie; detaillierte bibliografische Daten sind im Internet über http://dnb.d-nb.de abrufbar.

Zugl.: Mainz, Univ., Diss., 2011

Umschlaggestaltung:
© Olaf Gloeckler, Atelier Platen, Friedberg

Gedruckt auf alterungsbeständigem,
säurefreiem Papier.

D 77
ISSN 1861-2229
ISBN 978-3-631-62047-2

© Peter Lang GmbH
Internationaler Verlag der Wissenschaften
Frankfurt am Main 2011
Alle Rechte vorbehalten.

Das Werk einschließlich aller seiner Teile ist urheberrechtlich geschützt. Jede Verwertung außerhalb der engen Grenzen des Urheberrechtsgesetzes ist ohne Zustimmung des Verlages unzulässig und strafbar. Das gilt insbesondere für Vervielfältigungen, Übersetzungen, Mikroverfilmungen und die Einspeicherung und Verarbeitung in elektronischen Systemen.

www.peterlang.de

VORWORT DES HERAUSGEBERS

Wegen Straßenverkehrsdelikten werden in Deutschland jährlich etwa 200.000 Verurteilungen ausgesprochen. Anders als bei den allgemeinen Delikten wird dabei die Verurteilung – meist im Wege des Strafbefehlsverfahrens – überwiegend bereits in dem Jahr ausgesprochen, in dem die Tat begangen wurde. Verkehrsstraftaten werden vor diesem Hintergrund als Massendelikte bezeichnet.

Bei der Verfolgung und Sanktionierung von Straßenverkehrsdelikten orientieren sich Staatsanwälte und Gerichte in der Regel an der Rechtsprechung „ihres" Oberlandesgerichts – Zeit für ein kritisches Hinterfragen einer feststehenden Rechtsprechung wird bei den Instanzgerichten kaum gegeben sein. Hinzu kommt Folgendes: Um die Vielfalt der Einzelfälle zu erfassen, weisen die straßenverkehrsrechtlichen Normen nicht selten weite Rechtsbegriffe auf, denen sich die Praxis meist nur mit einer kasuistischen, an Einzelfallentscheidungen orientierten Betrachtung nähert. Man denke etwa an die Angemessenheit der Wartefrist bei § 142 StGB, die relative Fahruntauglichkeit bei §§ 315c, 316 StGB oder die Zusammenhangstaten bei §§ 44, 69 StGB.

Demgegenüber erlaubt die wissenschaftliche Untersuchung verkehrsstrafrechtlicher Fragen eine umfassendere Betrachtung der Problematik. Der eingehende Blick auf historische, systematische und rechtsvergleichende Aspekte oder das minutiöse Aufspüren einer über die Jahre gewachsenen, letztlich aber nur unzureichend begründeten Rechtsprechung ermöglicht es, Widersprüche und Lücken aufzudecken und die Praxis und den Gesetzgeber zum Umdenken aufzufordern.

Die Reihe „Schriften zum Verkehrsstrafrecht" will ausgezeichneten wissenschaftlichen Abhandlungen im Bereich der Verkehrsdelikte ein besonderes Forum geben und auf diese Weise dazu beitragen, die Entscheidungsfindung in der Praxis zu erleichtern und transparenter zu machen.

Mainz, September 2011

Jan Zopfs

Vorwort

Die vorliegende Arbeit wurde im Sommersemester 2011 vom Fachbereich Rechts- und Wirtschaftswissenschaften der Johannes Gutenberg-Universität Mainz als Dissertation angenommen.

Der Beginn der Arbeit wurde einerseits durch Herrn Prof. Dr. Jan Zopfs angeregt und andererseits durch ein Stipendium der Prof. Dr. Dietrich Lang-Hinrichsen-Stiftung gefördert. Vielen Dank für die Aufnahme in die Gruppe der förderungswürdigen „fähige[n] Strafrechtler".

Hinsichtlich der Betreuung der Arbeit durch und die Tätigkeit am Lehrstuhl von Herrn Prof. Dr. Zopfs gibt es nicht die kleinste Beanstandung. Herrn Zopfs, der mich (durch subtile Anleitung) immer meinen Weg hat gehen lassen, der sich nie eingemischt, sich aber immer für mich und meine Projekte interessiert hat, danke ich für die hervorragenden Jahre an seinem Lehrstuhl. Ebenso danke ich Herrn Prof. Dr. Erb für die übergangsweise Beschäftigung an seinem Lehrstuhl und die Erstellung des Zweitgutachtens.

Mainz, im September 2011
Sven Henseler

INHALTSVERZEICHNIS

LITERATURVERZEICHNIS

Ahmed, Adam
„Rücktritt vom versuchten unechten Unterlassungsdelikt“, Hamburg 2007 (zitiert: *Ahmed*, Rücktritt, S.)

Albrecht, Frank
„Die neuen Bußgeldregelungen seit 1.2.2009“, SVR 2009, 81-85

Albrecht, Peter-Alexis; Beckmann, Heinrich; Frommel, Monika; Goy, Alexandra; Grünwald, Gerald; Hannover, Heinrich; Holtfort, Werner; Ostendorf, Heribert
„Strafrecht – ultima ratio“, Baden-Baden 1992 (zitiert: *Albrecht*, Strafrecht, S.)

Alternativkommentare (Hrsg. Wassermann, Rudolf)
Kommentar zum StGB Band 3 §§ 80-145d, Luchterhand 1986 (zitiert: AK-*Bearbeiter*)

Andreae, Martin
„Erste Erfahrungen mit der »tätigen Reue« im Rahmen des § 142 Abs. 4 StGB“, Jahrbuch Verkehrsrecht 2000, 297-303 (zitiert: *Andreae*, Jahrbuch Verkehrsrecht 2000, S.)

Andreae, Martin
„Tätige Reue beim Straftatbestand der Verkehrsunfallflucht“, Festschrift für Klaus Himmelreich, S. 9-15, Köln 2007 (zitiert: *Andreae*, FS Himmelreich, S.)

Anton, Peter Johannes
„Bedingter Vorsatz beim Vergehen der Verkehrsunfallflucht (§ 142 StGB)“, Frankfurt am Main 1980 (zitiert: *Anton*, Verkehrsunfallflucht, S.)

Arbab-Zadeh, A.
„Der innere Tatbestand des Unfallfluchtdeliktes aus ärztlich-sachverständiger Sicht“, NJW 1965, 1049-1053

Arloth, Frank
„Verfassungsrecht und § 142 StGB“, GA 1985, 492-506

Arzt, Gunther; Weber, Ulrich
„Strafrecht Besonderer Teil“, Bielefeld, 2000 (zitiert: *Arzt/Weber*, BT)

Aselmann, Meike
„Die Selbstbelastungs- und Verteidigungsfreiheit", Frankfurt am Main 2004 (zitiert: *Aselmann*, Verteidigungsfreiheit, S.)

Asholt, Martin
„Straßenverkehrsstrafrecht", Berlin 2007 (zitiert: *Asholt*, Straßenverkehrsstrafrecht, S.)

Bach, Florian
„Wertgrenzen für den Sachschaden bei tätiger Reue i.S.v. § 142 IV StGB", DAR 2007, 667-669

Bamberger, Heinz Georg; Roth, Herbert (Hrsg.)
Kommentar zum Bürgerlichen Gesetzbuch, Band 1, 2. Auflage, München 2007 (zitiert: Bamberger/Roth-*Bearbeiter*)

Bär, Hanns
„Wer ist Feststellungsberechtigter im Sinne von § 142 Abs. 1 StGB?", DAR 1983, 215-217

Bär, Hanns
„Gesetzliche Regelung der Unfallflucht", 20. Deutscher Verkehrsgerichtstag 1982, S. 113-130

Bär, Hanns
Anmerkung zu BGHSt 30, 160, JR 1982, 379-381

Bär, Hanns
Anmerkung zu LG Köln, Beschluss vom 27.02.1991, 105 Qs 164/91, DAR 1991, 271-272

Barbey, I.
„Die Verkehrsunfallflucht – ein Sonderdelikt in der forensisch-psychiatrischen Begutachtung?", BA 1992, 252-264

Bauer, Günter
„Die Kraftfahrtversicherung", 5. Auflage, München 2002

Bauer, Jochen
„Nochmals: (Kein) Unerlaubtes Entfernen vom Unfallort bei Verlassen der Unfallstelle als letzter", NStZ 1985, 301-303

Baumgärtel, Gottfried; Laumen, Hans-Willi; Prütting, Hanns
„Handbuch der Beweislast – Grundlagen", 2. Auflage, Köln 2009 (zitiert: Baumgärtel/Laumen/Prütting-*Bearbeiter*)

Baur, Reinhard
„Unfallhaftpflichtrecht", 15. Auflage, Köln 2002 (zitiert: Baur-*Bearbeiter*, Unfallhaftpflichtrecht)

Beck, Wolf-Dieter
„Änderungen im Verkehrsrecht zum 01-03 und 01-04-1998", DAR 1998, 208-209

Beier, Hubert
„Reform des § 142 StGB?", DAR 1973, 85-91.

Berger, Erich
„Gedanken zur Auslegung des § 142 StGB", DAR 1955, 150-155

Berger, Manfred
„Alkohol im Straßenverkehr und sein schadensrechtlichen Folgen", VersR 1992, 168-170

Bernsmann, Klaus
„Der Verzicht auf Feststellungen bei § 142 StGB", NZV 1989, 49-58

Bernsmann, Klaus
Anmerkung zu OLG Köln, Beschluss vom 10.01.1989 - Ss 725/88, NZV 1989, 198-200

Berr, Wolfgang
Anmerkung zu LG Köln, Beschluss vom 12.03.1984, 105 Qs 246/84, ZfS 1984, 315, ZfS 1984, 316-317

Berr, Wolfgang; Hauser, Josef
„Das Recht des ruhenden Verkehrs", München 1993 (zitiert: *Berr/Hauser*, ruhender Verkehr)

Berz, Ulrich
„Zur Auslegung des § 142 StGB", DAR 1975, 309-316

Berz, Ulrich
„Tätige Reue nach Unfallflucht", DAR 1986, 251-255

Berz, Ulrich; Burmann, Michael (Hrsg.)
Handbuch des Straßenverkehrsrechts, Band 2 Zivilrecht, Stand Juni 2005; (zitiert: Berz/Burmann-*Bearbeiter*, Handbuch des Straßenverkehrsrechts)

Besson, Philipp A.
„Rechtsstaatlichkeit im Steuerstrafrecht, am Beispiel der Wahrung des Nemotenetur-Grundsatzes durch § 393 Abs. 1 Satz 2 Abgabenordnung (AO)“ in: Freiheit und Verantwortung in schwieriger Zeit, S. 159-170, Baden-Baden 1998 (zitiert: *Besson*, Freiheit und Verantwortung, S.)

Besson, Philipp A.
„Das Steuergeheimnis und das Nemo-tenetur-Prinzip im (steuer-)strafrechtlichen Ermittlungsverfahren“, Frankfurt am Main 1997 (zitiert: *Besson*, Steuergeheimnis, S.)

Beulke, Werner
„Zur alten und neuen Entgrenzung des § 142 StGB“, Festschrift für Manfred Maiwald, S. 21-34, Berlin 2010 (zitiert: *Beulke*, FS Maiwald, S.)

Bindokat, Heinz
„Nochmals: Die Rückkehrpflicht bei § 142 StGB“, NJW 1966, 1906-1907

Bittermann, Wilhelm; Schmid; Weitz
Lehrbuch des Automobilrechts, Berlin 1912 (zitiert: Lehrbuch des Automobilrechts-*Bearbeiter*, S.)

Blöcker, Morten
„Die tätige Reue“, Baden-Baden 2000 (zitiert: *Blöcker*, tätige Reue, S.)

Bloy, René
Anmerkung zu BGH, Beschluss vom 13.01.1988, 2 StR 665/87, BGHSt 35, 184 (184 ff.), JR 1989, 70-72

Blum von Ann, Annemarie
„Die Straftat des unerlaubten Sich-Entfernens vom Unfallort als Vermögensdelikt“, Hamburg 1987 (zitiert: *Blum von Ann*, Vermögensdelikt, S.)

Blum, Heribert
„Überblick über den Tatbestand des unerlaubten Entfernens vom Unfallort - § 142 StGB“, SVR 2007, 163-167

Blum, Heribert
„Die Straftaten im Straßenverkehr“, Bad Münstereifel 2006 (zitiert: *Blum*, Straftaten, S.)

Blum, Heribert
„Verkehrsstrafrecht“, München 2009 (zitiert: *Blum*, Verkehrsstrafrecht, S.)

Blum, Heribert
„Das unvorsätzliche Sich-Entfernen vom Unfallort (§ 142 StGB)“, NZV 2008, 495-497

Bockelmann, Paul
„Der Schuldgehalt des menschlichen Versagens im Straßenverkehr“, DAR 1964, 288-299

Bohnert, Joachim
Ordnungswidrigkeitengesetz, München 2003 (zitiert: *Bohnert*, OWiG)

Bohnert, Joachim
Ordnungswidrigkeitenrecht, 2. Auflage, Berlin 2005 (zitiert: *Bohnert*, Ordnungswidrigkeitenrecht)

Bollweg, Hans-Georg; Hellmann, Mathias
„Das neue Schadensersatzrecht“, Köln 2002 (zitiert: Bollweg/Hellmann § Rn.)

Bönke, Detlef Otto
„Die neue Regelung über „tätige Reue“ in § 142 StGB“, NZV 1998, 129-131

Bosch, Nikolaus
„Aspekte des nemo-tenetur-Prinzips aus verfassungsrechtlicher und strafprozessualer Sicht“, Berlin 1998 (zitiert: *Bosch*, nemo-tenetur-Prinzip, S,)

Böse, Martin
„Die Einführung der tätigen Reue nach der Unfallflucht - § 142 Abs 4 StGB nF“, StV 1998, 509-514

Böse, Martin
„Die verfassungsrechtlichen Grundlagen des Satzes »Nemo tenetur se ipsum accusare«, GA 2002, S. 98-128

Böse, Martin
„Wirtschaftsaufsicht und Strafverfolgung", Tübingen 2005 (zitiert: *Böse*, Wirtschaftsaufsicht und Strafverfolgung, S.)

Boß, Hendrik
„Der halbherzige Rücktritt", Berlin 2002 (zitiert: *Boß*, halbherzige Rücktritt, S.)

Bouska, Wolfgang
„Neue Vorschriften über das »unerlaubte Entfernen vom Unfallort«", VD 1975, 193-199

Brauns, Uwe
„Die Wiedergutmachung der Folgen der Straftat durch den Täter", Berlin 1996 (zitiert: *Brauns*, Wiedergutmachung, S.)

Breyer, Jörg
„Der Inhalt der strafbefreienden Selbstanzeige", Berlin 1999 (zitiert: *Breyer*, Selbstanzeige, S.)

Bringewat, Peter
„Verdunklungsverbot, Vorstellungs- und Meldepflicht bei Verkehrsunfällen", JA 1977, 231-237

Brock, Klaus
„Der objektive Tatbestand des § 142 StGB Die Geschichte der Ausdehnung eines Tatbestandes", München 1971 (zitiert: *Brock*, objektive Tatbestand, S.)

Brögelmann, Jens
„Der Verkehrsunfallprozess – materielle Grundlagen", JA 2003, 872-881

Brüning, Janique
„Die Strafbarkeit gem. § 142 StGB wegen unvorsätzlichen Entfernens vom Unfallort", ZIS 2007, 317-323

Bruns, Hans-Jürgen
„Ungeklärte verfahrensrechtliche Fragen des Contergan-Prozesses", Festschrift für Reinhart Maurach, 1972 (zitiert: *Bruns*, FS Maurach, S.)

Buck, Jochen; Abresch, Ludwig; Hupfauer, Werner; Heisig, Roman
„Das biomechanische Gutachten zur Aufklärung des Tatbestandes beim unerlaubten Entfernen vom Unfallort", DAR 2009, 373-380

Bücken, Michael
„Verkehrsunfallflucht – ein straf- und versicherungsrechtliches Dilemma“, PVR 2003, 66-69

Bürgel, Heinrich
„Die Neuregelung über das Verhalten nach Verkehrsunfällen“, MDR 1976, 353-355

Burmann, Michael
„Entziehung der Fahrerlaubnis durch den Strafrichter – Fahrerlaubnisrecht: Schnittstellen zwischen Verwaltungs- und Strafrecht“, 42. Verkehrsgerichtstag (2004), S. 142-153 (zitiert: *Burmann*, 42. VGT, S.)

Burmann, Michael; Heß, Rainer; Jahnke, Jürgen; Janker, Helmut
Straßenverkehrsrecht, 21. Auflage, München 2010 (zitiert: Burmann/Heß/Jahnke/Janker-*Bearbeiter*)

Buschbell, Hans
Münchener Anwaltshandbuch Straßenverkehrsrecht, 3. Auflage, München 2009 (zitiert: *Buschbell*, Straßenverkehrsrecht)

Bydlinski, Franz
„Juristische Methodenlehre und Rechtsbegriff“, 2. Auflage, Wien 1991 (zitiert: *Bydlinski*, Methodenlehre, S.)

Conrads, Karl-Peter
Verkehrsrecht, 17. Auflage, Hilden 2009 (zitiert: *Conrads*, Verkehrsrecht, S.)

Cramer, Peter
„Überlegungen zur Reform des § 142 StGB“, ZRP 1987, 157-162

Cramer, Peter
„Empirische Untersuchungen zur Verkehrsunfallflucht (§ 142 StGB), Viertes deutsch-polnisches Kolloquium über Strafrecht und Kriminologie, S. 415-428 Baden-Baden 1990 (zitiert: *Cramer*, Kolloquium)

Cramer, Peter; Cramer, Steffen (Hrsg.)
Anwaltshandbuch Strafrecht, Köln 2002 (zitiert: Cramer/Cramer-*Bearbeiter*, Anwaltshandbuch Strafrecht)

Dahs, Hans
Rezension zu Klaus Rogall: „Der Beschuldigte als Beweismittel gegen sich selbst“, GA 1978, 89-90

Dehne-Niemann, Jan
„Das Ende der Gleichsetzung »unvorsätzlich = entschuldigt« (§ 142 II Nr.2 StGB)? – BVerfG, Beschluss vom 19. 3. 2007“, Jura 2008, 135-141

Denzlinger, Karl-Heinz
„Entkriminalisierung des Verkehrsunfalls?“, ZRP 1982, 178-181

Detter, Klaus
Verkehrsstrafrecht, Ordnungswidrigkeiten, prozessuale Besonderheiten, Berlin 2008 (zitiert: *Detter*, Verkehrsstrafrecht)

Deutsch, Erwin
„Das neue Versicherungsvertragsrecht“, Karlsruhe 2008 (zitiert: *Deutsch*, VVG)

Dietrich, Gero
„§ 142 StGB und das Verbot zwangsweiser Selbstbelastung“, Baden-Baden, 1998 (zitiert: *Dietrich*, Selbstbelastung)

Dingeldey, Thomas
„Der Schutz der strafprozessualen Aussagefreiheit durch Verwertungsverbote bei außerstrafrechtlichen Aussage- und Mitwirkungspflichten“, NStZ 1984, S. 529-534

Dölling, Dieter; Duttge, Gunnar; Rössner, Dieter (Hrsg.)
Gesamtes Strafrecht, Baden-Baden 2008 (zitiert: HK-GS-*Bearbeiter*)

Dornseifer, Gerhard
„Struktur und Anwendungsbereich des § 142 StGB“, JZ 1980, 299-304

Dreier, Horst
„Grundgesetz“, 2. Auflage, Tübingen 2004 (zitiert: Dreier-*Bearbeiter*)

Dünnebier, Hanns
„Die Verkehrsunfallflucht“, GA 1957, S. 33-46

Duttge, Gunnar
„Rechtsvergleichende Anmerkung zur Strafbarkeit der Führerflucht (Art. 92 II SVG)“, ZStR 119 (2001), 147-167

Duttge, Gunnar
„Unterdrückung archaischer Triebe Urtriebe mittels Strafrecht?“, JR 2001, S. 181-188

Dvorak, Heinz
„§ 142 StGB als Befugnisnorm für Rechtseingriffe? Zur dogmatischen Funktion einer umstrittenen Strafbestimmung“, MDR 1982, 804-808

Dvorak, Heinz
„Zur Wartepflicht auf die Polizei nach einem Verkehrsunfall bei Trunkenheitsverdacht“, JZ 1981, 16-19

Eger
„Der Entwurf eines Gesetzes über den Verkehr mit Kraftfahrzeugen“, DJ 1908, 993-1000

Eidam, Lutz
„Die strafprozessuale Selbstbelastungsfreiheit am Beginn des 21. Jahrhunderts“, Frankfurt am Main 2007 (zitiert: *Eidam*, Selbstbelastungsfreiheit, S.)

Eisele, Jörg
Strafrecht – Besonderer Teil I, Stuttgart 2008 (zitiert: *Eisele*, BT I)

Eisenberg, Ulrich
„Empirische Untersuchungen zur Verkehrsunfallflucht (§ 142 StGB), Viertes deutsch-polnisches Kolloquium über Strafrecht und Kriminologie, S. 389-404 Baden-Baden 1990 (zitiert: *Eisenberg*, Kolloquium)

Eisenberg, Ulrich; Ohder, Claudius; Bruckmeier, Karl
„Verkehrsunfallflucht“, Berlin 1989 (zitiert: *Eisenberg/Ohder/Bruckmeier*, Verkehrsunfallflucht, S.)

Eisenmenger, Wolfgang
„Wegfahrsperren in Deutschland unter strafrechtlichen Aspekten“, BA 44 (2007), 159-161

Eisenmenger, Wolfgang; Bouska, Wolfgang
„Sind von einer regelmäßigen und obligatorischen Gesundheitsüberprüfung aller Fahrerlaubnisinhaber wesentliche Vorteile für die Verkehrssicherheit zu erwarten?“, NZV 2001, 13-16

Engelstädter, Regina
„Der Begriff des Unfallbeteiligten in § 142 Abs. 4 StGB", Frankfurt 1997 (zitiert: *Engelstädter*, Begriff des Unfallbeteiligten, S.)

Enskat, Hans-Joachim
„Unfallflucht durch Täuschungshandlungen", NJW 1962, 332-332

Epping, Volker; Hillgruber, Christian
„Grundgesetz", München 2009 (zitiert: Epping/Hillgruber-*Bearbeiter*)

Erbs/Kohlhaas (Hrsg. Ambs, Friedrich)
„Strafrechtliche Nebengesetze", Loseblatt, Stand Januar 2011 (zitiert: Erbs/Kohlhaas-*Bearbeiter*)

Erdmann, Willi
„Der Selbstbegünstigungsgedanke im Strafrecht", Göttingen 1969 (zitiert: *Erdmann*, Selbstbegünstigungsgedanke, S.)

Erdsiek, Gerhard
„Umwelt und Recht", NJW 1963, 632-635

Erfurter Kommentar (Hrsg. Müller-Glöge, Rudi; Preis, Ulrich; Schmidt, Ingrid)
„Erfurter Kommentar zum Arbeitsrecht, 10. Auflage, München 2010 (zitiert: Erfurter Kommentar-*Bearbeiter*)

Evers, Claudia
„Anwendungsbereiche und praktische Einsatzmöglichkeiten von Alkohol-Interlocks", BA 44 (2007), 154-158

Evers, Claudia
„Zur Realisierbarkeit eine Einführung atemalkoholsensitiver Zündsperren für alkoholauffällige Fahrer in Europa – Ergebnisse des EU-Projekts ALCOLOCKS", BA 40 (2003), 20-36

Fabel, Thomas
„Geldwäsche und tätige Reue", Marburg 1997 (zitiert: *Fabel*, Geldwäsche und tätige Reue, S.)

Feiertag, Achim H.
„Das unerlaubte Entfernen vom Unfallort unter Einbeziehung der sog. »tätigen Reue«", ZAP 2001, Fach 9, 595-604

Ferner, Wolfgang
„§ 142 StGB – unerlaubtes Entfernen vom Unfallort“, SVR 2004, 178-185

Ferner, Wolfgang (Hrsg.)
Handbuch Straßenverkehrsrecht, München 2003, (zitiert: Ferner-*Bearbeiter*, Handbuch Straßenverkehrsrecht)

Fezer, Gerhard
„Dürfen Erkenntnisse im Zeugenbeweis verwertet werden, die dadurch erlangt wurden, daß auf Veranlassung der Ermittlungsbehörde eine Privatperson die gezielte Befragung des Beschuldigten durch eine V-Person über eine abgeschlossene Straftat mitgehört hat?“, NStZ 1996, 289-290

Fieberg, Gerhard
„Zur Regelung der tätigen Reue: »Schwankender Steg« statt »Goldener Brücke«?“, 41. Verkehrsgerichtstag (2003), S. 190-199 (zitiert: *Fieberg*, 41. VGT, S.)

Fischer, Thomas
Strafgesetzbuch und Nebengesetze, 57. Auflage, München 2010, zitiert: *Fischer*, StGB

Fischinger, Philipp
„Der Grundrechtsverzicht“, JuS 2007, 808-813

Franzen, Klaus; Gast, Brigitte; Joecks, Wolfgang
„Steuerstrafrecht“, 7. Auflage, München 2009 (zitiert: Franzen/Gast/Joecks-*Bearbeiter*)

Franke, Dietmar
„Feststellungspflicht nach vorsatzlosem Sich-Entfernen vom Unfallort (§ 142 StGB) – OLG Stuttgart, VerkMitt 1977, Nr. 73 und OLG Köln, VerkMitt 1977, Nr. 74“, JuS 1978, 456-459

Frees, Christian-Peter
„Die steuerrechtliche Selbstanzeige“, Frankfurt am Main 1991 (zitiert: *Frees*, steuerrechtliche Selbstanzeige, S.)

Freisler, Roland
„Gedanken zum Verkehrsrecht“, DJ 1940, S. 525-532

Frenz, Walter
„Wegfahrsperre: Überflüssige Eigentums- und Freiheitsbeschränkung oder notwendiger Schutz“, BA 44 (2007), 144-155

Freyschmidt, Uwe
Verteidigung in Straßenverkehrssachen, 9. Auflage, Heidelberg 2009 (zitiert: *Freyschmidt,* Verteidigung in Straßenverkehrssachen).

Frisch, Wolfgang
„Grenzen des Strafrechts“, Beiträge zur Rechtswissenschaft, Festschrift für Walter Stree und Johannes Wessels, Heidelberg 1993 (zitiert: *Frisch*, FS Stree/Wessels, S.)

Galli
„Die am 1. April 1910 in Kraft tretenden Verkehrsvorschriften über Kraftfahrzeuge“, DJ 1910, 413-415

Gebhardt, Hans-Jürgen
Das verkehrsrechtliche Mandat, Band 1: Verteidigung in Verkehrsstraf- und Ordnungswidrigkeitenverfahren, 5. Auflage, Homburg/Saar 2005 (zitiert: *Gebhardt*, verkehrsrechtliche Mandat)

Geigel, Reinhart
„Der Haftpflichtprozess“, 25. Auflage, München 2008 (zitiert: Geigel-*Bearbeiter,* Kapitel Rn.)

Geiger, Harald
„Der Einsatz von Alkohol-Interlocks aus verwaltungsrechtlicher Sicht“, DAR 2009, 114-416

Geppert, Klaus
„Unfallflucht (§142 StGB) in strafrechtlicher Sicht und vor dem Hintergrund des »nemo-tenetur-Satzes«“, BA 1991, 31-45

Geppert, Klaus
„Unerlaubtes Entfernen vom Unfallort (§ 142 StGB) Wie können die Rechte der Geschädigten verbessert werden“, BA 1986, 157-170

Geppert, Klaus
„Zur Frage der Verkehrsunfallflucht (§ 142 StGB) bei vorsätzlich herbeigeführtem Verkehrsunfall“, GA 1970, 1- 19

Geppert, Klaus
„Unerlaubtes Entfernen vom Unfallort (§ 142 StGB)“, Jura 1990, 78-86

Geppert, Klaus
„Zur teleologischen Reduzierung des Tatbestandes im Rahmen von § 142 Abs. 1 StGB“, Festschrift für Ulrich Eisenberg, S. 287-300, München 2009 (zitiert: *Geppert*, FS Eisenberg, S.)

Göhler, Erich
Gesetz über Ordnungswidrigkeiten, 15. Auflage, München 2009 (zitiert: Göhler-*Bearbeiter*)

Grohmann, Peter
„Abhauen und dann bereuen“, DAR 1998, 487-489

Grohmann, Peter
„Die Freiwilligkeit im Sinne des § 142 IV StGB“, VD 2003, 3-6

Grohmann, Peter
„Verkehrsunfallflucht: Tätige Reue im Blickpunkt“, VD 2003, 94-95

Grüneberg, Christian
„Haftungsquoten bei Verkehrsunfällen“, 11. Auflage, München 2008 (zitiert: *Grüneberg*, Haftungsquoten, Rn.)

Grünwald, Gerald
„Bedeutung und Begründung des Satzes *nulla poena sine lege*“, ZStW 76 (1964), S. 1-18

Günther, Hans-Ludwig
„Die Schweigebefugnis des Tatverdächtigen im Straf- und Bußgeldverfahren aus verfassungsrechtlicher Sicht“, GA 1978, 193-206

Günther, Dirk-Carsten; Spielmann, Stefan
„Vollständige und teilweise Leistungsfreiheit nach dem VVG 2008 am Beispiel der Sachversicherung (Teil 1)“, r+s 2008, 131-144

Gutmann, Alexander Peter
„Die Freiwilligkeit beim Rücktritt vom Versuch und bei der tätigen Reue“, Hamburg 1963 (zitiert: *Gutmann*, Freiwilligkeit, S.)

Haag, Dieter
„Wie kann der Schutzgedanke des § 142 StGB bei Sachschäden besser verwirklicht (wiederhergestellt) werden?", Anwaltsblatt 1987, S. 57-61

Haffke, Bernhard
„Symbolische Gesetzgebung? Das Wirtschaftsstrafrecht in der Bundesrepublik Deutschland", KritV 1991, 165-176

Haffke, Bernhard
„Der Grundsatz der Verhältnismäßigkeit und die Entziehung der Fahrerlaubnis", Festschrift für Rainer Hamm, S. 137-158, Berlin 2008 (zitiert: *Haffke*, FS Hamm, S.)

Halecker, Dela-Madeleine
„Der »Denkzettel« Fahrverbot", Baden-Baden 2009 (zitiert: *Halecker*, Fahrverbot, S.)

Hallbauer, Max
„Gesetz über den Verkehr mit Kraftfahrzeugen", Leipzig 1909 (zitiert: *Hallbauer*, Verkehr mit Kraftfahrzeugen, S.)

Hallbauer, Max
„Über die Haftpflicht- und Regreßbeziehungen bei den Zusammenstößen von Kraftfahrzeugen oder von Kraftfahrzeugen und Eisenbahn- insbesondere Straßenbahnwagen", Beiträge zur Erläuterung des Deutschen Rechts Jahrgang 54 (1910), S. 41-55

Hällmayer, Heinz
„Aufklärungsobliegenheit bei Alleinunfall mit Leasingfahrzeug", NZV 1999, 105-110

Hammerstein, Gerhard
„Zur Beratung und Verteidigung in Fällen der Unfallflucht", 20. Verkehrsgerichtstag (1982), S. 131-138 (zitiert: *Hammerstein*, 20. VGT, S.)

Händel, Konrad
„Kritische Bemerkungen zur Reform der Strafvorschriften über die Unfallflucht", DAR 1973, 60-63

Händel, Konrad
„2. Deutscher Verkehrsgerichtstag 1964", NJW 1964, 584-585

Hartman-Hilter, Birgit
„Die Bedeutung des Meldezettels bei Bagatellunfällen mit einfacher Sach- und Rechtslage“, NZV 1992, 249-432

Hartman-Hilter, Birgit
„Zur „Unfall“-Flucht des Vorsatztäters“, NZV 1995, 340-343

Hartman-Hilter, Birgit
„Warten am Unfallort – eine unabwendbare Pflicht? (§ 142 Abs. 1, Nr. 1 StGB“, Frankfurt am Main 1996 (*Hartmann-Hilter*, Unfallort, S.)

Haubrich, Thomas
„Nächtliche Verkehrsunfälle und die »Unverzüglichkeits«-Frist des § 142 Abs. 2 StGB“, DAR 1981, 211-214

Hauer, Judith
„Geständnis und Absprachen“, Berlin 2007 (zitiert: *Hauer*, Geständnis, S.)

Hauser, Josef
„Verkehrsteilnahme unter Alkoholeinfluß und die nachträgliche Unfallmeldepflicht (§ 142 StGB)“, BA 1989, 237-248

Heidemeier, Jochen
„Das Auto im Garten und § 142 StGB“, Festschrift für Rainer Hamm, S. 191-201, Berlin 2008 (zitiert: *Heidemeier*, FS Hamm, S.)

Helgerth, Roland
„Der „Verdächtige“ als schweigeberechtigte Auskunftsperson und selbständiger Prozeßbeteiligter neben dem Beschuldigten und Zeugen“, Erlangen/Nürnberg 1977 (zitiert: *Helgerth*, Verdächtige, S.)

Hellwig; Bernhard-Martin
„Entziehung der Fahrerlaubnis gemäß § 69 StGB und der Verhältnismäßigkeitsgrundsatz“, Berlin 2008 (zitiert: *Hellwig*, Entziehung, S.)

Hembach, Holger
„Entziehung der Fahrerlaubnis nach unerlaubtem Entfernen vom Unfallort mit Leasingfahrzeug?“, ZfS 2004, 165-168

Henkel, Heinrich
Strafverfahrensrecht, 2. Auflage, Stuttgart 1968 (zitiert, Henkel, Strafverfahrensrecht)

Henneberg, Ernst
„Der Steuerpflichtige im Spannungsfeld zwischen Besteuerungsverfahren und Steuerstrafverfahren", BB 1988, 2181-2188

Hentschel, Peter
Straßenverkehrsrecht, 37. Auflage, München 2003 (zitiert: Hentschel, Straßenverkehrsrecht)

Hentschel, Peter
„Entziehung der Fahrerlaubnis durch den Strafrichter – Voraussetzungen für die strafrechtliche Entziehung der Fahrerlaubnis unter Berücksichtigung der jüngsten Rechtsprechung des BGH", Veröffentlichung der auf dem 42. Deutschen Verkehrsgerichtstag am 29. und 30. Januar 2004 in Goslar gehaltenen Referate und erarbeiteten Empfehlungen, S. 131-141 (zitiert: *Hentschel*, 42. VGT, S.)

Hentschel, Peter
„Die Entwicklung des Straßenverkehrsrechts im Jahre 1998", NJW 1999, S. 686-689

Hentschel, Peter
„Änderung im Haftungsrecht des Straßenverkehrs durch das Zweite Gesetz zur Änderung schadensersatzrechtlicher Vorschriften vom 19.07.2002", NZV 2002, 433-443

Hentschel, Peter
„Trunkenheit – Fahrerlaubnisentziehung – Fahrverbot", 10. Auflage, München 2006 (zitiert: *Hentschel*, Trunkenheit, Rn.)

Hentschel, Peter; König, Peter; Dauer, Peter
Straßenverkehrsrecht, 40. Auflage, München 2009 (zitiert: Hentschel-*Bearbeiter*, Straßenverkehrsrecht)

Hering, Manfred
„Das neue Versicherungsvertragsgesetz - Ein Überblick", SVR 2008, 5-10

Herzog, Felix
Anmerkung zu OLGSt Nr. 9, 4-9, OLGSt 1989, 4-9

Heß, Rainer; Burmann, Michael
„Die Haftung im Straßenverkehr – Quotelung I“, NJW-Spezial 2007, 537

Heß, Rainer; Burmann, Michael
„Die Quote bei grob fahrlässiger Obliegenheitsverletzung“, NZV 2009, 7-12

Heublein, Joachim
„Reformüberlegungen zu § 142 StGB“, DAR 1985, S. 15-18

Heublein, Joachim
„Wie kann der Schutzgedanke des § 142 StGB besser verwirklicht werden?“, DAR 1986, 133-136

Himmelreich, Klaus
„»Tätige Reue« bei der Verkehrsunfallflucht“, PVR 2001, 170-171

Himmelreich, Klaus
„Probleme älterer Kraftfahrer – besonders im Hinblick auf Verkehrsunfallflucht“, NZV 1992, 169-172

Himmelreich, Klaus
„Fehlgeschlagene »tätige Reue« im Rahmen der Verkehrsunfallflucht als Ausnahmegrund bei Fahrerlaubnis-Entzug“, DAR 2001, 486-487

Himmelreich, Klaus; Bücken, Michael; Krumm, Carsten
Verkehrsunfallflucht, 5. Auflage, Heidelberg 2009 (zitiert: *Himmelreich/Bücken/Krumm*, Verkehrsunfallflucht, Rn.)

Himmelreich, Klaus; Halm, Wolfgang
„Überblick über neue Entscheidungen in Verkehrsstraf- und -bußgeldsachen“, NStZ 2004, 317-324

Himmelreich, Klaus; Halm, Wolfgang
Handbuch des Fachanwalts Verkehrsrecht, 3. Auflage, Köln 2010 (zitiert: Himmelreich/Halm-*Bearbeiter*, Handbuch Verkehrsrecht)

Himmelreich, Klaus; Lessing, Karen
„Überblick über neue Entscheidungen in Verkehrsstraf- und -bußgeldsachen“, NStZ 2000, 299-306

Hoffmann, Dieter
„Die Selbstbegünstigung“, Düsseldorf 1965 (zitiert: *Hoffmann*, Selbstbegünstigung, S.)

Hoffmann, Heiko
„Die Ausschlußtatbestände der Selbstanzeige bei Steuerhinterziehung“, Berlin 1998 (zitiert: Hoffmann, Selbstanzeige, S.)

Hoffmann, Wolfgang
„Zum Tatbestandsmerkmal »Flucht« in § 142 StGB“, NJW 1966, 2001-2003

Höfle, Eckhard
„Unerlaubtes Entfernen vom Unfallort -- § 142 StGB“, ZfS 1999, 458-460

Höfle, Eckhard
„Reform der Verkehrsunfallflucht“, AnwBl. 1987, 429-436

Hofmann, Edgar
„Versicherungsvertragliche Aufklärungsobliegenheit und Wartepflicht aus § 142 StGB bei vom Versicherungsnehmer offensichtlich allein verschuldetem Unfall“, NVersZ 1999, 354-356

Horn, Eckhard
„Die Drohung mit einem erlaubten Übel: Nötigung?“, NStZ 1983, 497-499

Hufnagel, Sven
„Das absolute Alkoholverbot für Fahranfänger“, NJW 2007, 2577-2580

Hund, Horst
„Entkriminalisierung – Königsweg oder Notlösung?“, ZRP 1994, 4-7

Hunsmann, Daniel
„Das steuerstrafrechtliche Selbstanzeigeprivileg im Lichte des § 370a S. 3 AO“, Baden-Baden 2006 (zitiert: *Hunsmann*, Selbstanzeigeprivileg, S.)

Imhof, Benno
„Rechtspolitische Erwägungen zur Unfallflucht“, DAR 1965, S. 268-270

Ipsen, Jörn
„Staatsrecht II“, 13. Auflage, München 2010 (zitiert: *Ipsen*, Staatsrecht II)

Isaac, Martin
„Kann die neue Automobilverkehrsordnung im Verordnungswege eingeführt werden?“, DJ 1906, 1146-1147

Isaac, Martin; Sieburg, Felix
Kommentar zum Automobilgesetz, 2. Aufl., Berlin 1931(zitiert: *Isaac/Sieburg*, Automobilgesetz, S.)

Jäckel, Holger
„Das Beweisrecht der ZPO“, Stuttgart 2009 (zitiert: *Jäckel*, Beweisrecht)

Jaeger, Lothar; Luckey, Jan
„Das neue Schadensersatzrecht“, Recklinghausen 2002 (zitiert: *Jaeger/Luckey* Rn.)

Jäger, Christian
„Der Rücktritt vom Versuch als zurechenbare Gefährdungsumkehr“, München 1996 (zitiert: *Jäger*, Rücktritt, S.)

Jäger, Peter
„Der objektive Tatbestand der Verkehrsunfallflucht (§ 142 Abs. 1 StGB)“, Diss. Bonn, 1973 (zitiert: *Jäger*, objektive Tatbestand, S.)

Jagusch, Heinrich
„Der neue § 142 StGB gegen Unfallflucht“, NJW 1975, 1631-1633

Jagusch, Heinrich
„Zum Umfang der Vorstellungspflicht gem. § 142 StGB“, NJW 1976, 504-507

Jakobs, Günther
Anmerkung zu BGH, Beschluss vom 13.01.1988, 2 StR 665/87, BGHSt 35, 184 (184 ff.), JZ 1988, 519-520

Janiszewski, Horst
„Zur Neuregelung des § 142 StGB“, DAR 1975, S. 169-176

Janiszewski, Horst
„Zur künftigen Behandlungen der Verkehrsunfallflucht“, Kraftfahrt und Verkehrsrecht 1971, 25-32

Janiszewski, Horst
Anmerkung zu BayObLG, Urteil vom 22.07.1977, RReg 2 St 41/77, JR 1978, 116-117

Janiszewski, Horst
Anmerkung zu BayObLG, Urteil vom 03.11.1978, RReg 1 St 285/78, JR 1979, 341-342

Janiszewski, Horst
„Überlegungen zur Entkriminalisierung des Verkehrsstrafrechts auf der Grundlage eines Gesetzesantrages“, DAR 1994, 1-7

Janker, Helmut
„Straßenverkehrsdelikte“, Köln 2002 (zitiert: *Janker*, Straßenverkehrsdelikte)

Janker, Helmut
„Verteidigung bei unerlaubtem Entfernen vom Unfallort (§ 142 StGB)“, NJW 1991, 3113-3119

Janker, Helmut
„Straflosigkeit bei Ermöglichung nachträglicher Feststellungen nach unerlaubtem Entfernen vom Unfallort (§ 142 StGB) unter besonderer Berücksichtigung der „tätigen Reue“ (§ 142 Abs. 4 StGB)“, Jahrbuch für Verkehrsrecht 1999, 211-220 (zitiert: *Janker*, Jahrbuch Verkehrsrecht 1999, S.)

Jehle, Jörg-Martin; Kirchner, Martin
„Effizienz der strafrechtlichen Sanktionen – Wiederverurteilung von Alkoholtätern im Straßenverkehr“, 40. Verkehrsgerichtstag (2002), S. 243-253 (zitiert: *Jehle/Kirchner*, 40. VGT, S.)

Jescheck, Hans-Heinrich; Weigend, Thomas
Lehrbuch des Strafrechts Allgemeiner Teil, 5. Auflage, Berlin 1996 (zitiert: *Jescheck/Weigend*, AT)

Joerden, Jan C.
„Erzwungenes „Sich-Entfernen“ vom Unfallort“, JR 1984, 51-53

Jung, Klaus
„Unerlaubtes Entfernen vom Unfallort, § 142 StGB“, PVR 2001, 12-19

Jung, Klaus; Albrecht, Mathias
„Die Verteidigung in Verkehrsstrafsachen und Verkehrsordnungswidrigkeiten“, München, 2000 (zitiert: *Jung/Albrecht*, Verteidigung Verkehrsstrafsachen)

Kaiser, Gerhard
„Warum noch debattieren? Determinismus als Diskurskiller“, Hirnforschung und Willensfreiheit, S. 261-267, Frankfurt am Main 2004 (zitiert: *Kaiser*, Hirnforschung und Willensfreiheit, S.)

Kaiser, Günther
„Verkehrsdelinquenz und Generalprävention“, Tübingen 1970 (zitiert: *Kaiser*, Verkehrsdelinquenz, S.)

Karl, Jürgen
„Verkehrsunfallflucht – Unfallgeschehen – Aufklärungsquoten – Polizeiarbeit“, PVR 2003, 173-177

Karlsruher Kommentar zum Gesetz über Ordnungswidrigkeiten (Hrsg. Lothar Senge)
Karlsruher Kommentar zum Gesetz über Ordnungswidrigkeiten, 3. Aufl., München 2006 (zitiert: Karlsruher Kommentar-OWiG-*Bearbeiter*)

Karlsruher Kommentar zur Strafprozessordnung (Hrsg. Rolf Hannich)
Karlsruher Kommentar zur Strafprozessordnung, 6. Auflage, München 2008 (zitiert: Karlsruher Kommentar-StPO-*Bearbeiter*)

Kaufmann, Arthur
„Das Verfahren der Rechtsgewinnung“, München 1999 (zitiert: *Kaufmann*, Rechtsgewinnung, S.)

Keller, R.
Anmerkung zu BayObLG, Urteil vom 16.12.1988, RReg 2 St 246/88, JR 1989, 343-344

Kindhäuser, Urs
Strafgesetzbuch, 3. Auflage, Baden-Baden 2006 (zitiert: *Kindhäuser*, LPK-StGB)

Kindhäuser, Urs
Strafrecht Besonderer Teil I, 4. Auflage, Baden-Baden 2009 (zitiert: *Kindhäuser*, BT I)

KMR (Hrsg. Heintschel-Heinegg, Bernd; Stöckel, Heinz)
Kommentar zur Strafprozessordnung, Neuwied 1981 (zitiert: KMR-*Bearbeiter*)

Knappmann, Ulrich
„Die Kraftfahrzeugversicherung nach der Neufassung der AKB (AKB 2008)", ZAP 2009, 815-824

Knappmann, Ulrich
„Anmerkungen zu den neuen Allgemeinen Bedingungen für die Kfz-Versicherung (AKB 2008)", VersR 2009, 186-188

Knütel, Christian
„Tätige Reue im Zivilrecht", Berlin 2000 (zitiert: *Knütel*, tätige Reue im Zivilrecht, S.)

Koch, Hans-Jörg
„Unfallflucht durch Täuschungshandlungen", NJW 1961, 2195-2196

Kodal, Kurt
Straßenrecht München 1999 (zitiert: Kodal-*Bearbeiter*, Straßenrecht)

Kölbel, Ralf
„Selbstbelastungsfreiheiten: der nemo-tenetur-Satz im materiellen Strafrecht", Berlin 2006 (zitiert: Kölbel, Selbstbelastungsfreiheiten, S.)

Krug, Karl
„Zur Verkehrssünderflucht im kommenden Strafrecht", DJ 1937, 147-151

Krüger, Ralf
„Unfallflucht durch Täuschungshandlungen", NJW 1965, 142-142

Krumm, Carsten; Kuhnert, Sven; Schmidt, Friedrich
Straßenverkehrssachen, München 2008 (zitiert: Straßenverkehrssachen-*Bearbeiter*)

Krumm, Carsten; Himmelreich, Klaus; Staub, Carsten
„Die »OWi-Unfallflucht« – eine wenig bekannte Vorschrift", DAR 2011, 6-10

Krumme, Elisabeth
„Verkehrsflucht, das rätselhafte Delikt", DAR 1968, S. 234-236

Krümpelmann, Justus
„Die Bagatelldelikte", Berlin 1966 (zitiert: *Krümpelmann*, Bagatelldelikte, S.)

Kubatta, Ziva
„Zur Reformbedürftigkeit der Verkehrsunfallflucht (§ 142 StGB)“, Diss. Göttingen 2008 (zitiert: *Kubatta*, Verkehrsunfallflucht, S.)

Kudlich, Hans
„Männer im Baumarkt – keine Fahrerflucht beim Beschädigen fremder Fahrzeuge auf einem Parkplatz beim Einladen“, JA 2009, 231-232

Kühl, Kristian
Strafrecht Allgemeiner Teil, 6. Auflage, München 2008

Kuhlen, Lothar
„Die verfassungskonforme Auslegung von Strafgesetzen“, Heidelberg 2006 (zitiert: *Kuhlen*, verfassungskonforme Auslegung, S.)

Kuhlmey, Marcel; van Stegen, Markus
„Aspekte zum Tatbestand der Verkehrsunfallflucht aus Sicht einer Großstadtpolizei“, Die Polizei 2007, 286-291

Kuhn, Paul
„Schadensverteilung bei Verkehrsunfällen“, 5. Auflage, München 2005 (zitiert: *Kuhn*, Schadensverteilung, S.)

Kulemeier, Ralf
„Fahrverbot (§ 44 StGB) und der Entzug der Fahrerlaubnis (33 69 ff. StGB)“, Lübeck 1991 (zitiert: *Kulemeier*, Fahrverbot, S.)

Kunert, Karl Heinz
„Wie weit schützt die Strafprozeßordnung die Grundrechte des Beschuldigten?“, MDR 1967, 539-542

Küper, Oswald
„Die Flucht nach einem Verkehrsunfall“, Hamburg 1964 (zitiert: Küper, Verkehrsunfall, S.)

Küper, Wilfried
„Richterrecht im Bereich der Verkehrsunfallflucht“ in: Richterliche Rechtsfortbildung, Festschrift der Juristischen Fakultät zur 600-Jahr-Feier der Ruprecht-Karls-Universität Heidelberg, S. 451-479, Heidelberg 1986 (zitiert: *Küper*, Richterliche Rechtsfortbildung, S.)

Küper, Wilfried
„Vorstellungspflicht und »Feststellung der Person« bei § 142 Abs. 1 Nr. 1 StGB“, JZ 1988, 473-481

Küper, Wilfried
„Grenzfragen der Unfallflucht“, JZ 1981, 209-216

Küper, Wilfried
„»Pflichtverletzung« und »Tathandlung« bei der Unfallflucht Eine logisch-dogmatische Strukturanalyse des § 142 Abs. 1 StGB“, GA 1994, 49-74

Küper, Wilfried
„Verfassungswidrige und verfassungskonforme Auslegung des § 142 StGB“, NStZ 2008, 597-605

Küper, Wilfried
„Die juristische Denksportaufgabe: Der Rollentausch beim Unfall – des Rätsels Lösung“, JuS 1988, 286-289

Küper, Wilfried
„Zur Tatbestandsstruktur der Unfallflucht“, NJW 1981, 853-855

Küper, Wilfried
„Unfallflucht und Rauschdelikt“, NJW 1990, 209-214

Kutschera, Andreas
„Quotelung bei der grob fahrlässigen Herbeiführung des Versicherungsfalles nach neuem Recht“, VuR 2008, 409-411

Lackner, Karl
„Verkehrsrecht und Strafrechtsreform“, DAR 1958, 286-296

Lackner, Karl
Anmerkung zu BGH, Beschluss vom 13.01.1988, 2 StR 665/87, BGHSt 35, 184 (184 ff.), NStZ 1988, 405-406

Lackner, Karl
„Gedanke zur Reform des Tatbestandes der Unfallflucht“, DAR 1972, S. 283-291

Lackner, Karl; Kühl, Kristian
Strafgesetzbuch Kommentar, 27. Auflage, München 2011 (zitiert: Lackner/*Kühl*)

Lagois, Johannes; Sohège, Jürgen
„Interlock – ein Beitrag zur Erhöhung der Sicherheit im Straßenverkehr", BA 40 (2003), 199-207

Lampe, Ernst-Joachim
„Rücktritt vom Versuch »mangels Interesses« – BGHSt 35, 184", JuS 1989, 601-616

Larenz, Karl; Canaris, Claus-Wilhelm
„Methodenlehre der Rechtswissenschaft", 3. Auflage, Berlin 1995 (zitiert: Larenz/*Canaris*, Methodenlehre, S.)

Laumann, Manfred
„Kriminologie der Verkehrsunfallflucht (§ 142 StGB)", Münster 1998 (zitiert: *Laumann*, Kriminologie)

Laumen, Hans-W.
„Die „Beweiserleichterung bis zur Beweislastumkehr" – Ein beweisrechtliches Phänomen", NJW 2002, 3739-3746

Leipold, Klaus
„Verkehrsunfallflucht", Pfaffenweiler 1987 (zitiert: *Leipold*, Verkehrsunfallflucht, S.)

Leipziger Kommentar (Hrsg. Jähnke, Burkhard; Laufhütte, Heinrich; Odersky, Walter)
Strafgesetzbuch, 11. Auflage, Siebenter Band, Berlin 2003 (zitiert: LK^{11}-*Bearbeiter*)

Leipziger Kommentar (Hrsg. Jescheck, Hans-Heinrich; Ruß, Wolfgang; Willms, Günther)
Strafgesetzbuch, 10. Auflage, Siebenter Band, Berlin 1998 (zitiert: LK^{10}-*Bearbeiter*)

Leipziger Kommentar (Hrsg. Laufhütte, Heinrich Wilhelm, Rissing-van Saan, Ruth, Tiedemann, Klaus)
Strafgesetzbuch, 12. Auflage, Fünfter Band, Berlin 2009 (zitiert: LK-*Bearbeiter*)

Leipziger Kommentar (Hrsg. Laufhütte, Heinrich Wilhelm; Rissing-van Saan, Ruth; Tiedemann, Klaus)
Strafgesetzbuch, 12. Auflage, Erster Band, Berlin 2007 (zitiert: LK-*Bearbeiter*)

Lemcke, Hermann
„Gefährdungshaftung im Straßenverkehr unter Berücksichtigung der Änderungen durch das 2. SchadÄndG“, ZfS 2002, 318-328

Lemke, Michael; Mosbacher, Andreas
„Ordnungswidrigkeitengesetz“, 2. Auflage, Heidelberg 2005 (zitiert: *Lemke/Mosbacher*, Ordnungswidrigkeitengesetz)

Lenhart, Uwe
„Der „bedeutende Schaden” als Regelbeispielsvoraussetzung einer Entziehung der Fahrerlaubnis“, NJW 2004, 191-193

Lenhart, Uwe
„Verteidigung bei unerlaubtem Entfernen vom Unfallort“, NJW 2010, 2184-2185

Lohkamp, Lars
„Gibt es rechtliche Möglichkeiten für den Einsatz von Interlock-Geräten in Deutschland?“, BA 40 (2003), 208-219

Loos, Fritz
„Grenzen der Strafbarkeit wegen »Unerlaubtem Entfernens vom Unfallort« nach geltendem Recht“, DAR 1983, 209-214

Loos, Fritz
Anmerkung zum Beschluss des BayObLG vom 16.02.1984, RReg 1 St 327/83, JR 1985, 163-166

Lorenz, Frank Lucien
„Operative Informationserhebung im Strafverfahren, Unverfügbares und Grundrechtsschutz durch institutionelle Kontrolle“, JZ 1992, S. 1006-1011

Löwe-Rosenberg (Hrsg. Volker, Erb; Esser, Robert; Franke, Ulrich; Graalmann-Scheerer, Kirsten; Hilger, Hans; Ignor, Alexander)
„Die Strafprozessordnung und das Gerichtsverfassungsgesetz“, Band 5, 26. Auflage, Berlin 2008 (zitiert: Löwe-Rosenberg-*Bearbeiter*)

Lüderssen, Klaus
„Ändert die Hirnforschung das Strafrecht?“, Hirnforschung und Willensfreiheit S. 98-102, Frankfurt am Main 2004 (zitiert: *Lüderssen*, Hirnforschung und Willensfreiheit, S.)

Ludovisy, Michael; Eggert, Christoph; Burhoff, Detlef (Hrsg.)
„Praxis des Straßenverkehrsrechts“, 4. Auflage, Münster 2008 (zitiert: Ludovisy/Eggert/Burhoff-*Bearbeiter*, Praxis des Straßenverkehrsrechts)

Luff, Karl
„Die Bewußtseinslage des Kraftfahrers nach alkoholbedingten Verkehrsunfällen und ihre Bedeutung für die Unfallflucht“, BA 1963, 126-132

Lutze, Jürgen; Miltner, Erich
„Ist unerlaubtes Entfernen vom Unfallort noch immer ein typisches Alkoholdelikt?“, BA 2004, 483-492

Magdowski, Iris Jana
“Die Verkehrsunfallflucht in der Strafrechtsreform”, Lübeck, 1980 (zitiert: *Magdowski*, Verkehrsunfallflucht, S.)

Maier, Bernhard
„Die Pflichten des Unfallbeteiligten nach der Neufassung der §§ 142 StGB und 34 StVO“, JZ 1975, 721-725

Maier, Bernhard
„Vorstellungspflicht gem. § 142 StGB“, NJW 1976, 1190-1191

Maier, Karl
„Die Neufassung des Tatbestands der Unfallflucht (§ 142 StGB) – Auswirkung auf die Kraftfahrversicherung“, NVersZ 1998, 59-63

Maiwald, Manfred
„Psychologie und Norm beim Rücktritt vom Versuch“, Gedächtnisschrift für Heinz Zipf, S. 255-270, Heidelberg 1999 (zitiert: *Maiwald*, Gedächtnisschrift Zipf, S.)

Matt, Holger
„Nemo tenetur se ipsum accusare – Europäische Perspektive“, GA 2006, S. 323-328

Maunz, Theodor; Dürig, Günter (Hrsg. Herzog, Roman, Scholz, Rupert; Herdegen, Matthias; Klein, Hans H.)
„Grundgesetzkommentar“, 56. Auflage, München 2009

Maurach, Reinhard; Schroeder, Friedrich-Christian; Maiwald, Manfred
„Straftaten gegen Persönlichkeits- und Vermögenswerte“, 10. Auflage, Heidelberg 2009 (zitiert: Maurach/Schroeder/Maiwald-*Bearbeiter)*

Mayer, Hellmut
„Ach das Gehirn. Über einige neue neurowissenschaftliche Publikationen“, Hirnforschung und Willensfreiheit, S. 205-217, Frankfurt am Main 2004 (zitiert: *Mayer*, Hirnforschung und Willensfreiheit, S.)

Meier, Bernd-Dieter
„Strafrechtliche Sanktionen“, 3. Auflage, Heidelberg 2009 (zitiert: *Meier*, Sanktionen)

Meier, Hans
„Der 9. Deutsche Verkehrsgerichtstag“, NJW 1971, 692-693

Meixner, Oliver; Steinbeck, René
„Das neue Versicherungsvertragsrecht“, München 2008 (zitiert: *Meixner/Steinbeck*, VVG)

Meyer-Goßner, Lutz
Strafprozessordnung, 51. Auflage, München 2008

Middendorff, Wolf
„Die Verkehrsunfallflucht aus Sicht eines Praktikers“, Kraftfahrt + Verkehrsrecht 1971, 33-37

Middendorff, Wolf
„Kriminologie der Unfallflucht“, BA 1982, 356-364

Middendorff, Wolf
„Individuum gegen Gemeinschaft“, BA 1986, 195-202

Mikla, Stefan
„Die Strafbarkeit gem. § 142 II StGB nach unvorsätzlichem Entfernen vom Unfallort“, Diss. Aachen 1996 (zitiert: *Mikla*, unvorsätzliches Entfernen, S.)

Mitsch, Wolfgang
„Verspätete Pflichterfüllung, Täter-Opfer-Ausgleich und Schadenswiedergutmachung“, Festschrift für Klaus Geppert, S. 337-356, Berlin 2011 (zitiert: *Mitsch*, FS Geppert, S.)

Mitsch, Wolfgang
„Vollendung und Beendigung der „Unfallflucht“ (§ 142 StGB)“, NZV 2009, 105-110

Mitsch, Wolfgang
„Die verfassungskonforme Anwendung des § 142 II Nr. 2 StGB“, NZV 2008, 217-221

Mitsch, Wolfgang
„Die Vermögensdelikte im Strafgesetzbuch nach dem 6. Strafrechtsreformgesetz“, ZStW 111 (1999), 65-122

Mittelbach
Anmerkung zum Urteil des BGH vom 26.05.1955, JR 1955, 390-391

Mollenkott, Klaus
„Der § 142 Abs. 4 StGB – ein Fehlschlag?“, ZfS 1999, 366

Mollenkott, Klaus
„Wann rechtfertigt ein „bedeutender Schaden“ bei der Verkehrsunfallflucht die Entziehung der Fahrerlaubnis?“, DAR 1980, 328-330

Mollenkott, Klaus
„Ist die Verkehrsunfallflucht in § 69 II Nr.3 StGB ein „verkapptes Alkoholdelikt“?“, BA 1997, 180-182

Müller, Elmar
„Ausgewählte Fragen zum Thema Unfallflucht“, Kraftfahrt + Verkehrsrecht 1971, 37-42

Müller, Gerda
„Die Reform des Schadensersatzrechts“, DAR 2002, 540-551

Müller-Emmert, Adolf; Maier, Bernhard
„Zur Neufassung des § 142 StGB“, DRiZ 1975, 176-179

Müller-Metz, Reinhard
„Zur Reform von Vergehenstatbeständen und Rechtsfolgen im Bereich der Verkehrsdelikte“, NZV 1994, 89-93

Münchener Kommentar zum BGB (Hrsg. Rebmann, Kurt; Säcker, Franz Jürgen; Rixecker, Roland)
Münchener Kommentar zum BGB, 2. Band, 5. Auflage, München 2007 (zitiert: Münchener Kommentar BGB-*Bearbeiter*)

Münchener Kommentar zum StGB (Hrsg. Joecks, Wolfgang; Miebach, Klaus)
Münchener Kommentar zum Strafgesetzbuch (zitiert: Münchener Kommentar StGB-*Bearbeiter*)

Münchener Kommentar zum VVG (Hrsg. Langheid, Theo; Wandt, Manfred)
Münchener Kommentar zum VVG, Band 1, München 2010 (zitiert: Münchener Kommentar VVG-*Bearbeiter*)

Münchener Kommentar zur Zivilprozessordnung (Hrsg. Rauscher, Thomas; Wax, Peter; Wenzel, Joachim)
„Münchener Kommentar zur Zivilprozessordnung“, Band 1, 3. Auflage 2008 (zitiert: Münchener Kommentar ZPO-*Bearbeiter*)

Musielak, Hans-Joachim
„Kommentar zur Zivilprozessordnung“, 7. Auflage, München 2009 (zitiert: Musielak-*Bearbeiter*)

Neckenbürger, Detlev
„Die Zukunft der Sicherung von Unfallspuren“, SVR 2009, 373-375

Neumann, Ulfrid
„Mitwirkungs- und Duldungspflichten des Beschuldigten bei körperlichen Eingriffen im Strafverfahren“, Festschrift für EA. Wolff, S. 373-393, Berlin 1998 (zitiert: *Neumann*, FS Wolff, S.)

Niederleithinger, Ernst
„Das neue VVG“, 6. Auflage, Baden-Baden 2007 (zitiert: *Niederleithinger*, VVG)

Niese, Werner
„Narkoanalyse als doppelfunktionale Prozesshandlung“, ZStW 63 (1951), S. 199-228

Nomos Kommentar Strafgesetzbuch (Hrsg. Kindhäuser, Urs; Neumann, Ulfrid; Paeffgen, Hans-Ullrich)
Strafgesetzbuch, Band 1, 3. Auflage, Baden-Baden 2010, (zitiert: NK-*Bearbeiter*)

Nomos Kommentar Versicherungsvertragsgesetz (Hrsg. *Rüffer, Wilfried; Halbach, Dirk; Schimikowski, Peter)*
„Versicherungsvertragsgesetz", Baden-Baden 2009 (zitiert: NK-VVG-*Bearbeiter*)

Nothhelfer, Martin
„Die Freiheit vom Selbstbezichtigungszwang", Heidelberg 1989 (zitiert: *Nothhelfer*, Selbstbezichtigungszwang, S.)

Nugel, Michael
„Das neue VVG – Quotenbildung bei der Leistungskürzung wegen grober Fahrlässigkeit", MDR 2007, Beilage zu Heft 22, S. 23-33

Nugel, Michael
„Die Leistungsfreiheit des Kraftfahrtversicherers nach dem neuen VVG wegen einer Obliegenheitsverletzung nach Eintritt des Versicherungsfalls – erste Erfahrungen und Musterfälle", ZfS 2009, 307-314

Nugel, Michael
„Die Quotenbildung bei einer Leistungskürzung nach dem „neuen" VVG – eine Übersicht zu den aktuellen Streitständen", MDR 2008, 1320-1328

Oberheim, Rainer
„Beweiserleichterungen im Zivilprozeß", JuS 1996, 636-640

Oberheim, Rainer
„Beweiserleichterungen im Zivilprozeß", JuS 1997, 61-64

Oberheim, Rainer
„Beweiserleichterungen im Zivilprozeß", JuS 1997, 358-365

Öhlert
„Das Gesetz über den Verkehr mit Kraftfahrzeugen", Dr. J. A. Seuffert's Blätter für Rechtsanwendung 1909, 539-550

Ohr, Günther
„Der räumliche und zeitliche Zusammenhang der Unfallflucht mit dem Unfallgeschehen“, DAR 1960, 221-223

Olshausen
„Die Grundzüge des Bundesrates, betreffend den Verkehr mit Kraftfahrzeugen“, DJ 1906, 750-752

Otto, Harro
Grundkurs Strafrecht, Die einzelnen Delikte, 7. Auflage, Berlin 2005

Paeffgen, Hans-Ullrich
„§ 142 StGB – eine lernäische Hydra?“, NStZ 1990, 365-372

Park, Tido
„Der Sinn der Einführung der tätigen Reue bei § 142 StGB“, DAR 1993, S. 246-251

Pawlowski, Hans-Martin
„Methodenlehre für Juristen: Theorie der Norm und des Gesetzes“, 2. Auflage, Heidelberg 1991 (zitiert: *Pawlowski*, Methodenlehre, Rn.)

Peeters, Franz Joseph
„Vergleich zwischen Artikel 30 des niederländischen Wegenverkeerswet – doorrijden na ongeval – und § 142 des deutschen Strafgesetzbuches – unerlaubtes Entfernen vom Unfallort – unter besonderer Berücksichtigung der geschichtlichen Entwicklung beider Vorschriften“, Krefeld 1991 (zitiert: *Peeters*, geschichtliche Entwicklung, S.)

Pfannmüller, Norbert
„Das Verhalten nach einem Verkehrsunfall“, Gießen 1981 (*Pfannmüller*, Verkehrsunfall, S.)

Pfeiffer, Gerd
Strafprozessordnung, 5. Auflage, München 2005 (zitiert: *Pfeiffer*, StPO)

Pieper, Wolfgang
„Die Verkehrsunfallflucht“, Würzburg 1970 (zitiert: *Pieper*, Verkehrsunfallflucht, S.)

Piesker, Hans
„Effizienz der strafrechtlichen Sanktionen – Entziehung der Fahrerlaubnis und Sperrfrist“, 40. Verkehrsgerichtstag (2002), S. 243-253 (zitiert: *Piesker*, 40. VGT, S.)

Pilger, Gerhard
„Unfallflucht und fehlerhafte Information in der Kraftzeug-Haftpflichtversicherung“, Karlsruhe 1976 (zitiert: *Pilger*, Unfallflucht und Haftpflichtversicherung, S.)

Poeck, Torsten
„Wartepflicht und Wartedauer des § 142 Abs. 1 Nr. 2 StGB“, München 1993 (zitiert: *Poeck*, Wartepflicht, S.)

Prölss, Erich; Martin, Anton
„Versicherungsvertragsgesetz“, 28. Auflage, München 2010 (zitiert: Prölss/Martin-*Bearbeiter*)

Quentmeier, Kirsten
„Geständnis, Schweigerecht und Schweigen des Beschuldigten“, JA 1996, S. 215-221

Reisch, Bruno
„Der Zentralverband der Autoversicherer als autorisierte Unfallmeldestelle?“, ZRP 1988, 46-47

Reiß, Wolfram
„Besteuerungsverfahren und Strafverfahren“, Köln, 1987 (zitiert: *Reiß*, Besteuerungsverfahren, S.)

Rengier, Rudolf
Strafrecht Besonderer Teil II, 9. Auflage, München 2008 (zitiert: *Rengier*, BT II)

Renzikowski, Joachim
„Die förmliche Vernehmung des Beschuldigten und ihre Umgehung“, JZ 1997, S. 710-717

Richter, Roland
„Überlegungen zur quotierten Leistungsfreiheit in der Fahrzeugversicherung“, SVR 2009, 13-18

Riedmeyer, Oskar
„Effizienz der strafrechtlichen Sanktionen – Anreiz zur Nachschulung durch ihre Berücksichtigung bei verkehrsstrafrechtlichen Sanktionen“, 40. Verkehrsgerichtstag (2002), S. 243-253 (zitiert: *Riedmeyer*, 40. VGT, S.)

Rietsch
„Die Verordnung zur Änderung der Strafvorschriften über fahrlässige Tötung, Körperverletzung und Flucht bei Verkehrsunfällen“, DJ 1940, 532-540

Rinn, Gregor M.
„Das Automobil als nationales Identifikationssymbol“, Berlin 2008, abrufbar unter: http://edoc.hu-berlin.de/dissertationen/rinn-gregor-m-2008-02-15/PDF/rinn.pdf (zitiert: *Rinn*, Automobil, S.)

Rixecker, Roland
„VVG 2008 – Eine Einführung“, ZfS 2007, 15-16

Rixecker, Roland
„Rechtsfragen der Quotenbildung nach dem VVG“, ZfS 2009, 5-10

Robbers, Gerhard
„Der Grundrechtsverzicht“, JuS 1986, 925-931

Roesen, Anton
„Unfallflucht“, NJW 1957, 1737-1740

Roesner
„Die Kriminalität im Deutschen Reich im Jahre 1938“, DJ 1941, 1476-1479

Roesner
„Die Kriminalität im Deutschen Reich im ersten Kriegsjahre 1939“, DJ 1941, 379-383

Rogall, Klaus
„Der Beschuldigte als Beweismittel gegen sich selbst“, Berlin, 1977 (zitiert: *Rogall*, Beschuldigte als Beweismittel, S.)

Römer, Wolfgang
„Alles-oder-Nichts-Prinzip?“, 38. Verkehrsgerichtstag (2000), S. 239-246 (zitiert: *Römer*, 38. VGT, S.)

Roth, Gerhard
„Wir sind determiniert. Die Hirnforschung befreit von Illusionen.“, Hirnforschung und Willensfreiheit, S. 218-222, Frankfurt am Main 2004 (zitiert: *Roth*, Hirnforschung und Willensfreiheit, S.)

Roth-Stielow, Klaus
„Warte-, Folge-, Rückkehr- oder Selbstanzeigepflichten nach dem Verkehrsunfall“, NJW 1963, 1188-1190

Roxin, Claus
„Strafrecht Allgemeiner Teil“, Band 2, München 2003 (zitiert: Roxin, AT II)

Roxin, Claus
Anmerkung zu BGH, Beschluss vom 27.02.1992/5 StR 190/91, JZ 1992, S. 918-923

Roxin, Claus
„Unfallflucht eines verfolgten Diebes“, NJW 1969, 2038-2040

Roxin, Claus
Literaturbericht, ZStW 77 (1965), 60-105

Roxin, Claus
Anmerkung zu BGHSt 31, 195, JR 1983, 333-337

Roxin, Claus
„Nemo tenetur: die Rechtsprechung am Scheideweg“, NStZ 1995, 465-469

Ruck, Andreas Christian
„§ 142 StGB als Vermögensdelikt”, Bochum, 1985 (zitiert: *Ruck*, Vermögensdelikt, S.)

Ruckdäschel, Matthias Peter
„Das Verhältnis von Absehen von Strafe im materiellen Recht und Verfahrenseinstellung nach § 153b StPO“, Göttingen 2006 (zitiert: *Ruckdäschel*, Absehen von Strafe, S.)

Rüping, Hinrich
„Zur Mitwirkungspflicht des Beschuldigten und Angeklagten“, JR 1974, 135-140

Rupp, Hans Heinrich
„Die Pflicht zum Warten auf die Polizei bei der Verkehrsunfallflucht – aus Sicht des Verfassungs- und Verwaltungsrechts“, JuS 1967, 163-167

Sachs, Michael
„Grundgesetz“, 5. Auflage, München 2009

Samson, Erich
„Steuerhinterziehung, nemo tenetur und Selbstanzeige – eine Dokumentatio“, wistra 1988, 130-136

Sander, Günther M.; Hohmann, Olaf
„Sechstes Gesetz zur Reform des Strafrechts (6. StrRG): Harmonisiertes Strafrecht?“, NStZ 1998, 273-279

Säzler, Otfried
„Die Verkehrsunfallflucht im geltenden und künftigen Strafrecht“, München 1965 (zitiert: *Säzler*, Verkehrsunfallflucht, S.)

Schäfer, Herbert
„Ist auch dann vom Regelbeispiel des § 69 II Nr. 3 StGB auszugehen, wenn die Anwendung des § 142 IV n. F. StGB ausschließlich daran scheitert, dass ein „bedeutender Sachschaden“ vorliegt?“, NZV 1999, 190-191

Schäfer, Karl
„Einige Bemerkungen zu dem Satz „nemo tenetur se ipsum accusare“, Festschrift für Hanns Dünnebier, S. 11-51, Berlin 1982

Schaffstein, Friedrich
„Die Vollendung der Unterlassung“, Festschrift für Eduard Dreher, S. 147-165, Berlin 1977 (zitiert: *Schaffstein*, FS Dreher, S.)

Scheffler, Uwe; Matthies, Denis
„Zum rechtlichen gehör bei Verkehrsordnungswidrigkeiten“, NZV 2007, 607-609

Schlotheim, Hans-Hartmann Freiherr von
„Zur Systematik der Verkehrsunfallflucht“, DAR 1957, 349-351

Schmedding, Klaus
„Unfallflucht aus der Sicht des technischen Sachverständigen“, NZV 2003, 24-25

Schmidt, Eberhard
Lehrkommentar zur Strafprozessordnung und zum Gerichtsverfassungsgesetz, Teil II, Göttingen 1957 (zitiert: *Schmidt*, StPO)

Schmidthäuser, Eberhard
„Fluchtverbot und Anzeigeverbot bei Verkehrsunfällen“, JZ 1955, 433-440

Schnabl, Daniel
„Der Unfallbegriff des § 142 I StGB und die »deliktische Planung« – Eine kritische Analyse des BGH-Urteils vom 15.11.2001 anhand traditioneller Auslegungsmethoden“, NZV 2005, 281-290

Schneider, Hartmut
„Grund und Grenzen des strafrechtlichen Selbstbegünstigungsprinzips auf der Basis eines generalpräventiv-funktionalen Schuldmodells“, Berlin, 1991 (zitiert: *Schneider*, Selbstbegünstigungsprinzip, S.)

Schöch, Heinz
„Spezial- und generalpräventive Aspekte bei der Bekämpfung der Alkoholdelinquenz im Straßenverkehr“, in: Alkohol, Strafrecht und Kriminalität (herausgegeben von Rudolf Egg und Claudius Geisler), S. 111-125, Wiesbaden 2000 (zitiert: *Schöch*, Alkohol)

Scholler, Heinrich
„Die Freiheit des Gewissens“, Berlin 1958 (zitiert: *Scholler*, Freiheit des Gewissens, S.)

Scholz, Rupert
„Straffreie Unfallflucht bei tätiger Reue?“, ZRP 1987, 7-10

Schönke, Adolf; Schröder, Horst
Strafgesetzbuch, 13. Auflage, München und Berlin 1967 (zitiert: Schönke/Schröder[13]-*Bearbeiter*)

Schönke, Adolf; Schröder, Horst
Strafgesetzbuch, 25. Auflage, München 1997 (zitiert: Schönke/Schröder[25]-*Bearbeiter*)

Schönke, Adolf; Schröder, Horst
Strafgesetzbuch, 27. Auflage, München 2006 (zitiert: Schönke/Schröder[27]-*Bearbeiter*)

Schönke, Adolf; Schröder, Horst
Strafgesetzbuch, 28. Auflage, München 2010 (zitiert: Schönke/Schröder-*Bearbeiter*)

Schröder, Horst
„Die sogenannte Rückkehrpflicht bei § 142 StGB", NJW 1966, 1001-1004

Schroeder, Friedrich-Christian
„Legalitäts- und Opportunitätsprinzip heute", Festschrift für Karl Peters, S. 411-427, Tübingen 1974 (zitiert: *Schroeder*, FS Peters, S.)

Schulz, Uwe
„Die zeitliche Ausdehnung der Unfallmeldung bei der Unfallflucht", ZRP 2006, S. 149-151

Schulz, Uwe
„Die tätige Reue gem. § 142 IV StGB aus dogmatischer und rechtspolitischer Sicht", NJW 1998, 1440-1444

Schünemann, Bernd
„Überkriminalisierung und Perfektionismus als Krebsschaden des Verkehrsstrafrechts", DAR 1998, S. 424-433

Schünemann, Bernd
„Historie der missglückten Reformversuche", DAR 2003, 207-212

Schünemann, Bernd
„Die deutschsprachige Strafrechtswissenschaft nach der Strafrechtsreform im Spiegel des Leipziger Kommentars und des Wiener Kommentars", GA 1986, 293-352

Schwab, Siegfried
„§ 142 Abs. 1 StGB: Sich entfernen = entfernt werden?", MDR 1983, 454-456

Schwab, Siegfried
„Verkehrsunfallflucht trotz »Schuldanerkenntnis« – Feststellungsinteresse an polizeilicher Unfallaufnahme", MDR 1984, 538-542

Schwind, Hans-Dieter
„Kann die Einhaltung von Verkehrsvorschriften verbessert werden?", 37. Deutscher Verkehrsgerichtstag (1999), S. 148-161 (zitiert: *Schwind*, 37. VGT, S.)

Schwintowski, Hans-Peter
„Vom Alles-oder-Nichts-Prinzip zum Quotensystem", VuR 2008, 1-8

Seebode, Manfred
„Über die Freiheit, die eigene Strafverfolgung zu unterstützen", JA 1980, 493-499

Seib, Herbert
„Zur Einführung eines strafbefreienden Rücktritts bei § 142 StGB durch Nachmeldung binnen 24 Stunden", JR 1986, 397-401

Seibert, Claus
„Gedanken zur Unfallflucht", NJW 1955, S. 1428-1429

Seier, Jürgen
Verteidigung in Straßenverkehrssachen, 3. Aufl., Berlin 2007 (zitiert: *Seier*, Straßenverkehrssachen)

Singer, Wolf
„Verschaltungen legen uns fest: Wir sollten aufhören, von Freiheit zu sprechen", Hirnforschung und Willensfreiheit, S. 30-32, Frankfurt am Main 2004 (zitiert: *Singer*, Hirnforschung und Willensfreiheit, S.)

Sowada, Christoph
„Entziehung der Fahrerlaubnis durch den Strafrichter – bei sogenannten Zusammenhangstaten (insbesondere das strafrichterliche Fahrverbot)", 42. Verkehrsgerichtstag (2004), S. 142-153 (zitiert: *Sowada*, 42. VGT, S.)

Spiegel, Richard
„Gedanken zur Reform des Tatbestandes der Unfallflucht aus der Sicht des Richters", DAR 1972, 291-295

SSW-StGB (Hrsg. Satzger, Helmut; Schmitt, Bertram; Widmaier, Gunter)
„StGB Strafgesetzbuch", Köln 2009 (zitiert: SSW-StGB-*Bearbeiter*)

Stahl, Kerstin
„Quotenbildung nach dem VVG in der Kraftfahrtversicherung“, NZV 2009, 265-270

Steenbock, Maike
„Über die Unfallflucht als Straftat“, Frankfurt am Main 2003 (zitiert: *Steenbock*, Unfallflucht als Straftat, S.)

Steiner, Rolf
„Die Tathandlung der Unfallflucht“, Augsburg 1969 (zitiert: *Steiner*, Unfallflucht, S.)

Steinke, Wolfgang
„Aufklärungsmöglichkeiten bei Fahrerflucht“, DAR 2005, 527-530

Stephan, Egon
„Kontra-Präventivwirkung des Nichtwissens“, in: Alkohol, Strafrecht und Kriminalität (herausgegeben von Rudolf Egg und Claudius Geisler), S. 161-180, Wiesbaden 2000 (zitiert: *Stephan*, Alkohol, S.)

Stiefel, Ernst; Maier, Karl
„Kraftfahrtversicherung“, 18. Auflage, München 2010 (zitiert: Stiefel/Maier-*Bearbeiter*, Kraftfahrtversicherung)

Stübinger, Stephan
„Das „idealisierte“ Strafrecht“, Frankfurt am Main 2008 (zitiert: *Stübinger*, idealisierte Strafrecht, S.)

Sturm, Richard
„Die Neufassung des § 142 StGB (Verkehrsunfallflucht) durch das Dreizehnte Strafrechtsänderungsgesetz“, JZ 1975, 406-409

Stürner, Rolf
„Strafrechtliche Selbstbelastung und verfahrensförmige Wahrheitsermittlung“, NJW 1981, 1757-1763

Suhren, Gehard
„Kann die Einhaltung von Verkehrsvorschriften verbessert werden?“, 37. Deutscher Verkehrsgerichtstag (1999), S. 162-170 (zitiert: *Suhren*, 37. VGT, S.)

Systematischer Kommentar zum StGB (Hrsg. Rudolphi, Hans-Joachim)
„Systematischer Kommentar zum Strafgesetzbuch“, Loseblatt, Stand September 2010 (zitiert: SK-StGB-*Bearbeiter*)

Systematischer Kommentar zur StPO (Hrsg. Rudolphi, Hans-Joachim; Wolter, Jürgen)
„Systematischer Kommentar zur Strafprozeßordnung und zum Gerichtsverfassungsgesetz“, Loseblatt, Stand Juni 2008 (zitiert: SK-StPO-*Bearbeiter*)

Ternig, Ewald
„Flucht vor der Blutentnahme, Bedeutung beim § 142 StGB“, PVR 2002, 194-196

Thieß, Uwe
Ordnungswidrigkeitenrecht, Neuwied 2002 (zitiert: *Thieß*, Ordnungswidrigkeitenrecht, Rn.)

Thirolf, Rudolf Michael
„Kollision von Täterinteressen und Opferschutz“, Diss. Frankfurt am Main, 1992 (zitiert: *Thirolf*, Täterinteressen und Opferschutz, S.)

Tietgens, Jens; Nugel, Michael
Verkehrszivilrecht, 3. Auflage, Bonn 2006 (zitiert: *Tietgens/Nugel* § Rn.)

Tröndle, Herbert
Strafgesetzbuch und Nebengesetze, 48. Auflage, München 1997 (zitiert: *Tröndle*^{48})

Ulsenheimer, Klaus
„Grundfragen des Rücktritts vom Versuch in Theorie und Praxis“, Berlin 1976 (zitiert: *Ulsenheimer*, Grundfragen des Rücktritts, S.)

Unberath, Hannes
„Die Leistungsfreiheit des Versicherers – Auswirkungen der Neuregelung auf die Kraftfahrtversicherung“, NZV 2008, 537-542

Verrel, Torsten
„Nemo tenetur – Rekonstruktion eines Verfahrensgrundsatzes”, NStZ 1997, S. 361-365, 415-420

Verrel, Torsten
„Die Selbstbelastungsfreiheit im Strafverfahren“, München 2001 (zitiert: *Verrel*, Selbstbelastungsfreiheit, S.)

Vierhaus, Andreas genannt Schulte-Vels
„Tatsächliche Unfallverursachung und die „Verursachung nach den Umständen“ im Tatbestand des § 142 StGB“, Bonn 2009 (zitiert: *Vierhaus*, Unfallverursachung, S.)

Vock, Willi
„Die Verfahrenseinstellung bei Verkehrsstraftaten und ihre Tücken“, NJ 2008, 203-205

Volk, Klaus
„Die Pflichten des Unfallbeteiligten (§ 142 StGB)“, DAR 1982, 81-87

von Damm, K.
„Das Gesetz über den Verkehr mit Kraftfahrzeugen vom 3. Mai 1909“, DJ 1909, 744-749

von Münch, Ingo
„Die Verkehrsunfallflucht – ein Fremdkörper im deutschen Strafrechtssystem?“, DAR 1957, S. 205-207

Voßkuhle, Andreas
„Theorie und Praxis der verfassungskonformen Auslegung von Gesetzen durch Fachgerichte“, AöR 125, 177-201

Walter, Michael
„Der Rücktritt vom Versuch als Ausdruck des Bewährungsgedankens im zurechnenden Strafrecht“, Göttingen 1980 (zitiert: *Walter*, Rücktritt, S.)

Wegner, Carsten
„§ 371 AO: Läuft die strafbefreiende Selbstanzeige zum 31.12.10 aus?“, PStR 2010, 145-147

Weigelt, Werner
„Verkehrsunfallflucht und unterlassene Hilfeleistung“, Berlin 1960 (zitiert: *Weigelt*, Verkehrsunfallflucht)

Weigend, Thomas
„Zur Reform von § 142 StGB“, Festschrift für Herbert Tröndle, S. 753-769, Berlin 1989 (zitiert: *Weigend*, FS Tröndle, S.)

Weigend, Thomas
Anmerkung zu OLG Zweibrücken, Beschluss vom 18.05.1989 - 1 Ss 47/89, NZV 1990, 79-80

Weigend, Thomas; Geuenich, Mario
„Verkehrsunfallflucht im europäischen Ausland“, DAR 1988, 258-268

Welzel, Hans
„Zur Problematik der Unterlassungsdelikte“, JZ 1958, 494-497

Welzel, Hans
„Das deutsche Strafrecht“, 11. Auflage, Berlin 1969 (zitiert: *Welzel*, Strafrecht, S.)

Werle, Gerhard
„Justiz-Strafrecht und polizeiliche Verbrechensbekämpfung im Dritten Reich“, Berlin 1989 (zitiert: *Werle*, Justiz-Strafrecht, S.)

Werner, Stefan
„Zur Subsidiarität des Ordnungswidrigkeitenrechts gegenüber dem Strafrecht bei Verkehrsunfällen“, DAR 1990, 11-15

Werner, Stefan
„Rauschbedingte Schuldunfähigkeit und Unfallflucht“, NZV 1988, 88-92

Wessels, Johannes
„Schweigen und Leugnen im Strafverfahren“, JuS 1966, S. 169-176

Wetekamp, Axel
„Der Entwurf eines Gesetzes zur Änderung des § 142 StGB“, DAR 1987, 11-13

Wetzels, Ulrich
„Bedingungen der Unfallflucht“, Köln 1999 (zitiert: *Wetzels*, Bedingungen der Unfallflucht, S.)

Wickert, Bettina
„Der DNA-Massentest nach § 81h StPO“, Hamburg 2011 (zitiert: *Wickert*, DNA-Massentest, S.)

Wieland, Rainer
„Unerlaubtes Entfernen vom Unfallort auf Privatgrundstück“ in: Freiheit und Verantwortung in schwieriger Zeit, S. 111-121, Baden-Baden 1998 (zitiert: *Wieland*, Freiheit und Verantwortung, S.)

Wolff, Heinrich Amadeus
„Selbstbelastung und Verfahrenstrennung“ Berlin 1997 (zitiert: *Wolff*, Selbstbelastung, S.)

Wolters, Gereon
„Das sechste Gesetz zur Reform des Strafrechts“, JZ 1998, 397-400

Wüsteney, Matthias
„Rechtliche Zulässigkeit sogenannter DNA-Massentests zur Ermittlung des Täters einer Straftat“, Frankfurt am Main 2003 (zitiert: *Wüsteney*, DNA-Massentests, S.)

Zabel, Gert
„Einige Probleme zur Unfallflucht“, BA 1983, 328-350

Zachariae, Heinrich Albert
Handbuch des deutschen Strafprozesses, Band 1, Göttingen 1861, Nachdruck Goldbach 1996 (zitiert: *Zachariae*, Handbuch Band 1)

Zachariae, Heinrich Albert
Handbuch des deutschen Strafprozesses, Band 2, Göttingen 1868, Nachdruck Goldbach 1996 (zitiert: *Zachariae*, Handbuch Band 2)

Zippelius, Reinhold
„Verfassungskonforme Auslegung von Gesetzen“, Bundesverfassungsgericht und Grundgesetz, S. 108-124 (zitiert: *Zippelius*, Bundesverfassungsgericht und Grundgesetz, S.)

Zopfs, Jan
„Unfallflucht bei eindeutiger Haftungslage?“, Frankfurt am Main, 1993 (zitiert: *Zopfs*, Unfallflucht, S.)

Zopfs, Jan
„Ist die Regelung des § 142 StGB reformbedürftig?“, DRiZ 1994, 87-95

Zopfs, Jan
„Duldung versus Inkompetenz? Zur Reichweite der Feststellungsduldungspflicht bei § 142 Abs. 1 Nr. 1 StGB“, Festschrift für Wilfried Küper, S. 747-758 (zitiert: *Zopfs*, FS Küper, S.)

EINLEITUNG

Warum eine Abhandlung über § 142 StGB (Unerlaubtes Entfernen vom Unfallort) schreiben?

Die Antwort geben zwei Zitate:

„Wenige Straftatbestände haben der praktischen Rechtsanwendung so viele Rätsel aufgegeben wie das Vergehen der Verkehrsunfallflucht, eine Ausnahmevorschrift für alle Teilnehmer am Straßenverkehr, die in ähnlicher Weise als zusätzliche Strafnorm bei Verbrechen oder Vergehen des allgemeinen Strafrechts unmöglich wäre, schon weil ihre Befolgung einfach nicht durchgesetzt werden könnte."[1]

„Wie die jeweils über 140 Seiten einnehmenden Kommentierungen von Geppert im Leipziger Kommentar und von Schild im Nomos-Kommentar zeigen, handelt es sich [bei § 142 StGB] um einen der am detailliertesten Tatbestände des ganzen StGB, der sub specie Kommentarvolumen direkt nach dem Betrug und ungefähr gleichauf mit der Untreue rangiert und damit, wenn man Deliktshäufigkeit und dogmatischen Reichtum kombinieren würde, einen ernsthaften Kandidaten für den wichtigsten Straftatbestand überhaupt abgegeben würde."[2]

Die Antwort lautet somit: Bei § 142 StGB handelt es sich um ein Delikt, dass viele Rätsel enthält und zudem ein sehr wichtiges Delikt in der Praxis ist.

Im Zuge des Sechsten Strafrechtsreformgesetzes[3] hat des Gesetzgeber durch die Schaffung einer Vorschrift über die tätige Reue (§ 142 IV StGB) Literatur und Rechtsprechung die Gelegenheit gegeben, neue Argumente ins Feld zu führen und alte Argumente in neuen Kontext zu setzen.

---

1 *Krumme*, DAR 1968, 234 (234).

2 *Schünemann*, DAR 2003, 207 (208).

3 Sechstes Strafrechtsreformgesetz vom 26.01.1998 (BGBl. I 1998, 164 (171)).

Aus diesem Grund wird durch diese Arbeit die Aufforderung: „Viele Argumente sind ausgetauscht, und dennoch wird (und sollte) die Diskussion über eine Reform des § 142 StGB weitergehen“[4] beherzigt.

---

4 *Weigend*, FS Tröndle, S. 769.

Erster Teil: Darstellung der Vorschrift und der Auswirkungen

Der erste Teil der Arbeit enthält die Darstellung des § 142 IV StGB und deren Auswirkungen. Hierbei liegt zwar der Vorrang bei § 142 IV StGB und dessen Merkmalen, allerdings wird die Vorschrift auch im Zusammenhang bzw. Zusammenspiel mit strafprozessualen und versicherungsrechtlichen Vorschriften sowie mit den Normen des Ordnungswidrigkeitenrechts dargestellt. Nur diese Gesamtwürdigung vermittelt einen Eindruck, ob die Vorschrift den Ansprüchen an eine gelungene Regelung in Theorie und Praxis gerecht wird.

Erster Abschnitt: Strafrecht

Im ersten Abschnitt wird auf die Regelungen im Strafgesetzbuch eingegangen. Zuerst werden die Voraussetzungen des § 142 IV StGB und die Auslegung dargestellt, die sie im Lauf der letzten Jahre erfahren hat. Danach werden die §§ 69 (Entziehung der Fahrerlaubnis) und 44 StGB (Fahrverbot) erläutert.

A. Voraussetzungen und Rechtsfolge des § 142 IV StGB

Die Voraussetzungen für eine tätige Reue nach § 142 IV StGB lauten: Der Unfallbeteiligte muss erstens die notwendigen Feststellungen innerhalb von 24 Stunden nach dem Unfall ermöglichen, zweitens muss ein Unfall außerhalb des fließenden Verkehrs vorliegen, der drittens ausschließlich nicht bedeutenden Sachschaden zur Folge hat und schließlich müssen viertens die nachträglichen Feststellungen nach § 142 III StGB freiwillig ermöglicht worden sein.[5]

Für alle Merkmale des § 142 IV StGB gilt nach allgemeiner Ansicht, dass Irrtümer über das Bestehen der tatsächlichen Voraussetzungen des § 142 IV StGB zu Lasten des Täters gehen.[6] Maßgeblich seien allein die objektiven Umstände, sodass kein Raum für eine Anwendung des § 142 IV StGB bleibt, wenn sich der

---

5 Nach Ansicht von *Feiertag*, ZAP 2001, 595 (601) sind die Voraussetzungen der tätigen Reue – bis auf die 24 Stundenfrist – weitgehend unbekannt. In der Tat fallen trotz der vielfältigen Probleme, die § 142 IV StGB bietet, die Darstellungen zu dieser Norm zum Teil sehr knapp aus (vgl. z.B. *Detter*, Verkehrsstrafrecht, S. 41; *Kindhäuser*, LPK-Strafrecht, § 142 Rn. 33; *ders.*, BT I, § 70 Rn. 46; *Rengier*, BT II, § 46 Rn. 37 f.; *Eisele*, BT I, Rn. 930; *Blum*, SVR 2007, 163 (166 f.)).

6 *Bönke*, NZV 1998, 129 (130); *Böse*, StV 1998, 509 (512) m.w.N.

Täter über Ort (relevant für das Merkmal „außerhalb des fließenden Verkehrs"), Zeit (relevant für die 24 Stunden-Frist), Schadensbild (relevant für das Merkmal „nicht bedeutender Sachschaden") oder den Ermittlungsstand seitens der Polizei (relevant für das Merkmal „freiwillig") irrt.

Hierfür wird als Grund genannt, dass allein beim Vorliegen aller Merkmale in objektiver Hinsicht das Bedürfnis für die Strafbarkeit entfallen ist. Zudem folge dies aus einem Vergleich der Formulierungen von § 142 IV StGB und § 69 II Nr. 3 StGB. Während § 69 II Nr. 3 StGB als subjektive Komponente voraussetze, dass der Täter weiß oder wissen kann, dass an fremden Sachen bedeutender Schaden entstanden ist, fehle diese subjektive Komponente bei § 142 IV StGB.[7]

I. Außerhalb des fließenden Verkehrs

Nach § 142 IV StGB muss ein Unfall außerhalb des fließenden Verkehrs vorliegen. Weder die Vorschrift des § 142 StGB, noch das gesamte Strafgesetzbuch enthalten eine Legaldefinition dieses Begriffes. In anderen Gesetzen ist zwar der Begriff des „fließenden Verkehrs" enthalten[8], allerdings wird er auch dort nicht definiert.

Gibt es zwar keine Legaldefinition des Begriffes, lässt sich immerhin § 7 FStrG entnehmen, dass (dort) der „ruhende Verkehr" nicht zum „fließenden Verkehr" gehören soll.

Ist die Formulierung „außerhalb des fließenden Verkehrs" deshalb gleichbedeutend mit „im ruhenden Verkehr"? Diese Frage lässt sich mit „Ja" beantworten, wenn „fließender" und „ruhender" Verkehr die Gesamtheit des Verkehrs darstellen. Haben „ruhender" und „fließender" Verkehr keine Schnittmenge[9] und beinhalten die Begriffe die Gesamtheit des Verkehrs, so stellt die Verneinung

---

7 *Feiertag*, ZAP 2001, 595 (604).

8 § 7 I S. 2 FStrG, § 136 BauGB.

9 D.h. es gibt keinen Verkehrsvorgang, der zugleich dem ruhenden und fließenden Verkehr unterfällt.

des einen Begriffs zwangsläufig die Bejahung des anderen Begriffs dar[10]. Ruhender und fließender Verkehr stünden somit in einem Exklusivitätsverhältnis.

1. Sichtweise in Rechtsprechung und Literatur

Das scheinbar so eindeutige Merkmal „außerhalb des fließenden Verkehrs" hat zu einer uneindeutigen Interpretation in Literatur und Rechtsprechung geführt.

a) Restriktive Interpretation durch die Rechtsprechung

Die Rechtsprechung zu § 142 IV StGB orientiert sich an der Auslegung der Vorschriften der Straßenverkehrsordnung (§§ 2 und 10 StVO). Fließender Verkehr ist danach der Verkehr auf den Fahrbahnen, soweit es sich nicht um ruhenden Verkehr (z.B. Parken am Fahrbahnrand) handelt. Er steht im Gegensatz zu dem Verkehr auf allen anderen Verkehrsflächen, denen gegenüber der fließende Fahrbahnverkehr Vorrang hat.[11] Wird ein Unfall während der Teilnahme am fließenden Verkehr verursacht, so stelle dies keinen Unfall „außerhalb des fließenden Verkehrs" dar, selbst wenn das geschädigte Fahrzeug zum ruhenden Verkehr gehört, da ein solcher Unfall untrennbar mit der Teilnahme am fließenden Verkehr verbunden und nicht ein Geschehen außerhalb des fließenden Verkehrs sei.[12] Aus diesem Grund liegt nach Ansicht der Rechtsprechung kein dem § 142 IV StGB unterfallender Sachverhalt vor, wenn der Unfallbeteiligte beim rechts Abbiegen an zwei an einem Verkehrszeichen an der Ecke angeketteten Fahrräder einen nicht bedeutenden Schaden verursacht.[13]

b) Meinungsvielfalt in der Literatur

Böse sieht genau in dem Begriffspaar ruhender und fließender Verkehr i.S.d. StVO den Anknüpfungspunkt für die Abgrenzung. § 142 IV StGB finde An-

---

10 In diesem Fall hätte wegen der Eindeutigkeit in § 142 IV StGB aber die Formulierung „im ruhenden Verkehr" gewählt werden sollen.

11 OLG Köln, Urteil vom 28.09.1999, Ss 390/99, VRS 98, 122 (124) = NStZ 1999, 299 (299 f.).

12 OLG Köln, Urteil vom 28.09.1999, Ss 390/99, VRS 98, 122 (124) = NStZ 1999, 299 (299 f.); zustimmend: *Himmelreich/Lessing*, NStZ 2000, 299 (299).

13 OLG Köln, Urteil vom 28.09.1999, Ss 390/99, VRS 98, 122 (124).

wendung im ruhenden Verkehr und damit gemäß § 12 I und II StVO nur beim Halten und Parken.[14]

Diese einfache und klare Sichtweise ist aber nicht unumstritten. Legt man diese Sichtweise zu Grunde, so ergeben sich nämlich noch weitere Fragen: Wer muss sich außerhalb des fließenden Verkehrs befunden haben, das Fahrzeug des Täters, das Fahrzeug des Opfers oder gar beide? Und: Sind neben anderen Fahrzeugen auch Gegenstände (Verkehrszeichen, Bäume, Leitplanken, etc.) erfasst? Die hierzu vertretenen Ansichten lassen sich in folgende Ansätze unterteilen: Ausschluss des Begegnungsverkehrs, Ausschluss jeglicher Vorgänge im Zusammenhang mit dem fließenden Verkehr und Anwendbarkeit nur auf den ruhenden Verkehr[15].

aa) Ausschluss des Begegnungsverkehrs

Mehrere Stimmen in der Literatur erkennen in der Formulierung „außerhalb des fließenden Verkehrs" nur die Ausgrenzung von Unfällen im Begegnungsverkehr.[16]

Geppert sieht in der Formulierung jedenfalls einen Ausschluss des (gegenseitigen) Begegnungsverkehrs. Nach der den Gesetzgeber leitenden kriminalpolitischen Intention[17] seien auch die Fälle einzubeziehen, in denen durch das Vorbeifahren an haltenden oder parkenden Fahrzeugen Schäden entstehen, und Fälle,

---

14 *Böse,* StV 1998, 509 (511). Vgl. cc) Abweichende Positionen S. 8.

15 Vgl. hierzu unten cc) Abweichende Positionen, S. 8. Die Formulierungen und die Reichweite sind bei dieser Gruppe teils unterschiedlich, so dass sie nicht einem Schlagwort zugeordnet wurden.

16 LK-*Geppert,* § 142 Rn. 201; *Gebhardt,* Das verkehrsrechtliche Mandat, § 50 Rn. 62 (in der 2. Auflage § 53 Rn. 4 wurde noch angenommen, dass auch im Begegnungsverkehr auf einem Parkplatz der Anwendungsbereich nicht eröffnet ist); im Ergebnis ebenso: *Grohmann,* DAR 1998, 487 (487); *Bönke,* NZV 1998, 129 (130), wobei er diese Einschränkung (Begegnungsverkehr) nicht für zwingend hält.

17 Zwar verweist *Geppert* nicht auf eine konkrete Aussage, jedoch kann folgende Passage der Gesetzesbegründung hierzu angeführt werden: „[...] wird dem Verkehrsteilnehmer, der sich nach einem Unfall im ruhenden Verkehr mit ausschließlich Sachschaden zunächst unerlaubt entfernt hat, eine „goldene Brücke" gebaut [...]" (BT-Drucksache 13/8587, S. 57).

in denen außerhalb des fließenden Verkehrs befindliche Sachen beschädigt werden.[18]

Zum gleichen Ergebnis kommt *Gebhardt.* Seiner Meinung nach bezieht sich der Ausschluss des fließenden Verkehrs nur auf das geschädigte Fahrzeug. § 142 StGB habe das zivilrechtliche Beweisinteresse im Blick und bei Beschädigung parkender Fahrzeuge oder Verkehrsschildern, Mauern u.ä. sei regelmäßig von der Alleinhaftung des Auffahrenden auszugehen.[19]

Nach *Bönke* stellt die Beschränkung der Rücktrittsvorschrift auf Unfälle, die sich „außerhalb des fließenden Verkehrs" ereignet haben, eine Beschränkung des Anwendungsbereiches auf Fälle dar, in denen – außerhalb des Begegnungsverkehrs – Schäden an abgestellten Fahrzeugen oder anderen unbewegten Gegenständen (Verkehrsschilder, Straßenbäume, Häuserwände) verursacht wurden. Seiner Meinung nach ist diese Einengung des Anwendungsbereiches neben der Beschränkung auf unbedeutende Sachschäden, nicht zwingend geboten, da die Schäden im Begegnungsverkehr meist ohnehin deutlich über der Wertgrenze liegen und die Häufigkeit der Fluchtfälle im Begegnungsverkehr geringer sei als im ruhenden Verkehr. Für die Beschränkung des Anwendungsbereiches auf Fälle außerhalb des fließenden Verkehrs, d.h. auf Fälle des ruhenden Verkehrs, ließen sich jedoch Gründe anführen, die sich aus der unterschiedlichen Situation und Interessenlage ergeben. Im fließenden Verkehr könne der Täter das Feststellungsinteresse des Geschädigten vor Ort in der Regel leicht befriedigen, da sich der Geschädigte am Unfallort befindet. Zudem bestünden keine Unklarheiten darüber, wie lang die Wartefrist ist oder auf welchem Wege der Geschädigte erreicht werden kann. Darüber hinaus sei die Beweislage für den Geschädigten wegen § 7 StVG außerhalb des fließenden Verkehrs besser, da sich der Geschädigte eine Mitverursachung regelmäßig nicht anrechnen lassen muss. Daher müsse eine detaillierte Rekonstruktion der Unfallsituation hier üblicherweise schon deshalb nicht erfolgen. Bei Unfällen im fließenden Verkehr erfordere jedoch die Sicherung der Beweisposition des Geschädigten, dass die Beweislage eindeutig geklärt wird. Entscheidend für die Klärung der Schuldfrage sei es, ob die Unfallbeteiligten unter Alkoholeinfluss gestanden haben bzw. ob technische

---

18 LK-*Geppert,* § 142 Rn. 201.

19 *Gebhardt,* Das verkehrsrechtliche Mandat, § 50 Rn. 62.

Mängel unfallursächlich waren. Aus diesem Grund könne auf die Anwesenheit der Beteiligten daher nicht verzichtet werden.[20]

Die Annahme, dass der Gesetzgeber auch die Unfälle erfassen wollte, in denen Fahrer (durch zu hohe Geschwindigkeit oder wegen Alkoholisierung) von der Fahrbahn abkommen und dort an unbewegten Gegenständen Schäden verursachen, widerspreche der Intention des Gesetzgeber, da dieser nur eine Rücktrittsregelung für Kleinunfälle im ruhenden Verkehr schaffen wollte.[21]

bb) Ausschluss jeglicher Vorgänge im Zusammenhang mit fließendem Verkehr

Einen extrem eingeschränkten Anwendungsbereich erhält § 142 IV StGB, wenn mit einigen Stimmen in der Literatur jegliche Vorgänge im Zusammenhang mit dem fließenden Verkehr ausgeschieden werden.

Fischer sieht als Mindestvoraussetzung, dass sich das Fahrzeug des anderen Unfallbeteiligten außerhalb des fließenden, also im ruhenden Verkehr befindet. Darüber hinaus erfordere aber die Formulierung des § 142 IV StGB, dass das Unfallereignis selbst dem fließenden Verkehr nicht zuzuordnen sei.[22] Eine solche Situation liege in der Regel vor, wenn das Fahrzeug des Täters sich nicht im fließenden Verkehr befinde und eine unmittelbare Wirkung aus dem fließenden auf den ruhenden Verkehr nicht gegeben sei. Ein Rammen von Verkehrsleiteinrichtungen oder das Streifen von am Straßenrand geparkten Fahrzeugen könne bei einem Täter, der sich im fließenden Verkehr befindet, schwerlich als Ereig-

20 *Bönke*, NZV 1998, 129 (130).

21 *Bönke*, NZV 1998, 129 (130). Diese Argumentation ist aber nach der von *Bönke* vorgenommenen Erklärung für die Beschränkung des Anwendungsbereiches auf Fälle außerhalb des fließenden Verkehrs (Sicherung der Beweisposition und Klärung der Beweislage) nicht schlüssig. Gerade in den Fällen, in denen der Fahrer von der Straße abgekommen ist und einen unbewegten Gegenstand beschädigt hat, sind Beweisposition und Beweislage in der Regel eindeutig.

22 *Fischer,* § 142 Rn. 63; Himmelreich/Halm-*Winkler*, Handbuch Verkehrsrecht, Kapitel 33 Rn. 47.

nis außerhalb desselben angesehen werden.[23] Zudem widerspreche eine weitergehende Auslegung dem Willen des Gesetzgebers.[24]

Mit Hinweis auf den Bericht des Rechtsausschusses des Bundestages[25] sind nach *Feiertag* nur Unfälle im ruhenden Verkehr erfasst.[26] *König* nimmt diese Beschränkung auf den ruhenden Verkehr ebenfalls an. Er ist der Ansicht, dass Aus- und Einparkvorgänge gewiss erfasst sind, da es sich hierbei um ruhenden Verkehr handelt. Fließender Verkehr sei der Verkehr auf den Fahrbahnen, soweit es sich nicht um ruhenden Verkehr handelt. Im Gegensatz zum fließenden Verkehr stehe der Verkehr auf allen anderen Verkehrsflächen, denen gegenüber der fließende Verkehr Vorrang hat (§§ 2 und 10 StVO).[27]

Zwar sieht *Hentschel* in der Beschränkung auf den nicht fließenden Verkehr auch die Begrenzung auf den ruhenden Verkehr. Aus seiner Sicht ist es aber nicht ausreichend, dass der Schaden an einem haltenden oder parkenden Fahrzeug entstanden ist.[28] Auch der Täter dürfe sein Fahrzeug bei der Verursachung des Unfalls nicht im fließenden Verkehr bewegt haben. Erfasst werde also insbesondere ein Unfall im Zusammenhang mit einem Parkvorgang.[29]

cc) Abweichende Positionen

Wie zuvor erwähnt differenziert *Böse* mit Verweis auf § 7 FStrG zwischen fließendem und ruhendem Verkehr. § 142 IV StGB finde nur im ruhenden Verkehr, also beim Halten und Parken i.S.d. § 12 I und II StVO Anwendung. Zur Begründung führt er an, dass die Beweisinteressen des Geschädigten bei Unfällen im ruhenden Verkehr auch bei einer nachträglichen Meldung gewahrt blie-

---

23 Ähnlich: *Blum*, Verkehrsstrafrecht, S. 211, der von einem untrennbar mit der Teilnahme am fließenden Verkehr verbundenen Geschehen ausgeht.

24 *Fischer,* § 142 Rn. 63.

25 Gemeint ist BT-Drucksache 13/9064, S. 9 f. und dort auf Seite 10 die Passage: „Dem Anwendungsbereich nach werden - wie beim Vorschlag des Bundesrates - nur Unfälle mit Sachschäden im ruhenden Verkehr und damit im wesentlichen die zahlreichen Parkunfälle erfaßt.“

26 *Feiertag*, ZAP 2001, 595 (602); ebenso: *Blöcker*, tätige Reue, S. 48.

27 Berz/Burmann-*König,* Handbuch des Straßenverkehrsrechts, Rn. 104.

28 Dies bedeutet, dass die Verursachung des Schadens an einem Fahrzeug, das sich im ruhenden Verkehr befindet, nicht ausreichend ist. Vielmehr muss auch das Fahrzeug des Täters dem ruhenden Verkehr zugeordnet werden können.

29 *Hentschel,* Straßenverkehrsrecht, § 142 Rn. 69.

ben.[30] § 142 IV StGB sei daher nur bei einem Unfall des Täters mit einem anderen, im ruhenden Verkehr befindlichen Fahrzeug anwendbar; daneben sei § 142 IV StGB auch auf Kollisionen mit anderen, nicht am Verkehr teilnehmenden, Sachen (z.B. Verkehrsschilder, Leitplanken, Pflanzen und Zäune) anwendbar, da diese sich auch außerhalb des fließenden Verkehrs befinden.[31]

Ebenso wie *Böse* erweitern *Cramer/Sternberg-Lieben* den Kreis der einzubeziehenden Objekte, da sie nicht nur Unfälle beim Ein- und Ausparken, sondern auch Kollisionen mit nicht am Verkehr teilnehmenden Gegenständen dem Anwendungsbereich zuordnen. Begründet wird dies damit, dass auch insoweit die nachträgliche Meldung die Beweisinteressen wahre.[32] Zwingend müsse sich jedoch das geschädigte Objekt außerhalb des fließenden Verkehrs befinden, ein Unfall mit einem verkehrsbedingt haltenden Fahrzeug erfülle die Voraussetzung nicht. Auch sei ein Davonfahren eines vorschriftswidrig haltenden oder parkenden Unfallbeteiligten angesichts der drohenden Haftungsquote (Betriebsgefahr) nicht von der tätigen Reue erfasst.[33]

Mit dem Hinweis, dass § 142 IV StGB praktisch nie anwendbar wäre, wenn sich schädigende und geschädigte Unfallbeteiligte außerhalb des fließenden Verkehrs befinden müssen, schließt *Rudolphi* Schäden an abgestellten Fahrzeugen und anderen unbewegten Gegenständen in den Anwendungsbereich der Vorschrift ein.[34]

---

30 *Böse,* StV 1998, 509 (511).

31 *Böse*, StV 1998, 509 (512). *Schild* (NK, § 142 Rn. 113) zählt zum ruhenden Verkehr zum einen parkende oder haltende Fahrzeuge, zum anderen das Ein- und Ausparken. In den Anwendungsbereich des § 142 IV StGB falle somit auch eine Beschädigung an parkenden oder haltenden Fahrzeugen, auch wenn sich der Täter im fließenden Verkehr befunden habe, nicht aber die Beschädigung von verkehrsbedingt haltenden Fahrzeugen. Einzubeziehen seien jedoch Kollisionen mit anderen nicht am Verkehr teilnehmenden Sachen (Verkehrsschilder, Leitplanken, Pflanzen, Zäune). *Böse*, StV 1998, 509 (512), verweist diesbezüglich auf die Begründung des Berliner Gesetzesantrages (BR-Drucksache 386/86; vgl. hierzu: a) Gesetzesantrag des Landes Berlin, S. 241).

32 Schönke/Schröder[27]-*Cramer/Sternberg-Lieben*, § 142 Rn. 88.

33 Schönke/Schröder-*Sternberg-Lieben*, § 142 Rn. 88a; ebenso: HK-GS-*Pflieger*, § 142 Rn. 57.

34 SK-StGB-*Rudolphi,* § 142 Rn. 56. In diese Richtung geht auch die Ansicht von Ferner-*Jung,* Handbuch Straßenverkehrsrecht, S. 902; ebenso PVR 2001, 12 (16). Die Formulierung erfasse nur solche Vorgänge, bei denen sich der beschädigte Gegenstand nicht in

Im Gegensatz zu *Hentschel*[35] zieht *Andreae* aus der Formulierung des § 142 IV StGB den Schluss, dass sich das Fahrzeug des Geschädigten, nicht aber des Täters, außerhalb des fließenden und damit im ruhenden Verkehr befunden haben muss.[36] Eine darüber hinaus gehende Auslegung verlasse den Wortsinn der Gesetzesformulierung. Mit dem Hinweis, dass auch nach der Gesetzesbegründung das Merkmal nicht nur Parkunfälle umfasse („und damit im wesentlichen die zahlreichen Parkunfälle"[37]), hat er zunächst die Einbeziehung von Schäden an Leitplanken, Verkehrsschildern und geparkten Fahrzeugen befürwortet.[38] Diese Ansicht hat *Andreae* mittlerweile jedoch revidiert. Da zu einem Unfall zwei Objekte bzw. Subjekte gehören, könne eine Wortlautauslegung nur zu dem Ergebnis führen, dass sich beide Objekte bzw. Subjekte außerhalb des fließenden Verkehrs befunden haben müssen, daher genüge es nicht, wenn nur der Unfallort außerhalb des fließenden Verkehrs liegt.[39]

Buschbell teilt zwar im Grunde die Meinung von *Andreae*, wenn er meint, dass das Unfallereignis ohne Beziehung zum fließenden Verkehr stehen muss, allerdings kommt er dennoch zu einer anderen Bewertung:§ 142 IV StGB komme beim Einparken und Rangieren auf einem Parkplatz in Betracht, nicht aber beim Auffahren auf ein verkehrsbedingt oder aus sonstigen Gründen im Bereich des fließenden Verkehrs haltendes Fahrzeug. Voraussetzung müsse stets sein,

---

Bewegung befindet. Andere gingen zwar ebenso davon aus, dass unter die Formulierung Unfälle mit Schäden an abgestellten Fahrzeugen und unbeweglichen Gegenständen fallen. Dies gelte jedoch nur dann, wenn die Beschädigungen in einem Zusammenhang mit dem Parkvorgang stehen (*Janker*, Straßenverkehrsdelikte, Rn. 61; Anwalts-Handbuch Strafrecht, Rn. 321; ebenso Ludovisy/Eggert/Burhoff-*Burhoff*, Praxis des Straßenverkehrsrechts, Teil 6 Rn. 305).

35 Vgl. Fn. 29.

36 In diese Richtung auch: SSW-StGB-*Ernemann* § 142 Rn. 59.

37 BT-Drucksache 13/9064, S. 10.

38 *Andreae*, Jahrbuch Verkehrsrecht 2000, S. 299.

39 *Andreae*, FS Himmelreich, S. 11. Ebenso grenzt *Schroeder* (Maurach/Schroeder/Maiwald, § 49 Rn. 66) den Anwendungsbereich erheblich ein, da er fordert, dass nicht nur der Geschädigte, sondern auch der Schädigungsverdächtige sich außerhalb des fließenden Verkehrs befunden haben muss. Übrig blieben daher im Wesentlichen Unfälle beim Ein- und Ausparken, allerdings könne auch die Parkplatzsuche einbezogen werden. Zweifelhaft könnte es nach *Wolters*, JZ 1998, 397 (398), schon sein, ob nicht auch das Ein- und Ausparken zum fließenden Verkehr gehört. Zudem sei fraglich, ob sich das Merkmal allein auf die geschädigte Sache oder auch das Fahrzeug des Täters bezieht.

dass sich das Fahrzeug des anderen Unfallbeteiligten, nicht das des Täters, außerhalb des fließenden Verkehrs befindet. Aus seiner Sicht sind auch Verkehrsschilder und Leitplanken einzubeziehen, da diese nicht dem fließenden Verkehr zuzuordnen sind.[40]

Nach *Grohmann* ist der Blick nicht auf den Unfallort zu richten, vielmehr ist darauf zu schauen, welche Objekte sich in Bewegung befunden haben. Seiner Meinung nach gilt die Vorschrift für Verkehrsunfälle, bei denen sich der geschädigte Gegenstand nicht in Bewegung befindet. In solchen Fällen bestünde mangels haftungsrelevanten Mitverschuldens des Geschädigten i.S.d. §§ 7, 17 I S. 2 StVG kein Beweissicherungsinteresse und deshalb seien bei geringeren Sachschäden nicht die umfangreicheren Feststellungen zum Unfallhergang sofort am Unfallort erforderlich.[41]

Das Kriterium der Bewegung hatte *Weigend* schon vor Einführung der tätigen Reue im Zusammenhang mit § 142 StGB für die Definition des fließenden Verkehrs als maßgeblich angesehen. Ein Unfall im fließenden Verkehr liege vor, wenn zwei oder mehr in Bewegung befindliche Gegenstände oder Personen zusammentreffen.[42]

Die Beschränkung auf Fälle ohne Personenschaden und die Eingrenzung auf Unfälle außerhalb des fließenden Verkehrs, zeigen nach *Zopfs*, dass der Gesetzgeber Fälle der eindeutigen Haftungslage im Sinn hatte, bei denen es gerade nicht auf die Feststellung der Fahruntüchtigkeit ankommt. Sinn und Zweck des § 142 IV StGB würden dafür sprechen, diejenigen Fälle des Begegnungsverkehrs auszuschließen – sowohl auf der Fahrbahn, als auch auf dem Parkplatz – und die Fälle der eindeutigen Haftungslage einzubeziehen, in denen der Unfallbeteiligte auf ein parkendes Fahrzeug oder feststehendes Objekt (Leitplanke, Baum etc.) auffährt.[43]

---

[40] *Buschbell*, Straßenverkehrsrecht, § 4 Rn. 113; ähnlich: *Blum*, Straftaten, S. 461.

[41] *Grohmann,* DAR 1998, 487 (487).

[42] *Weigend*, FS Tröndle, S. 763.

[43] Münchener Kommentar StGB-*Zopfs*, § 142 Rn. 130.

2. Kritik

Zunächst werden einige kritische Anmerkungen zu den aufgeführten Ansichten dargestellt, bevor der eigene Ansatz dargestellt wird.

a) Kritik an der Rechtsprechungsansicht

Die obergerichtliche Rechtsprechung hat bisher kaum Stellung zu der Frage nach der Reichweite des Begriffs „außerhalb des fließenden Verkehrs" beziehen müssen. In einem Fall, den das OLG Köln[44] entschieden hat, fällt die Argumentation recht knapp aus. Das OLG Köln verweist auf eine lange bestehende Rechtsprechung zur Unterscheidung des fließenden Verkehrs vom ruhenden Verkehr. Es bleibt aber die Antwort schuldig, warum der Begriff in § 142 IV StGB dieselbe Definition wie der Begriff in der Straßenverkehrsordnung hat. Die Übertragung leuchtet nämlich nicht unbedingt ein, wenn man sich die unterschiedliche Regelungsmaterie der §§ 2, 10 StVO und 142 IV StGB und die Intention des Gesetzgebers vor Augen führt.

Die StVO regelt in den §§ 2 und 10 StVO den Vorrang des fließenden Verkehrs vor dem ruhenden Verkehr. Der Verkehr soll unbehindert fließen können, weshalb diejenigen, die sich „im Fluss" befinden, Vorrang vor denjenigen haben, die sich erst dorthinein bewegen wollen. Ziel ist somit die Herstellung von insgesamt fließendem Verkehr. So betrachtet stellt der ruhende Verkehr eine Vorstufe zum fließenden Verkehr dar und ist mit diesem verbunden. Aus dieser Perspektive stellt sich aber der ruhende Verkehr nicht (zwingend) als außerhalb stehender, unabhängiger Teil dar. Insofern müssten alle Vorgänge im Zusammenhang mit dem fließenden Verkehr stehen.

Diese Auslegung kann aber nicht richtig sein, wenn § 142 IV StGB überhaupt einen Anwendungsbereich haben soll. Nach der Auslegung des OLG Köln ist § 142 IV StGB nur auf die sog. Einparkunfälle anwendbar.[45] Diese Auslegung steht aber nicht im Einklang mit der Gesetzesbegründung. In dieser wird ausdrücklich davon gesprochen, dass mit § 142 IV StGB „im wesentlichen die zahlreichen Parkunfälle"[46] erfasst werden. Der Gesetzgeber war sich somit bewusst,

---

[44] OLG Köln, Urteil vom 28.09.1999, Ss 390/99, VRS 98, 122 (124).

[45] Straßenverkehrssachen-*Krumm*, § 142 Rn. 75.

[46] BT-Drucksache 13/9064, S. 10.

dass es neben den Parkunfällen noch andere Fälle gibt, auf die § 142 IV StGB Anwendung findet, dass diese Fälle aber von der Anzahl her im Vergleich zu den Parkunfällen absolut gesehen eher unbedeutend sind. In jedem Fall sollten die Parkunfälle nicht alleiniger Anwendungsfall der Vorschrift über die tätige Reue sein.

b) Kritik an den Literaturmeinungen

Weshalb die Formulierung „außerhalb des fließenden Verkehrs" nur den Begegnungsverkehr ausschließen soll, ist unklar. Denn der Unterschied zwischen Begegnungsverkehr und anderem Verkehr ist im Hinblick auf die Anwendung einer tätigen Reue nicht zu erkennen. Für die Unfallbeteiligten besteht doch zunächst kein Unterschied, ob der Unfall im Begegnungsverkehr oder auf einer Fahrbahn in der gleichen Fahrtrichtung stattgefunden hat. Zu dieser Unklarheit kommt sodann noch eine weitere hinzu, wenn nämlich der Ausschluss des Begegnungsverkehrs auch Fälle auf dem Parkplatz erfassen kann. Gerade (diese) Parkplatzfälle hatte jedoch der Gesetzgeber bei Schaffung des § 142 IV StGB im Wesentlichen vor Augen.

Rückt man deshalb die Haftungsfrage nach einem Unfall in den Mittelpunkt der Abgrenzung, kann man damit zwar das Problem der unterschiedlichen Behandlung von an sich gleich gelagerten Fällen in den Griff bekommen. Jedoch lässt sich diese Auslegung nicht ohne Weiteres mit dem Wortlaut vereinbaren.

Und der Ausschluss aller Vorgänge im Zusammenhang mit dem fließenden Verkehr schränkt den Anwendungsbereich der Vorschrift erheblich ein. Dies ist zwar vom Wortlaut gedeckt, jedoch muss man sich fragen, warum eine Vorschrift, die hauptsächlich das Interesse der Geschädigten im Blick hat, derart restriktiv ausgelegt werden muss. Wieso soll ein Geschädigter im Hinblick auf § 142 IV StGB seine Hoffnung auf eine nachträgliche Meldung des Täters des § 142 StGB aufgeben, weil dieser den Schaden z.B. am Zaun nicht beim Ausparken, sondern beim Abkommen von der Fahrbahn verursacht hat?

3. Eigener Standpunkt

Im Folgenden wird der Begriff „außerhalb des fließenden Verkehrs" auf die Möglichkeiten der Auslegung de lege lata und de lege ferenda untersucht.

a) Auslegung de lege lata

Nach den dargestellten Ansichten ergibt sich für den Anwendungsbereich der Vorschrift des § 142 IV StGB ein sehr unterschiedliches Bild. Das reicht vom geringsten Anwendungsbereich beim Ausschluss aller Vorgänge im Zusammenhang mit dem fließenden Verkehr und des Begegnungsverkehrs (auch auf Parkplätzen)[47] bis zum weitesten Anwendungsbereich bei Erfassung aller Unfälle, die nicht ausschließlich im gegenseitigen Begegnungsverkehr des fließenden Verkehrs stattgefunden haben[48], dazwischen befinden sich eine beinahe unüberschaubare Anzahl von Meinungen, die in unterschiedlicher Weise differenzieren. Um den Überblick nicht zu verlieren und um zu einem eindeutigen Ergebnis zu kommen, bedarf es der strukturierten Auslegung nach Wortlaut, Historie, Systematik und Zweck der Vorschrift.

aa) Wortlaut

Die Auslegung des Wortlauts erfolgt in den Kategorien allgemeiner Sprachgebrauch und Gesetzessprachgebrauch.

(1) Allgemeiner Sprachgebrauch

Der Begriff »außerhalb« hat, als Präposition, im allgemeinen Sprachgebrauch einen räumlichen oder zeitlichen Bezug. »Außerhalb« wird als Gegenteil von »in« (räumlich) oder von »während« (zeitlich) benutzt. Das Tatbestandsmerkmal grenzt den Anwendungsbereich der Vorschrift des § 142 IV StGB insofern ein, dass Vorgänge innerhalb des fließenden Verkehrs nicht erfasst werden. In räumlichem Kontext meint der Begriff „nicht in einem bestimmten, umgrenzten Raum" und in zeitlichem Kontext „nicht während eines bestimmten Zeitraums"[49]. Durch den Zusammenhang mit dem „Straßenverkehr" ist der Begriff als räumliche Bezugnahme dergestalt zu verstehen, dass das Unfallgeschehen nicht im Verkehrsraum des fließenden Verkehrs stattfindet. In zeitlichem Kontext ist das Merkmal so zu verstehen, dass das Unfallgeschehen nach Beendigung des fließenden Verkehrs stattfinden muss. Eine eindeutige Ausrichtung des

---

47 Vgl. in dieser Richtung: bb) Ausschluss jeglicher Vorgänge im Zusammenhang mit fließendem Verkehr, S. 7.

48 Vgl. in dieser Richtung: LK-*Geppert* § 142 Rn. 200.

49 Duden, Stichwort „außerhalb", 25. Auflage, Mannheim 2009.

Merkmals in örtlicher oder zeitlicher Hinsicht lässt sich dem Wortlaut nicht entnehmen.

Die Formulierung „außerhalb des fließenden Verkehrs“ nimmt zwar in jedem Fall eine Ausgrenzung vor. Eine positive Festlegung der verbleibenden Fälle ist damit aber nicht erreicht. Ebenso wie die Feststellung, dass etwas „nicht gut“ ist, keine Aussage über die tatsächliche Einordnung gibt[50], legt die Formulierung „außerhalb des fließenden Verkehrs“ den Anwendungsbereich nicht zweifelsfrei fest.

Weshalb benutzt man die Negation eines Begriffes? Zum einen um die Bedeutung des ausgeschlossenen Begriffs zu betonen. Beispielsweise: Außerhalb der Öffnungszeiten gibt es keine Beratung. Zwar könnte in einem solchen Fall auch eine positive Eingrenzung vorgenommen werden (Beratung nur während der Öffnungszeiten), jedoch soll die Bedeutung der Öffnungszeiten stärker hervorgehoben werden. Zum anderen, weil zwar die auszuschließende Menge definiert und konkretisiert werden kann, die einzubeziehende Menge jedoch nicht feststeht, weil sie nicht bekannt oder unendlich ist. Als Beispiel: Nicht teilnahmeberechtigt am Gewinnspiel sind alle Mitarbeiter. In einem solchen Fall steht zwar die Menge der Mitarbeiter fest, Aussagen über die genaue Anzahl möglicher Teilnehmer lassen sich jedoch nicht treffen, daher nutzt man die Negation, um den Teilnehmerkreis dennoch definieren zu können.

Welche Verwendungsart ist nun bei der Formulierung „außerhalb des fließenden Verkehrs“ einschlägig?

Sollte nur die Bedeutung des Ausschlusses von Unfällen im fließenden Verkehr hervorgehoben werden, oder kann die Anzahl der Fälle nur über den Ausschluss definiert werden?

Einen Anhaltspunkt hierfür gibt die Gesetzesbegründung selbst. Dort heißt es: „Dem Anwendungsbereich nach werden – wie beim Vorschlag des Bundesrates – nur Unfälle mit Sachschäden im ruhenden Verkehr und damit im wesentlichen

50 So kann eine „nicht gute“ Arbeit „schlecht“, aber auch „befriedigend“ oder „ausreichend“ sein.

die zahlreichen Parkunfälle erfaßt."[51] Hieraus lassen sich zwei Dinge folgern: erstens, „außerhalb des fließenden Verkehrs" wird mit ruhendem Verkehr gleichgesetzt[52] und zweitens, das Merkmal erfasst im Wesentlichen Parkunfälle. Im Wesentlichen bedeutet aber nicht „nur". Der Gesetzgeber wollte daher nicht die Bedeutung des Ausschlusses hervorheben, sondern eine Menge bezeichnen, die sich über den Ausschluss definiert. Folglich umschreibt die Formulierung „außerhalb des fließenden Verkehrs" nach allgemeinem Sprachgebrauch eine offene Menge. Diese enthält hauptsächlich Parkunfälle, darüber hinaus aber noch eine weitere (unbekannte) Anzahl von anderen Fällen.

Die Wortlautanalyse ergibt daher zunächst, dass mit der Formulierung „außerhalb des fließenden Verkehrs" ein Merkmal gewählt wurde, das die Einbeziehung weiterer (bisher nicht berücksichtigter) Fälle zulässt. Zudem lässt sich aus der Formulierung „im Wesentlichen" schließen, dass die Parkunfälle absolut betrachtet die überwiegende Anzahl der zu erfassenden Gesamtunfälle beinhaltet.

(2) Gesetzessprachgebrauch

Bei Betrachtung des Sprachgebrauchs des Gesetzes ergibt sich folgendes Bild: § 7 I S. 2 FStrG spricht vom Vorrang des fließenden Verkehrs vor dem ruhenden Verkehr. Der Begriff „ruhender Verkehr" stammt aus dem Sprachgebrauch der Straßenverkehrstechnik.[53] Straßenverkehrsrechtlich umfasst der ruhende Verkehr das Halten und Parken.[54] Halten ist eine gewollte Fahrtunterbrechung, die nicht durch die Verkehrslage oder eine Anordnung veranlasst ist. Das Halten geht in das Parken über, wenn der Fahrer das Fahrzeug verlässt oder länger als drei Minuten hält (§ 12 II StVO). Da der ruhende Verkehr lediglich eine vorübergehende Unterbrechung des fließenden Verkehrs darstellt, kann ein Fahrzeug ihm (rechtlich) nur zugerechnet werden, wenn es jederzeit wieder am fließenden Verkehr teilnehmen kann. Dies setzt voraus, dass das Fahrzeug zugelassen und betriebsbereit ist. Ist diese Bereitschaft nicht gegeben, dann liegt kein

---

[51] BT-Drucksache 13/9064, S. 10.

[52] Ob diese Gleichsetzung tatsächlich zutreffend ist oder nur als Versehen zu werten ist, wird sich noch zeigen müssen.

[53] Kodal-*Grote*, Straßenrecht, S. 603.

[54] BVerwG, Urteil vom 12.12.1969, BVerwGE 34, 320 (320).

Parken, sondern ein Abstellen vor, das nicht mehr straßenverkehrsrechtlich gedeckt ist.[55]

Zwar werden die Begriffe fließender bzw. ruhender Verkehr auch in anderen Vorschriften verwendet, allerdings werden sie dort nicht definiert. Im Baugesetzbuch werden die beiden Begriffe in § 136 III Nr. 2a BauGB nur aufgeführt. Zwar kennt die Seeschifffahrtsstraßen-Ordnung den „ruhenden Verkehr“[56], dies hilft aber nichts für die Auslegung des § 142 IV StGB, da Autos nicht ankern, anlegen und festmachen. In der Fahrerlaubnisverordnung wird zwischen anfahrendem und anhaltendem Verkehr unterschieden[57]; in der Fahrschülerausbildungsordnung findet sich unter der Überschrift „Ruhender Verkehr“: Halten und Parken, Ein- und Aussteigen, Absichern liegengebliebener Fahrzeuge und Anschleppen, Abschleppen und Schleppen[58]. In § 45 IX S. 2 und 3 StVO finden sich schließlich Voraussetzungen für eine Beschränkung oder ein Verbot des fließenden Verkehrs.

In der Rechtsordnung finden sich somit zwar die Begriffe ruhender und fließender Verkehr, jedoch werden sie nicht in einem einheitlichen, deckungsgleichen Sinn definiert. Auch die Betrachtung des Gesetzessprachgebrauchs ergibt damit kein eindeutiges Ergebnis, für die Frage der Auslegung des Merkmals „außerhalb des fließenden Verkehrs“.

Festzustellen ist daher, dass der Wortlaut des § 142 IV StGB nicht eindeutig ist. Zwar stellt der Wortlaut eine Ausschlussgrenze dar[59], jedoch kann allein über den Wortlaut keine Eingrenzung der Anwendungsfälle erreicht werden. Insbesondere gibt die Formulierung „Unfall außerhalb des fließenden Verkehrs“ nicht zwingend vor, dass der Unfall in keinem Zusammenhang mit dem fließenden Verkehrs steht, sondern drückt lediglich aus, dass der Unfall nicht allein im fließenden Verkehr stattgefunden hat. Daher kann eine Ansicht, die sich allein auf den Wortlaut beruft, nicht überzeugend sein. Es bedarf somit einer genaueren Betrachtung unter Heranziehung der verschiedenen Auslegungsmethoden.

---

[55] Kodal-*Grote*, Straßenrecht, S. 603.

[56] 5. Abschnitt der SeeSchStrO.

[57] Anlage 7 zur Fahrerlaubnis-Verordnung, zu § 16 II, 17 II, III FeV, 1.7.

[58] Anlage 1 zu § 4 FahrschAusbO, 10.

[59] Vgl. oben (1) Allgemeiner Sprachgebrauch, S. 13.

bb) Historische Betrachtung

Die historische Betrachtung kann – bezogen auf die tätige Reue – erst mit dem 6. Strafrechtsänderungsgesetz, also der Einführung des § 142 IV StGB beginnen. Zwar gab es mit der Vorschrift des § 22 KFG[60] schon einmal eine Vorschrift, die eine tätige Reue enthielt, allerdings kannte § 22 KFG keine Beschränkung hinsichtlich des fließenden oder ruhenden Verkehrs.

Nach dem Willen des Gesetzgebers soll die tätige Reue nur bei Unfällen außerhalb des fließenden Verkehrs Anwendung finden. Die Formulierung wurde schon im Entwurf seitens des Bundesrates[61] gewählt. In der Begründung wurde dazu ausgeführt: „Durch den neuen § 142 Abs. 3 a StGB wird dem Verkehrsteilnehmer, der sich nach einem Unfall im ruhenden Verkehr mit ausschließlich Sachschaden zunächst unerlaubt entfernt hat, eine „goldene Brücke“ gebaut, wenn er in angemessener Zeit – 24 Stunden – nach Deliktsvollendung die in Absatz 3 umschriebenen Feststellungen ermöglicht.“ Hier wurde somit das Merkmal „außerhalb des fließenden Verkehrs“ mit dem „ruhenden Verkehr“ gleichgesetzt, jedoch wurde keine Definition des ruhenden Verkehrs gegeben. Im Bericht des Rechtsausschusses heißt es zu dem Entwurf dann:„Dem Anwendungsbereich nach werden – wie beim Vorschlag des Bundesrates – nur Unfälle mit Sachschäden im ruhenden Verkehr und damit im wesentlichen die zahlreichen Parkunfälle erfaßt.“[62] Auch hier erfolgt wieder eine Gleichsetzung von „außerhalb des fließenden Verkehrs“ mit dem „ruhendem Verkehr“, allerdings mit der Einschränkung, dass damit im Wesentlichen die Parkunfälle erfasst werden.

Es verbleibt somit auch nach der Analyse der Gesetzgebungsmaterialien die Unsicherheit, wie das Merkmal „außerhalb des fließenden Verkehrs“ verstanden werden muss. Weder ist eine Verweisung auf Vorschriften anderer Gesetze (StVO o.ä.) noch eine Definition des Merkmals erfolgt. Gerade die Bezugnahme auf die Parkunfälle lässt mehrere Deutungen zu.

---

60 Vgl. zu § 22 KFG: 2. Teil, Erster Abschnitt, I. § 22 KFG, S. 150 mit Fußnote 614.

61 BT-Drucksache 13/8587, S. 57.

62 BT-Drucksache 13/9064, S. 10.

cc) Systematische Betrachtung

Die Vorschriften der §§ 2 bis 11 StVO beschäftigen sich (allein[63]) mit Anordnungen hinsichtlich des fließenden Verkehrs. In § 12 StVO finden sich Vorschriften zum Halten und Parken. Nicht zur Fahrbahn gehören auch Seitenstreifen (Bankette, Mehrzweckstreifen[64] und Standspuren)[65], soweit sie nicht die Qualität als Fahrstreifen durch das Zeichen 223.1[66] erlangt haben, weshalb sie nicht dem fließenden Verkehr dienen.[67] Daneben kennen die Vorschriften der §§ 2 bis 11 StVO auch noch Sonderwege, die nicht dem fließenden Verkehr zugeordnet werden. Sonderwege sind die Rad-, Reit- und Gehwege.[68] Die §§ 12 bis 15 StVO stellen Vorschriften hinsichtlich des ruhenden Verkehrs dar.[69]

Bei der Abgrenzung von ruhendem und fließendem Verkehr nach den §§ 2 und 10 StVO ist folgendes zu beachten:

Für die Bestimmung des ruhenden oder fließenden Verkehrs reicht bei den §§ 2 und 10 StVO grundsätzlich der Blick auf ein Fahrzeug. Dieses kann sich entweder in Bewegung befinden oder stehen, bzw. in der Sprache des Gesetzes ausgedrückt fließen oder halten, das Parken ist nur ein Sonderfall des Haltens.

Bei einem Unfall können mehrere Personen und Fahrzeuge beteiligt sein; in der Regel sind auch mehrere beteiligt. Richtet man nun den Blick auf alle Beteiligten, fällt die Zuordnung in Bewegung oder stehend schwerer, da bezogen auf den Einzelnen unterschiedliche Zustandsformen vorliegen können. Die §§ 2 und 10 StVO helfen also nur weiter, wenn bei § 142 IV StGB allein auf die Zustandsform des Täters abgestellt werden darf. Gemäß § 10 StVO befindet sich ein Fahrzeug aber solange außerhalb des fließenden Verkehrs wie es sich nicht in denselben eingeordnet hat. Insofern können sich auch in Bewegung befindli-

---

63 BVerwG, Urteil vom 14.05.1992, 3 C 3.90, BVerwGE 90, 189 = NZV 1993, 44 (44).

64 Der Begriff Mehrzweckstreifen ist veraltet, man spricht nur noch von Seitenstreifen (vgl. *Conrads*, Verkehrsrecht, S. 52)

65 Burmann/Heß/Jahnke/Janker-*Heß*, § 2 StVO Rn. 23.

66 Befahren eines Seitenstreifens als Fahrbahn: § 41 StVO; VwV zu § 41 II; Nr. 3a.

67 Hentschel-*König*, Straßenverkehrsrecht, § 2 StVO Rn. 25.

68 Burmann/Heß/Jahnke/Janker-*Heß*, § 2 StVO Rn. 25. Nach dieser Zuordnung befindet sich somit ein Fahrradfahrer auf einem Radweg außerhalb des fließenden Verkehrs.

69 Burmann/Heß/Jahnke/Janker-*Heß*, § 1 Rn. 19.

che Fahrzeuge noch außerhalb des fließenden Verkehrs befinden.[70] Ebenso hat der fließende Verkehr Vorrang vor rückwärtsfahrenden Fahrzeugen, § 9 V StVO dient nach allgemeiner Ansicht primär dem Schutz des fließenden Verkehrs.[71] Insofern können sich rückwärtsfahrende Fahrzeuge außerhalb des fließenden Verkehrs befinden.

In einem Fall, den das OLG Stuttgart zu entscheiden hatte, verursachte der Unfallbeteiligte beim rückwärts Ausparken aus einer Parkbucht einen Schaden an einem parkenden Auto.

In einem solchen Fall liegt nach Ansicht der Rechtsprechung zu § 9 V StVO kein Unfall im fließenden Verkehr vor.

Die Vorschrift des § 9 V StVO diene nach allgemeiner Rechtsansicht primär dem Schutz des fließenden Verkehrs. Sie gelte auch auf der für jeden Verkehrsteilnehmer frei zugänglichen und damit öffentlichen Verkehrsfläche eines Kundenparkplatzes. Im fließenden Verkehr bestehe, wegen der in der Regel höheren Geschwindigkeit, eine erhöhte Unfallgefahr. Dieser solle durch eine gegenüber der allgemeinen Sorgfaltspflicht des § 1 II StVO gesteigerten Sorgfaltspflicht des im oder in den fließenden Verkehr rückwärts Fahrenden begegnet werden. In Rechtsprechung und Literatur sei deshalb anerkannt, dass dann, wenn der rückwärts Ausparkende beim Ausfahren aus einer Parkbucht mit einem an den parkenden Fahrzeugen vorbeifahrenden Benutzer der „Parkplatzfahrbahn" aus Unachtsamkeit kollidiert, dieser Unfall im fließenden Verkehr geschieht und deshalb § 9 V StVO (zumindest eingeschränkt) Anwendung findet. Der aus einer Parkbucht rückwärts Ausparkende habe deshalb beim Einfahren in die Fahrbahn des Parkplatzes besondere Vorsicht, insbesondere durch stetige Umschau nach rückwärts und seitwärts, walten zu lassen, um zu gewährleisten, dass der hinter ihm bei weiterem Zurückstoßen auch seitlich liegende Gefahrraum während seines Rückstoßmanövers von hinten wie auch von den Seiten her frei.[72]

---

[70] Hentschel-*König*, Straßenverkehrsrecht, § 10 StVO Rn. 10; OLG Stuttgart, Beschluss vom 17.05.2004, 1 Ss 182/04, NJW 2004, 2255 (2255 f.).

[71] Hentschel-*König*, Straßenverkehrsrecht, § 9 StVO Rn. 51; OLG Koblenz, Beschluss vom 09.11.1999, 2 Ss 266/99, NStZ-RR 2000, 154 (154).

[72] OLG Stuttgart, Beschluss vom 17.05.2004, 1 Ss 182/04, NJW 2004, 2255 (2256).

Ein Unfall erfolge aber im ruhenden Verkehr, wenn Teilnehmer des fließenden Verkehrs, etwa ein an den parkenden Fahrzeugen vorbeifahrender Pkw, weder gefährdet noch beschädigt werden, so z.B. beim Zurücksetzen im Rahmen des Rangiervorgangs innerhalb einer Parkbucht, bei dem infolge Unachtsamkeit auf dem benachbarten Stellplatz ein Schaden verursacht wird. An die Sorgfaltspflichten des im ruhenden Verkehr rückwärts Fahrenden seien, wegen des gegenüber dem fließenden Verkehr geringeren Gefahrenpotenzials, geringere als die in § 9 V StVO zum Schutz des fließenden Verkehrs normierten Anforderungen zu stellen. Insoweit habe der rückwärts Rangierende, aber noch in der Parkbucht befindliche Fahrzeugführer, nur die jedem Verkehrsteilnehmer obliegende allgemeine Rücksichtnahmepflicht des § 1 II StVO zu beachten.[73]

Bei diesem Fall dürfte auch allgemein von einem Unfall außerhalb des fließenden Verkehrs ausgegangen werden.[74] Wird allerdings ein an der Parkbucht vorbeifahrendes Fahrzeug beschädigt, läge nach der Rechtsprechung zu § 9 V StVO ein Unfall im fließenden Verkehr vor.[75] Hieraus folgt, dass allein aus dem Zustand der Bewegung keine Zuordnung zum fließenden Verkehr erfolgen kann. Entscheidend ist daneben auch, wo die Bewegung stattfindet bzw. was oder wer gefährdet wird.

Andererseits können auch nicht in Bewegung befindliche Fahrzeuge den sich bewegenden Fahrzeugen zugeordnet werden: Wer durch die Verkehrslage oder durch eine Anordnung aufgehalten wird, der wartet, ohne dass ein Halten i.S.d. StVO gegeben ist. Ein wartendes Fahrzeug wird dem fließenden Verkehr zuge-

---

73 OLG Stuttgart, Beschluss vom 17.05.2004, 1 Ss 182/04, NJW 2004, 2255 (2256).

74 OLG Dresden, Beschluss vom 11.12.2006, Ss (Owi) 650/06, NStZ-RR 2007, 122 (122 f.), für den Fall, dass auf einem Tankstellengelände rückwärts gefahren wird. Das OLG Jena, Beschluss vom 01.02.2004, 1 Ss 80/04, NStZ-RR 2005, 183 (183 f.) hat in einem Fall, bei dem der Betroffene nicht aus einem Bereich des ruhenden Verkehrs in eine dem fließenden Verkehr vorbehaltene Verkehrsfläche einfuhr, sondern sich rückwärts auf einer dem fließenden Verkehr dienenden Fläche fortbewegte und dabei ein dem ruhenden Verkehr zuzuordnendes parkendes Fahrzeug beschädigte, zu § 9 V StVO angenommen, dass sich der Unfall außerhalb des fließenden Verkehrs abgespielt hat, weil kein Teilnehmer am fließenden Verkehr gefährdet wurde.

75 OLG München, Urteil vom 18.01.2008, 10 U 4156/07, Kurzfassung in: NJW-Spezial 2008, 201; weitere Nachweise bei: OLG Stuttgart, Beschluss vom 17.05.2004, 1 Ss 182/04, NJW 2004, 2255 (2256).

ordnet.[76] Ebenso kann ein Fahrzeug dem fließenden Verkehr zugeordnet werden, obwohl es in zweiter Reihe mit laufendem Motor steht.[77]

Die Unterteilung gemäß der §§ 2 bis 11 StVO und 12 bis 15 StVO in fließenden und ruhenden Verkehr hilft bei der Bestimmung des Merkmals „außerhalb des fließenden Verkehrs" im Sinne des § 142 IV StGB daher nicht. Zwar lassen sich über die Vorschriften der StVO die Verkehrsvorgänge dem fließenden bzw. ruhenden Verkehr zuordnen, allerdings überzeugen diese Zuordnungen im Hinblick auf die tätige Reue nicht. Es ist nicht verständlich, warum einerseits ein rückwärtsfahrendes Fahrzeug nicht zum fließenden Verkehr gehören soll, andererseits ein (nicht verkehrsbedingt) stehendes Fahrzeug dem fließenden Verkehr angehört. Die Übertragung der Systematik der StVO ist also zum einen nicht zwingend und zum anderen erscheinen die Ergebnisse für die Bestimmung des Anwendungsbereichs des § 142 StGB nicht überzeugend.

Die systematische Auslegung ergibt kein für § 142 IV StGB in sich geschlossenes System. Insofern sind Ansichten nicht überzeugend, die sich hauptsächlich für die Abgrenzung des fließenden vom ruhenden Verkehr auf die StVO berufen.

dd) Teleologische Betrachtung

Will man den Begriff „außerhalb des fließenden Verkehrs" definieren, muss man zuerst die Rahmenbedingungen erkennen bzw. festlegen. Erst wenn Sinn und Zweck des § 142 StGB und insbesondere der tätigen Reue beachtet werden, kann eine Auslegung gelingen, die auch den Notwendigkeiten der Praxis gerecht wird.

Der Straßenverkehr, nur um diesen geht es bei § 142 StGB, zeichnet sich (mittlerweile) durch eine Vielzahl von teils komplexen Vorgängen ab. Der Verkehr auf Landstraßen oder Autobahnen stellt andere Anforderungen an den Fahrer als der Stadtverkehr. Ein- und Ausparken bedarf meist größerer Konzentration als das Befahren einer Vorfahrtsstraße. Der Abstand zu einem parkenden Au-

---

76 *Berr/Hauser*, ruhender Verkehr, Rn. 9.

77 Hentschel-*König*, Straßenverkehrsrecht, § 10 StVO Rn. 8.

to lässt sich leichter bestimmen als der Abstand zu einem entgegenkommenden Fahrzeug.

Kommt es bei der Teilnahme am Straßenverkehr zu einem Unfall, wurde dieser (falls nicht ein Fall von höherer Gewalt vorliegt) durch einen Unfallbeteiligten verursacht. Diese Verursachung hat dann zivilrechtliche Schadensersatzansprüche zur Folge. Seit nunmehr 100 Jahren will die Regelung über das Verhalten nach einem Unfall (in ihren verschiedensten Ausprägungen[78]) den Geschädigten in die Lage versetzen, das zivilrechtliche Beweissicherungsinteresse verfolgen zu können. Dem Geschädigten soll eine Grundlage für die Durchsetzung seiner zivilrechtlichen Ansprüche geschaffen werden. Hierzu dienen die verschiedenen Pflichten des § 142 I und II StGB.

Wird diesen Pflichten nicht entsprochen, folglich der Tatbestand des unerlaubten [Sich-][79] Entfernens vom Unfallort verwirklicht, fehlen dem Geschädigten die notwendigen Daten (insbesondere zur Person des Anspruchsgegners), um seine Ersatzansprüche verfolgen zu können.

An dieser Stelle soll die Vorschrift des § 142 IV StGB über die tätige Reue ansetzen. Dem Täter der Unfallflucht soll eine „goldene Brücke“[80] gebaut werden. Es soll also ein „Anreiz zur nachträglichen Meldung“[81] geschaffen und „damit dem Anliegen des stärkeren Schutzes privatrechtlicher Interessen der Unfallbeteiligten“[82] besser entsprochen werden.

Ziel der Einführung der tätigen Reue war es also (in bestimmten Fällen), die nachträgliche Meldung des Täters zwecks Ausgleiches des Schadensersatzanspruches zu honorieren. Zentraler Punkt der tätigen Reue ist somit die Negierung der Verschlechterung der Beweissituation, die durch das unerlaubte Sich-Entfernen vom Unfallort eingetreten ist. Dem Geschädigten soll im Nachhinein

---

78 Vgl. 2. Teil, Erster Abschnitt, A. Entstehungsgeschichte, S. 149.

79 Die Überschrift des § 142 StGB lautet zwar nur „Unerlaubtes Entfernen“, sprachlich korrekt müsste es aber „Unerlaubtes Sich-Entfernen“ heißen.

80 BT-Drucksache 13/8587, S. 57.

81 BT-Drucksache 13/8587, S. 80.

82 BT-Drucksache 13/8587, S. 80. Aus diesem Grund hatte die Bundesregierung erwogen „als Rechtsfolge für die angesprochenen Sachverhalte einen Tatbestandsausschluß vorzusehen“ (BT-Drucksache 13/8587, S. 80).

die Möglichkeit zum Schadensersatz in gleichwertiger Form verschafft werden. Der Sicherung des zivilrechtlichen Beweissicherungsinteresses wird sozusagen eine zweite Chance gegeben. Auffällig ist hierbei, dass von Seiten des Gesetzesgebers diese Chance nur bei einer beschränkten Zahl von Verstößen gegen § 142 I bzw. II StGB gewährt wird, obwohl das Interesse eines Schadensausgleiches bei allen Verstößen gegen § 142 I bzw. II StGB besteht. § 142 IV StGB erfährt somit eine Beschränkung, die sich aus dem Sinn der tätigen Reue nicht herleiten lässt. Wie weit die Beschränkung der Anwendbarkeit geht, hängt somit entscheidend davon ab, wie eng oder weit die Grenzen der einzelnen Merkmale gezogen werden. Jede Beschränkung des Anwendungsbereiches der tätigen Reue bedarf daher eigentlich einer ausführlichen Begründung.

(1) Beschränkter Anwendungsbereich bei Begrenzung auf den ruhenden Verkehr

Die Forderung, dass sich der Unfall allein im ruhenden Verkehr abgespielt haben muss, ist nicht zielführend. Sollen sich die Unfallbeteiligten alle im ruhenden Verkehr befinden, beschränkt sich die Anwendbarkeit des § 142 IV StGB auf sehr wenige Fälle. Zu denken ist dabei an Beschädigungen beim Ein- oder Aussteigen, Beschädigungen an haltenden oder geparkten Fahrzeugen durch mangelnde Sicherung der Ladung, wobei das beladene Fahrzeug seinerseits halten oder parken muss, zumal in solchen Fällen teilweise sogar ein Unfall verneint wird.[83] Diese Auslegung führt zu einem solch schmalen Anwendungsbereich, dass die Regelung praktisch überflüssig ist. Dies kann auch vom Gesetzgeber nicht gewollt sein, was er selbst durch die Gesetzesbegründung zum Ausdruck gebracht hat. Zwar stellen die Parkunfälle den wesentlichen Anwendungsbereich des § 142 IV StGB dar, jedoch nicht den gesamten.[84]

Daher verdienen die Aussagen von *Schulz* Zustimmung: Die Beschränkung auf den ruhenden Verkehr befinde sich auch in anderen Reformvorschlägen, dennoch sei sie fragwürdig. Der Geschädigte habe ein Interesse an der Siche-

83 NK-*Schild,* § 142 Rn. 39 mit Nachweisen zur gegenteiligen Ansicht. Bei diesem Streit geht es um die Frage, wie weit der Anwendungsbereich des § 142 StGB reicht und damit, wann eine Beschädigung zu einer Verpflichtung aus § 142 StGB führt. Vgl. AG Berlin-Tiergarten, Beschluss vom 16.07.2008, (290 Cs) 3032 PLs 5850/08 (145/08), NJW 2008, 3728 (3728); *Kudlich*, JA 2009, 230 (232).

84 Vgl. aa) Wortlaut, S. 13 mit Fußnote 51.

rung seiner Schadensersatzansprüche unabhängig davon, ob der Schaden im fließenden oder ruhenden Verkehr entstanden ist. Es lasse sich im Übrigen trefflich darüber streiten, welcher Täter mehr kriminelle Energie entwickelt; derjenige, der sich bei Anwesenheit anderer Unfallbeteiligter entfernt, oder derjenige, der die Situation der alleinigen Anwesenheit ausnutzt, wie dies bei den Parkunfällen üblich ist. Es stelle sich die Frage, ob das Strafbedürfnis nicht im letzteren Fall eher noch höher ist. Auch hier könne die gesetzgeberische Einschränkung somit nicht überzeugen.[85]

Somit spricht der Zweck der tätigen Reue gegen eine solche Begrenzung auf den ruhenden Verkehr. Für den Geschädigten spielt es keine Rolle, ob die Beschädigung beim Ausparken, beim Vorbeifahren oder beim Aussteigen eingetreten ist. Er hat in allen Fällen ein Interesse an einer nachträglichen Meldung, da nur diese in einer Vielzahl der Fälle die Möglichkeit zur Schadensregulierung bietet. Außerdem lässt sich – wie oben gezeigt – die Systematik der StVO nicht unproblematisch auf § 142 IV StGB übertragen.

(2) Beschränkung des Anwendungsbereiches auf Fälle der eindeutigen Haftungslage

Ausgehend von der Schadensregulierung finden sich bei den dargestellten Ansichten einige Stimmen aus der Literatur, die nicht auf die Bewegung bzw. die Zugehörigkeit zum fließenden Verkehr, sondern auf die Frage nach der Eindeutigkeit der zivilrechtlichen Haftung abstellen wollen. Maßgebend für die Abgrenzung sei, ob eine Alleinhaftung des Unfallbeteiligten vorliegt.[86]

Um der Frage, ob dieses Kriterium einen sinnvollen Anwendungsbereich des § 142 IV StGB gewährt, nachgehen zu können, werden zunächst die allgemeinen Regeln der zivilrechtlichen Haftung dargestellt.

Der Schädiger ist in der Regel nur zum Schadensersatz verpflichtet, wenn er sich schuldhaft verhalten hat.[87] Die Schuld ist nach individuellen Gesichtspunkten zu bestimmen. Daher lässt sich hierbei keine Kategorie „eindeutige Haf-

---

85 *Schulz*, NJW 1998, 1440 (1443).

86 Münchener Kommentar StGB-*Zopfs*, § 142 Rn. 130; *Böse*, StV 1998, 509 (511 f.).

87 BGH, Urteil vom 26.11.1969, VI ZR 212/66, BGHZ 51, 91 (98) = NJW 1969, 269 (274); Geigel-*Kaufmann*, Kapitel 25 Rn. 1.

tungslage“ bilden. Maßstab für eine eindeutige Haftungslage kann somit nur eine schuldunabhängige Anspruchsgrundlage sein. Ansprüche aus solch einer Gefährdungshaftung, d.h. einer Haftung, die kein Verhaltensunrecht voraussetzt, sondern die Auswirkungen einer in erlaubter Weise gesetzten Gefahr ausgleicht[88], ergeben sich aus dem Straßenverkehrsgesetz (StVG).

(a) Zivilrechtliche Haftung nach den StVG

Die Haftung für Schadensfälle ist im Straßenverkehrsgesetz (StVG)[89] geregelt.

(aa) Haftung des Halters

Die Haftung des Halters bestimmt sich nach den §§ 7 und 17 StVG[90]. Berechtigter des Anspruches nach § 7 StVG ist der Verletzte, d.h. derjenige, der beim Betrieb eines Kraftfahrzeuges (oder eines Kfz-Anhängers[91]) einen Sach- oder Personenschaden erlitten hat. Verletzter kann nunmehr auch der Insasse eines beim Unfall beteiligten Kfz sein.[92] Verpflichteter ist nach § 7 I StVG der Halter des Kraftfahrzeugs. Halter ist derjenige, der das Kraftfahrzeug – nicht nur vorübergehend – für eigene Rechnung in Gebrauch hat und die tatsächliche Verfügungsgewalt über das Kraftfahrzeug besitzt.[93] Der Halter muss weder Eigentümer des Kraftfahrzeugs, noch im Brief als Halter eingetragen, noch Versicherungsnehmer der für das Kraftfahrzeug abgeschlossenen Haftpflichtversicherung

---

88 BGH, Urteil vom 27.01.1981, VI ZR 204/79, BGHZ 79, 259 (262) = NJW 1981, 983 (983 f.); BGH, Urteil vom 19.04.1988, VI ZR 96/87, NJW 1988, 2802 (2802).

89 Durch das 2. SchadÄndG vom 19.07.2002, BGBl. 2002 I S. 2674-2680 wurden einige (haftungsrelevante) Normen verändert.

90 § 17 I StVG ist wortgleich mit § 17 I AG (Automobilgesetz; Gesetz über den Verkehr mit Kraftfahrzeugen vom 03.05.1909). Zu verschiedenen Fallgestaltungen im Rahmen des § 17 AG: *Hallbauer*, Beiträge zur Erläuterung des Deutschen Rechts Jahrgang 54 (1910), 41 (41 ff.). Das StVG ist mit dem KFG identisch, daher kann die frühere Rechtsprechung zum KFG auf das StVG übertragen werden (vgl. BVerfG, Entscheidung vom 23.02.1965, 2 BvL 19/62, BVerfGE 18, 389 (389) = VRS 28, 241 (241)).

91 Das Zweite Gesetz zur Änderung schadensersatzrechtlicher Vorschriften (vgl. Fn. 89) enthielt die Gleichstellung des Betriebes eines Kfz und des Betriebs eines Anhängers. Der Anhänger wird der Übersichtlichkeit halber nicht mehr gesondert erwähnt.

92 Die Beschränkung (§ 8a StVG a.F.) der Haftung auf Fälle entgeltlicher Beförderung bei der Inanspruchnahme des eigenen Halters und Fahrers wurde ersatzlos gestrichen.

93 BGH, Urteil vom 26.11.1996, VI ZR 97/96, NJW 1997, 660 (660).

sein.[94] Der Begriff des Betriebes des Kraftfahrzeugs ist weit auszulegen; dies beruht auf dem Gedanken, dass die vom Kfz im Straßenverkehr ausgehenden Gefahren immer größer werden, diese aber im Interesse des technischen Fortschritts und des Funktionieren des modernen Massenverkehrs nicht verboten werden können und daher von jedem Einzelnen hinzunehmen sind.[95] Er umfasst sämtliche Schäden, die durch Gefahren adäquat verursacht werden, die dem Kraftfahrzeug typischerweise innewohnen.[96] Ein Fahrzeug ist jedenfalls dann in Betrieb, wenn der Motor in Gang gesetzt ist und das Fahrzeug oder eine Betriebseinrichtung bewegt.[97] Ein Kfz kann aber auch dann noch in Betrieb sein, wenn der Motor nicht läuft. Ausreichend ist, dass sich eine von dem Kfz ausgehende Gefahr ausgewirkt hat und das Schadensgeschehen in dieser Weise durch das Kfz mitgeprägt worden ist.[98] Eine Betriebsgefahr wird selbst dann bejaht, wenn das Kfz ordnungsgemäß im Verkehrsraum abgestellt wurde.[99]

Eine Haftung ist gemäß § 7 II StVG ausgeschlossen, wenn der Unfall durch höhere Gewalt verursacht wurde. Höhere Gewalt zeichnet sich durch drei Elemente aus: Erstens, das Geschehen wirkt von außen auf den Fahrzeugbetrieb ein, d.h. es steht in keinem Zusammenhang mit dem Betrieb des Fahrzeugs, zweitens ist es so außergewöhnlich, dass es nicht vorhersehbar war und drittens war es auch bei größtmöglicher Sorgfalt nicht abwendbar.[100]

Im Rahmen des § 7 II StVG kommt es mittlerweile nicht mehr auf den Begriff des unabwendbaren Ereignisses an.[101] Dieser Begriff ist dennoch von erheblicher Bedeutung, wenn es um den Ausgleich der Haftung zwischen mehreren Fahrzeughaltern gegenüber einem Dritten geht.[102] Für Unfälle zwischen Kraftfahrzeugen und nicht motorisierten Verkehrsteilnehmern gilt jedoch der

---

94 *Lemcke*, ZfS 2002, 318 (319).
95 BGH, Urteil vom 05.07.1988, VI ZR 346/87, BGHZ 105, 65 (66) = NZV 1989, 18 (18).
96 *Tietgens/Nugel*, § 7 Rn. 7.
97 BGH, Urteil vom 09.01.1959, VI ZR 202/57, BGHZ 29, 163 (164 ff.) = NJW 1959, 627 (627 f.).
98 BGH, Urteil vom 27.11.2007, VI ZR 210/06, NJW-RR 2008, 764 (764) m.w.N.
99 *Tietgens/Nugel*, § 7 Rn. 10 m.w.N.; a.A. *Brögelmann*, JA 2003, 872 (873).
100 Geigel-*Kaufmann,* Kapitel 25 Rn. 94.
101 *Hentschel*, NZV 2002, 433 (434); *Müller*, DAR 2002, 540 (547).
102 *Jaeger/Luckey*, Rn. 288.

Haftungsausschluss nur beim Vorliegen von höherer Gewalt.[103] Der Begriff des unabwendbaren Ereignisses ist weiter[104] als der der höheren Gewalt[105]. Ein unabwendbares Ereignis setzt im Gegensatz zur höheren Gewalt nicht voraus, dass es von außerhalb auf den Betrieb einwirkt und völlig außergewöhnlich ist. Es muss jedoch durch die größte Sorgfalt und Vorsicht nicht abwendbar, d.h. unverschuldet sein.[106]

(bb) Haftung des Fahrers

Gemäß § 18 StVG haftet der Führer des Kraftfahrzeuges ebenso wie der Halter, es sei denn, er kann den Nachweis führen, dass der Schaden nicht durch sein Verschulden verursacht wurde.

(cc) Ausgleichspflicht bei mehreren Haftpflichtigen

§ 17 StVG regelt, wie die Haftung zwischen mehreren Haftpflichtigen verteilt wird. § 17 II StVG regelt die Inanspruchnahme bzw. die wechselseitige Inanspruchnahme bei einem Verkehrsunfall zwischen mehreren Kraftfahrzeugen. § 17 II StVG verweist auf § 17 I StVG, weshalb es für den Umfang der Ersatzpflicht auf die Verursachungsbeiträge ankommt.[107] Eine Verpflichtung zum Ersatz ist gemäß § 17 III StVG ausgeschlossen, wenn der Unfall durch ein unabwendbares Ereignis verursacht wurde. Der Begriff des unabwendbaren Ereignisses meint nicht die absolute Unvermeidbarkeit des Unfalls, sondern ein Ereignis, das auch bei der äußersten möglichen Sorgfalt nicht abgewendet werden kann. Nicht ausreichend ist hierfür ein Handeln, das der im Verkehr erforderlichen Sorgfalt genügt, es bedarf vielmehr eines darüber hinausgehenden sachgemäßen, geistesgegenwärtigen Handelns. Dabei darf sich die Prüfung aber nicht nur auf die Frage beschränken, ob der Fahrer in der konkreten Gefahrensituation wie ein Idealfahrer reagiert hat. Sie ist auch auf die Frage zu erstrecken, ob ein Idealfah-

---

103 *Bollweg/Hellmann*, § 7 Rn. 20.

104 So auch schon: *von Damm*, DJ 1909, 744 (747) zur Vorschrift des § 7 II KFG von 1909 (vgl. Fn. 614).

105 Das Reichsgericht (RG, Sitzung vom 18.09.1885, Archiv für das Zivil- und Kriminalrecht der Königlich-Preußischen Rheinprovinzen 1886, 91 (93)) definierte höhere Gewalt als ein „mit aller denkbaren Umsicht unabwendbares Ereignis".

106 Geigel-*Kaufmann*, Kapitel 25 Rn. 126.

107 *Brögelmann*, JA 2003, 872 (875).

rer überhaupt in eine solche Gefahrensituation geraten wäre.[108] Unabwendbar ist somit ein Kfz-Unfall, den ein idealer Fahrer bei idealer Fahrweise nicht hätte vermeiden können.[109] Der sich aus einer abwendbaren Gefahrenlage entwickelnde Unfall wird nicht dadurch unabwendbar, wenn sich der Fahrer in der Gefahr nunmehr, aber zu spät, ideal verhält.[110]

Liegt kein unabwendbares Ereignis vor, so ist in einem ersten Schritt das Gewicht des Verursachungsbeitrages des jeweiligen Kraftfahrzeugführers zu ermitteln.[111] Der Verursachungsbeitrag ist die Summe der Gefahren, die in der konkreten Unfallsituation von dem Kfz ausgegangen sind und sich beim Unfall ausgewirkt haben.[112] Für die von einem Fahrzeug ausgehenden Gefahren ist entscheidend, inwieweit sich der konkrete Betrieb des Fahrzeugs im Einklang oder Widerspruch zu den Regelungen der Straßenverkehrsordnung befand.[113] Als zweiter Schritt sind die Verursachungsbeiträge der Beteiligten gegeneinander abzuwägen.[114] Den größeren Haftungsanteil trägt derjenige, dessen Verhalten den Eintritt in höherem Maß wahrscheinlich gemacht hat.[115] Die Abwägung erfolgt jedoch nicht schematisch, sondern ist auf Grund aller festgestellten Umstände des Einzelfalls vorzunehmen.[116]

---

108 OLG Koblenz, Urteil vom 04.10.2005, NJW-RR 2006, 94 (94). Das Urteil erging zwar zu § 7 II StVG a.F. (das unabwendbare Ereignis wurde mittlerweile durch die Beschränkung auf höhere Gewalt ersetzt), die Erläuterung kann aber auf § 17 StVG übertragen werden (bei diesem stellt sich noch immer die Frage, ob ein unabwendbares Ereignis vorliegt).

109 Baur-*Baur*, Unfallhaftpflichtrecht, Kapitel 17 Rn. 37.

110 BGH, Urteil vom 17.03.1992, VI ZR 62/91, NJW 1992, 1684 (1686). Einzelheiten zum Idealfahrer: Geigel-*Kaufmann* Kapitel 25 Rn. 114 ff.

111 *Heß/Burmann*, NJW-Spezial 2007, 537 (537).

112 *Lemcke*, ZfS 2002, 318 (322).

113 *Brögelmann*, JA 2003, 872 (876).

114 *Heß/Burmann*, NJW-Spezial 2007, 537 (537).

115 *Lemcke*, ZfS 2002, 318 (323).

116 BGH, Urteil vom 25.03.2003, VI ZR 161/02, NJW 2003, 1929 (1931).

(dd) Eindeutige Haftungslage

Eine eindeutige Haftungslage soll gegeben sein, wenn der Führer eines Kraftfahrzeuges gemäß den §§ 7, 18 StVG haftet, ohne dass eine mitwirkende Betriebsgefahr eines anderen in Betracht kommt.[117]

Nach der Gesetzesbegründung sollen im Wesentlichen die zahlreichen Parkunfälle erfasst werden[118]. Fraglich ist aber, ob alle Parkunfälle zugleich Fälle mit eindeutiger Haftungslage sind. Typische Parkunfälle sind: Beschädigungen an anderen abgestellten Fahrzeugen beim Aus- bzw. Einparken, aber auch Beschädigungen an anderen Fahrzeugen, die sich in Bewegung befinden. Die Parkunfälle können sowohl auf Parkplätzen, als auch auf anderen Flächen, die für das Parken vorgesehen sind, stattfinden.

Nach Ansicht der Rechtsprechung bestimmen sich die Sorgfaltspflichten bei einem Unfall auf einem Parkplatz für alle Kfz allein nach § 1 II StVO. Derjenige, der auf einem öffentlichen Parkplatz eine Fahrspur benutzt, muss mit ständigem Ein- und Ausparken rechnen, daher gelten nicht die gleichen Maßstäbe wie im Rahmen des fließenden Verkehrs. Kommt es zu einer Kollision eines Ausparkenden mit einem auf der Fahrbahn Fahrenden, liegt die Haftungsverteilung bei 50 zu 50 Prozent.[119] Anders wird dies bei einem Verstoß gegen die Regel „rechts vor links“ auf einem Parkplatz gesehen.[120] Der Verstoß führt aber dennoch nicht zu einer Alleinhaftung.[121] In der Regel liegt also bei einem Parkunfall, bei dem beide Fahrzeuge in Bewegung sind, keine eindeutige Haftungslage vor.

Aber auch wenn eins der Fahrzeuge nicht in Bewegung ist, kann eine eindeutige Haftungslage zu verneinen sein. Dies ist beispielsweise der Fall bei einer

---

[117] Münchener Kommentar StGB-*Zopfs*, § 142 Rn. 75.

[118] BT-Drucksache 13/9064, S. 10.

[119] OLG Oldenburg, Urteil vom 12.12.1991, 14 U 57/91, DAR 1991, 304 (304 f.).

[120] KG, Urteil vom 03.03.1988, 12 U 4974/87, NZV 1988, 65 (65); OLG Köln, Urteil vom 08.12.1994, 18 U 117/94, NZV 1995, 401 (401 f.).

[121] Weitere Fälle aus der Rechtsprechung bei: *Grüneberg,* Haftungsquoten, Rn. 272 f.; *Kuhn*, Schadensverteilung, S. 192 f.

Kollision mit einer (teilweise) geöffneten Fahrzeugtür im Zusammenhang mit dem Einparken auf einem Kundenparkplatz.[122]

Probleme ergeben sich, wenn das Fahrzeug, auf das aufgefahren wurde, verkehrswidrig abgestellt war. Die Frage, ob von einer Alleinhaftung des Auffahrenden auszugehen ist, beurteilt sich danach, wann der Unfall stattgefunden hat (bei Tag oder Nacht), wie gut das verkehrswidrig abgestellte Fahrzeug zu sehen war (insbesondere, ob es direkt oder indirekt beleuchtet war), wo das verkehrswidrige Abstellen erfolgte (Kurve, vor einer Ausfahrt, etc.) und ob das verkehrswidrige Abstellen eine Behinderung anderer Verkehrsteilnehmer zur Folge hat. Je nach Einzelfall kann diese Beurteilung zu einer eindeutigen Haftungslage führen, man kann jedoch nicht feststellen, dass beim Auffahren auf ein verkehrswidrig abgestelltes Fahrzeug immer eine eindeutige Haftungslage vorliegt.[123]

Eine eindeutige Haftungslage kann aber auch dann vorliegen, wenn sich beide Fahrzeuge außerhalb eines Parkplatzes in Bewegung befinden. § 10 StVO ordnet an, dass der Verkehrsteilnehmer, der vom Fahrbahnrand anfahren will, sich so zu verhalten hat, dass eine Gefährdung anderer Verkehrsteilnehmer ausgeschlossen ist, d.h. vom Anfahrenden wird die äußerste Sorgfalt gefordert, weshalb grundsätzlich die alleine Haftung[124] des Anfahrenden gegeben ist.[125] Ebenso liegt (in der Regel) eine Alleinhaftung desjenigen vor, der das Rotlicht einer Ampel missachtet.[126]

(b) Ergebnis zur zivilrechtlichen Haftung

Zwar lassen sich Unfälle in die Kategorie „eindeutige Haftungslage" einordnen, allerdings ergeben diese Fälle kein in sich geschlossenes Bild. Fälle eindeu-

---

122 OLG Frankfurt a.M., Urteil vom 09.06.2009, 3 U 211/08, NJW 2009, 3038 (3039 f.); LG Saarbrücken, Urteil vom 29.05.2009, 13 S 181/08, NJW-RR 2009, 1250 (1251 f.).

123 Entscheidungen zur unterschiedlichen Haftungsverteilung: *Grüneberg*, Haftungsquoten, Rn. 288 ff.

124 Eine Mithaftung kommt bei Unaufmerksamkeit oder bei überhöhter Geschwindigkeit in Betracht (*Grüneberg*, Haftungsquoten, Rn. 85).

125 KG, Beschluss vom 15.12.2005, 12 U 165/05, NZV 2006, 371 (371 f.).

126 OLG München, Urteil vom 02.01.1968, 10 U 1529/67, DAR 1968, 268 (268 f.). *Grüneberg*, Haftungsquoten, Rn. 1.

tiger Haftungslage lassen sich bei (fast) jeder Verkehrslage finden.[127] Daher stellt die eindeutige Haftungslage kein einfach zu bestimmendes Kriterium dar, das von jedem Verkehrsteilnehmer direkt und zweifelsfrei angewendet werden kann. Die Abwägung der Verursachungsbeiträge erfolgt eben nicht schematisch, sondern ist auf Grund aller festgestellten Umstände des Einzelfalls vorzunehmen. Trotz im Grunde eindeutiger Situationen kann sich im Einzelfall eine vom Normalfall abweichende Haftungsverteilung ergeben. So hängt die Haftungsverteilung beispielsweise bei einer Unfallverursachung durch unvorsichtiges Türöffnen davon ab, wie weit die Tür geöffnet wurde bzw. davon wie weit der Sicherheitsabstand durch das vorbeifahrende Fahrzeug unterschritten wurde. Selbst bei einem Unfall mit einem stehenden Fahrzeug muss der Auffahrende nicht in jedem Fall alleine haften, da es darauf ankommt, ob das Fahrzeug ordnungsgemäß geparkt und ggfls. beleuchtet war. Zudem gibt es Konstellationen, die in der Rechtsprechung umstritten sind.[128] Desweiteren gibt es Konstellationen eindeutiger Haftungslage, z.B. einen Unfall aufgrund eines Rotlichtverstoßes, die sich im Begegnungsverkehr abspielen und ein hohes Gefährdungspotential darstellen. Sofern man diese nicht auch in den Anwendungsbereich des § 142 IV StGB aufnehmen will, müsste das Merkmal der eindeutigen Haftungslage seinerseits beschränkt werden. Ein einfach zu handhabendes Merkmal wird hierdurch aber nicht geschaffen.

Ziel der tätigen Reue ist die Erhöhung der Bereitschaft zur nachträglichen Meldung. Dieses Ziel wird aber keineswegs durch die Verwendung schwieriger Begriffe erreicht, deren Ausfüllung immer wieder Anlass zu Streit gibt. Der Täter, der sich unsicher ist, ob die Voraussetzung für einen Unfall außerhalb des fließenden Verkehrs, d.h. eines Unfalles mit eindeutiger Haftungslage vorliegt, wird sich im Zweifel eben nicht nachträglich melden. Die vom Gesetzgeber im Wesentlichen anvisierten Parkunfälle enthalten zwar zum großen Teil auch Unfälle mit eindeutiger Haftungslage, aber eben nicht ausschließlich. Eine Auftrennung der Parkunfälle in Fälle eindeutiger Haftungslage und damit der grundsätzlichen Anwendbarkeit von § 142 IV StGB und Fälle ohne eindeutige Haf-

---

127 Zur Auswirkung der Alkoholisierung des Fahrzeugführers: *Berger*, VersR 1992, 168 (168 ff.).

128 Beispielsweise: OLG Stuttgart, Urteil vom 19.01.1990, 2 U 23/89, NJW-RR 1990, 670 (679), zur Frage der Haftungsverteilung bei einer Kollision auf einem Parkplatz.

tungslage und damit der Versagung der Anwendbarkeit von § 142 IV StGB muss vermieden werden, damit die Unklarheiten seitens der Unfallbeteiligten nicht noch mehr zunehmen.

b) Ergebnis zu Auslegung de lege lata

Der Begriff „außerhalb des fließenden Verkehrs" ist nicht eindeutig, die Auslegung nach dem Wortsinn eröffnet mehrere Ergebnisse

Eine restriktive Auslegung ist nicht erforderlich. Die tätige Reue führt zur Straflosigkeit bzw. zu einer Milderung der Strafe, die Auslegung muss daher nicht im selben Maß wie bei den Vorschriften über die Strafbarkeit erfolgen. Der Begriff kann und darf daher auch weit ausgelegt werden – er muss sogar weit ausgelegt werden, wenn der Ausnahmevorschrift (bezogen auf die Strafbarkeit) zu praktischer Wirksamkeit verholfen werden soll.

Bei der Definition des Merkmals „außerhalb des fließenden Verkehrs" haben sich Kriterien, die auf die Bewegung des verursachenden Fahrzeugs bzw. auf die Unbeweglichkeit des geschädigten Objekts abstellen, als wenig tauglich erwiesen, da sie zu zufälligen bzw. für die Betroffenen unverständlichen Ergebnissen führen. Dennoch ist einer Sichtweise der Vorzug zu geben, die nicht anhand von (zum Teil schwierigen) Haftungsfragen erfolgt, sondern auf die tatsächlichen Gegebenheiten abstellt.

Sind jedoch die Objekte des Unfalls nicht geeignet, den Bereich außerhalb des fließenden Verkehrs festzulegen, ist eine Betrachtungsweise vorzugswürdig, bei der sich eine klare Zuordnung fließender Verkehr bzw. außerhalb des fließenden Verkehrs vornehmen lässt.

Richtet man daher den Blick auf den Unfallort und eben nicht auf das Unfallgeschehen und seine Beteiligten, lassen sich abstrakt betrachtet alle Verkehrsflächen dem fließenden bzw. dem nicht fließenden Verkehr zuordnen. Fließender Verkehr findet in aller Regel auf dem Fahrstreifen statt. Nicht zum Fahrstreifen gehören die Randstreifen und Blankette. Ebenfalls sind Parkstreifen, Parkplätze und Gehwege nicht dem fließenden Verkehr zugeordnet. Bei Radwegen könnte zwar danach differenziert werden, ob der Radweg bestimmungsgemäß von einem Fahrrad (dann fließender Verkehr) oder von einem Kfz bestimmungswidrig (dann nicht fließender Verkehr) benutzt wurde. Diese Differenzierung ist jedoch nicht vorzunehmen, da sie die abstrakte Betrachtung mit einer nicht sinnvollen Ausnahme versieht. Ein Radweg ist dem Bereich des nicht fließenden Verkehrs zuzuordnen, da der Radweg nicht zum Fahrstreifen gehört. Bei Berücksichtigung dieser Abgrenzungen gelangt man zu folgender Sichtweise:

Das Merkmal „außerhalb des fließenden Verkehrs" meint Unfälle, die sich auf Flächen ereignen, die nicht dem fließenden Verkehr zuzuordnen sind. Dies sind Flächen, auf denen üblicherweise kein fließender Verkehr stattfindet, d.h. Parkplätze, Verkehrsbuchten, Tankstellen, Seiten- und Grünstreifen sowie Rad- und Gehwege.[129] Entscheidend für diese Abgrenzung ist die Festlegung des räumlichen Bezugspunktes des Unfalls[130], als Ort des Eintritts der Beschädigung. Tritt die Beschädigung auf einem Parkplatz ein, ist unabhängig vom Bewegungszustand, ein Unfall außerhalb des fließenden Verkehrs gegeben. Gleiches gilt für die Beschädigung einer Verkehrseinrichtung, die sich nicht auf dem Fahrstreifen, sondern auf dem Randstreifen befindet. Für einen Großteil der Fälle eindeutiger Haftungslage dürfte die tätige Reue jedoch möglich sein, da sich diese Fälle hauptsächlich durch Beschädigung an Gegenständen ereignen, die sich außerhalb des fließenden Verkehrs befinden. Hingegen unterfallen Unfälle im Begegnungsverkehr auf den Fahrstreifen nicht der Regelung des § 142 IV StGB.

Diese Auslegung wird auch dem Willen des Gesetzgebers gerecht, da sie zwar die zahlreichen Parkunfälle erfasst, daneben aber auch noch Raum für weitere Fallgestaltungen lässt, bei denen eine vergleichbare Situation vorliegt. Für den Unfallbeteiligten stellt sich die Lage nämlich gleich dar, unabhängig davon, ob

---

129 Diese Auslegung führt nicht zu einer Verneinung eines Unfalles, sondern nur zur Anwendbarkeit des § 142 IV StGB.

130 An dieser Stelle wird nicht vom Unfallort gesprochen, da der Begriff des Unfallorts i.S.d. § 142 StGB mehr umfasst, als die Stelle, an der die Beschädigung eingetreten ist. Zur Diskussion um den Begriff des Unfallortes nach der Entscheidung des Bundesverfassungsgerichtes vom 19.03.2007 (2 BvR 2273/06; NJW 2007, 1666 (1666 ff.)): *Brüning*, ZIS 2007, 317 (322) m.w.N., *Küper*, NStZ 2008, 597 (602 ff.); OLG Düsseldorf, Beschluss vom 01.10.2007, 2 Ss 142/07-69/07 III, NStZ-RR 2008, 88 (88 f.); OLG Hamburg, Beschluss vom 27.03.2009, 3–13/09, NZV 2009, 301 (301 f.); BGH, Beschluss vom 15.11.2010, 4 StR 413/10, StV 2011, 160 (160); *Blum*, NZV 2008, 495 (495 ff.); *Beulke*, FS Maiwald, S. 21 (26 ff.).

er auf dem Parkplatz ein Fahrzeug oder ein Verkehrsschild angefahren oder er einen Baum auf dem Grünstreifen beschädigt hat. Der Anwendungsbereich des § 142 IV StGB ist auch eröffnet, wenn die Beschädigung an einem Fahrzeug des fließenden Verkehrs erfolgt, sofern der Ursprung des schädigenden Ereignisses außerhalb des fließenden Verkehrs liegt. D.h. es ist unerheblich, ob der Schaden an einem geparkten Fahrzeug oder beim Ausparken oder Aussteigen an einem vorbeifahrenden Fahrzeug verursacht wird. In dem oben angesprochenen Fall des OLG Köln[131] führt diese Auslegung zur Bejahung des Merkmals „außerhalb des fließenden Verkehrs".[132]

c) Auslegung de lege ferenda

Die Auslegung de lege lata gibt § 142 IV StGB einen Anwendungsbereich, der eine Vielzahl von Unfällen erfasst. Dennoch stellt sich die Frage, warum es überhaupt einer Einschränkung im Hinblick auf den fließenden Verkehr bedarf. De lege ferenda könnte auch eine vollständige Streichung dieser Beschränkung in Betracht kommen. Als Begründung ließe sich die oben angesprochene Lage des Geschädigten anführen. Unabhängig davon, wie und wo der Unfall geschehen ist, besteht nämlich stets ein Interesse an der Durchsetzung von Schadensersatzansprüchen. Kann dieser nach erfolgter Unfallflucht nur dadurch erreicht werden, dass sich der Täter nachträglich meldet, besteht aus Sicht des Geschädigten kein Grund für die Beschränkung des Anwendungsbereiches.

Ein extrem weiter Anwendungsbereich einer tätigen Reue sieht sich jedoch einem gewichtigen Einwand ausgesetzt. Das Inaussichtstellen der Straffreiheit trotz unerlaubten Sich-Entfernens vom Unfallort schwächt den Normbefehl des § 142 StGB. Es ist zu befürchten, dass mehr Unfallbeteiligte die Vorschrift über die tätige Reue zum Anlass nehmen, um sich zunächst vom Unfallort zu entfernen. Mit einer höheren Anzahl von Verstößen gegen § 142 StGB wächst auch die Gefahr, dass verletzte Personen unentdeckt an der Unfallstelle verbleiben und ihnen keine Hilfe durch den Unfallbeteiligten zu Teil werden kann. Dieser

---

131 Vgl. a) Restriktive Interpretation durch die Rechtsprechung, S. 4.

132 Der Täter war beim Abbiegen in eine Straße gegen zwei an einem Verkehrszeichen auf der Ecke angekettete Fahrräder gestoßen. Somit ereignete sich der Unfall nicht auf einem den fließenden Verkehr zugeordneten Bereich.

Einwand richtet sich aber nicht speziell gegen ein einzelnes Merkmal, sondern generell gegen die gesetzlich eingeräumte Möglichkeit einer tätigen Reue.[133]

4. Zusammenfassung

Legt man die Ansicht der Rechtsprechung und eines Teils der Literatur zu Grunde, so ist der Anwendungsbereich des § 142 IV StGB auf Fälle beim Ein- und Ausparken, d.h. auf Vorgänge im ruhenden Verkehr beschränkt. Überwiegend werden hingegen an sich ähnliche Fälle ausgeschieden, in denen statt eines geparkten Autos ein unbeweglicher Gegenstand (Straßenlaterne, Leitplanke, etc.) beschädigt wird, wenn sich der verursachende Verkehrsteilnehmer im fließenden Verkehr befindet.

Diese einschränkende Interpretation verkleinert den Anwendungsbereich der Norm erheblich und führt zu merkwürdigen Ergebnissen:

So erscheint es doch verwunderlich, wenn man dem Unfallbeteiligten erklären muss, dass § 142 IV StGB keine Anwendung findet, wenn er die Straßenlaterne beim Vorbeifahren touchiert hat, § 142 IV StGB aber anwendbar wäre, wenn er die Straßenlaterne beim Ausparken beschädigt hätte.

Nachdem eine Auslegung nach Wortlaut, Historie und Systematik keine eindeutigen Ergebnisse erzielt, hat der Blick auf Sinn und Zweck der Vorschrift zu einer Auslegung geführt, bei der der tätigen Reue (zumindest beim Merkmal „außerhalb des fließenden Verkehrs") zu praktischer Wirksamkeit verholfen wird. Die Zuordnung der Unfälle außerhalb des fließenden Verkehrs erfolgt über die Betrachtung des Schädigungsortes. Befindet sich dieser auf einer Fläche, die nur dem nicht fließenden Verkehr zugerechnet wird, ist der Anwendungsbereich des § 142 IV StGB eröffnet. Diese Betrachtung erlaubt dem Rechtsanwender in aller Regel eine leicht durchzuführende Subsumtion und führt damit zu erhöhter Rechtsklarheit, zudem engt sie den Anwendungsbereich der tätigen Reue nicht unverhältnismäßig ein.

---

133 Vgl. a) Generelle Argumente gegen die tätige Reue, S. 249.

II. Vierundzwanzig Stunden nach einem Unfall

Die Regelung des § 142 IV StGB sieht eine Frist von 24 Stunden vor. Insofern ist der Gesetzgeber einer Empfehlung des 24. Verkehrsgerichtstages[134] gefolgt. Er vertritt damit die Auffassung, dass dieser Zeitraum dem Täter ausreichend Gelegenheit gibt, zur Einsicht zu gelangen und gegebenenfalls anwaltlichen Rat einzuholen.[135] Der Täter kann diese strikte Frist ausschöpfen, er läuft allerdings Gefahr, dass er währenddessen ermittelt wird, mit der Folge, dass es an einer freiwilligen Meldung[136] fehle.[137] Insofern entfalte die Regelung einen gewissen „Entscheidungsdruck“ auf den Täter und schaffe zugleich wegen des Charakters einer Ausschlussfrist Rechtsklarheit.[138] Dies sei wegen der Vielzahl der Anwendungsfälle im Hinblick auf die Verkehrsteilnehmer wichtig, da sie so klare Verhaltensmaßregeln hätten und nicht allein auf das relativ vage Merkmal der Freiwilligkeit angewiesen seien.[139]

1. Beginn und Dauer

Entscheidend für die Frist zur tätigen Reue sind die Dauer und der Beginn der Frist.

a) Beginn der 24-Stundenfrist

Die 24-Stundenfrist beginnt mit dem Unfallereignis zu laufen[140], gleichgültig, ob der Unfallbeteiligte zu diesem Zeitpunkt Kenntnis vom Unfall hatte.[141] Diese Verankerung der Frist am Unfallereignis hat (jedenfalls für § 142 I StGB) wenig bis keine praktische Bedeutung. Hat der Unfallbeteiligte den Unfall nicht wahrgenommen, scheidet eine Verwirklichung des § 142 I StGB wegen fehlenden

---

[134] 24. VGT, S. 11.

[135] *Bönke*, NZV 1998, 129 (130).

[136] Vgl. V. Freiwilligkeit, S. 64.

[137] Berz/Burmann-*König*, Handbuch des Straßenverkehrsrechts, Rn. 106.

[138] *Böse*, StV 1998, 509 (512).

[139] *Böse*, StV 1998, 509 (513).

[140] *Andreae*, Jahrbuch Verkehrsrecht 2000, S. 297; *Sander/Hohmann*, NStZ 1998, 273 (278); SK-StGB-*Rudolphi*, § 142 Rn. 57.

[141] *Buschbell*, Straßenverkehrsrecht, § 4 Rn. 115; LK-*Geppert*, § 142 Rn. 204; Lackner/*Kühl*, § 142 Rn. 38; NK-*Schild*, § 142 Rn. 114; SK-StGB-*Rudolphi*, § 142 Rn. 57; Schönke/Schröder-*Sternberg-Lieben*, § 142 Rn. 88a; differenzierend *Grohmann*, DAR 1998, 487 (487).

Vorsatzes aus. Ebenso fehlen die Voraussetzungen für eine Bestrafung nach § 142 II StGB, da ein unvorsätzliches Sich-Entfernen nicht als berechtigtes oder entschuldigtes Sich-Entfernen anzusehen ist.[142] Insofern kann eine spätere Kenntnisnahme vom Unfall keine Auswirkungen im Sinn einer (stark) verkürzten Möglichkeit zur Meldung haben. Auswirkungen hat der Unfallzeitpunkt und damit der Fristbeginn nur bei § 142 II StGB. So sind Fälle denkbar, bei denen die nachträgliche Ermöglichung nach § 142 II StGB auch noch nach Ablauf der 24 Stunden unverzüglich wäre bzw. nach Verwirklichung des Tatbestandes allenfalls noch ein kurzer Zeitraum für die tätige Reue verbleibt. Dennoch hat sich der Gesetzgeber für den Unfallzeitpunkt als Fristbeginn entschieden[143], um die Unklarheiten hinsichtlich des Fristablaufes zu minimieren. Der Ablauf der 24-Stundenfrist lässt sich bezogen auf den Unfallzeitpunkt leichter bestimmen als der Fristablauf unter Berücksichtigung der Tatbestandsverwirklichung. Es kann zwar im Einzelfall unklar sein, wann sich der Unfall ereignet hat, die Frist läuft aber für alle Fälle des § 142 I und II StGB zum selben Zeitpunkt ab.

Nach Ansicht von *Grohmann* muss dem Täter die 24-Stundenfrist voll zur Verfügung stehen. Die Frist beginne somit in dem Zeitpunkt, wenn der Täter nachweisbar vom Unfall und seiner Unfallbeteiligung Kenntnis hatte. Verlasse der Täter den Unfallort, ohne seine Unfallbeteiligung zu kennen, erlange aber

---

142 Diese Frage war lange Zeit umstritten. Nach ständiger Rechtsprechung (grundlegend: Beschluss vom 30.08.1978, BGHSt 28, 129 = NJW 1979, 434; anderer Ansicht war anfangs das BayObLG, Urteil vom 22.07.1977, RReg 2 St 41/77, JR 1978, 114) und eines Teils der Lehre (z.B. *Küper*, Richterliche Rechtsfortbildung, S. 451 (459) m.w.N.; *Franke*, JuS 1978, 456 (459); *Janiszewski*, JR 1978, 116 (116 f.)) unterfiel auch das unvorsätzliche Entfernen dem § 142 II StGB. Mit Beschluss vom 19.03.2007 (2 BvR 2273/06; NJW 2007, 1666 (1666 ff.); mit ausführlichen Literaturnachweisen) hat das BVerfG diese Auslegung wegen Verstoßes gegen Art. 103 II GG für verfassungswidrig erklärt [und zugleich die Möglichkeit der Aufweichung des Unfallortbegriffes angedeutet. *Küper*, NStZ 2008, 597 (605) ist der Meinung, dass das verunglückte obiter dictum des BVerfG es verdient, möglichst schnell vergessen zu werden. Die Ausdehnung des Unfallortes ablehnend: OLG Hamburg, Beschluss vom 27.03.2009, 3-13/09-1 Ss 31/09, NJW 2009, 2074 (2074 f.); *Dehne-Niemann*, Jura 2008, 135 (140 f.); BGH, Beschluss vom 15.11.2010, 4 StR 413/10, StV 2011, 160 (160)]. Zur verfassungskonformen Auslegung des § 142 II Nr. 2 StGB: *Mitsch*, NZV 2008, 217 (217 ff.); *ders.*, NZV 2009, 105 (105 f.).

143 Zunächst war im Gesetzgebungsverfahren die Anknüpfung an die Tathandlung vorgesehen (BT-Drucksache 13/8587, S. 57).

noch innerhalb eines zeitlichen und räumlichen Zusammenhangs Kenntnis, soll auch erst die Kenntnisnahme die Frist in Lauf setzen.[144]

Diese Ansicht lässt sich nach dem Wortlaut des § 142 IV StGB nicht ohne weiteres begründen.[145] Das Gesetz spricht nicht von der Kenntnisnahme, sondern vom Unfall als Bezugsobjekt für den Fristbeginn. Zudem erscheint eine Differenzierung sowohl nach der Vornahme der Tathandlung als auch nach Vorliegen der Kenntnisnahme nicht sinnvoll. Erlangt der Unfallbeteiligte erst zu einem späteren Zeitpunkt von seiner Unfallbeteiligung Kenntnis, scheidet die Strafbarkeit aus, da es am vorsätzlichen Sich-Entfernen fehlt. Geschah die Kenntnisnahme in räumlich-zeitlicher Entfernung zum Unfall und hat sich der Täter noch nicht entfernt[146] macht diese geringe zeitliche Verzögerung aber eine Abweichung des Fristbeginns nicht notwendig, da dem Unfallbeteiligten ausreichend Zeit bleibt, die notwendigen Feststellungen nachträglich zu ermöglichen.

Ebenso ist die Wartefrist des § 142 I Nr. 2 StGB nicht auf die 24-Stundenfrist aufzuschlagen. Im Gesetz ist hinsichtlich der Wartepflicht keine starre Frist vorgesehen. Ansatzpunkt für diese Fristbestimmung ist daher nur das Merkmal der Angemessenheit. Im Rahmen der Angemessenheit erlangen dabei Faktoren wie der Unfallort (Stadtgebiet, Landstraße, usw.), Bemerkbarkeit des Unfalles (akustisch, visuell), Tageszeit, Witterungsverhältnisse und das Verkehrsaufkom-

---

144 *Grohmann*, DAR 1998, 487 (487); identisch: Ferner-*Jung*, Handbuch Straßenverkehrsrecht, S. 903; *Jung/Albrecht*, Verteidigung Verkehrsstrafsachen, S. 158 f und PVR 2001, 12 (16).

145 *Andreae*, Jahrbuch Verkehrsrecht 2000, S. 297, sieht wegen des eindeutigen Wortlauts keine andere Auslegungsmöglichkeit.

146 Der Unfallbeteiligte muss sich noch am Unfallort aufhalten, da ansonsten ein unvorsätzliches Sich-Entfernen vorliegt (zur Bewertung der Wahrnehmbarkeit und damit zur Frage des vorsätzlichen Sich-Entfernens: *Schmedding*, NZV 2003, 24 (24 f.); *Buck/Abresch/Hupfauer/Heisig*, DAR 2009, 373 (373 ff.)). Der Unfallort umfasst neben der Stelle, an der sich der Unfall ereignet hat, auch den Bereich der Schadensstelle, der aufgesucht wird, um durch den Unfall hervorgerufene Gefahren für den Straßenverkehr zu vermeiden (Münchener Kommentar StGB-*Zopfs*, § 142 Rn. 47) bzw. nach Ansicht der Rechtsprechung auch den Bereich, in dem der Unfallbeteiligte durch feststellungsbereite Personen vermutet oder ermittelt würde (BayObLG, Urteil vom 03.11.1978, NJW 1979, 436 (437); weitere Nachweise bei *Fischer*, § 142 Rn. 21. Zur aktuellen Diskussion um den Unfallort vgl. Fn. 130.

men.[147] Kann die Wartefrist im Einzelfall[148] auch 30 Minuten oder mehr betragen, so besteht doch kein Anlass, die Wartefrist zusätzlich zur 24-Stundenfrist zu gewähren, da (ebenso wie im Fall räumlich-zeitlicher Nähe) eine wesentliche Verkürzung nicht eingetreten ist und der Unfallzeitpunkt im Hinblick auf die zeitliche Vornahme des erwarteten Verhaltens für mehr Rechtsklarheit sorgt, weshalb ein fester Zeitpunkt für den Beginn der 24-Stundenfrist notwendig ist.

b) Dauer

Die Frist beträgt exakt 24 Stunden. Soweit ersichtlich ist dies die einzige unumstrittene Voraussetzung des § 142 IV StGB. Läuft die 24-Stundenfrist in einem (denkbaren) Einzelfall schon vor dem Unverzüglichkeitszeitpunkt des § 142 II StGB ab, so verlängert sich die 24-Stundenfrist nicht. Insofern schafft § 142 IV StGB keine Sonderregelung zu § 142 II StGB, vielmehr normiert § 142 IV StGB eine absolute Ausschlussfrist.[149]

Unabhängig vom Beginn der Frist wird deren Dauer (de lege ferenda) stark diskutiert. Teils wird der Regelung vorgeworfen, dass sie auf halbem Weg stehen geblieben sei, da das Interesse des Unfallgeschädigten hinsichtlich des Schadensersatzes auch nach Ablauf von 24 Stunden besteht.[150]

Nach *Schulz* sollte die Frist nicht so bemessen sein, dass nachträgliche Meldungen allein wegen Ablaufs der Frist unterbleiben. Es sei auch zu bedenken, dass häufig alkoholisierte Fahrer die Verkehrsunfallflucht begingen und die eine

---

147 Maßgebend für die Angemessenheit ist die Frage, wann mit dem Eintreffen von feststellungsbereiten Personen gerechnet werden kann (h.M. vgl. Nachweise bei: Münchener Kommentar StGB-*Zopfs*, § 142 Fn. 283). Die Schadenshöhe hat dabei nur mittelbare Auswirkungen; diese ist aber schon bei den anderen Faktoren berücksichtigt (a.A. die ständige Rechtsprechung, z.B. OLG Stuttgart, Urteil vom 15.12.1980, NJW 1981, 1107 [1107]; ebenso *Fischer*, § 142 Rn. 36). Wurde ein erheblicher Schaden verursacht, liegt es nahe, dass der Unfall größere Aufmerksamkeit auf sich gezogen hat. Insofern kann die Schadenshöhe – neben dem ggfls. höheren Interesses des Geschädigten – ein Indiz für die Frage der Wahrnehmbarkeit sein (ähnlich Münchener Kommentar StGB-*Zopfs*, § 142 Rn. 84).

148 Eine detaillierte Übersicht zu verschiedenen Konstellationen findet sich bei: *Poeck*, Wartepflicht, S. 133.

149 *Fischer*, § 142 Rn. 65; Lackner/*Kühl*, § 142 Rn. 38. Vgl. oben Beginn der 24-Stundenfrist, S. 36.

150 *Sander*/*Hohmann*, NStZ 1998, 273 (279).

kurzfristige Meldung unterlassen würden, um nicht wegen einer Strafbarkeit nach den §§ 315c, 316 StGB belangt zu werden. Eine unterbliebene Meldung sei auch in diesen Fällen nicht im Sinn des Geschädigten. Im Hinblick auf die Möglichkeit zur nachträglichen Meldung sei eine Ausdehnung der zeitlichen Komponente auf 48 Stunden sachgerecht. Hierdurch solle keineswegs eine Verschleierungstaktik für Alkoholfahrten befürwortet werden; aus rechtspolitischen Erwägungen sei die strafrechtliche Folgenlosigkeit einer Straßenverkehrsgefährdung oder Trunkenheitsfahrt eher hinzunehmen, als die Unmöglichkeit der zivilrechtlichen Geltendmachung eines Schadens.[151]

Über das Erfordernis einer zeitlichen Begrenzung der tätigen Reue ist schon bei früheren Reformdiskussionen[152] heftig gestritten worden.

Nach *Schulz* ging die herrschende Meinung jedoch zu Recht davon aus, dass eine solche zeitliche Begrenzung den Schutzzweck der Norm konterkariert, da auch nach Fristablauf beim Geschädigten das Interesse besteht, seine Beweissituation wieder herzustellen, um so seine zivilrechtlichen Ansprüche sachgerecht geltend machen zu können. Für den Geschädigten spiele es keine Rolle, ob die Beeinträchtigung der Beweissituation nach einem, zwei oder drei Tagen beseitig werde. Wichtig sei nur, dass die Beeinträchtigung seiner Beweissituation durch das Verhalten des Täters aufgehoben werde. Die zeitliche Begrenzung auf 24 Stunden werde daher dem Schutzzweck der Norm nicht gerecht. Im Interesse des Geschädigten hätte hierauf verzichtet werden sollen.[153]

Zum selben Ergebnis gelangt *Duttge*, der der Meinung ist, dass es wohl für immer das Geheimnis des Gesetzgebers bleiben werde, was sich mit Ablauf der 24 Stundenfrist am Beweissicherungsinteresse des Geschädigten bzw. an der Belohnungswürdigkeit einer Rückkehr des Täters entscheidend ändert.[154]

Demgegenüber ist *Böse* der Ansicht, dass allein das Merkmal der Freiwilligkeit keine hinreichende Rechtsklarheit schafft, da nur mit dem Erfordernis der

---

[151] *Schulz*, ZRP 2006, 149 (151).

[152] Die Reformdiskussionen und einige Reformvorschläge werden im 2. Teil bei B. Reformvorschläge, S. 172 dargestellt.

[153] *Schulz,* NJW 1998, 1440 (1443).

[154] *Duttge*, ZStR 119, 147 (152 f.).

Freiwilligkeit Schutzbehauptungen des Täters nicht begegnet werden könne.[155] Gerade wegen der Vielzahl der zu erwartenden Anwendungsfälle sei es für den einzelnen Verkehrsteilnehmer klare Verhaltensregeln wichtig, um sie nicht allein auf das vage Kriterium der Freiwilligkeit verweisen zu müssen. Zudem entfalte die 24-Stundenfrist beim Täter einen gewissen Entscheidungsdruck und erhöhe die Wahrscheinlichkeit, dass er sich nachträglich meldet. Somit habe die Ausschlussfrist auch eine positive Wirkung zugunsten des Geschädigten und seiner Beweis- und Vermögensinteressen.[156]

Nach *Otto* sollte aber insofern eine analoge Anwendung des § 306e StGB erwogen werden (auch wenn der Gesetzgeber bei § 142 IV StGB für die nachträgliche Meldung einen erheblich geringeren Anwendungsspielraum zur Verfügung stellt), wenn der Unfallbeteiligte nach Vollendung des Delikts, aber bevor ein Feststellungsverlust eingetreten ist, freiwillig die Feststellungen ermöglicht. In einem solchen Fall sei kein Strafbedürfnis gegeben.[157]

2. Eigener Standpunkt

Das Merkmal der 24-Stundenfrist ist de lege lata als unproblematisch anzusehen. Sowohl der Fristbeginn als auch die Dauer sind klar formuliert. Die Frist beginnt zum Zeitpunkt des Unfalles und beträgt 24 Stunden. Innerhalb dieses Zeitraums muss der Täter die Feststellungen ermöglichen.[158] De lege ferenda muss man sich aber die Frage stellen, ob eine zeitliche Beschränkung der tätigen Reue notwendig ist. Das Interesse an einem zivilrechtlichen Schadensausgleich besteht ohne zeitliche Beschränkung fort. Daher kann die zeitliche Beschränkung nicht mit dem Sinn der tätigen Reue gerechtfertigt werden. Der Zweck der zeitlichen Beschränkung kann somit entweder im Normappell des § 142 StGB oder in anderen kriminalpolitischen Erwägungen liegen.

Der erst genannte Gesichtspunkt läuft wieder[159] auf einen generellen Einwand gegen die Möglichkeit zur tätigen Reue hinaus: Die Aussicht auf eine nachträg-

---

155 *Böse*, StV 1998, 509 (513).

156 *Böse*, StV 1998, 509 (513).

157 *Otto*, Grundkurs Strafrecht, § 80 Rn. 70.

158 Zur Auslegung des Begriffes „ermöglichen“: IV. Nachträgliche Ermöglichung der Feststellungen durch den Unfallbeteiligten, S. 54 ff.

159 Vgl. c) Auslegung de lege ferenda, S. 34.

liche Straflosigkeit könnte mehr Unfallbeteiligte zur Flucht bewegen. Liegt aber ein Konsens hinsichtlich der Schaffung einer solchen Möglichkeit vor, so sollte der Weg auch zu Ende gegangen werden. Die Möglichkeit der tätigen Reue steht aber nicht im Einklang mit einer zeitlichen Beschränkung. Ob der zeitliche Druck zur nachträglichen Meldung den Täter tatsächlich zu einer solchen Meldung motiviert, bedarf genauerer Untersuchungen. Es erscheint jedoch eher so, dass mit Ablauf der 24-Stundenfrist die Bereitschaft zur nachträglichen Meldung gegen Null tendiert, weil sich der Täter nun auch noch vor Augen führen muss, dass er die Strafmilderung (bzw. das Absehen von Strafe) über § 142 IV StGB verstreichen hat lassen.[160] Die von *Böse*[161] angesprochene Rechtsklarheit kann auch auf anderem Wege als der Einführung der zeitlichen Beschränkung erreicht werden. Rechtsklarheit liegt nämlich für den Täter auch vor, wenn er sich nachträglich melden kann, solange er nicht ermittelt wurde. Dass damit der genaue Zeitpunkt für das Ende der tätigen Reue nicht feststeht, d.h. dass der Täter bezüglich der Fortschritte der Ermittlungen im Ungewissen ist, könnte einen größeren Entscheidungsdruck aufbauen, als das „Ticken der Uhr“. Insofern besteht zwar für den Geschädigten keine Rechtsklarheit dergestalt, dass er nach Ablauf einer bestimmten Frist die Reparatur der Schäden vornehmen lassen kann, weil wohl mit einer nachträglichen Meldung nicht mehr zu rechnen ist. Allerdings besteht diese Rechtsklarheit eher in der Enttäuschung einer Hoffnung und nicht in einer Verbesserung der Interessenlage des Geschädigten.

3. Zusammenfassung

Das Tatbestandsmerkmal „24 Stunden nach einem Unfall“ ist nach anfänglichen Unklarheiten hinsichtlich seiner Formulierung nicht umstritten. Umstritten ist aber, ob eine solche zeitliche Beschränkung sinnvoll ist. Unabhängig von dieser Frage muss man sich jedoch vor Augen führen, dass die 24-Stundenfrist zu einer erheblichen Beschränkung des Anwendungsbereiches der tätigen Reue

---

160 Eine Erweiterung der zeitlichen Möglichkeit zur tätigen Reue bzw. eine Streichung der zeitlichen Grenze sieht sich dem Einwand ausgesetzt, dass das Opfer zum Teil sehr lange warten müsse. Dieser Einwand verliert aber an Überzeugungskraft, wenn man sich vor Augen führt, dass die Opfer vor der Einführung der tätigen Reue meist auch sehr lange bzw. häufig vergeblich auf eine nachträgliche Meldung gewartet haben. Realistisch betrachtet kann die tätige Reue nur zu einer Verbesserung der Interessen, nicht aber zu einem optimalen Interessensausgleich führen.

161 Vgl. Fn. 156.

führt. Zwar stellt das Merkmal der 24-Stundenfrist eine einfach zu bestimmende Voraussetzung dar und mag daher für Rechtsklarheit sorgen, allerdings ist zu berücksichtigen, dass die Begrenzung auf 24 Stunden (zumindest theoretisch) eine Vielzahl von Tätern von einer nachträglichen Meldung abhält. Dies widerspricht der Intention der tätigen Reue. Diese sollte eingeführt werden, um den Geschädigten in die Lage zu versetzen, seine Ansprüche trotz Flucht des Täters, geltend machen zu können. Da die Beschränkung aber eindeutig formuliert ist, kann sie nicht mittels Auslegung korrigiert werden.

III. Ausschließlich nicht bedeutender Sachschaden

Nach dem Willen des Gesetzgebers soll die tätige Reue nur für Fälle eingreifen, bei denen kein bedeutender Sachschaden vorliegt. Diese Beschränkung war im Entwurf des Bundesrates noch nicht enthalten.[162] Nach Ansicht der Bundesregierung erschien es aber nicht unproblematisch, den Anwendungsbereich der Regelung auch auf bedeutende Sachschäden zu erstrecken. Zum einen würde sich damit ein Spannungsverhältnis zu § 69 Abs. 2 Nr. 3 StGB ergeben, der die Entziehung der Fahrerlaubnis bei Verurteilungen nach § 142 StGB in der Regel dann vorsieht, wenn an fremden Sachen ein bedeutender Schaden entstanden ist. Zum anderen werde „eine Vielzahl der Parkunfälle auch erfaßt, wenn sich die Vorschrift auf nicht bedeutende Sachschäden bezieht“[163] (da wohl bei den meisten Parkplatzunfällen aus der Sicht des Gesetzgebers nur nicht bedeutende Schäden verursacht werden[164]).

1. Sichtweise in Rechtsprechung und Literatur

Die Rechtsprechung hat (in den veröffentlichten Urteilen) keine Aussage zum Merkmal des nicht bedeutenden Schadens getätigt. In einer Entscheidung des Landgerichts Gera zu § 69 II Nr. 3 StGB stützte das Gericht seine Entscheidung darauf, dass „in analoger Wertung des § 142 IV StGB eine Ausnahme vom Regelfall der Entziehung der Fahrerlaubnis“[165] gemacht werden kann. In dem zu

---

162 BT-Drucksache 13/8587, S. 57.

163 BT-Drucksache 13/8587, S. 80.

164 Diese Aussage wurde seitens der Bundesregierung allerdings nicht mit statistischen Angaben untermauert.

165 LG Gera, Beschluss vom 22.09.2005, 1 Qs 359/05, NZV 2006, 105 (106) Ähnlich: *Schäfer*, NZV 1999, 190 (190 f.).

entscheidenden Fall lagen neben einem bedeutenden Schaden im fließenden Verkehr die weiteren Voraussetzungen des § 142 IV StGB vor. Hieraus kann geschlussfolgert werden, dass das Gericht die Grenze für den bedeutenden Sachschaden bei § 142 IV StGB und § 69 II Nr. 3 StGB gleichsetzt, weil im Zusammenhang mit der analogen Anwendung nicht nur auf den fließenden Verkehr verwiesen wurde. Es ist zu erwarten, dass die Rechtsprechung die Wertgrenze des § 69 II Nr. 3 StGB auf § 142 IV StGB übertragen wird, da der Gesetzgeber eine Harmonisierung der Wertgrenzen angestrebt hat.[166] Diese Übertragung entspricht auch der überwiegenden Ansicht in der Literatur.[167]

Nach vorherrschender Ansicht gilt somit folgendes: Ob ein nicht bedeutender Schaden vorliegt, sei wie bei § 69 II Nr. 3 StGB nach dem nach objektiven wirtschaftlichen Gesichtspunkten zu ermittelnden, tatsächlich entstandenen erkennbaren Fremdschaden zu beurteilen. Anders als in § 69 II Nr. 3 StGB, in dem die subjektive Seite ausdrücklich angesprochen ist, komme es in § 142 IV StGB allerdings nicht darauf an, dass der Täter aus seiner Sicht von einem nur unbedeutenden Schaden ausgehen durfte. Er müsse vielmehr – wie bei anderen Rücktrittsvorschriften auch – objektiv die Voraussetzungen erfüllen, für die das Gesetz die Rechtswohltat zubilligt. Es sei daher im Ergebnis von der tatsächlichen Schadenshöhe auszugehen und nicht von der, die der Unfallbeteiligte annimmt oder annehmen könnte.[168]

a) Sachschaden

Die tätige Reue ist nur bei Sach- und nicht bei Personenschäden anwendbar. Dieser Einschränkung liege die Erwägung zugrunde, dass die Unfallflucht bei Unfällen mit Personenschaden als so schweres Unrecht angesehen wird, dass weiterhin grundsätzlich eine Bestrafung erfolgen soll.[169] Bei Personenschäden handele es sich meist um schwere Unfälle, zudem enttäusche bzw. überwinde der Täter eine (vom Verletzten ausgehende) konkrete Verhaltenserwartung, die ihn in besonderer Weise zur Normbefolgung anhalte. Schließlich bestehe bei

---

166 So auch: *Blum*, Straftaten, S. 462.

167 *Himmelreich/Bücken/Krumm*, Verkehrsunfallflucht, Rn. 227b; *Fischer*, § 142 Rn. 64; Hentschel-*König*, Straßenverkehrsrecht, § 142 Rn. 69.

168 *Bönke*, NZV 1998, 129 (130).

169 *Böse*, StV 1998, 509 (510).

Personenschäden in bestimmten Fällen auch ein gesteigertes Beweisinteresse an der sofortigen Feststellung der maßgeblichen Tatsachen. Die Beeinträchtigung des Beweissicherungsinteresses durch die Unfallflucht könne durch eine nachträgliche Meldung nicht vollständig kompensiert werden. Daher sei es erforderlich, den Unfallbeteiligten bei Personenschäden uneingeschränkt zur Erfüllung seiner Pflichten nach § 142 I und II StGB anzuhalten.[170] Bei der Bemessung des Sachschadens bleiben Eigenschäden (auch Personenschäden des Täters) außer Betracht.[171] Unter Rückgriff auf die Bestimmung in § 69 II Nr. 3 StGB sind bei der Berechnung der Schadenshöhe alle zivilrechtlichen Ansprüche bezogen auf den Fremdschaden zu berücksichtigen, z.B. die Reparaturkosten, die Abschleppkosten, die Kosten für einen Mietwagen und auch der merkantile Minderwert.[172] Hinsichtlich des Wertes besteht keine starre Grenze, da diese von der wirtschaftlichen Entwicklung, von der allgemeinen Einkommensentwicklung und der Veränderung der Reparaturkosten abhängig ist.[173]

b) Begrenzung auf nicht bedeutenden Schaden

Nachdem die Begrenzung auf nicht bedeutenden Sachschaden im Vorschlag des Bundesrates noch nicht erhalten war, hatte die Bundesregierung (wie oben bereits dargelegt) eine solche Beschränkung angeregt.[174]

In der Begründung des Rechtsausschusses des Bundestages wurde dazu ausgeführt: „Um einen Gleichklang mit § 69 Abs. 2 Nr. 3 zu erzielen, der in der Regel den Fahrerlaubnisentzug vorsieht, wenn bei dem Unfall bedeutender Sachschaden entstanden ist, soll die vorgeschlagene Regelung aber nur bei nicht bedeutenden Sachschäden zur Anwendung gelangen können. Die damit angesprochene Wertgrenze, die ursprünglich von der Rechtsprechung bei 1200 DM gezogen wurde, wird heute nicht mehr als ausreichend angesehen und von der

---

170 *Böse*, StV 1998, 509 (510).

171 *Buschbell*, Straßenverkehrsrecht, § 4 Rn. 114.

172 *Feiertag*, ZAP 2001, 595 (602); Hentschel-*König*, Straßenverkehrsrecht, § 69 Rn. 17; *Fischer*, § 69 Rn. 28. A.A. (reine Reparaturkosten): *Mollenkott*, DAR 1980, 328 (329); *Bär*, DAR 1991, 271 (272). Nach Ansicht des LG Gera, Beschluss vom 22.09.2005, 1 Qs 359/05, NZV 2006, 105 (106) ist die Umsatzsteuer nur zu berücksichtigen, wenn der Schaden tatsächlich repariert wurde. Vgl. zu einzelnen Schadenspositionen: Straßenverkehrssachen-*Kuhnert*, Rn. 244-412.

173 *Zabel*, BA 1983, 329 (346).

174 Vgl. Fn. 162 und 163.

Praxis inzwischen deutlich höher angesetzt, so daß im Ergebnis ein erheblicher Anwendungsbereich der Vorschrift verbleibt."[175]

Die Wertgrenze wird objektiv im Gleichklang mit § 69 II Nr. 3 StGB bestimmt.[176] Insofern hat sich die Annahme, dass die Gerichte in Zukunft nicht auf den rechnerischen Wert, sondern auf das Schadensbild abstellen, wie es sich dem Täter offenbart hat[177], nicht bestätigt.

Im Jahr 1998 wurde im Schrifttum eine Grenze von 2.000 DM angenommen.[178] Der Wert wurde allerdings sukzessive angehoben.[179] Derzeit liegt die Grenze nach überwiegender Ansicht bei 1.300 Euro[180], es gibt aber auch schon Entscheidungen, die 1.400 Euro[181] oder 1.500 Euro[182] als maßgeblich ansehen. Die irrtümliche Annahme eines geringeren Schaden führt nicht zur Anwendung des § 142 IV StGB.[183]

Böse sieht in dieser Anknüpfung an die Regelung des § 69 II Nr. 3 StGB zwar einen Maßstab für die Bestimmung der Wertgrenze, erkennt aber auch das Problem, dass der Täter wegen der tatsächlichen und rechtlichen Schwierigkeit der Bestimmung der Schadenshöhe letztlich von einer nachträglichen Meldung Abstand nimmt. Bei der vom Gesetzgeber anvisierten Unfallgruppe seien solche Zweifel aber eher selten, weshalb die Gründe für eine parallele Ausgestaltung zu

---

175 BT-Drucksache 13/9064, S. 10.

176 Ludovisy/Eggert/Burhoff-*Burhoff*, Praxis des Straßenverkehrsrechts, Teil 6, Rn. 372; *Seier*, Straßenverkehrssachen, S. 61 mit Verweis auf die Intention des Gesetzgebers.

177 *Beck*, DAR 1998, 208 (209).

178 *Hentschel*, NJW 1999, 686 (688).

179 So gibt Berz/Burmann-*König*, Handbuch des Straßenverkehrsrechts, Rn. 105 wenige Jahre später schon einen Wert von 1.100 bis 1.250 Euro an. Weitere Nachweise bei *Ferner*, SVR 2004, 178 (180).

180 Vgl. Hentschel-*König*, Straßenverkehrsrecht, § 69 Rn. 17 m.w.N.; HK-GS-*Pflieger* § 142 Rn. 58 nur 1.000 €.

181 LG Frankfurt, Beschluss vom 13.05.2008, 5/9a Qs 5/08, NStZ-RR 2009, 215 (215).

182 AG Saalfeld, Urteil vom 14.09.2004, 630 Js 2981/04, VRS 107 (2004), 428 (428 ff.); LG Hamburg, Beschluss vom 13.08.2007, 603 Qs 318/07, DAR 2008, 219 (219).

183 *Andreae*, Jahrbuch Verkehrsrecht 2000, S. 297; Cramer/Cramer-*Janker*, Anwaltshandbuch Strafrecht, Q Rn. 322; vgl. auch bereits oben die Nachweise in Fn. 6.

§ 69 II Nr. 3 StGB überwiegen würden.[184] *Böse* stimmt daher der Ansicht des Gesetzgebers zu, dass es nicht sinnvoll und verkehrspolitisch auch nicht vertretbar sei, einerseits die Entziehung der Fahrerlaubnis nach § 69 StGB zuzulassen, aber andererseits auf eine Bestrafung nach § 142 aufgrund des § 142 IV StGB zu verzichten.[185]

2. Kritik

Trotz weitgehender Übereinstimmung in Rechtsprechung und Literatur wird vereinzelt Kritik an dem Merkmal des „nicht bedeutenden Schadens" geäußert.

a) Keine Einschränkung des Anwendungsbereiches der tätigen Reue

Der Ausklammerung der Personenschäden wird vorgeworfen, dass der Geschädigte dadurch nach einer erfolgten Flucht des Täters weniger auf ein nachträgliches Melden des Täters hoffen kann, obwohl doch bei Personenschäden die Auswirkungen erheblicher sein können.[186] Nach *Schulz* könne der erhöhte Schuldgehalt durch die Vorschriften der §§ 229 und 323c StGB erfasst werden.

Zwar sichert § 142 StGB nur das zivilrechtliche Beweissicherungsinteresse – dieses besteht unabhängig davon, ob ein Sach- oder Personenschaden eingetreten ist –, jedoch ist die Verhaltensweise des Täters, also das unerlaubte Sich-Entfernen vom Unfallort, je nach Schadensverursachung (Sach- oder Personenschaden), unterschiedlich zu bewerten. Der Unrechtsgehalt ist bei einer Flucht nach einem Personenschaden höher als bei einem Sachschaden. Der Hinweis auf die Vorschriften der §§ 229 und 323c StGB und damit auf den erhöhten Schuldgehalt ist im Grunde richtig, allerdings zieht *Schulz* hieraus die falsche Konsequenz. Nicht weil das Verhalten der sich entfernenden Unfallbeteiligten über die Normen der §§ 229 und 323c StGB erfasst werden kann, ist die tätige Reue auch

---

[184] *Böse*, StV 1998, 509 (511). *Böse* ist wohl der Ansicht, dass sich die Schadenshöhe bei den Hauptanwendungsfällen des § 142 IV StGB (also hauptsächlich Unfälle beim Ein- und Ausparken) unterhalb der Grenze des bedeutenden Schadens bewegt. Überzeugend ist diese Annahme allerdings nicht, wenn man sich die Kosten für die Reparatur und Lackierung vor Augen führt und berücksichtigt, was in die Schadensberechnung nach überwiegender Meinung einzubeziehen ist (vgl. bb) Berechnung der Schadenshöhe, S. 51).

[185] Berz/Burmann-*König*, Handbuch des Straßenverkehrsrechts, Rn. 105, ist der Meinung, dass es als Etikettenschwindel empfunden werden würde, wenn von Strafe abgesehen werde, aber zugleich die Fahrerlaubnis entzogen würde.

[186] *Schulz*, NJW 1998, 1440 (1443).

auf Personenschäden zu erstrecken. Vielmehr ist aufgrund des höheren Schuldgehalts bei Verursachung eines Personenschadens die Anwendung der tätigen Reue auszuschließen. Der Normbefehl des § 142 StGB kommt mittelbar auch der Hilfe von verletzten Personen zu Gute. Zwar kann der Schaden nachträglich ausgeglichen werden, eine Verhinderung von schweren Verletzungen kann jedoch nachträglich nicht erreicht werden. Dies ist nur beim Verbleiben an der Unfallstelle (und der sofortigen Einleitung von Hilfsmaßnahmen) gewährleistet. Zudem sollte die Möglichkeit zur Hilfe für einen Verletzten durch die Anwesenheitspflicht nicht dadurch vermindert werden, dass der (irrige) Eindruck entsteht, ein Verletzter stehe einer beschädigten Sache gleich und es genüge stets auch eine (verspätete) nachträgliche Meldung. Praktisch dürfte die Möglichkeit zur tätigen Reue auch leerlaufen, wenn dem Täter in diesen Fällen eine Bestrafung nach § 229 StGB oder § 323c StGB droht.

b) Keine Beschränkung hinsichtlich der Höhe des Sachschadens

Schulz ist der Ansicht, dass das Interesse des Geschädigten an der Wiederherstellung seiner Beweisposition umso größer ist, je höher der Sachschaden ist. Dies liege bei sehr hohen materiellen Werten unmittelbar auf der Hand. Der Schutz der Geschädigten hätte ohne Festlegungen bezüglich Schadensart und Schadenshöhe seitens des Gesetzgebers mehr Beachtung erfahren.[187]

Mollenkott gelangt auch zu einer Ablehnung des Merkmals „nicht bedeutender Schaden". Bei der Anlehnung der Formulierung an § 69 II Nr. 3 StGB habe man offenbar nicht gesehen, dass die Schadenshöhe bei einem Unfall weder mit der Ungeeignetheit zum Führen von Kraftfahrzeugen noch mit dem Feststellungsinteresse des Geschädigten hinsichtlich der Durchsetzung seiner zivilrechtlichen Schadensersatzansprüche in direkter Beziehung steht.[188] Ähnlich argumentiert *Schäfer*, seiner Meinung nach kann die Beschränkung auf nicht bedeutenden Sachschaden das angestrebte gesetzgeberische Ziel des verbesserten Schutzes privatrechtlicher Interessen des Unfallbeteiligten leer laufen lassen, da

---

[187] *Schulz*, NJW 1998, 1440 (1443).
[188] *Mollenkott*, ZfS 1999, 366 (366).

sich aus der Sicht des meldewilligen Täters nicht sicher sagen lässt, welche Schadenshöhe vorliegt.[189]

c) Bestimmung des Schadens

Nach Ansicht von *Bach* ist es nicht angebracht, die Grenze für den nicht bedeutenden Sachschaden für § 142 IV StGB allein anhand eines festen Wertes zu bestimmen. Er ermittelt aus einem Vergleich der ursprünglichen Wertgrenze des § 42m II StGB (heute: § 69 II Nr. 3 StGB) von 1.200 DM und den Anschaffungskosten eines PKW zur damaligen Zeit eine Grenze von 20 %. Ein bedeutender Sachschaden sollte daher erst angenommen werden, wenn der Schaden die Grenze des Zeitwertes der Sache von 20 % übersteigt und mindestens 1.500 € beträgt, da es nicht richtig sein könne, wenn die Chance zur tätigen Reue davon abhängt, ob der Täter zufällig eine „Rostlaube“ oder einen Luxuswagen beschädigt hat.[190]

3. Eigener Standpunkt

Das Tatbestandsmerkmal des nicht bedeutenden Sachschadens sieht sich wie oben gezeigt vielfältiger Kritik ausgesetzt.

a) Auslegung de lege lata

Nach der Gesetzesbegründung ist die Anknüpfung an § 69 II Nr. 3 StGB vorgegeben. Allerdings erscheint es etwas verwunderlich, dass diese Anknüpfung relativ kritiklos hingenommen wird – gibt es doch einige Punkte, die eine solche Übertragung der Bestimmung des (nicht) bedeutenden Schadens in Frage stellen.

aa) Spannungsverhältnis zwischen § 142 IV und § 69 II Nr. 3 StGB

Nach dem Willen des Gesetzgebers sollte mit dem Erfordernis des nicht bedeutenden Schadens ein Spannungsverhältnis zwischen § 142 IV StGB und § 69 II Nr. 3 StGB vermieden werden. Der Einschränkung liegt also die Überlegung zugrunde, dass ein Unfallbeteiligter auf der einen Seite nicht Straffreiheit (bzw.

---

189 *Schäfer*, NZV 1999, 190 (191).

190 *Bach*, DAR 2007, 667 (667 f.). *Bach* nimmt diese Schadensbestimmung nur für die Vorschrift des § 142 IV StGB vor; zur Übertragbarkeit auf § 69 II Nr. 3 StGB finden sich keine Hinweise.

eine Strafmilderung) erreichen soll, auf der anderen Seite ihm aber die Fahrerlaubnis entzogen wird. Dieser Gedankengang ist aber auch bei der Beschränkung auf nicht bedeutenden Sachschaden nicht konsequent umgesetzt.

Bei § 69 II Nr. 3 StGB kommt es nämlich auf die Vorstellung des Täters hinsichtlich des verursachten Schadens an. Durfte der Täter einer Unfallflucht irrtümlich von einem nicht bedeutenden Schaden ausgehen, so findet § 69 II Nr. 3 StGB keine Anwendung. In einem solchen Fall wird das – vom Gesetzgeber unerwünschte – Ergebnis doch erzielt: Zwischen § 142 IV (keine Straffreiheit wegen bedeutenden Schadens) und § 69 II Nr. 3 StGB (kein Fahrerlaubnisentzug trotz bedeutenden Schadens) besteht kein Gleichklang. Trotz der Absicht des Gesetzgebers zur Vermeidung eines Spannungsverhältnisses zwischen § 142 IV StGB und § 69 II Nr. 3 StGB[191] fallen die Anwendungsbereiche durch die unterschiedlichen Perspektiven (objektiv bei § 142 IV StGB und subjektiv bei § 69 II Nr. 3 StGB) auseinander, was wiederum doch zu einem Spannungsverhältnis führt. So wird es für den Täter unverständlich sein[192], warum ihn die Rechtsfolge der einen Vorschrift (§ 69 II Nr. 3 StGB) nicht trifft, weil er von einem unbedeutenden Schaden ausgehen konnte, die andere Vorschrift an der Hürde des nicht bedeutenden Schadens jedoch scheitert, weil insofern eine Fehlvorstellung – selbst eines objektiven Dritten – unerheblich ist.

Ein weiteres Problem stellt sich durch die Anknüpfung an den Schadensbegriff des § 69 II Nr. 3 StGB. Dort ist die Schadenshöhe nämlich nicht festgelegt. Der Wert des bedeutenden Schadens hat sich im Laufe der Zeit immer weiter nach oben entwickelt, allerdings ist dieser Prozess nicht an einen bestimmten Index oder Vergleichswert gebunden, sodass für den Täter eine Unsicherheit hinsichtlich der Anwendbarkeit bzw. Nichtanwendbarkeit von § 69 II Nr. 3 StGB ergibt. Diese Unsicherheit überträgt sich durch die Anknüpfung an § 69 II Nr. 3 StGB auch auf den § 142 IV StGB. Diese Unsicherheit hat aber für den Täter gravierende Folgen. Nach Verwirklichung des § 142 StGB hat es der Täter bei § 69 II Nr. 3 StGB nicht mehr in der Hand, ein für ihn günstiges Ergebnis

---

191 BT-Drucksache 13/8587, S. 80.

192 Dies dürfte erst Recht der Fall sein, wenn der Täter die unterschiedliche Zielrichtung der beiden Vorschriften (personenbezogene Ungeeignetheit bei § 69 StGB und tatbezogene Straffreiheit bzw. Strafmilderung) nicht beachtet.

hervorzurufen. Die Vermutung der Ungeeignetheit hängt nur noch von der Bestimmung des Schadens durch das Gericht unter Einbeziehung der Erkennbarkeit ab. Mit einer Meldung gemäß § 142 IV StGB könnte der Täter hingegen ein für ihn besseres Ergebnis erreichen, allerdings geht die Unsicherheit der Schwelle zwischen unbedeutendem und bedeutendem Schaden voll zu seinen Lasten.

Die Ansicht, dass Zweifel hinsichtlich der Schadenshöhe bei der vom Gesetzgeber anvisierten Unfallgruppe eher selten sind, so dass im Ergebnis die Gründe für eine parallele Ausgestaltung zu § 69 II Nr. 3 StGB überwiegen würden[193], überzeugt nicht. Scheitert die nachträgliche Meldung trotz des Willens dazu allein an der Ungewissheit über die Höhe des verursachten Schadens oder über die Höhe der Schwelle zwischen unbedeutendem und bedeutendem Schaden, so wird eine Möglichkeit zur Kompensation des Schadens vertan. Wenn diese Möglichkeit allein an der Anknüpfung an einer Vorschrift scheitert, die primär nichts mit § 142 StGB und damit der Sicherung des zivilrechtlichen Beweissicherungsinteresses zu tun hat, ist die Anknüpfung verfehlt. Zudem dürfte es bei den vom Gesetzgeber hauptsächlich ins Auge gefassten Parkplatzunfällen gerade nicht selten vorkommen, dass der Schaden nicht mit ausreichender Präzision abgeschätzt werden kann. Gerade im Bereich leichter Karosserie- und Lackschäden ist schnell der kritische Bereich des bedeutenden Schadens erreicht, weshalb es zu Einschätzungsproblemen kommen kann. Woher soll ein Laie einschätzen können, ob neben den erkennbaren Schäden noch weitere Schäden entstanden sind? Wie sollen die Reparaturkosten einer Fachwerkstatt exakt geschätzt werden?

Auch das Argument, dass es nicht sinnvoll und verkehrspolitisch nicht vertretbar sei, nach § 69 StGB die Entziehung der Fahrerlaubnis zuzulassen, aber auf eine Bestrafung aufgrund des § 142 IV StGB zu verzichten[194], ist nicht stichhaltig. Hierbei wird übersehen, dass § 142 StGB und § 69 StGB unterschiedliche Anwendungsbereiche haben und verschiedene Zielrichtungen verfolgen. § 142 StGB betrifft die Bestrafung desjenigen, der sich nach einem Unfall im Straßenverkehr unerlaubt vom Unfallort entfernt. § 69 StGB ist eine Maßregel, für die die Prognose maßgeblich ist, ob der Täter in Zukunft geeignet

---

193 Vgl. Fn. 184.
194 Vgl. Fn. 184.

sein wird, Kraftfahrzeuge im Straßenverkehr zu führen.[195] § 142 StGB betrifft daher das vergangene Verhalten des Täters, wohingegen § 69 StGB das zu erwartende zukünftige Verhalten betrifft. Dass vergangenes und zukünftiges Verhalten nicht im gleichen Maße bewertet werden müssen, dürfte klar sein. Daher können Straflosigkeit gemäß § 142 StGB und Entziehung der Fahrerlaubnis (wegen charakterlicher Ungeeignetheit) sehr wohl in Einklang gebracht werden. Wenn der Gesetzgeber dieses Ergebnis unbedingt vermeiden wollte, hätte er auch § 69 StGB dergestalt ändern können, dass er in § 69 II Nr. 3 StGB einen Satz 2 einfügt, der die Regelvermutung im Fall des § 142 IV StGB ausschließt.

bb) Berechnung der Schadenshöhe

Bei der Berechnung der Schadenshöhe im Sinn des § 69 II Nr. 3 StGB sind alle zivilrechtlichen Ansprüche bezogen auf den Fremdschaden zu berücksichtigen. Hierzu gehören neben den Reparaturkosten auch die Abschleppkosten, die Kosten für einen Mietwagen und der merkantile Minderwert. Im Rahmen des § 69 StGB kann man sich über den Sinn der einzelnen Kostenpositionen schon streiten. Bei § 142 IV StGB wirken sich die Schadenspositionen jedoch kontraproduktiv hinsichtlich einer nachträglichen Meldung aus. Wie soll ein Reuewilliger im Nachhinein neben den Reparaturkosten (eventuell ohne Umsatzsteuer[196]), die Abschleppkosten (sofern sie angefallen sind oder erst noch anfallen werden), die Kosten für einen Mietwagen (bei deren Bestimmung sich zivilrechtlich einige Probleme stellen[197]) und einen eventuell gegebenen merkantilen Minderwert bestimmen? Und dies immer im Hinblick darauf, dass für die Anwendung des § 142 IV StGB nur die objektive Schadenshöhe maßgebend ist. Diese objektive Bestimmung der Schadenshöhe wirkt sich somit in doppelter Hinsicht negativ aus. Liegt die Einschätzung nämlich zu niedrig, besteht für den Reuewilligen die Gefahr, dass § 142 IV StGB unanwendbar ist. Berücksichtigt der Täter des § 142 StGB bei der Schadensschätzung gewisse Zuschläge, so kann dies zu Lasten des Geschädigten gehen, wenn der Täter den Schaden irrtümlich als bedeutend angesehen hat und deshalb die nachträgliche Meldung

195 Näheres zu § 69 StGB: C. § 69 StGB, S. 98.

196 LG Gera, Beschluss vom 22.09.2005, 1 Qs 359/05, NZV 2006, 105 (106).

197 Z.B.: Unfallersatztarif oder Normaltarif, pauschaler Vorteilsausgleich, Anmietung eines preiswerten Fahrzeugs. Vgl. Münchener Kommentar BGB-*Oetker*, § 249 Rn. 399 ff.; *Buschbell*, Straßenverkehrsrecht, § 24 Rn. 80 ff.

unterlässt, weil aus seiner Sicht für ihn nichts mehr zu gewinnen ist. Soll an der Begrenzung durch das Merkmal des nicht bedeutenden Schadens festgehalten werden[198], so sollte für dieses Merkmal nur auf die zu erwartenden reinen Reparaturkosten abgestellt werden, da hierdurch wenigstens ein Teil der Unsicherheiten beseitigt werden.

cc) Bestimmung der Grenze zum bedeutenden Schaden

Neben der Unsicherheit der im Moment der Tatbegehung gültigen Schwelle des bedeutenden Schadens[199] ist fraglich, wie die Höhe generell zu bestimmen ist. Die derzeitige Ansicht in der Rechtsprechung und Teilen der Literatur führt den ursprünglich angenommenen Wert fort und passt ihn in unregelmäßigen Abständen den tatsächlichen Gegebenheiten an.[200] Leider gibt es hierfür keinen Index, an den der Wert gebunden ist, oder eine Anlehnung an Kosten typischer Reparaturen. Überlegenswert wäre auch die Anknüpfung an Werte der Versicherungen. So führt z.B. der Gesamtverband der Deutschen Versicherungswirtschaft Statistiken über die durchschnittliche Höhe des Aufwands pro Versicherungsfall. Danach lag der Schadensdurchschnitt bei PKW im Jahr 2003 in der Haftpflichtversicherung bei 3.496 Euro. Der bedeutende Schaden im Sinn von § 142 IV StGB könnte bei der Hälfte dieses Durchschnittswertes (gerundet 1.750 Euro) angesetzt werden.

Der bedeutende Schaden könnte sich dann einerseits aus dem, an anderen Werten ausgerichteten, absoluten Betrag und andererseits – wie von *Bach*[201] vorgeschlagen – aus einer prozentualen Grenze (bezogen auf den Zeitwert – dieser wird bei Erstellung eines Schadensgutachten sowieso ermittelt), ergeben. Ein nicht bedeutender Sachschaden sollte daher angenommen werden, wenn die Schadenssumme über 20 % des Zeitwertes der Sache liegt und mindestens 1.750 Euro beträgt, wobei selbstverständlich die Abschätzbarkeit für den Unfallbeteiligten immer noch (im Einzelfall) ungewiss bleibt.

---

198 Vgl. aber S. 53 zur Auslegung de lege ferenda.

199 Vgl. oben aa) Spannungsverhältnis zwischen § 142 IV und § 69 II Nr. 3 StGB, S. 49.

200 Zur Entwicklung: *Bach*, DAR 2007, 667 (667 f.).

201 Vgl. Fn. 190.

Die derzeitige Bestimmung (falls man denn überhaupt in diesem Zusammenhang von Bestimmtheit sprechen kann) sollte in jedem Fall aufgegeben werden, da sie zur Rechtsunsicherheit beiträgt, und die Anwendbarkeit des § 142 IV StGB von Zufällen (Stichwort: Rostlaube oder Luxuswagen[202]) abhängig wird. Um der Vorschrift des § 142 IV StGB einen größeren Anwendungsbereich zu geben und damit zu praktischer Wirksamkeit zu verhelfen, müsste ein Wert angesetzt werden, der nahezu alle Unfälle mit ausschließlich Sachschaden erfasst.

b) Auslegung de lege ferenda

De lege ferenda ist auf das Merkmal des nicht bedeutenden Schadens oder einer ähnlichen Beschränkung der Möglichkeit zur tätigen Reue über die Höhe des entstandenen Schadens zu verzichten.

Unabhängig von der Schadenshöhe besteht das Interesse an einer nachträglichen Meldung und damit an der Chance zum Schadensausgleich. Generell dürfte das Interesse an der Schadensregulierung sogar höher sein, je höher der entstandene Schaden ist. Zudem läuft jede Beschränkung über die Schadenshöhe auf eine unsichere Beurteilungslage hinaus. Selbst wenn man den obigen Vorschlag (Anknüpfung an die durchschnittliche Höhe des Aufwands pro Versicherungsfall) vornimmt, wird diese Grenze im Laufe der Zeit fortzuschreiben sein, da mit einer Veränderung der Kosten zu rechnen ist. Somit besteht aber für den reuewilligen Täter immer die doppelte Schwierigkeit, den Schaden richtig einzuschätzen und eine Prognose über die Veränderung des Grenzwertes zu treffen.

4. Zusammenfassung

Die im Verlauf des Gesetzgebungsverfahrens hinzugekommene Beschränkung auf nicht bedeutende Sachschäden mag schon an sich als problematisch angesehen werden, in jedem Fall hat sich die Anknüpfung an § 69 II Nr. 3 StGB als schwierig und wenig sinnvoll erwiesen.

§ 142 StGB und § 69 StGB haben unterschiedliche Beurteilungsmaßstäbe. § 142 StGB ist eine Strafvorschrift, d.h. der Täter wird für seine begangene Tat bestraft. Bei § 69 StGB ist die begangene Tat nur Anlass für eine Prognose hinsichtlich des zukünftigen Verhaltens des Täters. Vergangenes und Zukünftiges

---

202 *Bach*, DAR 2007, 667 (668).

können aber unterschiedlich bewertet werden, insofern besteht kein Grund für die Anknüpfung an § 69 II Nr. 3 StGB. Zudem bietet die Vorschrift des § 142 IV StGB mit ihrer Rechtsfolge selbst die Lösung für das angebliche Spannungsverhältnis. Wenn die Entziehung der Fahrerlaubnis nicht mit der Straffreiheit einhergehen soll, so könnte in den Fällen eines bedeutenden Sachschadens eben nur die Strafmilderung zur Anwendung kommen.[203] Diese Möglichkeit hat der Gesetzgeber aber nicht in Betracht gezogen, daher sollte die Rechtsprechung dringend einen Maßstab zur Bestimmung des nicht bedeutenden Schadens entwickeln, der die Rechtsunsicherheit beseitigt und die Anwendung der tätigen Reue unabhängiger von Zufällen macht.

IV. Nachträgliche Ermöglichung der Feststellungen durch den Unfallbeteiligten

Der Unfallbeteiligte muss die notwendigen Feststellungen nachträglich ermöglichen. § 142 IV StGB verweist hinsichtlich der nachträglichen Ermöglichung der Feststellungen auf § 142 III StGB. § 142 III S. 1 StGB nennt eine Reihe von Voraussetzungen, die der Unfallbeteiligte zu erfüllen hat. Hingegen schließt § 142 III S. 2 StGB ein Ermöglichen aus, wenn der Unfallbeteiligte die Feststellungen absichtlich vereitelt. Für die Anwendung des § 142 IV StGB besteht somit auch das Vereitelungsverbot.[204] Teilweise wird das Merkmal des nachträglichen Ermöglichens zusammen mit der Freiwilligkeit behandelt. Nachfolgend wird aber eine getrennte Darstellung vorgenommen, da die fehlende Ermöglichung nicht deckungsgleich mit fehlender Freiwilligkeit ist.

1. Sichtweise in der Literatur

Zur Erläuterung des Ermöglichens wird teilweise nur auf Absatz 3 verwiesen.[205] Aus der Verweisung des § 142 IV StGB auf § 142 III StGB ergibt sich nach Meinung von *Janker* nicht, dass der Täter in jedem Fall eine nahe gelegene Polizeidienststelle aufsuchen muss. Es sei ausreichend, wenn der Täter die An-

---

[203] Die Möglichkeit dürfte aber in den meisten Fällen keinen Anreiz für den Täter schaffen, sich nachträglich zu melden.

[204] NK-*Schild*, § 142 Rn. 114; *Bönke*, NZV 1998, 129 (130).

[205] *Himmelreich*, PVR 2001, 170 (171); SSW-StGB-*Ernemann*, § 142 Rn. 61.

gaben gegenüber einer Polizeistreife oder in seiner Wohnung macht.[206] Die nachträglichen Feststellungen müssen vom Täter entweder mit den Mitteln des § 142 III StGB oder auf anderen Wegen ermöglicht werden.[207] § 142 IV StGB verweise zwar nur auf § 142 III StGB, die Aufzählung in diesem Absatz ist allerdings nicht abschließend, sodass dem Täter auch weitere Möglichkeiten zur Verfügung stehen würden.[208]

Die Verweisung des § 142 IV StGB auf § 142 III StGB stellt klar, dass eine Anwendung des § 142 IV StGB ausscheidet, wenn der Täter die Benachrichtigung des Feststellungsberechtigten formell korrekt ermöglicht, aber durch das zwischenzeitliche Entfernen von Unfallspuren oder durch andere Täuschungsmanöver die Feststellungen tatsächlich vereitelt.[209]

Nach *König* ist der Täter nicht mehr in der Lage, sie zu ermöglichen, wenn die Feststellungen bereits anderweitig getroffen sind[210], d.h. danach setzt ein Ermöglichen einen Erfolg voraus.

Schulz geht hingegen immer dann von einem nachträglichen Ermöglichen der Feststellungen aus, wenn der Täter die durch die „Fahrerflucht" entstandene Beeinträchtigung der Beweissituation des Geschädigten kompensiert.[211] Gefordert

---

206 Cramer/Cramer-*Janker*, Anwaltshandbuch Strafrecht, Q Rn. 323; *ders.*, Straßenverkehrsdelikte, Rn. 65.

207 *Andreae*, Handbuch Verkehrsrecht 2000, S. 299; Hentschel-*König*, Straßenverkehrsrecht, § 142 Rn. 69; NK-*Schild*, § 142 Rn. 114 m.w.N.

208 *Bönke*, NZV 129 (130); Münchener Kommentar StGB-*Zopfs*, § 142 Rn. 115; *Böse*, StV 1998, 509 (512); SK-StGB-*Rudolphi*, § 142 Rn. 57 mit Verweis auf die Rn. 41 ff. Nach überwiegender Meinung enthält § 142 III StGB keine abschließende Aufzählung, sondern zeigt beispielhaft zwei Möglichkeiten auf (vgl. *Fischer*, § 142 Rn. 55 m.w.N.). Ob § 142 III StGB die Mindestvoraussetzungen oder den Maximalumfang der zu ermöglichenden Feststellungen bezeichnet, ist nicht geklärt (vgl. Münchener Kommentar StGB-*Zopfs*, § 142 Rn. 112 mit Nachweisen zu den einzelnen Ansichten in Fußnote 409). Die Gesetzesbegründung (BT-Drucksache 7/2434, S. 8) ist insoweit nicht hilfreich, da sie von „Mindestvoraussetzungen, deren Erfüllung in jedem Fall ausreicht" spricht.

209 *Bönke*, NZV 1998, 129 (130); Burmann/Heß/Jahnke/Janker-*Burmann*, § 142 Rn. 33a; LK-*Geppert*, § 142 Rn. 205; NK-*Schild*, § 142 Rn. 114.

210 Berz/Burmann-*König*, Handbuch des Straßenverkehrsrechts, Rn. 106 mit einem Verweis auf Hentschel § 142 Rn. 69, wo sich diese Aussage (auch neuerdings: Hentschel-*König*, Straßenverkehrsrecht, § 142 Rn. 69) nicht findet.

211 *Schulz*, NJW 1998, 1440 (1443 f.); *Blöcker*, tätige Reue, S. 50, SK-StGB-*Rudolphi*, § 142 Rn. 57, Schönke-Schröder-*Sternberg-Lieben*, § 142 Rn. 88a.

werde ein für die Wiederherstellung der Ausgangssituation kausales Verhalten des Täters.[212]

Zu diesem Ergebnis gelangt *Schulz* nach Betrachtung zweier Fallkonstellationen:

Erstens, eindeutig sei der Fall, wenn der Täter nach dem Unfall innerhalb des vorgegebenen Zeitrahmens eine Polizeidienststelle oder den Geschädigten aufsucht und die notwendigen Angaben zu seiner Person und seinem Aufenthaltsort, seinem Fahrzeug und dessen Standort sowie der Art seiner Unfallbeteiligung macht und zudem sein Kraftfahrzeug für Feststellungen eine angemessene Zeit zur Verfügung hält. Von diesen Standardfällen gehe der unverändert gebliebene § 142 III StGB für die in § 142 I Nr. 2 StGB normierte Feststellungspflicht aus. Den Gesetzesmaterialien[213] zum neu eingefügten § 142 IV StGB könne entnommen werden, dass der Gesetzgeber hier genau die gleiche Fallkonstruktion vor Augen hatte.[214]

Zweitens, Probleme würden sich jedoch ergeben, wenn der Sachverhalt hinsichtlich der Form der nachträglichen Meldung oder hinsichtlich des Umfangs der gemachten Feststellungen abweicht. Teilweise ließen Täter bei der Meldung die eine oder andere Tatsachenfeststellung unbewusst weg, ohne dass jedoch die Tataufklärung im Sinne des Geschädigten hierunter leidet. Besonders häufig sei in der Praxis der Fall, dass nur das Fahrzeugkennzeichen und damit lediglich Fahrzeug und Halter bekannt sind und die an der Halteradresse angetroffene Person ein komplettes Geständnis mit allen erforderlichen Angaben macht.[215]

Nach Ansicht von *Schulz* wäre eine Ablehnung des § 142 IV StGB im zweiten Beispiel nicht sachgerecht. Auch eine am bestimmten Einzelfall orientierte

---

212 *Schulz*, NJW 1998, 1440 (1443 f.).

213 *Schulz* verweist allerdings an dieser Stelle nur pauschal auf die BT-Drucksache 13/8587. In Betracht kommt folgende Passage: „In Anlehnung und im Anschluß an § 142 Abs. 2 und 3 könnte eine entsprechende Regelung mit folgender Fassung getroffen werden: […]" (BT-Drucksache 13/8587, S. 80), die allerdings diesbezüglich nicht besonders aussagekräftig ist.

214 *Schulz*, NJW 1998, 1440 (1443 f.). Bei dieser Formulierung bleibt unklar, welcher Fall zum Vergleich herangezogen werden soll, da § 142 I Nr. 2 StGB keine Feststellungspflicht, sondern nur eine Wartepflicht enthält (gemeint ist wohl § 142 II Nr. 1 StGB).

215 *Schulz*, NJW 1998, 1440 (1440).

Betrachtungsweise würde nicht weiterhelfen, da hierdurch die Unsicherheit nur vergrößert werden würde. Notwendig sei vielmehr eine allgemein gültige Definition, die sich an Funktion und Gesetzeszweck des § 142 IV StGB orientiert und bei deren Erfüllung ein nachträgliches Ermöglichen der Unfallfeststellungen anzunehmen ist.[216]

Ein Ermöglichen der Feststellungen i. S. des § 142 IV StGB sei deshalb immer dann gegeben, wenn der Täter durch eigenes Handeln dazu beitrage, dass die durch sein unerlaubtes Sich-Entfernen entstandene Beeinträchtigung der Beweismittelposition des Geschädigten in der Weise kompensiert wird, dass der Geschädigte wieder die Beweisposition erlange, die er ohne die Fahrerflucht gehabt hätte und somit seine Rechtsposition in der originär vorhandenen Weise wieder geltend machen kann.[217] Der Zweck des § 142 IV StGB erfordere es daher nicht zwingend, dass alle in Absatz 3 genannten Umstände angegeben werden müssen.[218]

2. Eigener Standpunkt

Im Rahmen der tätigen Reue stellen sich im Hinblick auf das Ermöglichen zwei Fragen. Erstens, wie muss das Verhalten des Täters beschaffen sein, dass man von einem Ermöglichen sprechen kann und zweitens, welche Feststellungen müssen davon erfasst sein.

a) Auslegung des Merkmals Ermöglichen

Ausgehend vom Wortlaut wird die Systematik und danach Sinn und Zweck der Vorschrift des § 142 IV StGB begutachtet.

aa) Wortlaut

Der Wortlaut des § 142 IV StGB ist im Sinn einer kausalen Erfolgsverwirklichung formuliert. § 142 IV StGB setzt voraus, dass die notwendigen Feststellungen durch den Täter ermöglicht wurden. Sind die Feststellungen schon zuvor getroffen worden, ist eine Ermöglichung seitens des Täters eigentlich entbehrlich.

---

216 *Schulz*, NJW 1998, 1440 (1441).

217 *Schulz*, NJW 1998, 1440 (1441); Schönke/Schröder-*Sternberg-Lieben*, § 142 Rn. 88a.

218 *Schulz*, NJW 1998, 1440 (1441); Schönke/Schröder-*Sternberg-Lieben*, § 142 Rn. 88a.

Hiergegen lassen sich jedoch zwei Argumente vorbringen: Erstens, meint ermöglichen nach seinem Wortsinn, dass etwas erlaubt wird bzw. die Voraussetzung für etwas geschaffen wurden. Dies bedeutet, dass der Täter nur die Voraussetzungen für die Feststellungen schaffen muss. Diese Voraussetzungen können aber unabhängig von den schon bestehenden Erkenntnissen geschaffen werden. Nach dem Wortsinn beschreibt das Merkmal also nur das Verhalten, das den Berechtigten in die Lage versetzt, selbst die Informationen zu gewinnen. Zweitens, verweist § 142 IV StGB hinsichtlich der Ermöglichung auf den dritten Absatz der Vorschrift. Nach § 142 III StGB liegt aber ein Ermöglichen schon vor, wenn die notwendigen Angaben gemacht wurden, d.h. sie müssen nicht zum Erfolg geführt haben. Das Merkmal des Ermöglichens ist daher auch erfüllt, wenn der Täter die im Gesetz angeführten Maßnahmen vorgenommen hat, auch wenn sie im Einzelfall allein noch nicht zur Beweissicherung ausreichen.[219] Hieraus folgt, dass die Formulierung des § 142 IV StGB in Verbindung mit § 142 III StGB keine kausale Erfolgsverwirklichung, sondern nur diejenigen Maßnahmen verlangt, die den Berechtigten generell in die Lage versetzen, die erforderlichen Feststellungen treffen zu können.

bb) Systematik

Die Vorschrift des § 142 IV StGB nimmt für das Merkmal des Ermöglichens vollständig Bezug auf den § 142 III StGB, insofern muss die Auslegung zu einem widerspruchsfreien Ergebnis führen. Das Ermöglichen im Sinn des Absatzes 4 darf keinen völlig anderen Inhalt als das Ermöglichen nach Absatz 3 haben. Reicht es für Absatz 3 aus, dass der Täter tätig wird, muss dies auch für Absatz 4 gelten. Ebenso sollten sich die zu ermöglichenden Feststellungen nach Absatz 4 nicht von denjenigen nach Absatz 3 unterscheiden.

---

[219] LK-*Geppert* § 142 Rn. 138. Beispiele: 1. Der Unfallbeteiligte hat nur mitzuteilen, dass er am Unfall beteiligt war, er muss aber keine Angaben zum Hergang und der Entstehung des Unfalles machen (LK-*Geppert* § 142 Rn. 144), wodurch haftungsrelevante Angaben fehlen können. 2. Zwar wurden alle mitteilungspflichtigen Angaben gemacht, aber aufgrund von Fehlern des Mitteilungsempfängers nicht aufgezeichnet. 3. Zwar hat der Unfallbeteiligte seinen Aufenthaltsort angegeben, Feststellungen hinsichtlich der körperlichen Verfassung wurden dann aber nicht oder zu spät durchgeführt.

cc) Sinn und Zweck

Nach dem Willen des Gesetzgebers sollte die Regelung des § 142 IV StGB „den Anreiz zur nachträglichen Meldung […] erhöhen und damit dem Anliegen des stärkeren Schutzes der privatrechtlichen Interessen der Unfallbeteiligten“[220] entsprechen. Für den Unfallbeteiligten, der einen Schaden erlitten hat, würde seinem privatrechtlichen Interesse am besten entsprochen, wenn er den Schaden schnell ersetzt bekäme. Hierfür benötigt er Angaben zum Unfallverursacher, dem geführten Fahrzeug und zum Geschehensablauf. Zweck des § 142 IV StGB ist es, die durch das Entfernen vom Unfallort eingetretene Beweisbeeinträchtigung auszugleichen. Aus diesem Grund soll § 142 IV StGB den Unfallbeteiligten in die Lage versetzen, dass er Feststellungen treffen kann, weshalb der Täter des § 142 StGB verpflichtet ist, die Feststellungen zu ermöglichen.

Nach Sinn und Zweck liegt ein Ermöglichen vor, wenn der Unfallbeteiligte alle notwendigen Angaben im Sinne des § 142 III StGB gegenüber einer Polizeidienststelle oder den Berechtigten macht. Problematisch ist jedoch, ob ein Ermöglichen auch noch gegeben ist, wenn (einzelne) Feststellungen schon getroffen wurden. Insofern könnte man der Meinung sein, dass die Feststellungen nicht mehr durch den Täter ermöglicht werden können, da sie schon anderweitig getroffen worden sind. Ginge man zudem noch davon aus, dass § 142 IV StGB fordert, dass alle Feststellungen durch den Täter zu ermöglichen sind, um die Straffreiheit bzw. die Strafmilderung zu erlangen, dann würde die tätige Reue ausscheiden, sobald irgend eine Feststellung durch den Berechtigen bereits getroffen wurde, da dies ein Ermöglichen durch den Täter ausschließt. Eine solche Auslegung entspricht aber nicht dem Sinn und Zweck. Dies zeigt der Vergleich mit den Pflichten, die den Unfallbeteiligten treffen, nachdem er sich nach Ablauf der Wartefrist (§ 142 II Nr. 1 StGB) oder berechtigt bzw. entschuldigt (§ 142 II Nr. 2 StGB) entfernt hat. Im Rahmen des § 142 II i.V.m. III StGB hat nämlich der Unfallbeteiligte alle Feststellungen (unabhängig davon, ob diese anderweitig schon getroffen wurden) zu ermöglichen. Ein Ermöglichen liegt dabei aber schon vor, wenn er die Angaben mitteilt (§ 142 III S. 1 StGB). Auf § 142 IV StGB übertragen, bedeutet dies, dass der Täter für den Zugang der Information sorgen muss, auf die Exklusivität der Informationsbeschaffung oder

220 BT-Drucksache 13/8587, S. 80.

die Notwendigkeit der Feststellungen aus Sicht des Berechtigten kommt es jedoch nicht an. Das Merkmal des Ermöglichens soll den Täter auch nicht in zeitlicher Hinsicht unter Druck setzen (hierfür gilt allein das Merkmal der 24 Stunden-Frist), da er nicht tätig werden muss, bevor die Feststellungen auf anderen Wegen getroffen wurden. Ein Ermöglichen liegt daher immer dann vor, wenn der Täter die Berechtigten oder eine Polizeidienststelle in die Lage versetzt hat, die Feststellungen zu treffen.

Diese Sicht erlaubt auch eine interessengerechte Lösung der von *Schulz* angesprochenen zweiten Konstellation.[221] Unterlässt der Unfallbeteiligte notwendige Angaben, liegt kein Ermöglichen im Sinne des § 142 IV i.V.m. § 142 III StGB vor. Allerdings muss in einem solchen Fall genau geprüft werden, ob die unterlassenen Angaben wirklich notwendig waren[222] bzw. ob der Berechtigte auf diese Angaben gegebenenfalls (konkludent) verzichtet hat. Sind der Polizei oder den Berechtigten die Person, das Fahrzeug oder der Halter schon bekannt, können die Feststellungen dennoch durch den Täter ermöglicht werden. Tut er dies im Rahmen eines kompletten Geständnisses mit allen erforderlichen Angaben, liegt ein Ermöglichen auch dann vor, wenn er von der Polizei an der Halteradresse angetroffen wurde. Fraglich ist in einem solchen Fall allerdings, ob diese Mitteilung auch freiwillig ermöglicht wurde.[223]

dd) Ergebnis zur Auslegung des Merkmals Ermöglichen

Ein Ermöglichen der Feststellungen liegt immer dann vor, wenn der Täter die Angaben selbst gemacht hat bzw. wenn er den Berechtigten oder eine nahe gelegene Polizeidienststelle in die Lage versetzt hat, die Feststellungen zu treffen.

Der Täter kann sich bei der Ermöglichung der nachträglichen Feststellungen jedes Mittels bedienen, das zu dem vom Gesetz gewünschten Erfolg beiträgt. Er ist nicht nur auf die exemplarisch in § 142 III StGB genannten Arten beschränkt.

---

221 Vgl. oben S. 56.

222 *Fischer*, § 142 Rn. 58 (keine Verpflichtung das Fahrzeug zur Verfügung zu stellen, wenn es nur gemietet oder geliehen war); Münchener Kommentar StGB-*Zopfs*, § 142 Rn. 115 (ausreichend ist die Mitteilung gegenüber einem Berechtigten, wenn eine darüber hinausgehende Beweissicherung hinsichtlich der anderen Berechtigten nicht erforderlich ist); LK-*Geppert*, § 142 Rn. 138; OLG Oldenburg, Beschluss vom 11.11.1977, Ss 367/77, VRS 54, 279 (281).

223 Vgl. hierzu: V. Freiwilligkeit, S. 64 ff.

Dies ergibt sich zum einen aus dem Wortlaut, § 142 IV StGB verweist vollumfänglich auf § 142 III StGB und nicht nur auf die in § 142 III StGB beschriebenen Wege. Zum anderen ist diese Auslegung auch vom Willen des Gesetzgebers gedeckt. Dies wird in der Begründung des Rechtsauschusses deutlich. In diesem heißt es: „Hinsichtlich der Frage, auf welche Weise der Unfallbeteiligte die Feststellungen nachträglich zu ermöglichen hat, verweist der neue Absatz 4 auf § 142 Abs. 3, der beispielhaft zwei Möglichkeiten aufführt, wie der Unfallbeteiligte seiner Handlungspflicht genügen kann. Er kann den Berechtigten oder einer nahegelegenen Polizeidienststelle die erforderlichen, in Absatz 3 genannten Einzelheiten mitteilen. Er kann aber auch andere Wege beschreiten (z. B. durch freiwillige Rückkehr an den Unfallort), soweit er damit seinen Mitteilungspflichten nachkommt.“[224] Der Gesetzgeber ging also selbst davon aus, dass nicht nur die in § 142 III StGB aufgezählten Wege zum Ziel führen können.

b) Umfang der zu ermöglichenden Feststellungen

Des Weiteren stellt sich bei § 142 IV StGB die Frage nach dem Umfang der zu ermöglichenden Feststellungen. Leider hat der Gesetzgeber die Möglichkeit der exakten Aufzählung der Angaben verstreichen lassen, um die Schwierigkeiten hinsichtlich des Umfangs der zu ermöglichenden Feststellungen nach § 142 III StGB[225] aufzulösen. Durch den Verweis in § 142 IV StGB auf den § 142 III StGB übertragen sich diese Schwierigkeiten auch auf die Voraussetzungen der tätigen Reue, hierdurch kann es im Einzelfall zu Rechtsunsicherheiten kommen.

Ist im Rahmen des § 142 III StGB unklar, welche Angaben mindestens zu machen sind bzw. welche Angaben nicht mehr notwendig und damit nicht zu tätigen sind, stellt sich nun im Rahmen des § 142 IV StGB die Frage, welche Feststellungen erforderlich sind, damit von einem Ermöglichen gesprochen werden kann.

Nach dem Wortlaut des § 142 III StGB genügt es, wenn der Unfallbeteiligte mitteilt, dass er am Unfall beteiligt gewesen ist und seine Anschrift, seinen Aufenthalt sowie Kennzeichen und Standort des Fahrzeugs angibt. Darüber hinaus muss er das Fahrzeug eine ihm zumutbare Zeit zur Verfügung halten. Neben

224 BT-Drucksache 13/9064, S. 10.
225 Vgl. zum Umfang der Feststellungen Fußnote 208.

diesen Feststellungen kann der Unfallbeteiligte aber noch eine weitere Reihe von Mitteilungen abgeben, die für den Berechtigten von Bedeutung sind (beispielsweise Angaben zum Unfallhergang). Diese Angaben sind jedoch im Rahmen des § 142 III StGB für eine Bejahung des Ermöglichens nicht notwendig. Sie können aber für die Schadenswiedergutmachung von Bedeutung sein. Der Unfallbeteiligte ist zwar nicht gezwungen, diese Feststellungen mitzuteilen, allerdings ist er auch nicht daran gehindert.

Im Rahmen des § 142 III i.V.m. § 142 II StGB werden diese Angaben vom Unfallbeteiligten nicht gefordert, da § 142 II StGB die Pflichten, die direkt nach dem Unfall gemäß § 142 I Nr. 1 StGB zu erfüllen sind, nicht im Sinne einer Selbstbelastung ausdehnen will (bzw. kann). § 142 III StGB kann daher im Zusammenspiel mit § 142 II StGB nur die maximal zulässigen Feststellungen vom Unfallbeteiligten verlangen. Hingegen könnte § 142 IV StGB vom Täter des § 142 StGB mehr verlangen, da es nicht mehr um die Tatbestandsverwirklichung, sondern um die tätige Reue – also das Nachtatverhalten – geht.[226] Vergleicht man § 142 IV StGB mit § 306e StGB, also einer anderen Vorschrift über die tätige Reue, fällt dieser Unterschied in dem geforderten Nachtatverhalten deutlich auf. Für eine tätige Reue nach § 306e StGB ist es nicht ausreichend, dass sich der Täter bei Geschädigten meldet und Angaben zu seiner Beteiligung an der Brandstiftung und seinem Aufenthaltsort macht, sondern § 306e I StGB verlangt vom Täter, dass er den Brand löscht, bevor ein erheblicher Schaden eingetreten ist. Auf § 142 IV StGB übertragen müsste man daher für eine tätige Reue verlangen, dass der entstandene Schaden seitens des Täters begrenzt wird. Dies könnte beispielsweise dadurch geschehen, dass über die Angaben des § 142 III StGB hinaus Angaben gemacht werden, die für Geltendmachung des Schadensersatzanspruchs wichtig sind. Dies könnte entweder durch Zahlung oder Anerkenntnis des Schadens geschehen oder durch Mitteilung der notwendigen Angaben, die den Schadensersatzanspruch begründen. Vor Inkrafttreten des Versicherungsvertragsgesetzes 2008 (VVG)[227] bestand jedoch in der Haftpflichtversicherung ein Anerkenntnis- und Befriedungsverbot (§ 154 II VVG

---

226 Eine solche Erweiterung der Angaben darf aber nicht zu einer Pflicht zur Offenbarung der Strafbarkeit nach anderen Vorschriften führen. Zum nemo tenetur-Grundsatz und den Pflichten des § 142 StGB vgl. 1. Verstoß gegen den nemo tenetur-Grundsatz, S. 174 ff.

227 BGBl. I 2007, 2631.

a.F.[228]), welches zum Verlust des Versicherungsschutzes des Versicherungsnehmers führen konnte. Sinn und Zweck des § 142 IV StGB kann aber nicht sein, vom Unfallbeteiligten Mitteilungen zu verlangen, die ihn zugleich den Versicherungsschutz kosten können. Mit dem neuen Versicherungsvertragsgesetz ist jedoch der Regelungsinhalt des § 154 II VVG a.F. aufgehoben worden. Nunmehr bestimmt § 105 VVG, dass eine Vereinbarung unwirksam ist, nach welcher der Versicherer nicht zur Leistung verpflichtet ist, wenn ohne seine Einwilligung der Versicherungsnehmer den Dritten befriedigt oder dessen Anspruch anerkennt. Das frühere Anerkenntnis- und Befriedungsverbot ist somit durch die zwingende Regelung des § 105 VVG abgeschafft.[229] Nunmehr könnten im Rahmen des § 142 IV StGB auch weitergehende Angaben durch den Unfallbeteiligten gefordert werden. Insoweit muss der Umfang der Mitteilungen nicht durch den Verweis auf den dritten Absatz des § 142 StGB begrenzt sein.

Einer zwingenden Erweiterung der Angaben könnte aber das Analogieverbot des Art. 103 II GG entgegenstehen. Zwar betrifft eine Ausweitung der Angaben zu Ungunsten des Unfallbeteiligten nicht direkt die Bestrafung des Verhaltens des Täters, da dieser den Tatbestand des § 142 I bzw. II StGB schon verwirklicht hat. Aus Art. 103 II GG folgt ein Verbot strafbegründender oder strafschärfender Analogie und damit ein Ausschluss jeder Rechtsanwendung, die über den Inhalt einer gesetzlichen Sanktionsnorm hinausgeht.[230] Die Auslegung des Tatbestandes eines Strafaufhebungsgrundes darf daher nicht zu einer Einschränkung dessen Anwendungsbereiches und damit zu einer Ausdehnung der Strafbarkeit führen, daher markiert der mögliche Wortsinn auch in diesen Fällen die äußerste Grenze zulässiger Interpretation.[231] Weitergehende Angaben sind aber

---

[228] Wortlaut des § 154 II VVG a.F.: „Eine Vereinbarung, nach welcher der Versicherer von der Verpflichtung zur Leistung frei sein soll, wenn ohne seine Einwilligung der Versicherungsnehmer den Dritten befriedigt oder dessen Anspruch anerkennt, ist unwirksam, falls nicht nach den Umständen der Versicherungsnehmer die Befriedigung oder die Anerkennung nicht ohne offenbare Unbilligkeit verweigern konnte."

[229] NK-VVG-*Schimikowski*, § 105 Rn. 2. *Knappmann*, ZAP 2009, 815 (822), befürchtet, dass nun der moralische Druck auf einen Fahrer, sich sofort an der Unfallstelle zur Haftung zu erklären, steige.

[230] BVerfG, Beschluss vom 23.10.1985, 1 BvR 1053/82, BVerfGE 71, 108 (108 ff.) = NJW 1986, 1671 (1671 f.).

[231] BVerfG, Nichtannahmebeschluss vom 08.11.2006, 2 BvR 1378/06, BVerfGK 9, 420 (420 ff.) bezogen auf die Vorschrift der tätigen Reue bei § 129a V a.F. i.V.m. § 129 VI.

aus dem Wortlaut des § 142 IV i.V.m. III StGB nicht ableitbar, folglich kann eine Auslegung nicht zum Erfordernis der Angaben zwecks Schadenswiedergutmachung führen.

3. Zusammenfassung

Zwar begrenzt das Merkmal „ermöglichen“ den Anwendungsbereich der tätigen Reue, diese Begrenzung entspricht aber dem Wesen der tätigen Reue. Ein Täter soll eben nicht dadurch Straffreiheit erlangen, dass andere die notwendigen Feststellungen ermöglicht oder gar getroffen haben. Die nachträgliche Ermöglichung der Feststellungen stellt den Grund für die Strafmilderung bzw. Straffreiheit dar. Der Täter hat nämlich erst durch die nachträgliche Ermöglichung der Feststellungen die Beeinträchtigung der Beweissituation des Geschädigten wieder ausgeglichen. Dennoch ist das Merkmal des Ermöglichens nicht im Sinn einer kausalen Erfolgsverwirklichung zu verstehen. Der Täter ermöglicht die Feststellungen vielmehr schon, wenn er den Berechtigten oder eine nahe gelegene Polizeidienststelle in die Lage versetzt, die Feststellungen zu treffen. Ob die festzustellenden Angaben noch unbekannt sind oder ob daran (noch) ein Interesse besteht, ist nicht von Belang.

Allein de lege ferenda ist es möglich, den Umfang der mitzuteilenden Angaben zu erweitern.[232] Die derzeit mitzuteilenden Angaben reichen häufig nicht aus, um das zivilrechtliche Ausgleichsinteresse voll zu befriedigen.

V. Freiwilligkeit

Das Merkmal der Freiwilligkeit ist seitens des Gesetzgebers nicht definiert worden. Auch in den Gesetzgebungsmaterialien findet sich zu § 142 IV StGB kein Hinweis darauf, wie die Freiwilligkeit bestimmt werden soll. Eine freiwillige Meldung soll nur ausscheiden, wenn der Täter entdeckt wurde.[233] Im Zusammenhang mit der Vorschrift über die Geldwäsche (§ 261 StGB) hat der Ge-

---

[232] Aufgrund von Art. 103 II GG kann de lege lata keine extensive Auslegung erfolgen (vgl. cc) Sinn und Zweck, S. 58 f.).

[233] BT-Drucksache 13/8587, S. 57.

setzgeber für die Frage der Freiwilligkeit bei tätiger Reue auf die §§ 24 und 31 StGB verwiesen.[234]

1. Sichtweise in Rechtsprechung und Literatur

Die fehlende Definition der Freiwilligkeit lässt einen weiten Auslegungsrahmen für Rechtsprechung und Literatur offen.

a) Sichtweise in der Rechtsprechung

Zur Vorgängervorschrift des § 142 IV StGB (§ 22 KFG[235]) hat das Reichsgericht hinsichtlich der Freiwilligkeit ausgeführt, dass der Täter strafbar bleibt, wenn er zwar bei der Polizei ein Geständnis abgelegt, er jedoch nicht aus freien Stücken, sondern auf eine Vorladung erschienen ist.[236]

Die neuere Rechtsprechung hat bisher zum Merkmal der „Freiwilligkeit" bei § 142 IV StGB noch nicht entscheiden müssen. In einem Urteil – das zu § 306e StGB (tätige Reue bei den Brandstiftungsdelikten) ergangen ist – hat der BGH festgestellt, dass für die Freiwilligkeit die zum Rücktritt vom Versuch entwickelten Grundsätze gelten, nach denen es allein darauf ankommt, ob der Rücktritt einer autonomen Entscheidung des Täters entspringt oder durch von seinem Willen unabhängige zwingende Hinderungsgründe veranlasst wird.[237]

Legt man die Rechtsprechung[238] zu § 24 StGB zugrunde[239], ergibt sich für die Freiwilligkeit folgendes Bild:

---

234 BT-Drucksache 12/989, S. 28 (bezogen auf die vorsätzliche und fahrlässige Begehung): „Für beide Begehungsformen wird zunächst allgemein vorausgesetzt, daß der Täter die Anzeige freiwillig (vgl. §§ 24, 31, 129 Abs. 6, § 330b StGB) bei der zuständigen Behörde (Staatsanwaltschaft, Polizei oder Amtsgericht, vgl. § 158 Abs. 1 Satz 1 StPO) erstattet oder veranlaßt".

235 Vgl. I. § 22 KFG, S. 150.

236 RG, Urteil vom 17.01.1929, II 1168/28, RGSt 63, 18 (19). Nach Ansicht von *Isaac/Sieburg,* Automobilgesetz, S. 457, müssen Anzeige und Nachholung der Feststellungen freiwillig geschehen; differenzierend: Lehrbuch des Automobilrechts-*Bittermann*, S. 165.

237 BGH, Urteil vom 21.11.2002, 3 StR 296/02, NStZ 2003, 265 (265 f.).

238 Einen thematisch geordneten Überblick über die Rechtsprechung zum Rücktritt gibt: *Ulsenheimer*, Grundfragen des Rücktritts, S. 243 ff.

Für die Frage der Freiwilligkeit des Rücktritts ist entscheidend, ob der Täter aus seiner Sicht Herr seiner Entschlüsse geblieben ist; sie ist deshalb zu bejahen, wenn der Täter weder durch eine äußere Zwangslage noch durch seelischen Druck unfähig gewesen ist, die Tat zu vollenden.[240] Stellt sich der Täter vor, dass der betreffende Umstand für ihn ein „zwingendes Hindernis" darstellt, scheidet die Freiwilligkeit aus.[241]

b) Sichtweise in der Literatur

Die Sichtweise der Literatur lässt sich in zwei Kategorien teilen. Einerseits diejenigen, die das Merkmal „freiwillig" allgemein beschreiben und andererseits diejenigen, die auf die konkrete Situation der Unfallflucht eingehen.[242]

Bei ersteren wird unter Einbeziehung der Vorschriften über den Rücktritt vom Versuch argumentiert.[243] D.h. die Handlung muss freiwillig und damit wie bei § 24 StGB aus autonomen Motiven[244] erfolgen.[245]

Bei denjenigen, die die Situation der Unfallflucht berücksichtigen, ergibt sich folgendes – uneinheitliches – Bild:

---

239 Die Sichtweise der Rechtsprechung wird auch von Teilen der Literatur befürwortet; z.B. *Boß*, halbherzige Rücktritt, S. 169 f; *Jescheck/Weigend*, AT, § 51 III Nr. 2 und IV Nr. 3; *Kühl*, AT, § 16 Rn. 54 ff.; *Lampe*, JuS 1989, 610 (616).

240 BGH, Beschluss vom 27.02.2003, 4 StR 59/02, NStZ-RR 2003, 199 (199); BGH, Beschluss vom 13.01.1988, 2 StR 665/87, BGHSt 35, 184 (186) = NJW 1988, 1603 (1604); BGH, Urteil vom 14.04.1955, 4 StR 16/55, BGHSt 7, 296 (299) = NJW 1955, 915 (916).

241 BGH, Beschluss vom 13.01.1988, 2 StR 665/87, BGHSt 35, 184 (186) = NJW 1988, 1603 (1604).

242 *Blöcker*, tätige Reue, S. 140, umschreibt die Freiwilligkeit für alle Fälle von tätiger Reue als autonome Entscheidung, die von den ihr zugrunde liegenden Motiven unabhängig ist, solange diese nicht zu einer heteronomen Veranlassung führen. Aufgrund der subjektiven Bestimmung des Merkmals seien feststehende Kriterien für die Beantwortung der Frage, ob ein freiwilliges Verhalten vorliegt, nicht erforderlich, da sich diese Frage über eine Parallelwertung in der Laienssphäre beantworten lasse (S. 140).

243 SSW-StGB-*Ernemann*, § 142 Rn. 61.

244 Vgl. hierzu LK-*Lilie/Albrecht*, § 24 Rn. 248 m.w.N.

245 So *Bönke*, NZV 1998, 129 (130) allerdings mit einem Verweis auf BGH, Urteil vom 14.04.1955, 4 StR 16/55, BGHSt 7, 296 (299), worin ausgeführt wurde, dass auch Angst vor Strafe die Freiwilligkeit nicht ausschließt; ebenso LK-*Geppert* § 142 Rn. 206 (nach dem Verweis auf die §§ 24 und 31 StGB wird auf die Umstände bei der Unfallflucht eingegangen). Nach *Andreae*, FS Himmelreich, S. 13, besteht kein sachlicher Grund, das Kriterium der Freiwilligkeit bei § 142 IV StGB anders als bei § 24 StGB zu bestimmen.

Wer entdeckt ist, könne sich nicht mehr freiwillig melden[246]; dies gelte auch dann, wenn der Täter in diesem Zeitpunkt noch gar nicht wusste, dass er entdeckt ist.[247] Nach *Böse* ist das Merkmal der Freiwilligkeit nur in Anlehnung an andere Vorschriften über tätige Reue bzw. an die Rücktrittsregelung des § 24 StGB auszulegen, sie liegt dann vor, wenn die tätige Reue aus autonomen Gründen erfolgt. Daher scheide die tätige Reue aus, wenn die Unfallbeteiligung bereits aufgedeckt ist.[248] Bei dieser Aussage bleibt allerdings unklar, ob der Täter hiervon wissen muss[249], insofern kann sich der Standpunkt von folgender Aussage unterscheiden: Habe die Polizei den Täter ermittelt und ist ihm dies bekannt, sei § 142 Abs. 4 StGB nicht mehr anwendbar, weil es an dem Merkmal der Freiwilligkeit fehlt.[250] Maßgebend ist nach dieser Ansicht die Frage, ob der Täter der Polizei bekannt ist (objektive Komponente) und ob der Täter hiervon Kenntnis hat (subjektive Komponente). Schwierigkeiten können hierbei bei der Feststellung hinsichtlich der Entdeckung des Täters auftauchen.[251]

Einen etwas anderen Standpunkt nimmt *Grohmann* ein, da er nur auf die subjektive Komponente abstellt. Nach seiner Ansicht ist die Meldung freiwillig, wenn der Täter nach seiner Kenntnis und Vorstellung als Unfallbeteiligter einer Unfallflucht noch nicht entdeckt ist und auch eine Entdeckung nicht konkret

---

246 Berz/Burmann-*König,* Handbuch des Straßenverkehrsrechts, Rn. 106.

247 *Gebhardt*, verkehrsrechtliche Mandat, § 50 Rn. 69.

248 *Böse,* StV 1998, 509 (512).

249 Einerseits verweist *Böse* hinsichtlich der Auslegung auf § 24 StGB und auf andere Vorschriften über die tätige Reue. Im Rahmen des § 24 StGB kann die Freiwilligkeit aber vorliegen, wenn der Täter entdeckt ist, dies aber nicht weiß. Dies spricht dafür, dass der Täter auch nach Ansicht von *Böse* die Aufdeckung der Unfallbeteiligung kennen muss. Andererseits verweist er in der Fußnote (Fn. 67) auf § 310 StGB a.F., dieser enthielt eine Vorschrift über die tätige Reue bei der Brandstiftung. Danach konnte tätige Reue nur geübt werden, solange der Brand noch nicht entdeckt war. Dies spricht dafür, allein auf die objektive Entdeckung abzustellen. Allerdings wurde im Rahmen des § 310 StGB a.F. von Teilen der Literatur angenommen, dass eine tätige Reue auch vorliegt, wenn der Täter von der Entdeckung nichts wusste (vgl. LK[10]-*Wolff* § 310 Rn. 3; Schönke-Schröder[25]-*Cramer* § 310 Rn. 3; a.A. *Tröndle*[48] § 310 Rn. 48).

250 *Blum,* SVR 2007, 163 (167).

251 Beispiele: War der Täter der Polizei objektiv bekannt, wenn es widersprüchliche Zeugenaussagen zur Person des Unfallflüchtigen gab? Liegt die objektive Komponente vor, wenn die (glaubhaften) Zeugenaussagen auf zwei (oder mehr) Tatverdächtige hinauslaufen? Welche Informationen muss der Täter haben, damit davon auszugehen ist, dass er die Ermittlung seiner Person angenommen hat?

droht.[252] Auf die Befürchtung des Täters, dass er entdeckt oder beobachtet wurde, komme es jedenfalls nicht an, solange diese Befürchtung (zunächst noch) grundlos[253] ist.[254] Nach *Höfle* handelt der Täter nicht mehr freiwillig, wenn er sich durch eine Zwangslage zur Meldung veranlasst sieht, weil beispielsweise die Polizei vor der Tür des Täters steht.[255]

Einen noch weiteren Begriff der Freiwilligkeit nimmt *Blöcker* an, da er auf die Frage nach der (subjektiven) Entdeckung verzichtet. Nach seiner Ansicht handelt der Täter nur unfreiwillig, wenn er die erforderlichen Feststellungen absichtlich vereitelt. In allen anderen Fällen sei die Freiwilligkeit zu bejahen, wenn die rechtzeitigen Feststellungen „auf ein irgendgeartetes kausales Mitwirken des Schädigers zurückgehen“.[256]

Nach *Winkler* reicht es für ein freiwilliges Handeln sogar aus, wenn der Täter, bevor er ermittelt wird, aufgrund eines eigenen Entschlusses tätig wird.[257] Ähnlich sieht dies *Feiertag,* da für ihn die Motive der nachträglichen Meldung unerheblich sind.[258]

Neben der allgemeinen Bestimmung der Freiwilligkeit werden insbesondere drei Konstellationen diskutiert: erstens, Freiwilligkeit, auch wenn ein Tatverdacht gegen den Täter bestand; zweitens, Entdeckung der Tat und drittens, Meldung durch einen Dritten.

aa) Freiwilligkeit trotz Verdachts?

Umstritten ist, ob der Täter noch freiwillig handelt, wenn er seine Beteiligung an dem Verkehrsunfall gegenüber einer Ermittlungsperson einräumt, die an den Täter wegen eines Verdachts bereits herangetreten ist.[259] Hierbei sei fraglich, ob

---

252 *Grohmann*, DAR 1998, 487 (488).

253 Wann eine Befürchtung grundlos ist und was geschieht, wenn der Täter einen Grund zur Befürchtung hat, wird jedoch nicht erläutert.

254 Ferner-*Jung*, Handbuch Straßenverkehrsrecht, S. 904; *Jung/Albrecht*, Verteidigung Verkehrsstrafsachen, S. 159.

255 *Höfle*, ZfS 1999, 458 (460).

256 *Blöcker*, tätige Reue, S. 51.

257 Himmelreich/Halm-*Winkler*, Handbuch Verkehrsrecht, Kapitel 33 Rn. 47.

258 *Feiertag*, ZAP 201, 595 (603).

259 *Andreae*, Handbuch Verkehrsrecht 2000, S. 299 m.w.N.

die Grundsätze des § 24 StGB auf den § 142 IV StGB ohne weiteres übertragen werden können, da es nicht um einen Rücktritt vom Versuch, sondern um Wiedergutmachung nach Tatvollendung gehe und die Tatvollendung nicht rückgängig gemacht werden könne.[260] Nach Tatvollendung drohe unverzüglich der Beginn der Ermittlungen, hierbei habe jedoch der Täter ein Aussageverweigerungsrecht. Im Verzicht auf bzw. im Nichtgebrauch dieses Rechts und der Einräumung der Beteiligung liege ein freiwilliges Handeln, auch wenn dies nicht im gleichen Maß freiwillig sei wie eine vorherige Meldung bei der Polizei.[261] Das Abstreiten der Unfallbeteiligung bei der ersten Vernehmung bedeute erfahrungsgemäß, dass der Unfallbeteiligte nicht überführt werden könne, da eine Identifikation meist nicht möglich sei. Die Kooperation des Beschuldigten und damit die Preisgabe seiner Rechte, ohne hierzu verpflichtet zu sein, stelle freiwilliges Verhalten dar.[262]

Kann also nach (früherer) Ansicht von *Andreae* ein freiwilliges Verhalten auch noch vorliegen, wenn der Täter von der Polizei aufgesucht wird, scheidet § 142 IV nach anderer Ansicht hingegen aus, wenn die Polizei schon „vor der Tür“ steht; das Risiko gehe zu Lasten des Unfallbeteiligten.[263] *Feiertag* gibt hierbei zu bedenken, dass der informatorisch Befragte in einer anderen, d.h. weniger belastenden, Situation ist als der bereits formell belehrte Beschuldigte.[264] Aus Sicht von *Schulz* zwingt plötzliche Polizeipräsenz den Täter hingegen nicht, sich zu äußern; offenbare sich der Täter trotz seines Schweigerechts, so tue er dies freiwillig.[265]

---

260 *Andreae*, Handbuch Verkehrsrecht 2000, S. 300.

261 *Andreae*, Handbuch Verkehrsrecht 2000, S. 300. Diese Ansicht wurde mittlerweile aufgegeben (vgl. *Andreae*, FS Himmelreich, S. 13).

262 *Andreae*, Handbuch Verkehrsrecht 2000, S. 300.

263 *Bönke*, NZV 1998, 129 (130). Mit Verweis auf diese Passage nimmt *Hentschel*, NJW 1999, 686 (689), an, dass der Täter eine Strafmilderung oder gar ein Absehen von Strafe nicht durch die Behauptung – gegenüber dem Polizeibeamten, der ihn vor Ablauf von 24 Stunden als Unfallbeteiligten ermittelt hat –, er habe sich noch vor Ablauf der 24-Stunden-Frist zu melden wollen, erreichen kann.

264 *Feiertag*, ZAP 2001, 595 (603). Welche Schlüsse daraus zu ziehen sind, lässt *Feiertag* jedoch offen, da hierzu die Entwicklung der Rechtsprechung abzuwarten sei.

265 *Schulz*, NJW 1998, 1440 (1441).

Nach *Janker* wird man die Freiwilligkeit nur so lange annehmen können, wie der Unfallbeteiligte noch nicht glaubt oder weiß, dass anderen Unfallbeteiligten, Geschädigten oder der Polizei seine Unfallbeteiligung bekannt ist. Differenzieren müsse man aber, wenn der Unfallbeteiligte lediglich an der Halteradresse angetroffen werde, da in einem solchen Fall die Person des Unfallbeteiligten nicht notwendigerweise schon bekannt ist. Maßgebend sei die Vorstellung des Täters hinsichtlich der Aufdeckung seiner Unfallbeteiligung.[266]

bb) Freiwilligkeit trotz Entdeckung?

Umstritten sind auch die Fälle, in denen der Täter entdeckt wurde, hiervon aber nichts weiß und sich aus autonomen Motiven nachträglich meldet.

Teilweise wird in einem solchen Fall von fehlender Freiwilligkeit ausgegangen, weil der Täter der Unfallflucht das Risiko trage, vor der nachträglichen Meldung entdeckt zu werden.[267] Zur Begründung wird in diesem Zusammenhang auf die Ausführungen seitens des Bundesrates[268] hingewiesen.[269] Dort wird folgendes ausgeführt: „Der flüchtende Unfallbeteiligte trägt nach der vorgesehenen Regelung weiterhin das Risiko, vor freiwilliger Meldung entdeckt und bestraft zu werden […]“.[270]

Nach *Grohmann* ist Freiwilligkeit vom Wortlaut und Wortinhalt (entsprechend der Auslegung der Freiwilligkeit beim Rücktritt) aus subjektiver Tätersicht eine von Zwängen freie Willensäußerung.[271] Er widerspricht deshalb der Ansicht, dass allein die objektive Entdeckung schon zur Unfreiwilligkeit führt.

266 *Janker*, Anwalts-Handbuch Strafrecht, Q Rn. 324. Im Ergebnis ebenso: *Grohmann*, VD 2003, 3 (5).

267 *Fischer*, § 142 Rn. 65; Lackner/*Kühl*, § 142 Rn. 38; Burmann/Heß/Jahnke/Janker-*Burmann*, § 142 Rn. 33a; *Gebhardt*, verkehrsrechtliche Mandat, Rn. 67.

268 BR-Drucksache 164/97, S. 14 = BT-Drucksache 13/8587, S. 57.

269 Burmann/Heß/Jahnke/Janker-*Burmann*, § 142 Rn. 33a. Dies ist aber streng genommen kein Problem der Freiwilligkeit, sondern der Ermöglichung der nachträglichen Feststellungen (vgl. oben IV. Nachträgliche Ermöglichung der Feststellungen durch den Unfallbeteiligten, S. 54). Wer von seiner Entdeckung nichts weiß und sich nachträglich meldet, der handelt aus autonomen Gründen und damit freiwillig (vgl. dazu 3. Eigener Standpunkt, S. 57).

270 BR-Drucksache 164/97, S. 14 = BT-Drucksache 13/8587, S. 57.

271 *Grohmann*, VD 2003, 3 (4).

Trotz der Stellungnahme des Bundesrates[272] sei diese Auslegung mit dem Gesetzestext nicht in Einklang zu bringen. Sollte der Gesetzgeber über die normale Bestimmung der Freiwilligkeit hinaus eine weitere Einschränkung gewollt haben, so hätte eine entsprechende Klarstellung im Gesetz erfolgen müssen. Daher handle der Täter freiwillig, solange er von seiner Entdeckung keine Kenntnis hat oder eine Entdeckung nicht in Betracht zieht. Unfreiwilligkeit liege hingegen vor, wenn der Täter sich für entdeckt hält und sich aus diesem Grund meldet. *Grohmann* verneint daher ein autonomes Handeln, wenn der Täter aufgrund des ihm zur Kenntnis gebrachten und ihn objektiv als Unfallbeteiligter belastenden Ermittlungsstandes damit rechnen muss, als Täter ermittelt zu werden.[273]

cc) Freiwilligkeit trotz Meldung durch einen Dritten?

Fraglich ist, wie sich die Meldung durch einen Dritten für den Unfallbeteiligten auswirkt. Eindeutig kein Anwendungsfall des § 142 IV StGB sei der Fall, wenn der Täter nichts von dieser Meldung weiß, da es hierbei nicht um eine freiwillige Meldung seitens des Täters handelt.[274] Werde seitens des Unfallbeteiligten hingegen ein zuverlässiger Dritter für die Meldung und das Ermöglichen der nachträglichen Feststellungen eingeschaltet, könne eine tätige Reue angenommen werden, wenn der Dritte die Pflichten des Unfallbeteiligten gemäß § 142 III StGB erfüllt. Die „persönliche Anwesenheit des Unfallbeteiligten“[275] sei nur erforderlich, wenn dies für die Feststellung der Schadensersatzansprüche relevant ist (z.B. bei der Art der Unfallbeteiligung eines alkoholisierten Fahrers). Bei eindeutiger Haftungslage genüge die Angabe der Personalien und die Mitteilung des Kennzeichens des Unfallfahrzeugs, weil dies schon zur Sicherung der Schadensabwicklung ausreichend sei.[276]

---

272 Vgl. Fn. 270.

273 *Grohmann*, VD 2003, 3 (4). Richtigerweise ist bei Betrachtung der Tätervorstellung die Formulierung „und mit der Ermittlung rechnete“ zu wählen. Die Formulierung „rechnen muss“ wurde wohl deshalb gewählt, da in diesem Zusammenhang auf die Ermittlungspraxis abgestellt wurde, d.h. wenn der Täter mit der Ermittlung rechnen musste, wird eine anderweitige Darlegung (in der Regel) wohl als Schutzbehauptung behandelt.

274 *Grohmann*, VD 2003, 3 (5).

275 *Grohmann*, VD 2003, 3 (5). Richtigerweise müsste es die „Angabe des Aufenthaltsortes“ heißen, da § 142 III StGB nur diese Angabe, nicht aber die Anwesenheit des Unfallbeteiligten fordert.

276 *Grohmann*, VD 2003, 3 (5).

2. Kritik

Die Ansichten in Literatur und Rechtsprechung führen gerade bei dem wichtigen Merkmal der Freiwilligkeit zu den im Folgenden dargestellten Unklarheiten. Zwar kann aus Sicht von *Janker* wegen der unterschiedlichen Konstellationen im Bereich der Freiwilligkeit die notwendige Differenzierung in den Grenzfällen – gerade weil § 142 IV StGB keine obligatorische Straffreiheit vorsehe – im Rahmen der Strafzumessung erfolgen[277], allerdings sollten Unklarheiten nicht über eine flexible Handhabung der Rechtsfolgen ausgeglichen, sondern durch eine sinnvolle Auslegung des Merkmals beseitigt werden.

a) Unklarheit hinsichtlich der Bewertung durch den Verweis auf die Rechtsprechung zu § 24 StGB

Die Rechtsprechung hat sich bisher zum Merkmal der Freiwilligkeit in Sinne des § 142 StGB noch nicht festgelegen müssen[278], sie wird das Merkmal aber voraussichtlich ebenso auslegen wie die Freiwilligkeit beim Rücktritt vom Versuch. Diese an § 24 StGB orientierte Auslegung des Merkmals „freiwillig" sieht sich aber einer umfangreichen und oft wiederholten Kritik seitens der Literatur ausgesetzt.[279] Die dort vorgenommene psychologische Betrachtungsweise scheitere an zwei Einwänden; erstens an der Unvereinbarkeit mit der ratio des Rücktrittsprivilegs und zweitens an ihrer praktischen Undurchführbarkeit.[280] Der seitens der Rechtsprechung verwendete Begriff des „freien Willens" sei kein psychologischer Begriff, sondern habe seine Grundlage in einer sittlichen Konzeption.[281] Zudem führe die Auffassung zu beliebigen Ergebnissen, da die bisherigen Abgrenzungs- und Konkretisierungsversuche keine Rechtsklarheit und Rechtssicherheit gebracht hätten.[282]

---

277 *Janker*, Straßenverkehrsdelikte, Rn. 68; *ders.*, Jahrbuch Verkehrsrecht 1999, S. 217.

278 Vgl. a) Sichtweise in der Rechtsprechung, S. 64.

279 Münchener Kommentar StGB-*Herzberg*, § 24 Rn. 142 f.; *Maiwald*, Gedächtnisschrift Zipf, S. 263 ff.; *Roxin*, AT II, § 30 Rn. 365.

280 *Roxin*, AT II, § 30 Rn. 365.

281 Schönke/Schröder-*Eser*, § 24 Rn. 43 mit Verweisen auf psychologische/psychiatrische Beiträge.

282 *Roxin*, AT II, § 30 Rn. 372.

Um die Ansicht der Rechtsprechung bewerten zu können, sind zunächst die Ergebnisse der Übertragung der allgemeinen Freiwilligkeitskriterien auf die tätige Reue gemäß § 142 IV StGB zu untersuchen.

Im Hinblick auf die Situation der Unfallflucht i.S.d. § 142 IV StGB ist zu berücksichtigen, dass der Täter wohl kaum in eine psychologische Lage gerät, die ihn unwiderstehlich zur nachträglichen Meldung „zwingt", weil er nicht mehr Herr seiner Entschlüsse ist und damit ein unfreiwilliges Handeln[283] bewirkt.[284] Der Täter hat weder einen anderen Menschen getötet oder schwer verletzt, noch hat er einen erheblichen Sachschaden verursacht, der einen anderen in wirtschaftliche Not bringen könnte. Es wurde nur ein nicht bedeutender Sachschaden verursacht. In einem solchen Fall ist es nur schwer vorstellbar, dass der Täter unüberwindliche Gewissensbisse bekommt, die ihn zur nachträglichen Meldung bewegen.

aa) Freiwilligkeit trotz Verdachts?

Zu fragen ist, wie die Rechtsprechung entscheiden wird, wenn der Täter von der Polizei aufgesucht wird, da er der Tat verdächtigt ist oder an der Halteradesse angetroffen wird. Eine Heranziehung des § 24 StGB hilft in einem solchen Fall nicht weiter, da § 24 StGB keine vergleichbare Konstellation enthält. Auch ein Rückgriff auf die Entscheidungen zur tätigen Reue gemäß § 306e StGB beantwortet diese Frage nicht, da es bei § 306e StGB nicht dazu kommen kann, dass der Täter von der Polizei aufgesucht wird und ihm noch die Möglichkeit zur Verfügung steht, tätige Reue zu üben.[285]

Wird der Täter zwar wegen Verstoßes gegen § 142 StGB verdächtigt, hat er jedoch hiervon keine Kenntnis, ist seine nachträgliche Meldung – legt man die Ansicht der Rechtsprechung zugrunde – freiwillig. In einer solchen Situation ist der Täter nämlich Herr seiner Entschlüsse geblieben. Fraglich ist, ob man von

---

283 Vgl. a) Sichtweise in der Rechtsprechung, S. 64.

284 Aus diesem Grund ist eine allgemeine Übertragung der Rechtsprechung zur Freiwilligkeit bei § 24 StGB, insbesondere hinsichtlich des aktiven Erfolgsdelikts, nur schwer möglich.

285 Denkbar ist allerdings ein Vergleich mit der Situation, dass der Täter einer Brandstiftung noch am Tatort anwesend ist, die anrückende Feuerwehr bemerkt und selbst mit den Löscharbeiten beginnt. Soweit ersichtlich liegt für einen solchen Fall aber keine obergerichtliche Entscheidung vor, daher hilft dieses Gedankenspiel an dieser Stelle nicht (unbedingt) weiter.

Unfreiwilligkeit ausgehen kann, wenn der Täter der Tat verdächtigt und ihm dies mitgeteilt wird. Hierbei wird wohl nach der Schwere des Verdachtsgrades zu unterscheiden sein. Besteht zwar nach kriminalistischer Erfahrung der Verdacht der Täterschaft, bleibt der Verdacht jedoch unterhalb der Schwelle zur Belehrung, so dürfte die Rechtsprechung wohl eine Einzelfallabwägung vornehmen, bei der die Vorstellung des Täters von der Möglichkeit zur Überführung maßgebend sein wird. Freiwilligkeit liegt dann vor, wenn der Täter angenommen hat, dass die Beweise bzw. Verdachtsmomente gegen ihn nicht ausreichend für eine Überführung sind. Dabei sind Zweifel an der Freiwilligkeit grundsätzlich zu Gunsten des Täters zu lösen.[286] Hat sich der Verdacht soweit konkretisiert, dass der Täter als Beschuldigter belehrt werden muss, dürfte Unfreiwilligkeit (im Hinblick auf die tätige Reue) anzunehmen sein, da der Täter in einer solchen Situation davon ausgehen wird, dass ihm die Tat ohnehin nachgewiesen werden kann. Glaubt der Täter jedoch nicht, dass ihm die Täterschaft ohne seine Angaben nachgewiesen werden kann, stellt seine Mitwirkung ein (noch) freiwilliges Verhalten dar.[287]

bb) Freiwilligkeit trotz Entdeckung?

Problematisch ist, wie seitens der Rechtsprechung entschieden werden wird, wenn dem Täter mit einer Strafanzeige gedroht wird bzw. er entdeckt wird. Eine Entdeckung der Straftat liegt nach Ansicht der Rechtsprechung vor, „wenn jemand anderes Kenntnis von ihr erlangt hat, von dem zu erwarten ist, daß er entweder den Eintritt des Erfolges verhindern oder die Strafverfolgung des Täters veranlassen wird. Dieser andere braucht dabei nicht alle Einzelheiten erkannt zu haben, die zu einer abschließenden rechtlichen und tatsächlichen Beurteilung der Tat erforderlich sind, sondern nur, daß die (Versuchs-) Handlung eine Straftat irgendwelcher Art ist."[288]

---

286 BGH, Beschluss vom 27.02.2003, 4 StR 59/02, NStZ-RR 2003, 199 (199); BGH, Urteil vom 10.02.1999, 3 StR 618/98, NStZ 1999, 300 (301) mit der Einschränkung, dass dafür zumindest Anhaltspunkte vorliegen.

287 In der Praxis dürfte jedoch in den seltensten Fällen eine glaubhafte Einlassung dergestalt vorliegen, dass mit einem Nachweis der Täterschaft überhaupt nicht gerechnet wurde. Zweifel an der Freiwilligkeit sind gleichwohl auch hierbei zu Gunsten des Täters zu lösen (vgl. Fn. 286).

288 BGH, Urteil vom 12.03.1969, 4 StR 516/68, NJW 1969, 1073 (1074).

Wie die Entdeckung der Tat sich auf die Freiwilligkeit auswirkt, hat die Rechtsprechung immer wieder beschäftigt. Schon das Reichsgericht hat darauf hingewiesen, dass die Furcht vor Strafe für sich allein genommen keinen Grund für die Unfreiwilligkeit darstellt, weil diese Willensbeeinflussung gerade durch das Gesetz gewollt ist.[289]

Im Fall der drohenden Strafanzeige liegt jedoch nicht nur die durch das Gesetz generell motivierte Auseinandersetzung mit der zu befürchtenden Strafe, sondern ein zusätzlicher, konkreter Anlass für den Täter vor, der seine Entscheidung maßgeblich beeinflussen kann. Dieser Aspekt wurde seitens des Bundesgerichtshofes auch deutlich hervorgehoben: „Das gilt gerade dann, wenn der Täter von der Tat absteht, weil er sich entdeckt weiß und mit Anzeige und Bestrafung rechnet. Dem läßt sich nicht entgegenhalten, in diesem Falle bewähre sich die abschreckende Wirkung des Strafgesetzes, und [dies] solle gerade solchen Tätern zugute kommen, die sich von ihr beeindrucken ließen. Hier hat aber nicht schon die allgemeine Strafdrohung, sondern erst die Entdeckung gewirkt. Erfahrungsgemäß setzen sich Verbrecher über das Strafgesetz in der Regel deshalb hinweg, weil sie hoffen, nicht ermittelt oder jedenfalls nicht überführt zu werden. Wer die Fortführung der Tat aufgibt, weil diese Hoffnung getrogen hat, bleibt gefährlich und strafwürdig.“[290]

Im Fall der Ankündigung, die Polizei zu verständigen, entfällt jedoch auch nach Ansicht der Rechtsprechung nicht zwingend die Freiwilligkeit seitens des Täters. Entscheidend sei, dass der Täter noch Herr seiner Entschlüsse bleibt und die Weiterführung der Tat noch für möglich hält.[291]

---

[289] RG HRR 1939 Nr. 1434; RG, Urteil vom 04.05.1920, II RG 375/20, RGSt 54, 326 (326). Dies gilt nach Ansicht des BGH, Urteil vom 11.10.1967, 2 StR 506/67, BGHSt 21, 319 (321) = NJW 1968, 57 (58) auch dann, wenn der Täter auf das Risiko der Bestrafung erst durch einen Dritten hingewiesen wurde.

[290] BGH, Urteil vom 28.02.1956, 5 StR 352/55, BGHSt 9, 48 (52) = NJW 1956, 718 (718). Dies wurde aber in einem anderen Fall (BGH, Urteil vom 10.02.1999, 3 StR 618-98, NStZ 1999, 300 (301)) relativiert: „Die Entdeckung steht einem Rücktritt zwar nicht zwangsläufig entgegen, bildet jedoch einen wesentlichen Anhaltspunkt für die Unfreiwilligkeit“.

[291] BGH, Beschluss vom 08.01.1992, 2 StR 577/91, StV 1992, 224 (225).

Versucht man diese Aspekte auf die Freiwilligkeit im Sinn des § 142 IV StGB zu übertragen, stößt man auf eine Schwierigkeit: § 24 StGB hat einen anderen strafrechtlichen Hintergrund als § 142 IV StGB. Die Entdeckung der Tat des § 142 StGB hat zunächst keine Auswirkung auf die tätige Reue, sofern nicht auch der Täter entdeckt wurde. Zwangsläufig muss die Tat des § 142 StGB entdeckt sein, bevor sich Ermittlungen hinsichtlich des Täters anschließen können. Dies ist bei § 24 StGB anders. Wurde die versuchte Tat – nur um eine solche geht es bei § 24 StGB – entdeckt, kann die Vollendung der Tat in der Regel auch ohne Zutun des Täters verhindert werden. Während § 24 StGB vor der Vollendung Anwendung findet, schließt sich die Möglichkeit zur tätigen Reue erst an die Vollendung der Tat an. Insofern passen die Bewertungskriterien bei Entdeckung der Tat nicht auf die Situation des § 142 IV StGB. Passender könnte daher die Übertragung der Rechtsprechung zum Merkmal der Entdeckung aus anderen Vorschriften sein.

Im Rahmen des § 261 IX StGB geht die Rechtsprechung davon aus, dass die Entdeckung gegeben ist, wenn „Anhaltspunkte ermittelt sind, die eine vorläufige Tatbewertung im Sinne der Wahrscheinlichkeit eines verurteilenden Erkenntnisses ermöglichen".[292] Unerheblich soll es dafür aber sein, dass die Tat schon einem Täter zugeordnet werden kann.[293] Damit trägt auch die Rechtsprechung zu § 261 IX StGB nichts zur Lösung des Problems bei.[294]

Die Bewertung der Freiwilligkeit bei Entdeckung des Täters hat demnach allein anhand der allgemeinen Umschreibung der Freiwilligkeit zu erfolgen. Der entdeckte Täter handelt somit nicht freiwillig, wenn die Entdeckung ihn nicht mehr Herr seiner Entschlüsse sein lässt. Aus Sicht des Täters ist aber die Entdeckung seiner Täterschaft nur die dem Verdacht nachgelagerte Stufe, insofern kann die Freiwilligkeit schon vorher zu verneinen sein, wenn der Täter davon ausging, dass die Verdachtsmomente allein ihn schon überführen können.[295]

---

[292] BGH, Urteil vom 13.05.1983, 3 StR 82/83, NStZ 1983, 415 (415); BGH, Urteil vom 24.10.1984, 3 StR 315/84, NStZ 1985, 126 (126). Beide Urteile sind zur Vorschrift des § 371 AO ergangen, diese hat hinsichtlich der Entdeckung der Tat den gleichen Wortlaut.

[293] *Fabel*, Geldwäsche und tätige Reue, S. 133.

[294] Gleiches gilt für § 371 AO (vgl. Fn. 292).

[295] Vgl. aa) Freiwilligkeit trotz Verdachts?, S. 73.

cc) Freiwilligkeit trotz Meldung durch einen Dritten

Bei § 24 StGB ist seitens der Rechtsprechung anerkannt, dass der Täter die Tat nicht selbst verhindern muss, vielmehr ist es ausreichend, wenn der Täter „eine neue Kausalkette in Gang setzt, die für die Nichtvollendung der Tat mitursächlich wird“[296]. Auf § 142 IV StGB übertragen bedeutet dies, dass das Verhalten des Täters freiwillig ist, wenn er die Meldung durch den Dritten veranlasst hat und er dabei Herr seiner Entschlüsse war. Eine von seinem Willen unabhängige Meldung durch den Dritten, schließt die Anwendung des § 142 IV StGB hingegen aus.

dd) Ergebnis zur Übertragung der Freiwilligkeitskriterien auf § 142 IV StGB

Die Übertragung der Rechtsprechung zu § 24 StGB auf die Freiwilligkeit im Sinne des § 142 IV StGB kann zu einem wünschenswerten Ergebnis führen: Der Anwendungsbereich der tätigen Reue wird durch das Merkmal „freiwillig“ nicht noch weiter – als notwendig – eingeschränkt. Allerdings ist der Weg über den Verweis auf § 24 StGB mühsam und nicht in allen denkbaren Fällen einer eindeutigen Lösung zuzuführen. Zudem sind etliche Entscheidungen zur Freiwilligkeit im Rahmen von § 24 StGB umstritten.[297] Daher ist davon auszugehen, dass entsprechende Entscheidungen zur Freiwilligkeit bei § 142 IV StGB auch hier nicht ohne Gegenstimmen bleiben werden. Aus diesem Grund sollte die Rechtsprechung einen Maßstab zur Bestimmung der Freiwilligkeit bei der tätigen Reue, insbesondere aber bei § 142 IV StGB entwickeln, der sich an dem Anwendungsbereich der tätigen Reue, nämlich dem Verhalten des Täters nach Tatvollendung orientiert. Der pauschale Hinweis auf die zu § 24 StGB ergangene Rechtsprechung lässt den Rechtsanwender häufig im Unklaren, ob die Freiwilligkeit zu bejahen ist.

---

[296] BGH, Urteil vom 01.02.1989, 2 StR 703/88, NJW 1989, 2068 (2068) m.w.N.

[297] Beispielsweise: BGH, Beschluss vom 13.01.1988, 2 StR 665/87, BGHSt 35, 184 (184 ff.) = NJW 1988, 1603 (1603 f.). Ablehnende Anmerkungen: *Lackner*, NStZ 1988, 405 (405 f.); *Jakobs*, JZ 1988, 519 (519 f.); *Bloy*, JR 1989, 70 (72).

b) Unklarheit hinsichtlich der Bestimmung der Freiwilligkeit in der Literatur

Die Literatur hat bisher keine allgemein anerkannte Beschreibung der Freiwilligkeit gefunden.[298] Vielmehr gibt es eine große Anzahl von Näherungsversuchen, die neben der unterschiedlichen Formulierung auch häufig keine Einigkeit hinsichtlich der Lösung der einzelnen Fälle erzielen. So reicht die Formulierung von „Erkennenlassen der respektvollen Haltung gegenüber der Legalität"[299] über „Wiederherstellung des erschütterten Sekuritätsgefühls der Allgemeinheit"[300] bis zur „Verbrechervernunft"[301]. Bisher sind alle Versuche, die Freiwilligkeit normativ zu bestimmen, als gescheitert anzusehen, da kein Konzept in der Lage ist, die Freiwilligkeit bzw. die Unfreiwilligkeit im Voraus zu bestimmen. Dies liegt in der Natur der Sache. Die Freiwilligkeit ist aus der Sicht des jeweiligen Täters zu bestimmen. Menschliches Verhalten ist aber nicht normativ determiniert.[302] Was den einen Täter vor unüberwindliche Hindernisse stellt, wischt ein anderer Täter leicht zur Seite.

Ohne Konkretisierung geht somit der bloße Hinweis auf die Behandlung der Freiwilligkeit wie bei § 24 StGB ins Leere – wenigstens jedoch ins Ungewisse. Anders als bei § 24 StGB muss die Freiwilligkeit bei § 142 IV StGB nicht generell umschrieben werden, es ist völlig ausreichend, die Freiwilligkeit auf die Si-

---

298 *Ulsenheimer*, Grundfragen des Rücktritts, S. 8; *Ahmed*, Rücktritt, S. 38. Die Frage nach der Freiwilligkeit ist aber im Laufe der Zeit immer wieder aufgegriffen worden. Beispielsweise: *Gutmann* (1963), Freiwilligkeit, der eine streng subjektive Sicht fordert (S. 226); *Walter* (1979), Rücktritt, der auf die Normbefolgungsbereitschaft in der Bewährungssituation abstellt (S. 101); *Jäger* (1996), Rücktritt, der für das Freiwilligkeitsmerkmal auf die Zurechnungsgrundsätze der mittelbaren Täterschaft abstellt (S. 129).

299 *Ulsenheimer*, Grundfragen des Rücktritts, S. 314.

300 *Schünemann*, GA 1986, 293 (324).

301 *Roxin*, ZStW 77 (1965), 60 (97); *ders.* AT II, § 30 Rn. 383 ff.

302 Diese Aussage ist aber – historisch betrachtet – häufig strittig behandelt worden. Insbesondere werden die neuen Erkenntnisse der Hirnforschung für das Strafrecht sehr kontrovers diskutiert. Einen Überblick gibt: *Stübinger*, idealisierte Strafrecht, S. 341-363. Vgl. zur Wiederkehr der Determinismusdebatte im Strafrecht: *Stübinger*, idealisierte Strafrecht, S. 359 mit Fn. 53. Kurze Darstellungen finden sich bei: *Singer*, Hirnforschung und Willensfreiheit, S. 30-32; *Lüderssen*, Hirnforschung und Willensfreiheit, S. 98-102; *Mayer*, Hirnforschung und Willensfreiheit, S. 205-217; *Roth*, Hirnforschung und Willensfreiheit, S. 218-222; *Kaiser*, Hirnforschung und Willensfreiheit, S. 261-267.

tuation der Unfallflucht zu beziehen. Insoweit ist der zweite Weg (Konkretisierung im Hinblick auf die Situation der Unfallflucht) der richtige Weg.

3. Eigener Standpunkt

Die Freiwilligkeit ist somit im Zusammenspiel mit dem geforderten Verhalten zu bestimmen. Bei Beschreitung dieses Weges sind einige Gesichtspunkte zu beachten.

a) Auslegung de lege lata

De lege lata ist festzustellen, dass für die Freiwilligkeit allein das Wissen und die Vorstellung des Täters maßgebend sein können, da die Freiwilligkeit der Meldung von der Situation des einzelnen Täters abhängt.[303] Fehlvorstellungen des Täters können sich daher sowohl zu Gunsten, als auch zu Ungunsten des Täters auswirken. Glaubt sich der Täter noch nicht entdeckt, spielt die objektiv vorliegende Entdeckung daher keine Rolle. Die Freiwilligkeit ist ein subjektives Kriterium, das völlig unabhängig von der objektiven Lage des Ermöglichens von Feststellungen zu bestimmen ist. Die objektive Lage hat nur indizielle Wirkung und kann bloßen Schutzbehauptungen entgegen gehalten werden. Daher ist die pauschale Annahme von Unfreiwilligkeit bei bloßer objektiver Entdeckung[304] verfehlt. Glaubt hingegen der Täter, dass er als Unfallbeteiligter entdeckt ist und somit die notwendigen Feststellungen auch ohne sein Zutun getroffen werden können, liegt kein freiwilliges Verhalten mehr vor, wenn er sich nachträglich meldet.

Anders verhält es sich aber, wenn zwar der Halter des Fahrzeugs, nicht aber der Unfallbeteiligte selbst ermittelt wurde. In einem solchen Fall ist zu differenzieren. Maßgebend ist auch insoweit die Sichtweise des Täters. Wer bei Erscheinen der Polizei davon ausgeht, dass nun seine Täterschaft feststeht, handelt nicht mehr freiwillig. Im Normalfall stellt jedoch die Belehrung als Beschuldigter einer Straftat nach § 142 StGB die Grenze dar, bis zu der der Täter noch freiwillig handeln kann, da sich bis zu diesem Zeitpunkt aus Sicht der ermitteln-

---

303 Insofern ist *Blöcker*, tätige Reue, S. 140 (vgl. Fn. 242), zuzustimmen, wenn er die Subjektivität der Bestimmung des Merkmals hervorhebt, allerdings ist seine Folgerung (Aufgabe der Kriterien zur Bestimmung) – jedenfalls für § 142 IV StGB – nicht der richtige Weg.

304 Vgl. Fn. 267.

den Behörden und damit grundsätzlich auch aus Sicht des Täters die Beweislage noch nicht derart zu seinen Ungunsten verschlechtert hat, dass er von der Entdeckung ausgehen muss.

§ 142 IV StGB soll aber die Lage für den Geschädigten verbessern, die durch das vollendete Sich-Entfernen vom Unfallort eingetreten ist, daher sollte das Merkmal der Freiwilligkeit nicht zu einer übermäßigen Verkleinerung des Anwendungsbereiches der tätigen Reue führen.[305] Aus diesem Grund ist das Merkmal der Freiwilligkeit aus der entgegengesetzten Richtung zu bestimmen. Alle Verhaltensweisen, die nicht unfreiwillig zustande kommen, sind als freiwilliges Verhalten zu bewerten. Bei Berücksichtigung der Situation der Unfallflucht können folgende Gründe der Freiwilligkeit entgegenstehen: Entdeckung, Zwang und Meldung ohne Kenntnis des Täters.

aa) Unfreiwilligkeit wegen Entdeckung

Wie oben bereits gezeigt[306] liegt in der Regel keine Freiwilligkeit vor, wenn der Täter sich zur Sache äußert, nachdem er als Beschuldigter belehrt wurde. Die Beschuldigtenbelehrung stellt die Grenze der Freiwilligkeit dar. Beschuldigter ist derjenige, gegen den ein Verfahren betrieben wird.[307] Die Beschuldigteneigenschaft wird durch einen Willensakt der zuständigen Strafverfolgungsbehörde[308] begründet und nicht durch die Stärke des Tatverdachts.[309] D.h. die Beschuldigteneigenschaft setzt subjektiv den Verfolgungswillen der Strafverfolgungsbehörde voraus, der sich objektiv in einem Willensakt manifestiert.[310] Ein Verdächtiger erlangt die Stellung eines Beschuldigten, wenn gegen ihn Maßnahmen mit dem erkennbaren Ziel ergriffen werden, gegen ihn strafrechtlich

---

[305] Gerade diese Intention rechtfertigt auch eine unterschiedliche Interpretation des Merkmals „freiwillig" bei § 142 IV StGB und § 24 StGB.

[306] Vgl. aa) Freiwilligkeit trotz Verdachts?, S. 73.

[307] BGH, Urteil vom 18.10.1956, 4 StR 278/56, BGHSt 10, 8 (12); *Meyer-Goßner*, StPO, Einl. Rn. 76.

[308] Die Belehrungen für die erste Vernehmung des Beschuldigten durch die Polizei (§ 163a IV i.V.m. § 136 I 1 S. 2 bis 4 StPO) unterscheiden sich von denen, die die Staatsanwälte und Richter zu erteilen haben, nur hinsichtlich der (Nicht-) Angabe der in Betracht kommenden Strafvorschriften.

[309] BGH, Urteil vom 23.07.1986, 3 StR 164/86, BGHSt 34, 138 (140) = NStZ 1987, 83 (83).

[310] BGH, Beschluss vom 18.07.2007, 1 StR 280/07, NStZ 2008, 48 (48) m.w.N.

vorzugehen.[311] Zu diesem Zeitpunkt ist die Belehrung hinsichtlich der Rechte als Beschuldigter vorzunehmen. Nach der Belehrung ist eine freiwillige Meldung ausgeschlossen. In allen anderen Fällen der Entdeckung ist danach zu differenzieren, ob aus der Sicht des Täters den Behörden genug Beweise oder Indizien vorliegen, die für einen Tatverdacht ausreichen, der zu einer Beschuldigtenbelehrung führen würde. Dabei sind für die Vorstellung des Täters hinsichtlich der Beschuldigtenstellung keine juristischen Kenntnisse erforderlich; vielmehr ist es ausreichend, wenn sich der Täter vorstellt, dass bei der gegebenen Beweislage die Polizei gegen ihn ermittelt.

Unfreiwilligkeit liegt demnach vor, wenn der Täter davon ausgeht, dass gegen ihn ermittelt werden wird. Freiwilligkeit liegt dann vor, wenn der Täter glaubt, dass die Beweislage nicht ausreichend ist, um einen Tatverdacht hinsichtlich seiner Person zu begründen zu können. Aus diesem Grund ist es für die Frage nach der Freiwilligkeit unerheblich, ob die Polizei schon vor der Tür steht. Maßgeblich ist allein die Vorstellung des Täters, weshalb die Polizei vor seiner Tür steht. Entscheidend ist somit, ob aus der Sicht des Täters nur eine informatorische Befragung bzw. Zeugenvernehmung oder eine Beschuldigtenvernehmung in Betracht kommt.[312] Erlangt der Täter zwar die Beschuldigtenstellung durch Vornahme einer eindeutigen Maßnahme, unterbleibt jedoch die Beschuldigtenvernehmung, wurde seitens der Strafverfolgungsbehörden die eindeutige Grenze hinsichtlich der Freiwilligkeit bzw. Unfreiwilligkeit nicht gesetzt, weshalb es für die Beurteilung nur auf die Vorstellung des Täters ankommt. Der Täter trägt somit nicht das Risiko einer Fehlbeurteilung seitens der Strafverfolgungsorgane.

bb) Unfreiwilligkeit wegen Zwangs

Problematisch ist der Fall, wenn dem Täter mit einer Strafanzeige gedroht wird. Hierbei muss danach differenziert werden, vom wem die Drohung ausgegangen ist. Erfolgt die Drohung seitens des Geschädigten, liegt kein freiwilliges Handeln vor. Weiß der Täter, dass die Feststellungen schon getroffen wurden, fehlt es an der Freiwilligkeit, weil der Täter davon ausgehen kann, dass gegen

---

311 Karlsruher Kommentar-StPO-*Griesbaum* § 163a Rn. 2.

312 In diese Richtung: Münchener Kommentar StGB-*Zopfs*, § 142 Rn. 132; LK-*Geppert*, § 142 Rn. 206.

ihn als Beschuldigter ermittelt werden wird. Der Täter fügt sich nur dem ohnehin nicht mehr abzuwendenden Schicksal. Maßgeblich ist zwar allein die Vorstellung des Täters, allerdings dürfte er in den Fällen der Drohung mit einer Strafanzeige seitens des Geschädigten in aller Regel auch davon ausgehen, dass der Geschädigte genug Beweismittel besitzt, die eine Stellung des Täters als Beschuldigten zur Folge haben wird.

Wird dem Täter von dritter Seite mit einer Strafanzeige gedroht, kommt es darauf an, wie der Täter das Risiko einer Weitergabe der Informationen und damit das Risiko hinsichtlich einer Vernehmung als Beschuldigten ansieht.

cc) Unfreiwilligkeit bei Meldung durch einen Dritten

Bei Meldung ohne den Willen des Täters, also bei Unkenntnis der Meldung, gelten die bisherigen Ausführungen, d.h. es kommt allein auf die Vorstellung des Täters an. Wenn er die Meldung nicht kennt, kann sich seine Beurteilungsgrundlage hinsichtlich des Entdeckungsrisikos und damit der Gefahr der Belehrung als Beschuldigter nicht verändert haben.[313]

Die Meldung eines Dritten führt nur dann zur Unfreiwilligkeit, wenn die Meldung gegen den Willen des Täters erfolgt ist. Wurde die Meldung mit dem Willen des Täters vorgenommen, ist ihm diese Meldung als eigenes Handeln zuzurechnen. Für die Freiwilligkeit kommt es somit auch nur auf seine Vorstellung an.

dd) Zusammenfassung der Ergebnisse zur Freiwilligkeit

Die Fälle der Unfreiwilligkeit können zu einer Bestimmung der Freiwilligkeit herangezogen werden. Handelt der Täter nicht unfreiwillig, liegt im Umkehrschluss ein freiwilliges Verhalten vor. Der Täter handelt somit bei der nachträglichen Meldung freiwillig, wenn er nicht als Beschuldigter hinsichtlich einer Straftat nach § 142 StGB belehrt wurde. Daneben liegt eine freiwillige Meldung vor, wenn der Täter nicht davon ausging, dass ausreichend Hinweise auf seine Person vorliegen, sodass er als Beschuldigter vernommen werden wird. Wurde der Täter als Beschuldigter belehrt und macht danach Angaben, so sind diese

---

[313] Davon ist zu trennen, ob seitens des Täters die Feststellungen noch ermöglicht werden können, vgl. dd) Ergebnis zur Auslegung des Merkmals Ermöglichen, S. 60.

nur dann freiwillig, wenn der Täter – trotz der Beschuldigtenbelehrung – davon ausging, dass er nicht als Täter überführt werden kann.

b) Auslegung de lege ferenda

Wie gezeigt lässt sich zwar ein erträgliches Ergebnis für das Merkmal der Freiwilligkeit finden. Allerdings ist die Lösung nicht befriedigend. Durch die Vielzahl von Meinungen zur Freiwilligkeit wird auch diese Auslegung im Rahmen des § 142 IV StGB immer auf tönernen Füßen stehen. Die Unsicherheit hinsichtlich der Auslegung geht nicht nur zu Lasten des Rechtsanwenders, sondern auch zu Lasten des durch den Unfall Geschädigten. Unterbleibt eine nachträgliche Meldung, weil der Täter der Unfallflucht befürchtet, dass sein Verhalten nicht mehr als freiwillig eingestuft wird, verbleibt es für den Geschädigten bei der (abstrakt) verschlechterten Chance zur Beweissicherung. Die Regelung über die tätige Reue ist damit aber für den Geschädigten keine Verbesserung der Lage im Vergleich zur Rechtslage vor dem 6. Strafrechtsreformgesetz.

Die ursprüngliche Fassung der tätigen Reue in § 22 KFG setzte keine Freiwilligkeit voraus. Daher war das Erlangen der Straflosigkeit bis zum nächsten Tag nach dem Unfall möglich, auch wenn der Täter ermittelt werden konnte oder ihm die Flucht nicht gelungen war.[314] De lege ferenda sollte zwar nicht zu diesem Zustand zurückgekehrt werden, da die freiwillige nachträgliche Meldung den Hauptgrund für die Gewährung der Milderung bzw. das Absehen der Strafe darstellt, aber die Regelung über die tätige Reue sollte nicht mit schwierigen Fragen zur Freiwilligkeit des Verhaltens des Unfallbeteiligten belastet werden.

Sollen über das Merkmal der Freiwilligkeit nur die oben aufgezeigten Situationen (Belehrung als Beschuldigter und Vorstellung, als Beschuldigter vernommen zu werden) aus dem Anwendungsbereich der tätigen Reue heraus genommen werden, wäre es de lege ferenda einfacher und klarer, diese beiden Situationen als Ausschlusskriterien konkret zu benennen. In § 142 IV StGB sollte das Merkmal „freiwillig“ also gestrichen und im Gegenzug § 142 IV StGB um einen Satz 2 ergänzt werden. Dieser könnte wie folgt lauten: Dies gilt nicht, wenn der Täter die Feststellung ermöglicht, nachdem er als Beschuldigter (§§ 136, 163a

---

[314] Vgl. *Öhlert*, Dr. J. A. Seuffert's Blätter für Rechtsanwendung 1909, 539 (550); a.A. *Isaac/Sieburg*, Automobilgesetz, S. 457.

StPO) belehrt wurde oder der Täter davon ausging, dass gegen ihn als Beschuldigter bereits ermittelt wird.

4. Zusammenfassung

Das Merkmal der Freiwilligkeit ist zwar ein Hauptbestandteil vieler Vorschriften über Rücktrittsregelungen bzw. die tätige Reue, hierdurch wurde aber die Rechtsanwendung des § 142 IV StGB für keinen der Beteiligten erleichtert. Die Rechtsprechung hat seit Jahrzehnten Probleme damit, ihre Entscheidungen zur Freiwilligkeit widerspruchsfrei zu fällen. Täter, die den Willen zur tätigen Reue haben, und deren Strafverteidiger müssen mit der Unsicherheit hinsichtlich der Freiwilligkeitsbeurteilung bzw. der restriktiven Auslegung seitens der Gerichte zu Recht kommen. Und die Situation des Geschädigten wird sich im Zweifel auch nicht verbessern, da der Täter befürchten muss, dass sein Verhalten als unfreiwillig eingestuft wird. Im Hinblick auf die gesetzgeberische Intention (Besserstellung des Geschädigten) ist festzustellen, dass das Merkmal der Freiwilligkeit hierzu keinen positiven Betrag leistet.

Daher bietet sich eine Auslegung des Merkmals der Freiwilligkeit, die den Anwendungsbereich aus der entgegengesetzten Richtung bestimmt. Das Verhalten des Täters ist dann freiwillig, wenn keine Fallgruppe des unfreiwilligen Verhaltens vorliegt. Unfreiwilligkeit liegt erstens in der Regel vor, wenn der Unfallbeteiligte als Beschuldigter vernommen wird, da der Täter in einer solchen Situation (in der Regel) annimmt, dass seine Angaben nicht für die Überführung notwendig sind.[315] Zweitens liegt ein unfreiwilliges Verhalten vor, wenn der Täter davon ausgeht, dass ausreichend Anhaltspunkte für eine Beschuldigtenvernehmung seiner Person vorliegen.

VI. Teilnehmer

Nach dem Wortlaut des § 142 IV StGB gilt die Vorschrift nur für Unfallbeteiligte. Der Begriff des Unfallbeteiligten ist in § 142 V StGB definiert. Der Teilnehmer ist aber kein Unfallbeteiligter, folglich gilt § 142 IV StGB für ihn nicht. Die tätige Reue des Täters hat für den Teilnehmer auch keine Auswirkung, da es

---

[315] Der Zusatz „in der Regel“ ist erforderlich, da es Konstellationen geben mag, bei denen der Täter – trotz Belehrung als Beschuldigter – davon ausgeht, dass ihm die Täterschaft nicht nachgewiesen werden kann, d.h. seine Angaben notwendig sind.

auch bei Anwendung des § 142 IV StGB bei der vorsätzlichen rechtswidrigen Haupttat bleibt.[316] In Betracht kommt somit nur eine analoge Anwendung zugunsten des Teilnehmers.

1. Analoge Anwendung des § 142 IV StGB

Nach *Mitsch* gestattet der Wortlaut sicher die Einbeziehung des Anstifters oder Gehilfen, der bewirkt, dass der Täter die Voraussetzungen nach § 142 IV StGB erfüllt. Dagegen bleibe jede Aufklärungshilfe des Tatteilnehmers unberücksichtigt, wenn der Täter sich nicht, erst nach Ablauf der Frist oder unfreiwillig meldet. Ein sachlicher Grund für den Ausschluss des Teilnehmers der Unfallflucht vom Privileg des § 142 IV StGB sei nicht erkennbar. Daher sei eine analoge Anwendung – wie bei § 158 StGB[317] – vorzunehmen.[318]

Nach *Grohmann* steht der analogen Anwendung des § 142 IV StGB auf Teilnehmer nichts entgegen, wenn der Anstifter oder Gehilfe unter den Voraussetzungen des § 142 IV StGB die erforderlichen Feststellungen ermöglicht und hierdurch die von § 142 IV StGB bezweckte Besserung der Beweissituation zugunsten des Geschädigten herbeiführt.[319]

2. Eigener Standpunkt

§ 142 IV StGB enthält keine Regelung hinsichtlich der Rechtsfolgen für einen Teilnehmer. Zwar kommt die Beteiligung an § 142 StGB in der Praxis im Vergleich zur Gesamtzahl der Verstöße gegen die Vorschrift nicht so häufig vor,

---

316 NK-*Schild*, § 142 Rn. 115.

317 BGH, Urteil vom 19.04.1951, 4 StR 54/50, NJW 1951, 727 (727); *Fischer*, § 158 Rn. 2. Nach § 158 I StGB kann das Gericht die Strafe wegen Meineids, falscher Versicherung an Eides Statt oder falscher uneidlicher Aussage nach seinem Ermessen mildern (§ 49 II StGB) oder von Strafe absehen, wenn der Täter die falsche Angabe rechtzeitig berichtigt. Nach Ansicht des BGH (a.a.O.) spricht zwar § 158 StGB nur von einer Berichtigung der Aussage durch den Täter, jedoch liegt „für das Rechtsleben ein besonderes Interesse vor, auch dem Anstifter Strafmilderung oder Straflosigkeit in Aussicht zu stellen, um ihn zu der im Interesse richtiger richterlicher Entscheidung erforderlichen Berichtigung einer falschen Aussage zu veranlassen“, weshalb § 158 I StGB auch für Teilnehmer Anwendung finden kann.

318 *Mitsch*, ZStW 111 (1999), 65 (122). Er wagt die Prognose, dass sich „alsbald die Meinung bilden wird, daß die Vorschrift auf Unfallflucht-Teilnehmer analog angewendet werden kann“ (S. 122). Nach NK-*Schild*, § 142 Rn. 115 ist diese Prognose noch auf die Belastungsprobe zu stellen.

319 *Grohmann*, DAR 1998, 487 (488).

dennoch kann sich das Problem der Beteiligung gerade im Anwendungsbereich der tätigen Reue stellen. Wird beispielsweise der Unfallbeteiligte durch seinen Beifahrer (der selbst kein Unfallbeteiligter ist) zum unerlaubten Entfernen vom Unfallort ermuntert, stellt sich die Frage, ob und wie dieser Teilnehmer auch in den Genuss der Rechtsfolgen des § 142 IV kommen kann.

Eine analoge Anwendung[320] setzt voraus[321], dass eine (offene[322]) Gesetzeslücke[323] besteht und der zu entscheidende Fall eine Ähnlichkeit zu dem geregelten Fall ausweist.[324] Nach Ansicht des BGH ist eine Analogie zugunsten des Täters nur erlaubt, wenn die Analogie ein Gebot der Gerechtigkeit ist.[325] Der Gesetzgeber hat bei der Vorschrift des § 142 IV StGB nicht geregelt, ob eine tätige Reue durch einen Teilnehmer an der Tat des § 142 StGB möglich ist. Die Gesetzesmaterialien lassen auch nicht erkennen, dass diese Nichtregelung absichtlich geschehen ist, damit dem Teilnehmer die Gewährung von Straffreiheit bzw. Strafmilderung nicht zukommt. Insofern liegt eine offene Lücke vor.[326] Bei der Frage nach der Vergleichbarkeit hinsichtlich der nachträglichen Meldung durch den Täter und durch einen Teilnehmer sind zwei Situationen zu unterscheiden. Erstens, der Teilnehmer bewegt den Täter zur nachträglichen Meldung, so dass dieser die Voraussetzungen des § 142 IV StGB erfüllt. Zweitens, der Teilnehmer informiert den Berechtigten oder eine nahe gelegene Polizeidienststelle selbst über die notwendigen Feststellungen.

---

320 Zwar erfasst das Verbot strafbegründender und strafverschärfender Analogie das gesamte materielle Strafrecht, d.h. sowohl den Besonderen Teil also auch den Allgemeinen Teil, jedoch ist die Analogie bei Rechtfertigungs-, Strafmilderungs-, Strafausschließungs- und Strafaufhebungsgründen zu Gunsten zulässig (vgl. Maunz/Dürig-*Schmidt-Aßmann*, Art. 103 Rn. 231).

321 Die Voraussetzungen hinsichtlich Anwendbarkeit und Reichweite der analogen Anwendung sind im Einzelnen nicht unumstritten (vgl. *Pawlowski*, Methodenlehre, Rn. 455 f. und 462; *Kaufmann*, Rechtsgewinnung, S. 6 und 59 ff. m.w.N. insbesondere in Fn. 149).

322 Larenz/*Canaris*, Methodenlehre, S. 202 ff.; *Pawlowski*, Methodenlehre, Rn. 470.

323 BVerfG, Urteil vom 03.04.1990, 1 BvR 1186/89, BVerfGE 82, 6 (6 f.) = NJW 1990, 1593 (1593 f.); LK[11]-*Gribbohm*, § 1 Rn. 77.

324 Larenz/*Canaris*, Methodenlehre, S. 202 ff; *Bydlinski*, Methodenlehre, S. 475 m.w.N. in Fn. 155.

325 BGH, Urteil vom 11.02.1955, 2 StR 173/54, BGHSt 7, 190 (193).

326 In den Materialien ist nur vom „Täter“ (vgl. BT-Drucksache 13/8587, S. 57) bzw. vom „Unfallbeteiligten“ (vgl. BT-Drucksache 13/8587, S. 80) die Rede.

In der ersten Situation nimmt nur der Täter die nachträgliche Meldung vor, daher kommt zunächst auch nur ihm die Anwendung des § 142 IV StGB (sofern die Voraussetzungen erfüllt sind) zu Gute.[327] Es besteht jedoch kein Anlass, dem Teilnehmer die tätige Reue zu versagen, da er maßgeblich an der Wiederherstellung des zivilrechtlichen Interesses des Geschädigten mitgewirkt hat und dadurch seinen früheren Tatbeitrag ausgeglichen hat. Insofern lässt sich eine Parallele zu § 24 II S. 2 StGB ziehen. Im Gesetzesvorhaben zur Einführung der tätigen Reue wurde immer nur vom Unfallbeteiligten gesprochen, obwohl das Anliegen der Reform, nämlich der bessere „Schutz der privatrechtlichen Interessen der Unfallbeteiligten“[328] nicht nur den Täter der Unfallflucht, sondern auch den Teilnehmer an der Unfallflucht erfassen müsste. Insofern kann von einer planwidrigen Regelungslücke gesprochen werden. Die vergleichbare Interessenslage lässt eine analoge Anwendung des § 142 IV StGB daher zu.

Die Lösung für die zweite Situation gestaltet sich etwas anders. § 142 IV StGB soll den Geschädigten in die Lage versetzen, seinen zivilrechtlichen Ansprüchen zur Durchsetzung zu verhelfen. Dieses Ziel soll über die nachträgliche Meldung und Ermöglichung der notwendigen Feststellungen erreicht werden. Zwar liegt bei der Regelung des § 142 IV StGB eine planwidrige Regelungslücke hinsichtlich des Teilnehmers vor, dennoch ermöglicht diese Regelungslücke keine analoge Anwendung auf alle Fälle der nachträglichen Meldung durch den Teilnehmer. Die Meldung des Teilnehmers ohne Mitwirkung des Täters, dient nicht in jedem Fall im gleichen Umfang dem Interesse des Geschädigten wie die nachträgliche Meldung durch den Täter. Kann der Teilnehmer nicht alle notwendigen Feststellungen i.S.d. § 142 III StGB ermöglichen, bewirkt dies unmittelbar keine Besserung des zivilrechtlichen Interesses des Geschädigten. Eine vergleichbare Interessenlage liegt somit bei der alleinigen Meldung durch den Teilnehmer nur dann vor, wenn dieser das Interesse des Geschädigten im selben Maß verbessert, wie dies die korrekte Meldung durch den Täter bewirkt hätte.

---

[327] In der Regel liegt die Freiwilligkeit seitens des Täters vor, da er sich (überzeugt durch den Teilnehmer) zur nachträglichen Meldung entschlossen hat.

[328] BT-Drucksache 13 /8587, S. 80.

Nur in einem solchen Fall kann § 142 IV StGB analog für den Teilnehmer angewendet werden.[329]

3. Zusammenfassung

Eine ausdrückliche Regelung hinsichtlich der tätigen Reue für Beteiligte, die nicht Unfallbeteiligte sind, wurde seitens des Gesetzgebers offenbar vergessen. Zwar kommt in bestimmten Konstellationen[330] eine analoge Anwendung in Betracht, jedoch bewirkt die Beschränkung auf bestimmte Fälle eine zusätzliche Rechtsunsicherheit beim im Grunde reuewilligen Teilnehmer. Diese Rechtsunsicherheit schwächt wiederum die Anreizwirkung des § 142 IV StGB, daher sollte der Gesetzgeber die planwidrige Regelungslücke durch eine Ergänzung des § 142 IV StGB schließen. § 142 IV StGB könnte um einen Satz ergänzt werden: Dies gilt auch für den Teilnehmer, der die nachträglichen Feststellungen bewirkt, indem er den Täter zur nachträglichen Meldung veranlasst bzw. die notwendigen Feststellungen selbst ermöglicht.

Dem Geschädigten kann aber auch mit der teilweisen Informationsgewinnung geholfen sein, daher sollte dem Teilnehmer, der nicht alle notwendigen Feststellungen ermöglichen kann, ein Anreiz geboten werden. Zu klären ist allerdings, ob diese Information honoriert werden sollte und wie dann ein solcher Anreiz aussehen sollte.[331]

VII. Rechtsfolgen des § 142 IV StGB

Die unmittelbaren Rechtsfolgen des § 142 IV StGB lassen sich der Norm entnehmen, die tätige Reue wirkt sich aber auch in anderen Bereichen aus.

---

329 Kommt eine analoge Anwendung des § 142 IV StGB für den Teilnehmer nicht in Betracht, weil er sich zwar nachträglich gemeldet hat, aber nicht in der Lage war, die notwendigen Feststellungen nachträglich zu ermöglichen, kann diese Meldung ggfls. zu einer Einstellung gemäß § 153a StPO führen.

330 Der Teilnehmer veranlasst den Täter zur nachträglichen Meldung bzw. der Teilnehmer ermöglicht alle notwendigen Feststellungen selbst.

331 Vgl. C. Ziele und Formulierung einer neuen Vorschrift, S. 277.

1. Dualität der Rechtsfolge

§ 142 IV StGB sieht als Rechtsfolge die obligatorische Strafmilderung (§ 49 I StGB) oder ein fakultatives Absehen von Strafe[332] vor.

Seitens der Bundesregierung war angemerkt worden, dass der Anreiz zur nachträglichen Meldung durch ein obligatorisches Absehen von Strafe erhöht werden könne.[333] Dieser Vorschlag wurde jedoch nicht umgesetzt. *Bönke* sieht für den Täter dennoch einen Anreiz zur nachträglichen Meldung, da der geflüchtete Unfallbeteiligte fest mit einer milderen Bestrafung rechnen könne.[334]

Das Absehen von Strafe nach § 142 IV StGB führt nicht zum Freispruch; der Täter wird wegen eines Vergehens nach § 142 StGB schuldig gesprochen, es wird lediglich von der Strafe abgesehen.[335] Auch beim Absehen von Strafe werden dem Täter die Kosten auferlegt (§ 465 I S. 2 StPO).[336]

Strafmilderung und Absehen von Strafe gemäß § 142 IV StGB haben die Eintragung von fünf[337] Punkten in das Verkehrszentralregister zur Folge (§§ 28 III Nr. 1; 4; 6 I Nr. 1 s StVG i.V.m. 40 FeV und Anlage 13 zu § 40 FeV)[338].

2. Kritik

Nach *Schulz* könne es nicht überzeugen, dass in § 142 IV StGB zwei mögliche Rechtsfolgen (Absehen von Strafe oder Strafmilderung) vorgesehen sind.[339] Eine Strafmilderung biete in der Regel keinen Anreiz für eine nachträgliche Meldung, deshalb hätte auf die Möglichkeit der Strafmilderung verzichtet wer-

---

332 Im Jahr 2008 wurde in 18 Fällen von Strafe abgesehen (Statistisches Bundesamt, Fachserie 10, Reihe 3, Rechtspflege Strafverfolgung 2008, S. 77).

333 BT-Drucksache 13/8587, S. 80.

334 *Bönke*, NZV 1998, 129 (131).

335 Berz/Burmann-*König*, Handbuch des Straßenverkehrsrechts, Rn. 107.

336 Hentschel-*König*, Straßenverkehrsrecht, § 142 StGB Rn. 69.

337 Eine im Verkehrszentralregister erfasste Entscheidung wegen § 142 StGB hat die Eintragung von sieben Punkten (1.4 der Anlage 13 zu § 40 FeV) zur Folge.

338 Durch das 6. Gesetz zur Reform des Strafrechts in Verbindung mit der Verordnung zur Änderung der Bußgeldkatalog-Verordnung und der Fahrerlaubnis-Verordnung vom 25.02.2000 (BGBl. I 2000, S. 141) wurde bei Anwendung des § 142 IV StGB die Anzahl der Punkte von 7 auf 5 herabgesetzt. Vgl. zur vorherigen Rechtslage: *Grohmann*, DAR 1998, 487 (489).

339 *Schulz*, NJW 1998, 1440 (1443).

den sollen. Rechtsfolge des § 142 IV StGB solle – de lege ferenda – allein das Absehen von Strafe sein.[340]

Nach *Himmelreich* ist die Gleichstellung von Strafmilderung und Absehen von Strafe hinsichtlich der Eintragung im Verkehrszentralregister unverständlich, da der Schuldgehalt der beiden Varianten unterschiedlich sei, daher sollten bei einem Absehen von Strafe keine oder allenfalls zwei Punkte vorgesehen werden.[341]

3. Eigener Standpunkt

Aufgrund der vielfältigen Probleme, die sich schon bei den Voraussetzungen des § 142 IV StGB ergeben, gerät die Diskussion über die Rechtsfolgen leicht ins Hintertreffen. Dabei ist auch die Rechtsfolge für das Gelingen des § 142 IV StGB von großer Bedeutung.

a) Auslegung de lege lata

Weder die Strafmilderung noch das Absehen von Strafe können als Rechtsfolge im Hinblick auf das erhoffte Ergebnis, nämlich die nachträgliche Meldung und damit den Ausgleich der zivilrechtlichen Schadensersatzansprüche, überzeugen.

Die Strafmilderung ist zwar obligatorisch, allerdings bietet sie keinen übermäßig großen Anreiz zur nachträglichen Meldung. § 142 IV StGB verweist hinsichtlich der Strafmilderung auf § 49 I StGB. Nach § 49 I Nr. 2 StGB wird zwar bei zeitiger Freiheitsstrafe (für die Geldstrafe gilt gemäß Satz 2 dasselbe) nur auf dreiviertel des angedrohten Höchstmaßes erkannt werden. Für § 142 StGB bedeutet dies, dass die Höchststrafe von drei Jahren auf 2,25 Jahre ermäßigt wird. Hinsichtlich des Mindestmaßes hat die Milderung gemäß § 49 I StGB aber auf § 142 StGB keine Auswirkung. Da die tätige Reue nur bei Sachschäden mit nicht bedeutendem Wert Anwendung findet, dürfte nie ein Fall vorliegen, bei

---

340 *Schulz*, NJW 1998, 1440 (1443).

341 *Himmelreich*, PVR 2001, 170 (171).

dem das Gericht ohne die Milderung nach § 49 I StGB zu mehr als zwei Jahren verurteilt hätte, insofern geht diese Milderung theoretisch[342] ins Leere.

Das Absehen von Strafe wurde nur fakultativ vorgesehen, daher ist der Anreiz zur nachträglichen Meldung eher gering. Dies hatte die Bundesregierung auch erkannt und die Möglichkeit des generellen Absehens von Strafe schon im Gesetzgebungsverfahren zur Diskussion gestellt.[343] Zudem gibt das Gesetz keine Anhaltspunkte vor, wann das Absehen von Strafe vorgenommen werden soll.[344] Zwar lassen sich hierzu in der Praxis Kriterien herausbilden – so etwa das Fehlen einschlägiger Vorbelastungen oder eine Täterpersönlichkeit, die eine Wiederholungstat unwahrscheinlich erscheinen lässt[345] – jedoch lassen sich diese Kriterien nur schwer in Einklang mit der gesetzgeberischen Intention bringen. Warum sollte ein Täter nicht den Vorteil des Absehens von Strafe erhalten, obwohl er die Anforderung des § 142 IV StGB vollumfänglich erfüllt hat, nur weil er einschlägig vorbelastet ist? Mit der Verbesserung der zivilrechtlichen Situation des Geschädigten lässt sich dies nicht rechtfertigen, da anzunehmen ist, dass in einem solchen Fall die nachträgliche Meldung eher unterbleibt. Vielmehr tritt hier die Besorgnis zu Tage, dass die Wohltat des Absehens von Strafe einem „unverbesserlichen“ Täter zu Gute kommt.

Alles in allem bietet § 142 IV StGB damit zu wenig Anreiz für eine nachträgliche Meldung.

b) Auslegung de lege ferenda

De lege ferenda müsste – wenn man an der tätigen Reue festhalten will – die Anreizwirkung der Norm des § 142 IV StGB deutlich erhöht werden. Dazu bedarf es nicht nur einer Überarbeitung der Voraussetzungen für die Anwendung,

---

342 Praktisch erlangt die tätige Reue im Rahmen der Festlegung der Strafe eine mehrfache Bedeutung. Neben den aufgrund des gemilderten Strafrahmens niedrigeren „Einstiegsstelle“ (vgl. *Meier*, Sanktionen, S. 207), bewirkt die tätige Reue, dass der zu entscheidende Fall vom statistischen Regelfall (vgl. *Meier*, Sanktionen, S. 208) abweicht, weshalb eine niedrigere Strafe angezeigt ist.

343 BT-Drucksache 13/8587, S. 80.

344 Die prinzipielle Möglichkeit solcher Anhaltspunkte zeigt die Vorschrift des § 46b II StGB (§ 46b StGB wurde eingeführt mit Wirkung vom 01.09.2009 durch Gesetz vom 29.07.2009, BGBl. I S. 2288).

345 *Grohmann*, DAR 1998, 487 (488).

sondern auch einer Neuformulierung der Rechtsfolge. Die Milderung der Strafe stellt nahezu keinen Anreiz zur nachträglichen Meldung dar, daher ist auf die bloße Strafmilderung zu verzichten.

Das Absehen von Strafe hat zwar eine bessere Anreizwirkung, allerdings fällt diese im Endeffekt auch eher schwach aus, da der Täter verurteilt wird und diese Verurteilung die dargelegten Konsequenzen (Kostentragung, Eintragung im Verkehrszentralregister und Regress der Versicherung[346]) hat, die den Täter von einer nachträglichen Meldung abhalten können.

De lege ferenda muss daher nach einem Weg gesucht werden, der das zivilrechtliche Interesse des Geschädigten wirklich verbessert, indem der Anreiz zur nachträglichen Meldung stark erhöht wird.[347]

4. Zusammenfassung

§ 142 IV StGB sieht als Rechtsfolge die Strafmilderung und die Möglichkeit zum Absehen von Strafe vor. Diese Rechtsfolge ist jedoch denkbar ungeeignet, um einen wirklichen Anreiz zur nachträglichen Meldung zu bieten. Insofern hätte der Gesetzgeber die Befürchtung der Bundesregierung berücksichtigten sollen. Diese hatte als Rechtsfolge einen Tatbestandsausschluss vorgeschlagen.

B. Betrachtung und Bewertung

Im Folgenden sollen die Intention des Gesetzgebers und die Reaktionen auf die Vorschrift zusammengefasst werden, danach erfolgt eine eigene Würdigung des § 142 IV StGB.

I. Intention des Gesetzgebers

Im Gesetzgebungsverfahren wurde ausgeführt: „Der Bundesrat hat […] eine Ergänzung der Strafvorschrift des unerlaubten Entfernens vom Unfallort (§ 142) um einen neuen Absatz 3a vorgeschlagen, nach dem bei nachträglicher Meldung binnen vierundzwanzig Stunden nach einem Unfall mit Sachschaden die Strafe gemildert wird oder ganz von Strafe abgesehen werden kann. Die Bundesregierung […] sieht es aber als vorzugswürdig an, für die angesprochenen Sachver-

---

346 Vgl. zu den versicherungsrechtlichen Aspekten: Vierter Abschnitt: Versicherungsrecht, S. 125.

347 Vgl. C. Ziele und Formulierung einer neuen Vorschrift, S. 277.

halte als Rechtsfolge Straffreiheit vorzusehen, um den Anreiz zur nachträglichen Meldung des Unfalls noch zu erhöhen. Nach dem von ihr vorgeschlagenen neuen Absatz 4 kann der Unfallflüchtige sicher davon ausgehen, daß er straffrei bleibt, wenn er die in der Vorschrift genannten Voraussetzungen erfüllt. [...] Dem Anwendungsbereich nach werden - wie beim Vorschlag des Bundesrates - nur Unfälle mit Sachschäden im ruhenden Verkehr und damit im wesentlichen die zahlreichen Parkunfälle erfaßt. Um einen Gleichklang mit § 69 Abs. 2 Nr. 3 zu erzielen, der in der Regel den Fahrerlaubnisentzug vorsieht, wenn bei dem Unfall bedeutender Sachschaden entstanden ist, soll die vorgeschlagene Regelung aber nur bei nicht bedeutenden Sachschäden zur Anwendung gelangen können. Die damit angesprochene Wertgrenze, die ursprünglich von der Rechtsprechung bei 1200 DM gezogen wurde, wird heute nicht mehr als ausreichend angesehen und von der Praxis inzwischen deutlich höher angesetzt, so daß im Ergebnis ein erheblicher Anwendungsbereich der Vorschrift verbleibt."[348]

II. Reaktionen

Die Reaktionen auf die neue Vorschrift sind sehr unterschiedlich ausgefallen.

Nach Meinung von *Bönke* hat die neue Regelung des § 142 IV StGB nicht zu einer tiefgreifenden Veränderung des Unfallfluchttatbestandes geführt. Es handele sich bei der Vorschrift „um ein Kompromissmodell, das vollständig am Normbefehl festhält, um auf diese Weise eine Erosion des Rechtsbewusstseins bei den Autofahrern zu vermeiden, und den einsichtigen Täter allein bei den Rechtsfolgen belohnt" [349]. Die Vorschrift des § 142 IV StGB sei als Fortschritt gegenüber den bereits bestehenden Möglichkeiten der §§ 153, 153a StPO zu werten.[350]

Unabhängig davon, dass der erhoffte Effekt der Neuregelung möglicherweise gefährdet ist, stellt *Böse* fest, dass die Ausgestaltung der tätigen Reue in § 142 IV StGB nicht systemfremd ist.

---

348 BT-Drucksache 13/9064, S. 9 f.

349 *Bönke*, NZV 1998, 129 (130).

350 *Bönke*, NZV 1998, 129 (130).

Aus Sicht von *Bücken* ist nicht nachvollziehbar, warum eine Vorschrift über die tätige Reue nur Unfälle im ruhenden Verkehr betreffen soll.[351] Zudem sollte der Weg zur Legalisierung so leicht wie möglich gemacht werden, da dies auch im Interesse des Geschädigten liege.[352] Derzeit führe § 142 IV StGB nur ein Schattendasein[353], weshalb eine Gesetzesänderung erforderlich sei.[354] Ein Verteidiger sollte auf das „geringere Übel" des § 142 IV StGB nur hinarbeiten, wenn eine Verfahrenseinstellung nicht zu erreichen sei.[355]

Nach Ansicht von *Gebhardt* hat die Neuregelung keine entscheidende Verbesserung gebracht und kaum praktische Bedeutung erlangt.[356] Der Anwalt könne dem Mandanten meist nicht zur Meldung raten, da in der Regel die Schadenshöhe zunächst nicht bekannt sei oder nicht abgeschätzt werden könne.[357]

Schulz sieht § 142 IV StGB als eine „juristische Fehlkonstruktion"[358] an. Er lehnt die Beschränkungen hinsichtlich des Zeitpunkts der nachträglichen Meldung, der Schadensart, dem Schadensumfang und der Unfallart ab, da sie dem Interesse des Geschädigten, und damit dem intendierten Schutz, zuwiderlaufen. Das Feststellungsinteresse des Geschädigten erfordere, dass die tätige Reue einen weiten Anwendungsbereich erhalte.[359]

Auch das Fazit von *Mitsch* fällt eher negativ aus. Aus seiner Sicht sollte man den durch § 142 IV StGB geschaffenen Anreiz nicht überschätzen, da enge Voraussetzungen bestehen, die zum Teil unbestimmt formuliert sind und selbst bei deren Vorliegen die Folgen für den Täter ungewiss sind.[360] Ähnlich sieht dies

---

351 *Bücken*, PVR 2003, 66 (68).

352 *Bücken*, PVR 2003, 66 (68 f.).

353 *Bücken*, PVR 2003, 66 (66).

354 *Bücken*, PVR 2003, 66 (69).

355 *Bücken*, PVR 2003, 66 (66).

356 *Gebhardt*, verkehrsrechtliche Mandat, § 50 Rn. 56.

357 *Gebhardt*, verkehrsrechtliche Mandat, § 50 Rn. 56 f.

358 *Schulz*, NJW 1998, 1440 (1444).

359 *Schulz*, NJW 1998, 1440 (1444). SK-StGB-*Rudolphi*, § 142 Rn. 55, sieht die Beschränkungen des Anwendungsbereichs als kontraproduktiv an.

360 *Mitsch*, ZStW 111 (1999), 65 (122). *Sternberg-Lieben* (Schönke/Schröder-*Sternberg-Lieben*, § 142 Rn. 88) spricht daher von einer halbherzigen Novellierung.

auch *Zopfs*, da die Regelung für den Unfallbeteiligten mit kaum abschätzbaren Stolpersteinen versehen sei.[361]

Nach Ansicht eines Automobilclubs[362] ist die Rechtslage auch nach Einführung des § 142 IV StGB unbefriedigend, da einerseits ein unzureichender Schutz des Rechtsgutes besteht und andererseits der Anreiz zur nachträglichen Meldung zu gering ist.

Der Arbeitskreis IV „Verkehrsunfallflucht" des 41. Verkehrsgerichtstages (2003) empfiehlt, den Tatbestand des § 142 StGB beizubehalten, allerdings sollte die Vorschrift des § 142 IV StGB überarbeitet werden, um die Durchsetzung der zivilrechtlichen Ansprüche einer größeren Zahl von Geschädigten zu ermöglichen.[363] § 142 IV StGB friste ein Schattendasein, da trotz tätiger Reue versicherungsrechtliche Nachteile bestünden, fünf Punkte im Verkehrszentralregister eingetragen werden, nur Sachschäden von nicht bedeutendem Wert vorliegen dürfen und das Absehen von Strafe nicht zwingend sei.[364]

Aus Sicht eines Autoversicherers[365] ist die gesetzliche Regelung ausreichend. Allerdings bestünden bei einem durchschnittlichen Verbraucher ohne juristische

---

361 Münchener Kommentar StGB-*Zopfs*, § 142 Rn. 129.

362 Schriftliche Antwort auf eine Anfrage hinsichtlich der Bewertung der derzeitigen rechtlichen Lage: „Der Schutz des Rechtsgutes ist durch die Strafandrohung unzureichend. Der Anreiz einer nachträglichen Meldung des Unfallbeteiligten ist zu gering, um eine wirksame Motivation für den Betroffenen zu sein. Nur eine konsequente Entkriminalisierung wäre hier geeignet, das Verhalten nach der Tat positiv zu beeinflussen".

363 41. VGT (2003), S. 10. Vgl. e) 41. Verkehrsgerichtstag, S. 244.

364 Zusammenfassung der Argumente bei: *Grohmann*, VD 2003, 94 (94).

365 Schriftliche Antwort auf eine Anfrage hinsichtlich der Bewertung der derzeitigen rechtlichen Lage: „Die derzeitige gesetzliche Regelung ist aus Sicht des Versicherers ausreichend. Als problematisch sehen wir die Einschätzungsmöglichkeit für den einzelnen Verbraucher als Unfallbeteiligten an. Geht man von einem durchschnittlichen Verbraucher und nicht von einem juristisch vorgebildeten Unfallbeteiligten aus, dann wird man im Ergebnis sagen müssen, dass dieser gar keine reelle Einschätzungsmöglichkeit hat, ob ein unter den Tatbestand der Vorschrift zu subsumierender Unfall eingetreten ist; ob er als Unfallbeteiligter gilt; ob es sich im vorliegenden Fall um einen bedeutenden Sachschaden handelt und wann er der gesetzlichen Wartepflicht genüge getan hat. [...] Bei einer Unfallbeschädigung seines eigenen Fahrzeuges schätzt der unfallbeteiligte Versicherungsnehmer oft selbst ein, ob ein "Fremdschaden" eingetreten ist. Dies führt ganz häufig zu Fehleinschätzungen. [...] Weiterhin sind die versicherungsrechtlichen Auswirkungen einer Unfallflucht weitestgehend unbekannt."

Vorbildung erhebliche Einschätzungsschwierigkeiten, ob ein Unfall vorliegt, ob er als Unfallbeteiligter gilt, wann der Wartepflicht Genüge getan wurde und wann ein bedeutender Sachschaden vorliegt. Zudem seien die versicherungsrechtlichen Auswirkungen einer Unfallflucht weitestgehend unbekannt.

Die Polizei sieht keine Verbesserung durch die Neuregelung: Zwar gebe es seitens der Polizei keine Aufzeichnungen zu § 142 IV StGB, allerdings hätten die Erfahrungen der Polizei gezeigt, dass derjenige, der den Unfallort verlässt, sich nicht freiwillig selbst anzeige. Von einer Verlängerung der 24-Stundenfrist oder einer sonstigen Aufweichung der § 142 StGB sei abzuraten. Die bisherige Praxis habe gezeigt, dass sich die Unfallverursacher mit zunehmender Dauer nach dem Unfallereignis immer sicherer fühlten, nicht mehr als Unfallbeteiligte ermittelt zu werden.[366]

III. Eigene Stellungnahme

Die Stellungnahme wird einerseits in die Bewertung der Vorschrift de lege lata und andererseits in die Betrachtung der Vorschrift de lege ferenda unterteilt.

1. De lege lata

§ 142 IV StGB schafft eine strikte 24-Stundenfrist zur Ermöglichung der nachträglichen Feststellungen. Der Täter darf diese Frist ausschöpfen, er läuft dabei allerdings Gefahr, dass er entdeckt wird oder dass die Feststellungen bereits anderweitig getroffen sind. Hierdurch könne er entweder nicht mehr freiwillig handeln oder er soll nicht mehr in der Lage sein, diese Feststellungen zu ermöglichen.[367] Dieser Befund zeigt die restriktive Linie, der bei der Schaffung des § 142 IV StGB gefolgt wurde. Das hohe Risiko, sich in tatsächlicher Hinsicht zu irren – sei es über die Schadenshöhe oder die Frage, ob sich der Unfall außerhalb des fließenden Verkehrs ereignet hat – fördert den Zweck der tätigen Reue nicht. Unabhängig davon, ob und wie eine Beschränkung der tätigen Reue ausfallen sollte, darf eine Irrtumskonstellation dem Täter nicht zur Last fallen. Gleichgültig, ob die tatsächlichen Voraussetzungen objektiv gegeben sind oder nur in der Vorstellung des Täters existieren, liegen in beiden Fällen dieselbe Motivationslage seitens des Täters und ein gleich honorierfähiges Verhalten vor.

---

366 *Karl*, PVR 2003, 173 (177).

367 Berz/Burmann-*König*, Handbuch des Straßenverkehrsrechts, Rn. 106.

Trotz des Bekenntnisses des Gesetzgebers, mit § 142 IV StGB eine Vorschrift schaffen zu wollen, die die Möglichkeit zur Schadenswiedergutmachung durch den Täter des § 142 StGB bietet, haben die Restriktionen bei den Voraussetzungen für eine tätige Reue gemäß § 142 IV StGB die Oberhand gewonnen. Zu den Restriktionen des Gesetzgebers ist eine Auslegung der Tatbestandsmerkmale durch die Rechtsprechung erfolgt, die zur weiteren Einschränkung geführt hat. Man könnte fast den Eindruck haben, dass in keinem Fall eine weite, täterfreundliche Auslegung der tätigen Reue gewünscht ist. Die an anderer Stelle bei § 142 StGB dringend notwendige Restriktion[368] wurde leider bei § 142 IV StGB vorgenommen.

Diesen Restriktionen kann de lege lata entgegen gewirkt werden.[369] § 142 IV StGB ist dann – wie oben gezeigt – so zu verstehen, dass

das Merkmal „außerhalb des fließenden Verkehrs“ Unfälle meint, die sich auf Flächen ereignen, die nicht dem fließenden Verkehr zuzuordnen sind[370],

ein bedeutender Sachschaden erst dann vorliegt, wenn der Schaden die Grenze des Zeitwertes der Sache von 20 % übersteigt und mindestens 1.750 Euro beträgt[371],

die Feststellungen nachträglich ermöglicht werden, wenn der Täter eine Information übermittelt, die für den zivilrechtlichen Anspruch von Bedeutung ist[372],

der Täter freiwillig handelt, wenn er nicht als Beschuldigter hinsichtlich einer Straftat nach § 142 StGB belehrt wurde oder er nicht davon ausging, dass er als Beschuldigter vernommen werden wird[373],

§ 142 IV StGB analog auf Teilnehmer angewendet werden kann[374] und

---

368 Vgl. Fn. 142 und 2. Teil, 1. Verstoß gegen den nemo tenetur-Grundsatz, S. 174.

369 Dies sollte auch vorrangig geschehen, darüber hinaus kann dann überlegt werden, ob mit § 46a StGB (wie von Mitsch, FS Geppert, S. 356 vorgeschlagen) weiteres „Fallmaterial“ (Mitsch, FS Geppert, S. 356) aufgefangen werden kann und soll.

370 Vgl. b) Ergebnis zu Auslegung de lege lata, S. 31.

371 Vgl. cc) Bestimmung der Grenze zum bedeutenden Schaden, S. 52.

372 Vgl. 2. Eigener Standpunkt, S. 57.

373 Vgl. dd) Zusammenfassung der Ergebnisse zur Freiwilligkeit, S. 82.

als Rechtsfolge grundsätzlich von Strafe abgesehen wird[375].

2. De lege ferenda

Wie oben mehrfach angesprochen, sieht sich die gesamte Vorschrift der tätigen Reue dem Einwand ausgesetzt, dass sie den Normbefehl untergräbt. „Zweck der Vorschrift ist [...], die Feststellung des Kraftfahrzeugführers und des Fahrzeugs während ihrer Anwesenheit am Unfallort sicherzustellen, weil nachträgliche Erhebungen oft ohne Erfolg sind.“[376] Hintergrund dieses Einwandes ist also die Vorstellung, dass sich Unfallbeteiligte eher entfernen werden, wenn sie um die Möglichkeit einer nachträglichen Straffreiheit wissen und sich deswegen Vorteile erhoffen. Diese Vorteile können im Verdecken einer vorherigen Trunkenheitsfahrt liegen bzw. der Vereitelung von Schadensersatzansprüchen liegen.

Der erste Gesichtspunkt – Trunkenheitsfahrt – darf aber bei Konzentration auf das geschützte Rechtsgut, nämlich das zivilrechtliche Beweissicherungsinteresse, keinerlei Berücksichtigung finden. Dass dieser Gesichtspunkt dennoch eine Rolle spielt(e), zeigt eine Äußerung von *Hammerstein* auf dem 20. Verkehrsgerichtstag (1980). Nach seiner Ansicht gibt es Richter, „die mit der Untersuchung und der Bestrafung der Unfallflucht ein sozialethisches Unwerturteil verbinden, das akzentuiert auf der Verletzung öffentlicher Belange gegründet wird und die eine nachträgliche Meldung des Täters schon deshalb nicht honorieren, weil sie überzeugt sind, es habe sich um eine durch Alkohol motivierte Unfallflucht gehandelt; im Interesse öffentlicher Belange dürfe ein solcher Täter nicht besser stehen.“[377]

Der zweite Gesichtspunkt – Vereitelung von Schadensersatzansprüchen – ist nicht unmittelbar von der Hand zu weisen. Allerdings sollte man sich in diesem Zusammenhang folgende Frage stellen: Welcher Unfallbeteiligte lässt sich allein durch die Möglichkeit einer tätigen Reue zu einer Verwirklichung des Tatbestandes des § 142 StGB motivieren, um den zivilrechtlichen Schadensersatzansprüchen zu entgehen? In einem solchen Fall dürfte eher der Normbefehl keine

---

374 Vgl. 2. Eigener Standpunkt, S. 85.

375 Vgl. a) Auslegung de lege lata, S. 89.

376 RG, Urteil vom 17.01.1929, II 1168/28, RGSt 63, 18 (18 f.).

377 *Hammerstein*, 20. VGT, S. 134.

ausreichende Wirkung auf den Unfallbeteiligten gehabt haben. Nicht die Aussicht, sich nachträglich melden zu können, sondern die Aussicht, nicht ermittelt werden zu können, stellt die größere Motivation zur Begehung des § 142 StGB dar. Dann aber ist die Gefahr einer weiteren Schwächung des Normbefehls eher als gering anzusehen. Demgegenüber ist der Vorteil, nämlich die Chance auf Verbesserung der Interessen der durch einen Unfall Geschädigten, als gewichtiger anzusehen.

De lege ferenda ist daher nach einer Möglichkeit zu suchen, den Interessen der Geschädigten mehr Geltung einzuräumen und dabei den Normbefehl nicht mehr als notwendig zu schwächen.

C. § 69 StGB

§ 69 StGB hat nicht nur Bedeutung bei der Auslegung des Merkmals „ausschließlich unbedeutender Sachschaden“[378], sondern auch für den Täter des § 142 StGB. Inwieweit § 69 StGB eine Rolle im Zusammenhang mit § 142 IV StGB hat, wird im Folgenden untersucht.

Die strafgerichtliche Entziehung der Fahrerlaubnis stellt eine Maßregel der Besserung und Sicherung[379] dar (§ 61 Nr. 5 StGB)[380], die ihre Rechtfertigung aus dem Sicherungsbedürfnis der Verkehrsgemeinschaft bezieht. Dieses ist bedingt durch die hohen Risiken, die der Straßenverkehr infolge seiner Dynamik für Leben, Gesundheit und Eigentum der Verkehrsteilnehmer mit sich bringt.[381]

I. § 69 II StGB

Bei den in § 69 II StGB aufgezählten besonders schweren Verkehrsvergehen ergibt sich der Eignungsmangel allein aus der (auch erstmaligen) Tat, da diese auf ein gefährliches Maß von Verantwortungslosigkeit schließen lassen.[382] Die

---

378 Vgl. b) Begrenzung auf nicht bedeutenden Schaden, S. 45.

379 *Haffke*, FS Hamm, S. 154, tendiert dazu, in § 69 StGB eine Regelung über die Strafe zu sehen. *Schünemann*, DAR 1998, 424 (430), spricht in diesem Zusammenhang von „Etikettenschwindel“.

380 Zur Historie der Fahrerlaubnisentziehung: *Hellwig*, Entziehung, S. 85 ff.

381 BVerwG, Urteil vom 27.09.1995, 11 C 34/94, BVerwGE 99, 249 (250) = NZV 1996, 84 (84).

382 Burmann/Heß/Jahnke/Janker-*Burmann*, § 69 StGB Rn. 19.

Regelvermutung des § 69 II StGB bewirkt daher, dass der Tatrichter die sonst vorzunehmende Gesamtwürdigung unterlassen und sich auf die Prüfung beschränken kann, ob ausnahmsweise die Indizwirkung des § 69 II StGB aufgrund von besonderen Umständen des Falles entfällt.[383]

Besondere Umstände, die den generell schweren Verstoß in einem weniger gefährlichen Licht als den Regelfall erscheinen lassen, können sich aus der Tat, der Persönlichkeit des Täters und dem Nachtatverhalten ergeben.[384]

1. § 69 II Nr. 3 StGB

Nach § 69 II Nr. 3 StGB ist der Täter in der Regel als ungeeignet zum Führen von Kraftfahrzeugen anzusehen, wenn er den Tatbestand des § 142 StGB erfüllt, obwohl er weiß oder wissen kann, dass bei dem Unfall ein Mensch getötet oder nicht unerheblich verletzt worden oder an fremden Sachen bedeutender Schaden entstanden ist.

Ein Unfallopfer ist nicht unerheblich verletzt, wenn es nach objektiven Maßstäben ärztlich versorgt werden muss.[385] Bei der Bestimmung des bedeutenden Schadens bestehen einige Unklarheiten bzw. verschiedene Ansatzpunkte. So ist einerseits die Höhe nicht exakt festgelegt und zum anderen ist der Umfang der zu berücksichtigenden Schadensposition nicht festgelegt.

Seitens des Gesetzgebers wurde bewusst darauf verzichtet, eine starre Grenze für den bedeutenden Schaden festzulegen.[386] Dies hat zu einer Vielzahl von Ansichten hinsichtlich der Bestimmung und hinsichtlich der einzubeziehenden Positionen geführt.

---

383 Münchener Kommentar StGB-*Athing*, § 69 Rn. 65. Zur Frage der Berücksichtigung des Verhältnismäßigkeitsgrundsatzes: *Haffke*, FS Hamm, S. 138 ff. m.w.N.

384 LK-*Geppert* § 69 Rn. 87; Burmann/Heß/Jahnke/Janker-*Burmann*, § 69 StGB Rn. 21. Beispiele bei: *Fischer*, § 69 Rn. 35.

385 NK-*Herzog*, § 69 Rn. 26.

386 BT-Drucksache IV/2161, S. 3.

a) Bestimmung des bedeutenden Schadens

Nach einem Ansatz ist bei der Bestimmung der Wertgrenze auf die allgemeine Entwicklung des Einkommens und des Geldwertes abzustellen.[387] Einerseits wird der bedeutende Schaden umschrieben als der unter objektiven wirtschaftlichen Gesichtspunkten nach dem sog. Kraftfahrindex zu ermittelnde, tatsächlich entstandene, erkennbare Fremdschaden[388], andererseits soll ein bedeutender Schaden sich nach wirtschaftlichen Kriterien bemessen und beurteile sich nach der Höhe des Betrags, um den das Vermögen des Geschädigten als direkte Folge des Unfalls vermindert werde.[389] Teilweise werden die zur Behebung des Schadens (zur Tatzeit) erforderlichen Kosten berücksichtigt.[390] Einzubeziehen seien dabei alle Positionen, die bei einem vernünftigen wirtschaftlichen Verhalten erforderlich sind, um den Geschädigten so zu stellen, als ob der Unfall nicht eingetreten wäre.[391] Die ältere Rechtsprechung hingegen bezieht alle Schadenspositionen ein, also auch Wertminderung, Gutachter-, Abschlepp- und Mietwagenkosten; in neueren Entscheidungen werden nur die unmittelbaren Schäden (Reparatur- und Abschleppkosten[392])[393], aber keine mittelbaren Schäden (Mietwagenkosten oder Nutzungsausfall) einbezogen.[394] In der Literatur wird teilweise

---

387 NK-*Herzog*, § 69 Rn. 26.

388 Burmann/Heß/Jahnke/Janker-*Burmann*, § 69 StGB Rn. 20.

389 *Lenhart*, NJW 2004, 191 (192); OLG Hamm, Beschluss vom 30.09.2010, III 3 RVs 72/10, NVZ 2011, 356 (357).

390 LK-*Geppert* § 69 Rn. 84.

391 *Hentschel*, Trunkenheit, Rn. 626; LK-*Geppert* § 69 Rn. 84 (der zudem auch Anwaltsgebühren berücksichtigen will, sofern sie vernünftigerweise angefallen sind). Problematisch ist in diesem Zusammenhang auch, ob Schäden am vom Täter geführten Fahrzeug auch einzubeziehen sind, wenn das Fahrzeug nicht in seinem Eigentum steht (vgl. zum Begriff der fremden Sache im Sinn des § 69 II Nr. 2 StGB: *Hembach*, ZfS 2004, 165 (165 ff.). Nach Ansicht des OLG Hamm, Beschluss vom 30.09.2010, III 3 RVs 72/10, NVZ 2011, 356 (357), sind bei einem wirtschaftlichen Totalschaden nur die Wiederbeschaffungskosten (nicht die Reparaturkosten) maßgebend.

392 Das LG Hamburg, Beschluss vom 23.12.2004, 603 Qs 536/04, DAR 2005, 168 (168), berücksichtigt jedoch gerade keine Fahrzeugverbringungskosten nach einem Unfall.

393 Problematisch ist jedoch, ob und wann die Umsatzsteuer zu berücksichtigen ist; vgl. *Gebhardt*, verkehrsrechtliche Mandat, § 52 Rn. 7.

394 Nachweise bei: *Gebhardt*, verkehrsrechtliche Mandat, § 52 Rn. 5 f.

sogar gefordert, alle nach § 249 BGB zu ersetzenden Schadenspositionen in Ansatz zu bringen.[395]

Hinsichtlich der Höhe des bedeutenden Wertes wird seitens der Rechtsprechung (häufig) keine Berechnung oder eine Kopplung an statistisch ermittelte Werte vorgenommen[396], sondern es erfolgt meist eine Fortschreibung des ursprünglichen Wertes, wobei nur selten die zugrunde liegenden Erwägungen nachvollziehbar dargestellt werden.[397] Derzeit kann von einem bedeutenden Schaden erst bei mehr als 1.300 Euro[398] ausgegangen werden.

b) Eigener Standpunkt

Lässt sich schon in Zweifel ziehen, ob sich die Ungeeignetheit zum Führen von Kraftfahrzeugen bei Begehung des § 142 StGB in der Regel aus dem entstandenen Schaden ableiten lässt, so muss doch erst recht bezweifelt werden, dass Rechtsprechung und Literatur bisher eine Klärung des Merkmals „bedeutender Schaden" erreicht haben.

Hinsichtlich der einzubeziehenden Kosten sollte vom Wortlaut des § 69 II Nr. 3 StGB ausgegangen werden. Entscheidend ist danach nämlich, von welchem Schaden der Täter weiß bzw. wissen kann. Stellt man sich nun die Situation

---

395 *Lenhart*, NJW 2004, 191 (192).

396 Nach Ansicht des LG Frankfurt, 13.05.2008, 5/9a Qs 5/08, StV 2009, 649 (651) erfordert die Bemessung der Wertgrenze – über die rein rechnerische Ermittlung der Kostenentwicklung hinaus – auch die normative Bewertung der sonstigen, für das Vorliegen eines bedeutenden Fremdschadens wertbestimmenden Faktoren. Hingegen hatte das OLG Schleswig, 02.11.1977, 1 Ss 670/77, VRS 54, 33 (35), ausgeführt, dass die Grenze (nur) von der wirtschaftlichen Entwicklung, von der allgemeinen Einkommensentwicklung, aber auch von der Entwicklung der Reparaturkosten abhängt.

397 Vgl. zur Entwicklung und Bestimmung der Wertgrenze in der Rechtsprechung: LG Frankfurt, 13.05.2008, 5/9a Qs 5/08, StV 2009, 649 (649 f.) und die Nachweise in Fn. 180.

398 Dieser Wert findet sich zumindest in mehreren Urteilen (beispielsweise: OLG Jena, Beschluss vom 14.02.2005, 1 Ss 19/05, DAR 2005, 289 (289); LG Berlin, Beschluss vom 29.04.2005, 516 Qs 85/05, DAR 2005, 467 (467); LG Berlin, Beschluss vom 31.03.2010, 534 Qs 40/10, NZV 2010, 476 (476); LG Gera, Beschluss vom 22.09.2005, 1 Qs 359/05, NZV 2006, 105 (106), wobei es jedoch (regionale) Abweichungen gibt. Siehe aber: OLG Dresden, Beschluss vom 12.05.2005, 2 Ss 278/05, NZV 2006, 104 (104): „Die Grenze zur Annahme eines bedeutenden Schadens im Sinne dieser Vorschrift ist [...] angesichts der allgemeinen Preis- und Einkommensentwicklung, auch in den neuen Bundesländern, zukünftig auf 1300 Euro anzuheben."

nach dem Unfallereignis vor, so kann der Täter typischerweise den Schadensumfang dergestalt bewerten, dass er den Umfang der offensichtlichen Beschädigungen und den allgemeinen Zustand des beschädigten Fahrzeugs (oder Gegenstandes) einbezieht. Darüber hinaus vom Täter zu verlangen, dass er Wissen besitzt oder besitzen könnte, dass es ihm erlaubt, einen merkantilen Minderwert, anfallende Mietwagenkosten, Gutachter-, Anwalts- und Gerichtskosten abzuschätzen, geht doch zu weit. Eine Begrenzung der zu berücksichtigenden Schadenspostionen hätte auch kaum praktische Bedeutung, wenn die Begrenzung durch eine Herabsetzung des Wertes des bedeutenden Schadens ausgeglichen werden würde. Sie hätte aber den Vorteil, für mehr Rechtsklarheit zu sorgen.

Bei der Bestimmung der Schadenshöhe des bedeutenden Wertes könnte, um für mehr Rechtssicherheit zu sorgen (wie oben dargestellt[399]), auf statistische Werte der Haftpflichtversicherungen hinsichtlich des Schadensdurchschnitts bei PKW pro Versicherungsfall abgestellt werden. Nach Ansicht von *Jung* ist die Regelung des § 69 StGB mit der Anknüpfung an den bedeutenden Schaden und einer Bestimmung allein nach einer festen Wertgrenze in der heutigen Zeit bei weitem überholt und ungerecht. Er schlägt eine prozentual vom Neuwert des beschädigten Fahrzeugs abhängige Grenze vor.[400] Zu überlegen ist, ob man diese Ansätze miteinander kombinieren sollte. Allerdings erscheint die Anknüpfung an den Neuwert bei einer Kombination nicht sachgerecht. Der bedeutende Wert könnte sich daher aus einem – auf statistischen Erhebungen beruhenden – festen Wert und einem relativen Wert (prozentuale Anknüpfung an den Zeitwert[401]) ergeben. Derzeit würde ein bedeutender Wert (nach den oben dargelegten Kriterien[402]) vorliegen, wenn der Schaden 20 % des Zeitwertes mindestens aber 1.750 Euro beträgt. Diese Festlegung ist aber Bedenken ausgesetzt. Ist diese Grenze von 20 % des Zeitwertes für § 142 IV StGB (sofern an dem Merkmal festgehalten werden soll[403]) sinnvoll, da der Anwendungsbereich der tätigen

---

399 Vgl. cc) Bestimmung der Grenze zum bedeutenden Schaden, S. 52.

400 Ferner-*Jung*, Handbuch Straßenverkehrsrecht, S. 908; *ders.* PVR 2001, 12 (19). *Mollenkott*, BA 1997, 180 (181), ist der Meinung, dass die Schadenshöhe nichts mit der charakterlichen Ungeeignetheit zu tun habe.

401 Beispielsweise: 20 % des Zeitwertes (vgl. c) Bestimmung des Schadens, S. 48).

402 Vgl. cc) Bestimmung der Grenze zum bedeutenden Schaden, S. 52.

403 Wie oben (vgl. b) Auslegung de lege ferenda, S. 53) gezeigt, ist die Beibehaltung der Voraussetzung „nicht bedeutender Schaden" jedoch kontraproduktiv.

Reue vergrößert wird, erscheint sie für § 69 II Nr. 3 StGB als zu hoch gegriffen. So müsste beispielsweise an einem Neuwagen (Zeitwert: 20.000 Euro) ein Schaden von 4.000 Euro verursacht worden sein, damit ein bedeutender Schaden vorliegt. Hieran zeigt sich, dass § 69 II Nr. 3 StGB und § 142 IV StGB nicht „im Gleichklang" sein müssen, da sie unterschiedliche Anwendungsbereiche haben. Die Einführung einer zusätzlichen Voraussetzung im Rahmen des bedeutenden Schaden bei § 69 II Nr. 3 StGB sollte daher zwar erwogen werden, der exakte Wert der prozentualen Anknüpfung an den Zeitwert bedarf aber genauerer Untersuchungen hinsichtlich der Höhe und der Praktikabilität der Feststellung.

2. § 69 II Nr. 3 StGB und § 142 IV StGB

Gemäß § 69 II Nr. 3 StGB ist die Ungeeignetheit zum Führen von Kraftfahrzeugen in der Regel gegeben, wenn der Täter § 142 StGB verwirklicht hat und weiß oder wissen kann, dass bei dem Unfall ein Mensch getötet oder nicht unerheblich verletzt worden oder an fremden Sachen bedeutender Schaden[404] entstanden ist. Nach § 142 IV StGB kommt die tätige Reue nur in Betracht, wenn ein nicht bedeutender Sachschaden vorliegt. In den Fällen, in denen § 142 IV StGB zur Anwendung kommt, liegen somit die Voraussetzungen für eine Entziehung der Fahrerlaubnis nach § 69 II Nr. 3 StGB nicht vor, d.h. bei Anwendung des § 142 IV StGB kommt § 69 II Nr. 3 StGB nie in Betracht.[405]

3. § 69 II Nr. 3 StGB und der Rechtsgedanke des § 142 IV StGB

Bei Verwirklichung eines bedeutenden Sachschadens sollte daher im Umkehrschluss § 142 IV StGB keine Bedeutung für § 69 II Nr. 3 StGB haben. Diese Annahme erweist sich jedoch als zu voreilig.

Ansatzpunkt für eine Berücksichtigung des § 142 IV StGB ist bei § 69 II Nr. 3 StGB die Regelvermutung hinsichtlich der Ungeeignetheit. Die indizielle Wirkung kann entfallen, wenn besondere Umstände vorliegen, die entweder den

404 Zur Wertentwicklung: *Himmelreich/Halm*, NStZ 2004, 317 (319) und Fn. 397 f.

405 Eine vorläufige Entziehung der Fahrerlaubnis (§ 111a StPO) ist mangels eines Grundes aufzuheben (vgl. *Feiertag*, ZAP 2001, 595 (604)).

schweren und gefährlichen Verstoß in einem anderen Licht erscheinen lassen als den Regelfall oder die Eignung nach der Tat günstig beeinflusst haben.[406]

Teilweise wird ein solcher besonderer Umstand darin gesehen, dass der Täter eines unerlaubten Sich-Entfernens vom Unfallort nachträglich die Feststellungen ermöglicht und sich somit selbst bezichtigt, da der Täter damit dokumentiert, das er sein bisheriges Verhalten als Unrecht einstuft und dem Geschädigten die zivilrechtliche Position zugestehen will, die dieser auch beanspruchen kann.[407] Scheitere die Anwendung des § 142 IV StGB lediglich daran, dass ein Personenschaden oder ein bedeutender Sachschaden verwirklicht wurde, so könne die Regelvermutung des § 69 II Nr. 3 StGB widerlegt sein. Insofern entfalte die tätige Reue eine mittelbare Wirkung zugunsten des Täters bei der Entscheidung nach § 69 StGB.[408]

II. Rückgriff auf § 69 I StGB bei Anwendung des § 142 IV StGB

Liegen die Voraussetzungen für eine Entziehung der Fahrerlaubnis nach § 69 II Nr. 3 StGB nicht vor, stellt sich die Frage, ob ein Rückgriff auf § 69 I StGB erfolgen kann und ob dies auch im Fall der Anwendung des § 142 IV StGB möglich ist.

---

406 BT-Drucks. IV/651, S. 17.

407 *Schulz*, NJW 1998, 1440 (1442). *Schäfer*, NZV 1999, 190 (191), befürwortet eine Verneinung des § 69 II Nr. 3 StGB, wenn § 142 IV StGB daran scheitert, dass der verursachte Fremdschaden nicht als nur unbedeutender Sachschaden zu qualifizieren ist. *Andreae*, Handbuch Verkehrsrecht 2000, S. 302, hält eine Anwendung des § 69 II Nr. 3 StGB im Hinblick auf die Verbesserung des Schutzes des privaten Feststellungsinteresses des Unfallgeschädigten für kontraproduktiv, wenn eine tätige Reue gemäß § 142 IV StGB lediglich wegen Verursachung eines bedeutenden Sachschadens scheitert.

408 LG Gera, Urteil vom 13.07.2000, 664 Js 5143/99-3 Ns, VRS 99, 256 (259). Analoge Anwendung des § 142 IV StGB, wenn sich der Unfall im fließenden Verkehr ereignet hat: LG Gera, Beschluss vom 22.09.2005, 1 Qs 359/05, NZV 2006, 105 (106); analoge Anwendung des § 142 IV StGB, wenn sich der Unfall im fließenden Verkehr ereignet hat und zudem ein bedeutender Sachschaden entstanden ist: LG Zweibrücken, Beschluss vom 11.03.2003, Qs 31/03, NZV 2003, 439 (439). Für ein Entfallen der Regelvermutung aus § 69 II Nr. 3 StGB in derartigen Fallkonstellationen: LK-*Geppert* § 142 Rn. 239 und 211; *Hentschel*, Trunkenheit, Rn. 630; *Lenhart*, NJW 2004, 191 (193); *Himmelreich*, DAR 2001, 486 (487); Schönke/Schröder-*Sternberg-Lieben*, § 142 Rn. 88a m.w.N.

1. Rückgriff auf § 69 I StGB bei Nichtvorliegen von Voraussetzungen des § 69 II Nr. 3 StGB

Die Anwendung des § 69 I StGB setzt voraus, dass der Täter eine rechtswidrige Tat, die im Zusammenhang mit dem Führen eines Kraftfahrzeuges steht oder unter Verletzung der Pflichten eines Kraftfahrzeugführers, (sog. Anlasstat[409]) begangen hat. Der Täter muss wegen dieser Tat verurteilt oder nur deshalb nicht verurteilt worden sein, weil seine Schuldunfähigkeit erwiesen oder nicht auszuschließen ist. Zwar ist das Vorliegen einer Anlasstat im Einzelfall problematisch[410], jedoch zeigt die Aufnahme der Vorschrift des § 142 StGB in den Katalog des § 69 II StGB, dass das unerlaubte Sich-Entfernen vom Unfallort eine taugliche Anlasstat darstellt. Liegt im Fall des § 142 StGB somit eine Anlasstat vor, ist in einem zweiten Schritt zu prüfen, ob sich aus der Tat ergibt, dass der Täter zum Führen von Kraftfahrzeugen ungeeignet ist.[411] Der in § 69 I StGB verwendete Begriff der Ungeeignetheit stimmt inhaltlich mit dem des § 3 I StVG[412] überein, weshalb für die Auslegung des Begriffs der Zweck der Vorschrift des § 3 I StVG – nämlich der Schutz der Allgemeinheit vor Verkehrsteil-

---

409 So beispielsweise: BGH, Beschluss vom 17.12.2002, 4 StR 480/02, NStZ-RR 2003, 122 (122); Münchener Kommentar StGB-*Athing*, § 69 Rn. 23.

410 Nach der (zum Teil uneinheitlichen) Rechtsprechung ist § 69 I StGB nicht nur bei Verkehrsverstößen im engeren Sinne, sondern auch bei sonstigen strafbaren Handlungen anwendbar. Teilweise wurde der Begriff des „Zusammenhangs" weit gefasst und nur dann verneint, wenn der Täter die Tat lediglich „bei Gelegenheit der Fahrt" begangen hat (z.B.: BGH, Beschluss vom 05.02.1969, 2 StR 546/68, BGHSt22, 328 (329) = MDR 1964, 494 (494)). Nach Ansicht des Großen Senats, BGH, Beschluss vom 27.04.2005, GSSt 2/04, NJW 2005, 1957 (1959), bezweckt § 69 StGB den Schutz der Sicherheit des Straßenverkehrs. Die strafgerichtliche Entziehung der Fahrerlaubnis wegen charakterlicher Ungeeignetheit bei Taten im Zusammenhang mit dem Führen eines Kraftfahrzeugs (§ 69 I 1 Alt. 2 StGB) setze daher voraus, dass die Anlasstat tragfähige Rückschlüsse darauf zulasse, dass der Täter bereit ist, die Sicherheit des Straßenverkehrs seinen eigenen kriminellen Interessen unterzuordnen. Stimmen in der Literatur (*Hentschel*, 42. VGT, S. 131 (131) m.w.N.; *Sowada*, 42. VGT, S. 145 f.) hatten schon zuvor eine restriktive Handhabung des § 69 I S. 1 Alt. 1 StGB gefordert, da die Rechtsprechung immer wieder den Eindruck erwecke, dass die Rechtsnatur des § 69 StGB als Maßregel nicht ausreichend beachtet und die Grenze zwischen Strafe und Maßregel der Besserung und Sicherung nicht immer klar gezogen werde.

411 BGH, Beschluss vom 27.04.2005, GSSt 2/04, NJW 2005, 1957 (1957); Münchener Kommentar StGB-*Athing*, § 69 Rn. 23 m.w.N.

412 Zur Fahrerlaubnisentziehung durch die Verwaltungsbehörden: *Burmann*, 42. VGT, S. 155 ff.

nehmern, die für andere eine Gefahr bilden – heranzuziehen ist.[413] Die Ungeeignetheit ist gegeben, wenn von dem Täter „nach sorgfältiger Prüfung des Hergangs, seiner Persönlichkeit und Lebensführung nicht erwartet werden kann, daß er gewillt und fähig ist, den Lockungen zu widerstehen und den besonderen Gefahren zu begegnen, die sich aus der Führung des Kraftwagens für ihn und die Allgemeinheit ergeben."[414] Daher kann allein aus der Verneinung des § 69 II Nr. 3 StGB (wegen fehlenden bedeutenden Schadens) nicht auf die Geeignetheit des Täters geschlossen werden, da es denkbar erscheint, dass der Eignungsmangel auf körperlichen, geistigen oder charakterlichen Mängeln beruht. Im Rahmen der Gesamtbewertung kann somit – im Einzelfall – eine Entziehung der Fahrerlaubnis bei Vorliegen des § 142 StGB auch bei einem Schaden unterhalb der Schwelle des § 69 II Nr. 3 StGB in Betracht kommen.[415]

2. Rückgriff auf § 69 I StGB bei Anwendung des § 142 IV StGB

Ein Rückgriff auf § 69 I StGB kann daher auch bei Verneinung des § 69 II Nr. 3 StGB erfolgen, fraglich ist aber, ob dies auch im Fall der Anwendung des § 142 IV StGB gilt.

Nach Ansicht einiger Autoren ist dies zumindest nicht ausgeschlossen.[416]

Wie oben gezeigt, kann § 69 I StGB zwar auch bei Begehung des § 142 StGB angewendet werden. § 69 I StGB setzt (nach allgemeiner Ansicht) voraus, dass eine Ungeeignetheit aufgrund körperlicher, geistiger oder charakterlicher Män-

---

413 BGH, Beschluss vom 27.04.2005, GSSt 2/04, NJW 2005, 1957 (1958).

414 BGH, Urteil vom 25.02.1954, 1 StR 633/53, NJW 1954, 1167 (1167).

415 *Hentschel*, Trunkenheit, Rn. 603; LK-*Geppert* § 69 Rn. 82; LG Köln, Beschluss vom 12.03.1984, 105 Qs 246/84, ZfS 1984, 315 (316) (Anwendung des 111a StPO, da dringende Gründe für die Annahme einer Entziehung der Fahrerlaubnis nach § 69 I StGB vorlagen, weil der Unfallflüchtige an den Unfallort zurückkehrte, um Spuren zu entfernen), a.A. *Berr*, ZfS 1984, 316 (317), der aber darauf abstellt, dass § 69 II Nr. 3 StGB eine Differenzierung bzw. moralische Gesichtspunkte nicht zulässt und keine Würdigung nach § 69 I StGB vornimmt.

416 Cramer/Cramer-*Janker*, Anwaltshandbuch Strafrecht, Q Rn. 328, betont, dass eine Entziehung nicht nach § 69 II Nr. 3 StGB erfolgen kann, in Betracht komme aber eine Entziehung beim Vorliegen von anderen Gründen für die Ungeeignetheit. Nach *Schäfer*, NZV 1999, 190 (191), ist allenfalls in Extremfällen zu prüfen, ob die charakterliche Ungeeignetheit zum Führen von Kraftfahrzeugen sich aus den sonstigen Gründen auf der Grundlage des § 69 I StGB ergibt.

gel vorliegt.[417] Bei Vorliegen des § 142 IV StGB ist aber eine sich aus dem verkehrsspezifischen Bezug der Tat des § 142 StGB ergebende Ungeeignetheit ausgeschlossen.[418] Die Anwendung des § 142 IV StGB setzt nämlich auch voraus, dass der Täter keine die Feststellung vereitelnden Maßnahmen getroffen hat[419]. Insofern kann aus dem Nachtatverhalten des Täters nur ein positiver Eindruck verbleiben, der einer Bejahung der Ungeeignetheit entgegensteht.

Körperliche und geistige Mängel begründen nur selten die Ungeeignetheit zum Führen von Kraftfahrzeugen nach Begehung einer Anlasstat, da bei Vorliegen von körperlichen oder geistigen Mängeln meist schon eine Entziehung der Fahrerlaubnis durch die Verwaltungsbehörden (§ 3 StVG) gegeben ist.[420] Ausschlagend ist in diesen Fällen auch nicht das Vorliegen der Anlasstat des § 142 StGB, sondern das Vorliegen irgendeiner Anlasstat, insofern können diese Fälle bei der Frage des Verhältnisses von § 69 I StGB und § 142 IV StGB außer Betracht bleiben.

Für eine Anwendung des § 69 I StGB verbleibt bei Vorliegen der Voraussetzungen des § 142 IV StGB somit nur noch der Bereich der charakterlichen Ungeeignetheit. Bei der Frage der Ungeeignetheit aufgrund charakterlicher Mängel ist zu beachten, dass es sich um solche Charaktermängel handelt, die gerade die Eignung zum Führen von Kraftfahrzeugen betreffen.[421] Erforderlich ist eine Gesamtwürdigung der Persönlichkeit des Täters soweit sie in der Tat zum Ausdruck gekommen sind.[422] Hierzu sind alle Umstände (bisherige einwandfreie Fahrweise, einschlägige Vorstrafen, Verhalten nach der Tat, Verhalten im Prozess, etc.) heranzuziehen, die einen Schluss auf mangelndes Verantwortungsbe-

---

417 Dies ist verfassungsrechtlich nicht zu beanstanden (BVerfG, Beschluss vom 18. 11. 1966, 1 BvR 173/63, BVerfGE 20, 365 (373) = NJW 1967, 29 (30)).

418 Vgl. Fn. 415 zur Annahme des § 69 I StGB bei § 142 StGB.

419 Vgl. IV. Nachträgliche Ermöglichung der Feststellungen durch den Unfallbeteiligten, S. 54.

420 *Kulemeier*, Fahrverbot, S. 96 mit Nachweisen in Fn. 303; *Eisenmenger/Bouska,* NZV 2001, 13 (14).

421 LK-*Geppert* § 69 Rn. 55.

422 Münchener Kommentar StGB-*Athing*, § 69 Rn. 62 m.w.N.; BGH, Urteil vom 05.11.1953, 3 StR 504/53, BGHSt 5, 168 (176); BGH, Urteil vom 14.05.1997, 3 StR 560/96, NStZ-RR 1998, 43 (43).

wusstsein im Verkehr zulassen.[423] Aufgrund der vielfältigen Umstände, die bei der Gesamtwürdigung eine Rolle spielen, kann allein die Anwendung des § 142 IV StGB nicht in allen Fällen zur Verneinung des § 69 I StGB führen. Die tätige Reue gemäß § 142 IV StGB wirkt zunächst in hohem Maß zugunsten des Täters, weshalb in der Regel bei Vorliegen des § 142 IV StGB eine Entziehung der Fahrerlaubnis nicht erfolgen wird. Allerdings kann in Ausnahmefällen eine solche dennoch in Betracht kommen. Zu denken wäre an einen Fall mit mehrfach einschlägigen Vorstrafen[424], absoluter Uneinsichtigkeit hinsichtlich des Fehlverhaltens[425], und wiederholter Verkehrsverstöße[426] während des laufenden Verfahrens. Dies sollte aber tatsächlich ein absoluter Ausnahmefall sein, da erstens ein Täter, der die Voraussetzungen des § 142 IV StGB erfüllt, in der Regel auch die nötige Einsicht hinsichtlich seines Fehlverhaltens hat, und zweitens, bei anwaltlicher Vertretung, der Anwalt auf die Auswirkungen der Uneinsichtigkeit und weiterer Verkehrsverstöße hinweisen wird.

D. § 44 StGB

Rechtsfolge einer Tat nach § 142 StGB kann auch ein Fahrverbot gemäß § 44 StGB sein. Im Folgenden werden die Voraussetzungen des Fahrverbots und die Wirkung des § 142 IV StGB auf die Entscheidung hinsichtlich eines Fahrverbotes dargestellt.

I. Voraussetzungen des § 44 StGB

Gemäß § 44 I S. 1 StGB kann demjenigen ein Fahrverbot[427] auferlegt werden, der wegen einer Straftat verurteilt wurde, die er bei oder im Zusammenhang mit dem Führen eines Kraftfahrzeugs oder unter Verletzung der Pflichten eines Kraftfahrzeugführers begangen hat.

---

[423] BGH, Urteil vom 29.06.1954, 5 StR 233/54, BGHSt 6, 183 (185).

[424] Vgl. hierzu die Rechtsprechungsnachweise bei: LK-*Geppert*, § 69 Fn. 364.

[425] Vgl. die Nachweise bei: *Hentschel*, Trunkenheit, Fn. 269.

[426] Diese dürfen aber nur berücksichtigt werden, wenn sich hieraus Rückschlüsse auf die Täterpersönlichkeit zur Zeit der Tat ergeben (BGH, Urteil vom 10.02 1961, 4 StR 546/60, BGHSt 15, 393 (395 f.) = NJW 1961, 1269 (1269); LK-*Geppert*, § 69 Rn. 75).

[427] Zur Entstehungsgeschichte des Fahrverbotes: *Kulemeier*, Fahrverbot, S. 61 ff.

Der Täter muss eine Straftat[428], also eine tatbestandsmäßige, rechtswidrige und schuldhafte[429] Tat, begangen haben, deren Verfolgung kein Prozesshindernis entgegensteht.[430] Die Straftat muss beim oder im Zusammenhang mit dem Führen eines Kraftfahrzeugs oder unter Verletzung der Pflichten eines Kraftfahrzeugführers begangen worden sein.[431] Zudem muss der Täter wegen dieser Tat verurteilt worden sein, nur dann kann die Nebenstrafe[432] des Fahrverbotes verhängt werden. Das Fahrverbot kann auch auf bestimmte Arten von Kraftfahrzeugen beschränkt werden (§ 44 I S. 1 StGB). Die Dauer ist nach allgemeinen Strafzumessungsregeln (§ 46) zu bemessen (beträgt aber maximal drei Monate).[433]

II. Fahrverbot (§ 44 StGB) und unerlaubtes Entfernen vom Unfallort (§ 142 StGB)

Wird der Täter wegen eines Verstoßes gegen § 142 StGB verurteilt, liegen die Voraussetzungen des § 44 I S. 1 vor. Das Regelfahrverbot des § 44 I S. 2 StGB greift allerdings nicht ein, da das unerlaubte Sich-Entfernen vom Unfallort in dieser Norm nicht genannt ist. Die Anordnung eines Fahrverbotes steht damit nach § 44 I S. 1 StGB im Ermessen[434] des Gerichts. Maßgeblich hierfür ist eine Gesamtschau, unter Berücksichtigung der Warnfunktion des Fahrverbotes und der Feststellung, dass die Hauptstrafe allein nicht in der Lage ist, den Strafzweck zu erfüllen.[435] Hierbei ist auch zu beachten, dass ein Fahrverbot grundsätzlich nicht neben der Entziehung der Fahrerlaubnis nach § 69 StGB in Betracht

---

428 Nach § 25 StVG kann zwar auch wegen einer Verkehrsordnungswidrigkeit ein Fahrverbot ergehen; es ist dann aber keine Strafe, sondern eine erzieherische Nebenfolge (vgl. Schönke/Schröder-*Stree*/*Kinzig*, § 44 Rn. 4).

429 § 44 StGB setzt somit im Gegensatz zu § 69 StGB eine volldeliktische Tat voraus.

430 Münchener Kommentar StGB-*Athing*, § 44 Rn. 3.

431 Diese Voraussetzung entspricht somit der von § 69 StGB. Vgl. Fn. 410 zur Frage, wie dieser Zusammenhang beschaffen sein muss.

432 Vgl. zum Normzweck: BT-Drucksache IV/651, S. 13.

433 BGH, Beschluss vom 12.07.1979, 4 StR 210/79, BGHSt 29, 58 (61) = NJW 1980, 130 (131); Burmann/Heß/Jahnke/Janker-*Burmann*, § 44 Rn. 10.

434 Vgl. zu Umfang und Inhalt des Ermessens: *Kulemeier*, Fahrverbot, S. 73 ff.

435 BGH, Beschluss vom 12.07.1979, 4 StR 210/79, BGHSt 29, 58 (61) = NJW 1980, 130 (131).

kommt, da die stärkere Einwirkung der Maßnahme des § 69 StGB ausreichend ist.[436]

In vielen Fällen der Unfallflucht, in denen keine Entziehung der Fahrerlaubnis in Betracht kommt, erfolge ein Fahrverbot, da der Kraftfahrer durch seine Verantwortungslosigkeit und Rücksichtslosigkeit gegenüber den anderen Unfallbeteiligten besonders deutlich zeigt, dass ihm die rechtstreue Gesinnung fehlt, die im motorisierten Straßenverkehr unerlässlich ist.[437]

Aber auch im Fall besonderer Umstände, die zugunsten des Täters zu berücksichtigen sind, wird seitens der Gerichte ein Fahrverbot angeordnet. In einem vom AG Saalfeld zu entscheidenden Fall, hatte der Täter sich nach erfolgter Unfallflucht noch am nächsten Morgen freiwillig bei der Polizei gemeldet und dafür gesorgt, dass der Schaden in Höhe von 2.700 Euro vollumfänglich durch seine Haftpflicht ausgeglichen wurde.[438] Das Gericht wertete diese Umstände im Rahmen des § 69 StGB derart zu Gunsten des Täters, dass es von einer Entziehung der Fahrerlaubnis gemäß § 69 II Nr. 3 StGB absah. Hinsichtlich eines Fahrverbotes war das Gericht der Meinung, dass auf den Täter durch Verhängung eines dreimonatigen Fahrverbotes gemäß § 44 StGB einzuwirken sei, um ihm sein Fehlverhalten nochmals im Bereich strafrechtlicher Nebenfolgen eindringlich vor Augen zu halten.[439]

III. Fahrverbot gemäß § 44 StGB auch bei Vorliegen des § 142 IV StGB

Kommt daher ein Fahrverbot bei einer Verurteilung wegen unerlaubten Entfernens vom Unfallort (§ 142 StGB) in Betracht, stellt sich die Frage, welche Auswirkung die tätige Reue nach § 142 IV StGB hat. Das Fahrverbot gemäß

---

[436] OLG Karlsruhe, Urteil vom 28.09.1967, 3 Ss 32/67, VRS 34, 192 (192 f.); *Hentschel*, Trunkenheit, Rn. 969 m.w.N. Ausnahmsweise soll eine Verhängung von Fahrverbot und Entziehung der Fahrerlaubnis möglich sein, wenn von der Sperre gemäß § 69a II StGB bestimmte Arten von Kraftfahrzeugen ausgenommen werden und für diese ein Fahrverbot verhängt wird (vgl. *Hentschel*, Trunkenheit, Rn. 971 m.w.N.; LK-*Geppert* § 44 Rn. 17 m.w.N.).

[437] *Hentschel*, Trunkenheit, Rn. 917.

[438] AG Saalfeld, Urteil vom 13.11.2003, 690 Js 1796/03 1 Cs, ZfS 2004, 232 (232 f). Die Voraussetzungen des § 142 IV StGB lagen nicht vor, da sich der Unfall im fließenden Verkehr ereignete und ein bedeutender Schaden verursacht wurde.

[439] AG Saalfeld, Urteil vom 13.11.2003, 690 Js 1796/03 1 Cs, ZfS 2004, 232 (232 f.).

§ 44 StGB ist (derzeit[440]) eine Nebenstrafe, d.h. es kann nur angeordnet werden, wenn der Täter zu einer Geld- oder Haftstrafe verurteilt wurde. Bei einem Absehen von Strafe gemäß § 142 IV StGB kann daher die Nebenstrafe des Fahrverbots nicht verhängt werden, da gerade keine Verurteilung zu einer Freiheitsstrafe oder Geldstrafe vorliegt.[441]

Bei bloßer Strafmilderung gemäß § 142 IV StGB steht die fehlende Verurteilung einer Erteilung des Fahrverbotes nicht entgegen. Stimmen in der Literatur schließen daher ein Fahrverbot nicht generell aus,[442] die Anordnung eines Fahrverbotes bei gleichzeitiger Strafmilderung sei jedoch besonders zu begründen.[443]

Wie oben dargestellt, kann ein Fahrverbot auch bei Vorliegen von Umständen, die zugunsten des Täters sprechen, angeordnet werden. Es stellt sich daher die Frage, ob das Vorliegen des § 142 IV StGB über die Milderung hinaus auch eine Verneinung des Fahrverbotes bewirken kann. Voraussetzung für ein Fahrverbot ist, dass es dem Verschulden des Täters und dem Maß seiner Pflichtwidrigkeit entspricht und neben der Hauptstrafe erforderlich ist, um den Strafzweck zu erreichen.[444] Nach dem Willen des Gesetzgebers soll es „den Täter vor dem Rückfall […] warnen und ihm ein Gefühl dafür […] vermitteln, was es bedeutet, vorübergehend ohne Führerschein zu sein".[445]

Man könnte nun annehmen, dass der Milderungsgrund des § 142 IV StGB dazu führt, dass das Gericht auch keine Notwendigkeit eines Fahrverbotes sieht, da der Täter letztendlich seiner Verpflichtung nachgekommen ist und die notwendigen Feststellungen nachträglich ermöglicht hat. Insofern könnte es an der für

---

440 Vgl. zur Diskussion um die Aufwertung des Fahrverbots zur Hauptstrafe die Nachweise bei: Münchener Kommentar StGB-*Athing*, § 44 Fn. 1; Schönke/Schröder-*Stree*/*Kinzig*, § 44 Rn.1; *Halecker*, Fahrverbot, S. 151 ff. Bei der 81. Konferenz der Justizministerinnen und Justizminister am 23. und 24. Juni 2010 in Hamburg wurde zum Tagesordnungspunkt (TOP II. 6.) „Fahrverbot als Hauptstrafe" kein Beschluss gefasst.

441 *Janker*, Straßenverkehrsdelikte, Rn. 72; *ders.*, Jahrbuch Verkehrsrecht 1999, S. 218; *Grohmann*, DAR 1998, 487 (489).

442 *Seier*, Straßenverkehrssachen, S. 61.

443 *Feiertag*, ZAP 2001, 595 (604); Cramer/Cramer-*Janker*, Anwaltshandbuch Strafrecht, Q Rn. 329; *ders.*, Jahrbuch Verkehrsrecht 1999, 217 f.

444 BGH, Beschluss vom 18.05.1972, 4 StR 86/72, BGHSt 24, 348 (350), NJW 1972, 1332 (1333).

445 BT-Drucksache IV/651, S. 12.

einen „Denkzettel" notwendigen Lage fehlen, weil allein die Hauptstrafe ausreichend ist, um den Strafzweck zu erreichen. Eine solche Sichtweise lässt aber einen gewichtigen Punkt außer Acht: Nach § 142 IV StGB bestehen zwei mögliche Rechtsfolgen, einerseits die Milderung der Strafe und andererseits das Absehen von Strafe. Gerade die Möglichkeit des Absehens von Strafe steht aber einer gemilderten Strafe ohne Erteilung eines Fahrverbotes in der Regel entgegen. Die entscheidende Frage lautet nämlich, welchen Grund sollte es geben, den Täter zwar zu verurteilen, aber dennoch der Meinung zu sein, dass es keines „Denkzettels" bedarf? Lässt nämlich die Täterpersönlichkeit eine Wiederholungstat nicht befürchten oder hat sich der Täter über die notwendigen Maßnahmen hinaus um die Schadenswiedergutmachung bemüht oder lagen keinerlei einschlägige Vorbelastungen vor, so sind dies Gründe, die für ein Absehen von Strafe sprechen.[446] Daraus folgt, dass in der Regel alle Gründe, die gegen ein Fahrverbot sprechen, auch zu einem Absehen von Strafe führen sollten. Entscheidet hingegen das Gericht, dass der Täter trotz § 142 IV StGB zu einer Strafe zu verurteilen ist, dürfte in den meisten Fällen auch die Notwendigkeit der Nebenstrafe des Fahrverbotes bestehen.

Die Annahme, dass das Fahrverbot auch bei der Strafmilderung nach § 142 IV StGB angeordnet werden kann[447], ist daher richtig. Die geforderte besondere Begründungspflicht[448] besteht zwar auch, jedoch bezieht sich diese nicht so sehr darauf, das Fahrverbot zu begründen, sondern auf die Darlegung, warum nur eine Milderung und nicht das Absehen von Strafe in Betracht kam. Diese Begründung dürfte sich in den meisten Fällen nämlich auch auf die Begründung für das Fahrverbot übertragen lassen.

---

446 Vgl. 1. Dualität der Rechtsfolge, S. 88 mit Fn. 345.

447 Vgl. Fn. 442.

448 Vgl. Fn. 443.

Zweiter Abschnitt: Ordnungswidrigkeitenrecht

Im Zusammenhang mit einem Unfall ist nicht nur das StGB zu beachten, auch das Ordnungswidrigkeitenrecht enthält relevante Vorschriften.

A. Ordnungswidrigkeit

Eine Ordnungswidrigkeit ist gemäß § 1 OWiG eine rechtswidrige und vorwerfbare Handlung, die den Tatbestand eines Gesetzes verwirklicht, das die Ahndung mit einer Geldbuße zulässt. Die Höhe der Geldbuße bestimmt sich nach § 17 I OWiG, sofern in einem spezielleren Gesetz nichts Gegenteiliges bestimmt ist. Für Verkehrsordnungswidrigkeiten gilt § 24 StVG. Nach § 24 II StVG liegt die Obergrenze der Geldbuße bei 2.000 Euro. Nach § 24 I i.V.m. § 6 bzw. § 6e StVG können sich Ordnungswidrigkeiten auch aus Verstößen gegen Rechtsverordnungen ergeben. Relevant sind hierbei insbesondere § 6 I Nr. 1 StVG als Grundlage für die Fahrerlaubnisverordnung (FeV), § 6 I Nr. 2 StVG für die Straßenverkehrs-Zulassungsordnung (StVZO) und die Fahrzeug-Zulassungsverordnung (FZV) und § 6 I Nr. 3 StVG für die Straßenverkehrsordnung (StVO). Bedeutsam für die Sanktionsbemessung im Zusammenhang mit Verkehrsverstößen ist § 26a StVG i.V.m. der Bußgeldkatalog-Verordnung (BKatV).[449]

B. Ordnungswidrigkeiten in Zusammenhang mit einem Unfall

Bei einem Unfall kommen verschiedene Ordnungswidrigkeiten in Betracht. Zum einen Verstöße, die zu dem Unfall geführt haben, und zum anderen Verstöße gegen Vorschriften über das Verhalten nach dem Unfall.

I. Ordnungswidrigkeiten im direkten Zusammenhang mit dem Unfall

§ 24 StVG i.V.m. § 49 StVO enthält eine Reihe von Verstößen, die mit einer Ordnungswidrigkeit geahndet werden können. So können beispielsweise Verstöße gegen die Vorschrift des § 3 StVO (Geschwindigkeit), des § 4 StVO (Abstand) und des § 8 StVO (Vorfahrt) zu einem Unfall führen. Greifen keine spezielleren Vorschriften ein, so kommt § 49 I Nr. 1 i.V.m. § 1 II StVO in Betracht. Nach § 1 II StVO hat sich jeder Verkehrsteilnehmer so zu verhalten, dass kein

---

[449] Eine Übersicht zu den Änderungen des Straßenverkehrsgesetzes und der Bußgeldkatalog-Verordnung im Jahr 2009 bietet *Albrecht*, SVR 2009, 81 (82 ff.).

Anderer geschädigt, gefährdet oder mehr, als nach den Umständen unvermeidbar, behindert oder belästigt wird. § 1 II StVO beschreibt als konkretes Erfolgsdelikt nicht ein bestimmtes Verhalten im Verkehr, sondern knüpft an den Eintritt schädlicher Folgen an.[450]

Gemäß den §§ 24 StVG, 49 I Nr. 1, 1 II StVO, 26a StVG, § 1 I S. 1 BKatV i.V.m. Anlage 1 zu § 1 I StVO wird bei fahrlässigem Verstoß ein Ordnungsgeld zwischen 10 und 35 Euro (je nach Folge des Verstoßes) verhängt. Nach § 1 I S. 2 BKatV ist bei Ordnungswidrigkeiten nach § 24 des Straßenverkehrsgesetzes, bei denen im Bußgeldkatalog ein Regelsatz bis zu 35 Euro bestimmt ist, ein entsprechendes Verwarnungsgeld zu erheben. Gemäß § 56 I S. 2 OWiG kann eine solche Verwarnung auch ohne Verwarnungsgeld ausgesprochen werden.

II. Ordnungswidrigkeiten nach dem Unfall

Neben der Strafbarkeit aus § 142 StGB kommt bei einem Unfall eine Ordnungswidrigkeit gemäß den §§ 24 StVG, 49 I Nr. 29, 34 StVO in Betracht. Zu beachten ist, dass nicht alle Verstöße gegen § 34 StVO bußgeldbewehrt sind, vielmehr gilt dies gemäß § 49 I Nr. 29 StVO nur für die Nummern 1, 2, 5 a und b, und 6 b, sofern der Betroffene in diesem letzten Fall zwar eine nach den Umständen angemessene Frist wartet, aber nicht Name und Anschrift am Unfallort hinterlässt, und für § 34 III StVO.

Bußgeldbewehrt sind somit die Verpflichtungen, unverzüglich zu halten (Nr. 1), den Verkehr zu sichern und bei geringfügigem Schaden unverzüglich beiseite zu fahren (Nr. 2), einem anderen am Unfallort anwesenden Beteiligten und Geschädigten anzugeben, dass man am Unfall beteiligt war und auf Verlangen seinen Namen und seine Anschrift anzugeben sowie ihnen Führerschein und Fahrzeugschein vorzuweisen und nach bestem Wissen Angaben über seine Haftpflichtversicherung zu machen (Nr. 5 a und b), Namen und Anschrift zu hinterlassen, wenn eine nach den Umständen angemessene Zeit gewartet wurde

---

[450] Burmann/Heß/Jahnke/Janker-*Heß*, § 1 StVO Rn. 3. Bei Begehung des § 142 StGB wird seitens der Gerichte auch die Ordnungswidrigkeit berücksichtigt (sofern nicht ein Fall des § 21 OWiG vorliegt). Beispielweise LG Berlin, Beschluss vom 08.12.2009, 525 Qs 176/09, VRS 118, 221 (221): Bestrafung gemäß § 142 StGB und Ahndung der Ordnungswidrigkeit (fahrlässiges Herbeiführung eines Verkehrsunfalls beim Ausparken) gemäß der §§ 24 StVG, 1 II, 49 I S. 1 Nr. 1 StVO.

und am Unfallort niemand bereit war, die Feststellung zu treffen (Nr. 6 b) und Unfallspuren nicht zu beseitigen, bevor die notwendigen Feststellungen getroffen worden sind (Absatz 3).[451]

Im Unterschied zu § 142 StGB ist § 34 StVO nicht an eine bestimmte Mindestschadenshöhe gebunden, also nicht erst bei Überschreiten eines völlig belanglosen Schadens einschlägig, sondern bei jedem wirtschaftlich ausdrückbaren Schaden.[452]

Die Ordnungswidrigkeit nach den §§ 24, 49 I Nr. 29 StVG, 34 StVO wird gemäß § 40 FeV i.V.m. Anlage 13 zu § 40 FeV mit einem Punkt geahndet.[453]

C. § 34 StVO und § 142 StGB

In § 21 I OWiG ist normiert, dass bei einer Handlung, die eine Straftat und eine Ordnungswidrigkeit darstellt, nur das Strafgesetz angewendet wird, d.h. die Ordnungswidrigkeit tritt subsidiär hinter der Straftat zurück. Allerdings soll in Einzelfällen entgegen dem eindeutigen Wortlaut des § 21 OWiG ausnahmsweise die Straftat hinter der Ordnungswidrigkeit zurücktreten.[454] Dies gelte, wenn nach sorgfältiger Prüfung der gesetzgeberischen Absicht festgestellt wird, dass eine besondere Bußgeldnorm gesetzt wurde, um eine Verhaltensweise ausschließlich als Ordnungswidrigkeit ahnden zu können[455], d.h. wenn die Ordnungswidrigkeit das speziellere Delikt dargestellt[456]. Ausnahmsweise müsse es aber auch mög-

---

451 Ein Vergleich der bußgeldbewehrten Verpflichtungen des § 34 StVO mit den Verpflichtungen nach § 142 StGB zeigt, dass diese nicht kongruent sind. Dies führt nicht dazu, dass der Komplex „Verhalten nach einem Unfall" für die Unfallbeteiligten einsichtig ist. Insbesondere die Möglichkeit, trotz Erfüllung der Wartepflicht einen Verstoß gegen die §§ 24 StVG, 49 I Nr. 1 i.V.m. 34 I S. 1 Nr. 6 b StVO begangen zu haben, ist nicht verständlich. Ebenso ist unverständlich, warum § 34 I S. 1 Nr. 7 StVO zwar vorsieht, dass die Feststellungen unverzüglich nachträglich zu ermöglichen sind, dies aber nicht bußgeldbewehrt ist.

452 Burmann/Heß/Jahnke/Janker-*Heß*, § 34 StVO Rn. 2; a.A. (kein Unfall bei einem bloßen Bagatellschaden) *Krumm/Himmelreich/Staub*, DAR 2011, 6 (7).

453 Nach *Andreae*, Handbuch Verkehrsrecht 2000, S. 301, gab es Bestrebungen, die Anzahl der einzutragenden Punkte von einem auf vier zu erhöhen.

454 *Bohnert*, OWiG, § 21 Rn. 4; *Thieß*, Ordnungswidrigkeitenrecht, Rn. 247; *Lemke/Mosbacher*, Ordnungswidrigkeitengesetz, § 21 Rn. 4; Göhler-*Gürtler*, § 21 Rn. 7.

455 *Bohnert*, Ordnungswidrigkeitenrecht, S. 39.

456 *Thieß*, Ordnungswidrigkeitenrecht, Rn. 247.

lich sein, dass beide Vorschriften in Tateinheit nebeneinander stehen, um einen besonders gehobenen Unrechtgehalt auszudrücken.[457] Überzeugend sind diese Sonderfälle vor dem Hintergrund der Vorschrift des § 21 OWiG nicht. Sollte der Gesetzgeber im Einzelfall die Ordnungswidrigkeit als spezieller ansehen, hat dies in der Strafvorschrift (wegen § 21 OWiG) besonders zum Ausdruck zu kommen. Ein (mutmaßlicher) gesetzgeberischer Wille reicht hierzu nicht aus. Zudem beinhaltet diese Sichtweise auch praktische Probleme, da prinzipiell die Staatsanwaltschaft bei Straftaten und die Ordnungsbehörde bei Ordnungswidrigkeiten zuständig ist. Damit die Ordnungswidrigkeit durch die Ordnungsbehörde verfolgt werden kann, müsste die Staatsanwaltschaft das Verfahren bzgl. der Straftat einstellen[458], sodass § 21 OWiG keine Anwendung findet. Verwirklicht eine Handlung sowohl eine Straftat als auch eine Ordnungswidrigkeit, besteht auch kein Grund für eine tateinheitliche Behandlung, da der Unrechtsgehalt der Ordnungswidrigkeit seitens des Gesetzgebers bei der Straftat berücksichtigt werden kann und in der Regel auch berücksichtigt wurde. Sollte dies im Einzelfall nicht gegeben sein, ist die gesetzgeberische Wertung dennoch vorrangig.

Davon unabhängig kommen § 34 I S. 1 Nr. 2, Nr. 5 b und Nr. 6 b StVO auch neben einer Strafbarkeit aus § 142 StGB in Betracht, da diese Verpflichtungen nicht bzw. nicht mit derselben Reichweite im Straftatbestand normiert sind. Zudem kommt § 34 III StVO in Betracht, da dieser gegenüber § 142 III S. 2 StGB ein weitergehendes Vereitelungsverbot enthält. § 34 StVO kann gemäß § 49 I StVO auch fahrlässig begangen werden. Eine Ordnungswidrigkeit beginge dem Wortlaut nach auch der Unfallbeteiligte, der nach einem Verkehrsunfall deshalb nicht unverzüglich hält, weil er den Unfall nicht bemerkt hat, obwohl er ihn bei pflichtgemäßer Sorgfalt hätte bemerken können und müssen.[459] Richtigerweise wurde aber eine Ordnungswidrigkeit seitens des Bundesgerichtshofes abgelehnt. Zwar sei vom Wortlaut auch fahrlässiges Verhalten erfasst, Sinn und Zweck der

---

[457] *Bohnert*, Ordnungswidrigkeitenrecht, S. 39.

[458] Ob die Ordnungswidrigkeit jedoch nach Einstellung der Straftat verfolgt werden kann, ist umstritten (sog. sortierte Einstellung, Karlsruher Kommentar-OWiG-*Bohnert*, § 47 Rn 64 f. m.w.N.).

[459] BGH, Beschluss vom 29.04.1982, 4 StR 138/81, BGHSt 31, 55 (58) = NJW 1982, 2081 (2082).

Vorschrift und die Intention des Gesetzgebers sprächen aber nicht dafür, dass eine fahrlässige Unkenntnis hinsichtlich des Unfalles zu ahnden sei.[460] Dieses Ergebnis kann auch schon durch den Wortlaut der §§ 49 I, 34 I S. 1 Nr. 1 StVO erzielt werden. § 34 I S. 1 Nr. 1 StVO verpflichtet den Unfallbeteiligten, nach einem Unfall unverzüglich zu halten. § 49 I StVO ahndet Verstöße, wenn der Betroffene mit seinem Handeln gegen die entsprechende Vorschrift verstößt. Kern der Vorschriften ist somit ein pflichtwidriges Handeln, bei § 34 I S. 1 Nr. StVO das Weiterfahren. Der Wortlaut erfasst aber hinsichtlich der Verhaltensvorschrift nur das Nichthalten und damit das Weiterfahren und eben nicht die Verhaltensweise Nachschau bzw. Feststellung hinsichtlich des Vorliegens eines Unfalls. Zudem kann ein unverzügliches Verhalten, d.h. ein Handeln ohne schuldhaftes Zögern, nur erfolgen, wenn das die Frist in Gang setzende Ereignis bekannt ist. Wer den Unfall nicht bemerkt und deshalb nicht anhält, zögert nicht schuldhaft, sondern hat ggfls. schuldhaft den Unfall nicht bemerkt.

Wie gezeigt können § 142 StGB und § 34 StVO nebeneinander vorliegen. Sofern beide Vorschriften die gleiche Verhaltensweise erfassen, wird die Ordnungswidrigkeit gemäß § 21 I OWiG verdrängt.

D. § 34 StVO und § 142 IV StGB

Findet keine Strafverfolgung statt, insbesondere weil es an einer Sachentscheidungsvoraussetzung fehlt, ist eine Ahndung der Ordnungswidrigkeit zulässig (§ 21 II OWiG). Dies gilt aber nicht, wenn das Verfahren gemäß § 153a StPO eingestellt wurde.[461]

Fraglich ist, ob und ggfls. wie sich die tätige Reue nach § 142 IV StGB auf die Verfolgung der Unfallflucht als Ordnungswidrigkeit nach § 49 I Nr. 29 i.V.m. § 34 StVO auswirkt.

---

460 BGH, Beschluss vom 29.04.1982, 4 StR 138/81, BGHSt 31, 55 (58 f.) = NJW 1982, 2081 (2082). *Mitsch*, NZV 2008, 217 (220), führt das Ergebnis des BGH darauf zurück, dass ansonsten die Gleichsetzung von unvorsätzlichem Entfernen und berechtigtem bzw. entschuldigtem Entfernen (vgl. Beschluss vom 30.08.1978, BGHSt 28, 129 = NJW 1979, 434, dazu Fn. 142) nicht zu erzielen gewesen wäre. Müsste sich nämlich der Unfallbeteiligte nachträglich melden, wenn er sich zunächst unvorsätzlich vom Unfallort entfernt hat und später vom Unfall Kenntnis erlangt hat, so würde er sich der Verfolgung wegen der Ordnungswidrigkeit („fahrlässiges Entfernen“) aussetzen.

461 *Thieß*, Ordnungswidrigkeitenrecht, Rn. 260.

Wird im Rahmen des § 142 IV StGB nur von der Milderung der Strafe Gebrauch gemacht, ändert sich an dem obigen Ergebnis nichts, da eine Bestrafung wegen des unerlaubten Sich- Entfernens vom Unfallort vorliegt.

Wird jedoch von der Strafe abgesehen, steht § 21 I OWiG einer Ahndung nicht entgegen.[462] Nach Ansicht von *Böse* hat die Anwendung des § 142 IV StGB nicht zur Folge, dass auch die Ordnungswidrigkeiten nicht geahndet werden.[463] Dies gelte nicht nur für die – im Vergleich zu § 142 StGB – inhaltlich selbstständigen Pflichten, sondern für alle Pflichten des § 34 StVO, da ansonsten die Gefahr eines gravierenden Wertungswiderspruches bestünde.[464] Seiner Meinung nach läge eine Unbilligkeit vor, wenn eine Ordnungswidrigkeit bei Tätern geahndet wird, die den Tatbestand des § 142 StGB nicht erfüllt, allerdings keine Visitenkarte hinterlassen haben, hingegen bei Tätern des § 142 StGB aufgrund des § 142 IV StGB auch von einer Ahndung der Ordnungswidrigkeit abzusehen wird. Außerdem sei die Erforderlichkeit der Erstreckung des § 142 IV StGB auf das Ordnungswidrigkeitenrecht, um den von dem Gesetzgeber erwünschten Motivationseffekt zu erzielen, in Frage zu stellen.[465]

Richtig daran ist, dass kein Grund besteht, die Fälle hinsichtlich einer Ahndung des § 34 I S. 1 Nr. 6 b StVO unterschiedlich zu handhaben.[466] Allerdings sollte man sich vor Augen führen, welche Wirkung das Absehen von Strafe gemäß § 142 IV StGB bei Anordnung einer Ordnungswidrigkeit gemäß § 34 StVO haben kann. Der Betroffene hat gezeigt, dass er letztlich die Regeln befolgen will, daher dürfte es in der Regel ausreichend sein, eine bloße Verwarnung ohne

---

462 *Böse*, StV 1998, 509 (513); *Bönke*, NZV 1998, 129 (131); *Himmelreich*, PVR 2001, 170 (171); Hentschel-*König*, Straßenverkehrsrecht, § 34 StVO Rn; *Krumm/Himmelreich/Staub*, DAR 2011, 6 (10). 4. *Park*, DAR 1993, 246 (251), hatte, um dieses Ergebnis zu vermeiden, eine Änderung des § 34 StVO gefordert.

463 *Böse*, StV 1998, 509 (513).

464 *Böse*, StV 1998, 509 (513).

465 *Böse*, StV 1998, 509 (513).

466 Entweder ahndet man diese Ordnungswidrigkeit in allen Fällen oder man beschränkt sich auf eine Verwarnung ohne Verwarnungsgeld (Vgl. II. Ordnungswidrigkeiten nach dem Unfall, S. 113), wenn der Betroffene nach Ablauf der Wartefrist (§ 142 I Nr. 2 StGB) unverzüglich seiner Verpflichtung aus § 142 II Nr. 1 StGB nachkommt, denn schließlich wurden alle relevanten Mitteilungen getätigt. Jedenfalls im Bereich der fahrlässigen Begehung des § 34 I S. 1 Nr. 6 b StVO beseitigt diese Vorgehensweise auch die Inkongruenz von § 142 StGB und § 34 StVO.

Verwarnungsgeld (§ 56 OWiG) zu erteilen. Ob der vom Gesetzgeber gewünschte Motivationseffekt auch ohne Erstreckung auf das Ordnungswidrigkeitenrecht erzielt wird, ist tatsächlich fraglich. Allerdings sollte es nicht so sein, dass eine tätige Reue unterbleibt, weil der Unfallbeteiligte keine Ordnungswidrigkeit riskieren will.[467]

Eine Ahndung der Ordnungswidrigkeit ist somit zwar nicht ausgeschlossen, dennoch sollte im Fall des Absehens von Strafe gemäß § 142 IV StGB in der Regel eine verbleibende Ordnungswidrigkeit nicht geahndet werden (vgl. § 47 I OWiG).[468]

---

[467] Zudem könnte auch in solchen Fällen von einer Verwarnung ohne Verwarngeld Gebrauch gemacht werden.

[468] So schon *Grohmann*, DAR 1998, 487 (489).

Dritter Abschnitt: Strafprozessrecht

Die Strafprozessordnung enthält einige Normen, die im Zusammenhang mit § 142 StGB und insbesondere mit § 142 IV StGB relevant werden.

A. §§ 94 ff. StPO

Die Normen der §§ 94 ff. StPO über die Beschlagnahme erscheinen auf den ersten Blick für § 142 StGB nicht bedeutsamer als bei anderen Tatbeständen des Besonderen Teils des StGB.[469] Im Zusammenspiel mit der Vorschrift über die allgemeine Haftpflichtversicherungspflicht (§ 1 PflVG) ergibt sich aber die besondere Problematik bei § 142 StGB. Gemäß E.1.1 und E.1.3 AKB 2008 (§ 7 AKB a.F.) ist der Versicherungsnehmer verpflichtet, etwaige Unfälle seiner Versicherung zu melden und vollständige Angaben zu machen. Kommt der Versicherungsnehmer dieser Pflicht nach, so besteht für ihn die Gefahr, dass die Staatsanwaltschaft im Falle einer Unfallflucht sich an die Versicherung wendet und die Beschlagnahme der Schadensakten anordnen lässt.[470]

Das Bundesverfassungsgericht hat in einem solchen Fall die Beschlagnahmeanordnung für rechtmäßig gehalten, da insbesondere der Verdacht einer Straßenverkehrsgefährdung unter Alkoholeinfluss bestand. Die Schadensakte, der der angegriffene Beschlagnahmebeschluss galt, sei nicht gemäß § 97 StPO beschlagnahmefrei, weil die Beschwerdeführerin als Haftpflichtversicherungsunternehmen nicht zu dem in § 53 Abs. 1 Nr. 3 StPO genannten Personenkreis gehört, der zur Verweigerung des Zeugnisses berechtigt ist.[471] Ein Zeugnisverweigerungsrecht könne der Beschwerdeführerin auch nicht in entsprechender Anwendung des § 53 Abs. 1 Nr. 3 StPO zugebilligt werden, da Haftpflichtversicherer keinen Beruf ausüben, der denen in § 53 Abs. 1 Nr. 3 StPO aufgeführten Berufe gleichstehe.[472] Etwas anderes ergebe sich auch nicht aus § 34 VVG in Verbindung mit § 7 Abs. 1 AKB[473]: „Die dort festgelegte weitgespannte Aufklärungspflicht des VN im Schadenfalle bedingt zwar eine Diskretionspflicht des Versicherers und führt damit zu einem gewissen Vertrauensverhältnis zwischen

469 Relevant werden die Vorschriften allerdings bei Beschlagnahme des Führerscheins.
470 Vgl. *Freyschmidt*, Verteidigung in Straßenverkehrssachen, Rn. 305.
471 BVerfG, Urteil vom 10.02.1981, ZfS 1982, 13 (13).
472 BVerfG, Urteil vom 10.02.1981, ZfS 1982, 13 (13).
473 Dies entspricht nunmehr § 31 I VVG i.V.m. E.1.1 und E.1.3 AKB 2008.

Versicherer und VN. Die bei einem Kraftfahrzeugversicherungsfall mitzuteilenden Tatsachen gehören jedoch regelmäßig nicht zum unantastbaren Bereich der Privatsphäre des VN, der nach Art. 2 Abs. 1 in Verbindung mit Art. 1 Abs. 1 GG jedem Zugriff öffentlicher Gewalt entzogen ist. Die Diskretionspflicht des Versicherers ist zudem nur die notwendige Folge der dem VN auferlegten, weitgespannten Aufklärungspflicht, die dem Interesse des Versicherers dient, den Umfang seiner Leistungspflicht feststellen zu können."[474] Im Rahmen des § 142 IV StGB kann diese „Gefahr" der Beschlagnahme für den Unfallbeteiligten eine Rolle spielen, wenn er seine Versicherung ordnungsgemäß informiert hat. Praktisch wird sich diese Zugriffsmöglichkeit aber aufgrund der 24 Stunden-Frist auf die tätige Reue nicht auswirken.

B. §§ 153 ff. StPO

Die §§ 153 ff. StPO enthalten verschiedene Einstellungsmöglichkeiten[475] (und damit Ausnahmen[476] von Legalitätsprinzip des § 152 II StPO) durch die Staatsanwaltschaft bzw. nach Anklageerhebung durch das Gericht.

I. § 153b StPO

Die Einstellungsmöglichkeit des § 153b StPO setzt voraus, dass die Voraussetzungen für ein Absehen von Strafe gegeben sind. Wann von Strafe abgesehen werden kann, ergibt sich aus den materiell-rechtlichen Vorschriften des Strafgesetzbuches und der Nebengesetze; neben § 142 IV StGB bieten eine Reihe von

---

474 BVerfG, Urteil vom 10.02.1981, ZfS 1982, 13 (13). Schon 1972 hatte *Bruns* (FS Maurach, S. 484) ein solches Ergebnis als unbefriedigend bezeichnet. Der Hinweis, die Aufzählung des § 53 StPO sei erschöpfend und eine prozessuale Analogie sei unzulässig, führe dazu, dass der Gesetzgeber mit § 34 VVG den Behörden der Strafjustiz die Möglichkeit gegeben habe, unter Benutzung der Wahrheitspflicht des § 34 VVG und der erzwingbaren Aussage des Haftpflichtversicherers das verfassungsrechtlich begründete Schweigerecht des Angeklagten zu umgehen. Nach *Freyschmidt,* Verteidigung in Straßenverkehrssachen, Rn. 305, gibt es bedauerlicherweise keinen Königsweg aus diesem Dilemma, denn mache der Versicherte gegenüber seiner Versicherung keine Angaben, stelle dies einen Verstoß gegen die sich aus § 7 AKB ergebenden Aufklärungspflichten dar. In den AKB 2008 findet sich die Aufklärungspflicht in E.1.3.

475 Zum Verhältnis der §§ 153, 153a und 153b StPO zueinander: *Ruckdäschel*, Absehen von Strafe, S. 112 ff.; *Meyer-Goßner*, § 153b Rn. 2; SK-StPO-*Weßlau,* § 153a Rn. 39 und § 153b Rn. 7; Löwe-Rosenberg-*Beulke,* § 153b Rn. 6 ff. m.w.N.

476 Zur Frage des Regel-Ausnahme-Prinzips bei den §§ 152 II und 153 ff. StPO: SK-StPO-*Weßlau,* § 152 Rn. 29 m.w.N.

Vorschriften[477] die Möglichkeit, von Strafe abzusehen. Gemäß § 153b I StPO kann die Staatsanwaltschaft im Ermittlungsverfahren, mit Zustimmung des für die Hauptverhandlung zuständigen Gerichts von der Anklageerhebung absehen.[478] Nach Klageerhebung[479] kann das Gericht gemäß § 153b II StPO bis zum Beginn der Hauptverhandlung mit Zustimmung der Staatsanwaltschaft und des Angeschuldigten das Verfahren einstellen.

Die Anwendung des § 153b StPO ist nur möglich, wenn ohne die Erkenntnismöglichkeiten einer Hauptverhandlung hinreichend sicher beurteilt werden kann, ob die Voraussetzungen für das Absehen von Strafe vorliegen.[480] Erlaubt die Aktenlage eine sichere Entscheidung über das Vorliegen der Voraussetzungen, müsse das Absehen von Strafe dennoch dem Urteil vorbehalten werden, wenn zwar keine Sanktion, aber zumindest das im Schuldspruch liegende sozialethische Unwerturteil unerlässlich sei, oder wenn zwar keine Strafe, aber eine Maßregel der Besserung und Sicherung erforderlich sei.[481] Die Berücksichtigung dieser Gesichtspunkte ist schon im Rahmen des § 60 StGB fraglich[482], bei der Anwendung des § 142 IV StGB sind diese Gesichtspunkte jedoch ohne Belang. Wie gezeigt[483], kann die Fahrerlaubnis nicht nach § 69 II Nr. 3 StGB entzogen werden (da kein bedeutender Sachschaden vorliegt), wenn die Voraussetzungen für § 142 IV StGB vorliegen. Aber auch eine Entziehung der Fahrerlaubnis nach § 69 I StGB sollte in der Regel bei Anwendung des § 142 IV StGB in Form des Absehens von Strafe nicht vorzunehmen sein.[484] Sollte tatsächlich ein Fall der Notwendigkeit eines sozialethischen Unwerturteils vorliegen, ist nach § 142 IV StGB nicht von Strafe abzusehen, sondern die Strafe nur zu mildern.

---

477 Vgl. die Aufzählung bei *Meyer-Goßner* § 153b Rn. 1 (allerdings ist diese nicht vollständig, da beispielsweise § 142 IV StGB nicht aufgeführt ist).

478 *Janker*, Jahrbuch Verkehrsrecht 1999, S. 218.

479 Gemäß § 407 I S. 4 StPO wird durch schriftliche Beantragung eines Strafbefehls Klage erhoben.

480 Löwe-Rosenberg-*Beulke*, § 153b Rn. 4.

481 Löwe-Rosenberg-*Beulke*, § 153b Rn. 4.

482 *Schroeder*, FS Peters, S. 420 f.

483 Vgl. 2. § 69 II Nr. 3 StGB und § 142 IV StGB, S. 102.

484 Vgl. 2. Rückgriff auf § 69 I StGB bei Anwendung des § 142 IV StGB, S. 106.

Die Anwendung des § 153b II StPO ist davon abhängig, dass die Staatsanwaltschaft und der Angeschuldigte zustimmen; die in § 153 II S. 2 StPO vorgesehenen Ausnahmen vom Zustimmungserfordernis des Angeschuldigten gelten nicht.[485]

Bei Anwendung des § 153b I StPO stellt die Staatsanwaltschaft das Verfahren durch eine Abschlussverfügung ein.[486] Eine Entscheidung über die Kosten ergeht nicht, d.h. der Beschuldigte trägt einerseits nicht die Kosten des Verfahrens, er kann aber andererseits auch nicht die Kosten für einen Anwalt erstattet bekommen.[487] In Betracht kommt nur eine Entschädigung nach dem Strafverfolgungsentschädigungsgesetz (StrEG), z.B. im Fall einer vorläufigen Entziehung der Fahrerlaubnis (§§ 3, 2 II Nr. 5 StrEG).

Die Einstellung durch das Gericht erfolgt durch Beschluss.[488] Gemäß § 467 I StPO trägt die Staatskasse die Kosten des Verfahrens, nach § 467 IV StPO kann das Gericht jedoch davon absehen, der Staatskasse die notwendigen Auslagen des Angeschuldigten aufzuerlegen. Dem Angeschuldigten können gemäß § 472 II StPO die notwendigen Auslagen des Nebenklägers ganz oder teilweise auferlegt werden; gegebenenfalls ergeht eine Entscheidung über die Entschädigung für Strafverfolgungsmaßnahmen[489] (vgl. § 3 StrEG).

II. § 153 StPO

Gemäß § 153 I S. 1 StPO kann die Staatsanwaltschaft mit Zustimmung des für die Eröffnung des Hauptverfahrens zuständigen Gerichts von der Verfolgung absehen, wenn das Verfahren ein Vergehen zum Gegenstand hat, die Schuld des

---

485 Löwe-Rosenberg-*Beulke*, § 153b Rn. 17.

486 Löwe-Rosenberg-*Beulke*, § 153b Rn. 15.

487 § 467a StPO findet keine Anwendung, da im Fall des § 153b I StPO gerade keine Klage erhoben wurde. Erhebt die Staatsanwaltschaft zunächst Klage und nimmt diese im weiteren Verlauf zurück (§ 156 StPO), können auf Antrag der Staatsanwaltschaft oder des Angeschuldigten die notwendigen Auslagen des Angeschuldigten der Staatskasse auferlegt werden (vgl. SK-StPO-*Degener*, § 467a Rn. 7).

488 Karlsruher Kommentar-StPO-*Schoreit*, § 153b Rn. 8.

489 *Pfeiffer,* StPO, § 153b Rn. 3.

Täters als gering anzusehen wäre und kein öffentliches Interesse an der Verfolgung besteht.[490]

§ 153 StPO kommt nur in Betracht, wenn (weiterhin) ein Verdacht im Sinn von § 152 II StPO besteht.[491] Die Staatsanwaltschaft kann das Verfahren einstellen, sobald der Ermittlungsstand die Beurteilung hinsichtlich der sachlichen Voraussetzungen zulässt.[492] Das Merkmal der geringen Schuld meint (nach herrschender Meinung[493]) die deliktsspezifisch zu ermittelnde, in erster Linie an den Maßstäben des § 46 StGB orientierte Strafzumessungsschuld.[494] Ein öffentliches Interesse, das der Einstellung nach § 153 StPO entgegensteht, kann sich (nach herrschender Meinung) sowohl aus spezial-, als auch generalpräventiven Gesichtspunkten ergeben.[495]

Nach Klageerhebung kann das Gericht in jeder Lage des Verfahrens unter den Voraussetzungen des Absatzes 1 mit Zustimmung der Staatsanwaltschaft und des Angeschuldigten das Verfahren einstellen.

Bei § 142 StGB handelt es sich gemäß § 12 II StGB um ein Vergehen. Liegen die Voraussetzungen des § 142 IV StGB vor, dürfte aufgrund des Nachtatverhaltens in vielen Fällen die Schuld als gering anzusehen sein und auch ein öffentliches Interesse einer Einstellung nach § 153 StPO nicht entgegen stehen.[496]

---

490 Im Schrifttum besteht keine völlige Klarheit über die sachlichen Voraussetzungen der Anwendung des § 153 StPO (geringe Schuld und fehlendes öffentliches Interesse) und ob und in welcher Richtung die Vorschrift ein Ermessen einräumt (Löwe-Rosenberg-*Beulke*, § 153 Rn. 21).

491 SK-StPO-*Weßlau*, § 153 Rn. 15. Besteht kein Verdacht (mehr), hat eine Einstellung nach § 170 II StPO zu erfolgen.

492 SK-StPO-*Weßlau*, § 153 Rn. 25.

493 A.A. beispielsweise *Krümpelmann*, Bagatelldelikte, S. 213 ff.

494 Löwe-Rosenberg-*Beulke*, § 153 Rn. 21 m.w.N. auch zur Gegenmeinung.

495 *Meyer-Goßner*, § 153 Rn. 7; SK-StPO-*Weßlau*, § 153 Rn. 19 m.w.N. auch zur Gegenansicht.

496 Nach *Arloth*, GA 1985, 492 (506), zeigt die Praxis eine unverständliche Scheu, von den Einstellungsmöglichkeiten nach §§ 153 ff. StPO Gebrauch zu machen. Zum Verhältnis der Einstellungen nach § 153 und § 153b StPO vgl. Fn. 475.

III. § 153a StPO

Gemäß § 153a I S. 1 StPO kann die Staatsanwaltschaft, mit Zustimmung des für die Eröffnung des Hauptverfahrens zuständigen Gerichts und des Beschuldigten, bei einem Vergehen vorläufig von der Erhebung der öffentlichen Klage absehen und zugleich dem Beschuldigten Auflagen und Weisungen erteilen, wenn diese geeignet sind, das öffentliche Interesse an der Strafverfolgung zu beseitigen, und die Schwere der Schuld nicht entgegensteht. Nach Klageerhebung kann das Gericht mit Zustimmung der Staatsanwaltschaft und des Angeschuldigten das Verfahren bis zum Ende der Hauptverhandlung vorläufig einstellen und zugleich dem Angeschuldigten Auflagen und Weisungen erteilen. Erfüllt der Beschuldigte die Auflagen und Weisungen, so kann die Tat gemäß § 153a I S. 5 StPO nicht mehr als Vergehen verfolgt werden.

§ 153a StPO gestattet die Nichtverfolgung im Gegensatz zu § 153 StPO schon dann, wenn die Schwere der Schuld nicht entgegensteht und das an sich bestehende öffentliche Interesse an der Strafverfolgung durch die freiwillige Erfüllung von Auflagen und Weisungen durch den Beschuldigten beseitigt werden kann.[497] Anders als bei § 153 StPO muss das Verfahren im Wesentlichen ausermittelt sein und ein hinreichender Tatverdacht bestehen.[498]

§ 153a StPO kann somit auch bei Vorliegen der Voraussetzungen des § 142 IV StGB in Betracht kommen, allerdings muss dafür zunächst ein öffentliches Interesse an der Strafverfolgung – trotz tätiger Reue – bestehen[499] und dieses durch die Erfüllung von Auflagen oder Weisungen beseitigt werden können.

Nach *König* könnte eine Verfahrenseinstellung nach § 153a StPO auch aussichtsreich sein, wenn der Beschuldigte die Voraussetzungen des § 142 IV StGB nicht erfüllt hat.[500] Insbesondere, wenn sich der Unfall nicht außerhalb des flie-

---

497 Löwe-Rosenberg-*Beulke*, § 153a Rn. 5. Nach Ansicht von *Vock*, NJ 2008, 203 (203), kann § 153a StGB bei § 142 StGB nicht angewendet werden, da das Schutzgut des § 142 StGB nicht das öffentliche Interesse beinhaltet und daher durch die Erfüllung von Auflagen und Weisungen auch nicht beseitigt werden kann.

498 SK-StPO-*Weßlau*, § 153a Rn. 25. „Die Praxis verfährt allerdings nicht selten anders […].“ (SK-StPO-*Weßlau*, § 153a Rn. 25 m.w.N.).

499 Bei fehlendem öffentlichen Interesse kommt vorrangig § 153 StPO in Betracht (Löwe-Rosenberg-*Beulke*, § 153a Rn. 35; SK-StPO-*Weßlau*, § 153a Rn. 26).

500 *König*, Handbuch des Straßenverkehrsrecht, Rn. 108.

ßenden Verkehrs ereignet hat, könne bei sinngemäßer Anwendung des § 142 IV StGB eine Einstellung nach § 153a StPO[501] in Betracht kommen.[502]

IV. Auswirkungen

Gemäß § 28 III Nr. 1 StVG werden rechtskräftige Entscheidungen der Strafgerichte, soweit sie wegen einer im Zusammenhang mit dem Straßenverkehr begangenen rechtswidrigen Tat auf Strafe, Verwarnung mit Strafvorbehalt erkennen oder einen Schuldspruch enthalten, im Verkehrszentralregister gespeichert. Wird von den Einstellungsmöglichkeiten nach den §§ 153b, 153, 153a StPO von der Staatsanwaltschaft bzw. vom Gericht Gebrauch gemacht, fehlt es an einem Schuldspruch[503], folglich hat die Einstellung keinen Punkteeintrag zur Folge.[504] Gemäß § 28 IV StVG sind nur die zu einer Änderung oder Löschung einer Eintragung führenden Daten mitzuteilen.

---

501 Seitens der Staatsanwaltschaften und Gerichte wird hiervon auch Gebrauch gemacht: LG Gera, Urteil vom 13.07.2000, 664 Js 5143/99-3 Ns, VRS 99, 256 (256); LG Zweibrücken, Beschluss vom 11.03.2003, Qs 31/03, NZV 2003, 439 (439).

502 Straßenverkehrssachen-*Krumm*, § 142 Rn. 76.

503 Die Einstellung bedeutet aber auch keinen Freispruch, daher können sich trotz Einstellung negative versicherungsrechtliche Folgen ergeben (vgl. S. 128, Fn. 514).

504 Auch *Seier*, Straßenverkehrssachen, S. 62, sieht in der Einstellung des Verfahrens nach den §§ 153, 153a, 153b StPO eine Besserstellung des Unfallbeteiligten, da in diesen Fällen keine Eintragung im Verkehrszentralregister erfolgt, allerdings ist seiner Meinung nach zu befürchten, dass die Einstellungen durch die Schaffung des § 142 IV StGB zurückgehen. Nach Ansicht von *Böse*, StV 1998, 509 (513), erweitert § 142 IV StGB die schon vor der Gesetzesänderung bestehenden Möglichkeiten der Einstellung nach den §§ 153, 153a StPO um eine zusätzliche Regelung (§ 153b StPO).

Vierter Abschnitt: Versicherungsrecht

Gemäß § 1 Pflichtversicherungsgesetz (PflVG) ist der Halter[505] eines Fahrzeuges, das auf öffentlichen Wegen oder Plätzen verwendet wird, verpflichtet, für sich, den Eigentümer und den Fahrer eine Haftpflichtversicherung zur Deckung der durch den Gebrauch des Fahrzeugs verursachten Personenschäden, Sachschäden und sonstigen Vermögensschäden abzuschließen und aufrechtzuerhalten. Im gesetzlich vorgesehenen Normalfall ist bei einem Unfall neben dem Schädiger und dem Geschädigten daher auch die Versicherung des Halters beteiligt. Hieraus ergeben sich einige Konsequenzen für den Unfallbeteiligten; eine gesetzliche Regelung der Unfallflucht gibt es im Versicherungsrecht allerdings nicht.[506]

Die Darstellung beginnt mit den Auswirkungen der Unfallflucht und sich daran anschließender tätiger Reue, hierbei wird zunächst auf die alte Rechtslage Bezug genommen. Danach werden die Änderungen des Versicherungsrechts durch das neue Versicherungsvertragsrecht (VVG[507]) erläutert, um im Anschluss die Auswirkung auf die Unfallflucht nach der derzeitigen Rechtslage untersuchen zu können.

A. Rechtslage bis zum 31.12.2007

Das Gesetz über den Versicherungsvertrag (Versicherungsvertragsgesetz – VVG) existiert seit 1908[508]; es regelt „die dem Privatrecht angehörenden Verhältnisse zwischen dem Versicherer und dem Versicherungsnehmer, die Rechte, welche beiden aus dem Versicherungsvertrag erwachsen“[509].

505 Der Begriff stimmt mit dem der §§ 7 I StVG, 31 II StVZO überein, d.h. für die Haltereigenschaft ist demnach nicht das Eigentum entscheidend, sondern der Gebrauch für eigene Rechnung und die tatsächliche Verfügungsgewalt, die ein solcher Gebrauch voraussetzt (Erbs/Kohlhaas-*Lampe*, § 1 PflVG Rn. 2).

506 *Maier*, NVersZ 1998, 59 (60).

507 Gesetz zur Reform des Versicherungsvertragsrechts vom 23.11.2007, BGBl. I 2007 S. 2631 ff. Das neue VVG ist am 01.01.2008 in Kraft getreten.

508 RGBl. S. 263 (VVG 1908).

509 NK VVG-*Brömmelmeyer*, Einleitung Rn. 1.

I. Unfallflucht als Obliegenheitsverletzung

Die Relevanz des § 142 StGB und seine Auswirkungen auf das Versicherungsrecht lassen sich an einem Urteil des Brandenburgischen Oberlandesgerichtes[510] zeigen:

Der Geschäftsführer der Klägerin war mit deren Fahrzeug mehrfach mit einer Leitplanke kollidiert und auf dem Seitenstreifen zum Stehen gekommen. Der Geschäftsführer überzeugte sich nicht davon, ob ein Schaden an der Leitplanke entstanden war. Eine Stunde nach dem Unfall teilte er die Kollision mit der Leitplanke schriftlich der Autobahnmeisterei mit.

Nach Ansicht des OLG besteht kein Anspruch der Klägerin gegen den Versicherer (Beklagter) gemäß der §§ 1 I Satz 1 VVG a.F., 12 Nr. 1 II. e) AKB in Verbindung mit dem von den Parteien geschlossenen Versicherungsvertrag. Die Beklagte sei nach § 7 I Abs. 2 Nr. 1, V Abs. 4 AKB in Verbindung mit § 6 Abs. 3 VVG a.F. von ihrer Verpflichtung zur Leistung frei geworden. Der Klägerin falle eine Verletzung der Aufklärungspflicht aufgrund des ihr gem. § 31 BGB zuzurechnenden Verstoßes ihres Geschäftsführers gegen § 142 I StGB zur Last. Das Verlassen der Unfallstelle stelle immer dann eine Verletzung der Aufklärungsobliegenheit dar, wenn dadurch der Tatbestand des § 142 StGB erfüllt ist.[511]

Mit keinem Wort ist das OLG auf die Vorschrift des § 142 IV StGB eingegangen, obwohl sich der Unfall im Jahr 2005 ereignete und sich der Unfallbeteiligte innerhalb von 24 Stunden bei der Straßenmeisterei gemeldet hatte. Dies dürfte daran gelegen haben, dass bei Zugrundelegen der Ansicht der Rechtsprechung eine Voraussetzung des § 142 IV StGB nicht vorlag. Zwar hatte sich der Unfallbeteiligte rechtzeitig und freiwillig gemeldet, zudem war nur nicht erheblicher Sachschaden entstanden, allerdings geschah der Unfall nicht außerhalb des fließenden Verkehrs.[512] Der Geschäftsführer befand sich mit seinem

---

510 Brandenburgisches Oberlandesgericht, Urteil vom 24.05.2007, 12 U 205/06, RuS 2008, 187 (187 ff.).

511 Brandenburgisches Oberlandesgericht, Urteil vom 24.05.2007, 12 U 205/06, RuS 2008, 187 (187 ff.).

512 Vgl. a) Restriktive Interpretation durch die Rechtsprechung, S. 4.

Fahrzeug im fließenden Verkehr, daher war die Vorschrift des § 142 StGB nicht anwendbar.

Die Erfüllung des Tatbestandes des § 142 StGB führt zur Annahme einer Aufklärungsobliegenheitsverletzung.[513] Erfolgt keine Verurteilung nach § 142 StGB, hat dies jedoch im Umkehrschluss nicht automatisch zur Folge, dass eine Obliegenheitsverletzung und eine daraus resultierende Leistungsfreiheit des Versicherers abzulehnen ist. Wird das Verfahren nach den §§ 153, 153a oder 153b StPO eingestellt, wurde eine Verletzung des § 142 StGB nicht verneint, daher kann eine Obliegenheitsverletzung vorliegen.[514]

II. Obliegenheitsverletzung trotz tätiger Reue gemäß § 142 IV StGB

Sofern man mit der hier vertretenen Auffassung[515] im Fall des Brandenburgischen OLG einen Unfall außerhalb des fließenden Verkehrs annimmt, da sich der Unfall abseits der Fahrbahn ereignet hat, stellt sich die Frage, ob das Vorliegen einer tätigen Reue das obige Ergebnis beeinflusst hätte.[516]

Zwar schließt das OLG Brandenburg eine Obliegenheitsverletzung bei einem Unfall aus, wenn kein Verstoß gegen § 142 StGB vorliegt[517], jedoch liege eine Obliegenheitsverletzung bei Verwirklichung des § 142 StGB vor[518], selbst wenn

---

513 Die Obliegenheiten stellen der Sache nach den Übergang von der strengen Bedingung oder Voraussetzung für den Versicherungsschutz zur eher billigkeitsgeprägten Zurechnung versicherungsabträglichen Verhaltens dar (*Deutsch*, VVG, Rn. 209).

514 Nach Ansicht des AG Charlottenburg, Urteil vom 04.02.2004, 213 C 427/03, Schaden-Praxis 2005, 65 (66), ist die Einstellung eines Strafverfahrens nach § 153a II StPO, da die Vorschrift von einem hinreichenden Tatverdacht ausgeht, nicht geeignet, den bestehenden Anscheinsbeweis einer Verkehrsunfallflucht, und damit einer Obliegenheitspflichtverletzung gegenüber dem Versicherer, zu erschüttern. Zustimmend: *Vock*, NJ 2008, 203 (204).

515 Vgl. b) Ergebnis zu Auslegung de lege lata, S. 31.

516 Das VVG enthält keine Norm für Fälle der vorsätzlichen Verletzung von Obliegenheiten und deren alsbaldiger Berichtigung, so dass die Interessen des Versicherers nicht gefährdet werden (vgl. *Knütel*, tätige Reue im Zivilrecht, S. 76).

517 Brandenburgisches Oberlandesgericht, Urteil vom 24.05.2007, 12 U 205/06, RuS 2008, 187 (187 ff.). Zur Begründung führt das OLG aus, dass keine vertragliche Vereinbarung einer solchen Obliegenheit besteht, da § 7 III AKB lediglich die Einschaltung der Polizei bei Diebstahl-, Brand- oder Wildschäden ab einem bestimmten Betrag vorsehe.

518 Brandenburgisches Oberlandesgericht, Urteil vom 14.09.2006, 12 U 21/06, DAR 2007, 643 (644).

eine nachträgliche Meldung erfolgt. Vorsätzlich folgenlose Verstöße führten zwar nur bei versicherungsrechtlicher Relevanz zur Leistungsfreiheit, d. h. bei genereller Eignung, die Interessen des Versicherers ernsthaft zu gefährden, ohne dass es auf den konkreten Fall ankommt. Eine solche Eignung der Gefährdung der Interessen des Versicherers sei im Falle einer Unfallflucht jedoch gegeben, da der Versicherer das berechtigte Interesse habe, durch Feststellungen vor Ort die Angaben des Versicherten zum Unfallhergang zu überprüfen und auch in Erfahrung zu bringen, ob der Versicherungsnehmer zum Unfallzeitpunkt fahrtüchtig gewesen ist. Solche Feststellungen seien nachträglich regelmäßig jedoch nur eingeschränkt möglich, weshalb eine nachträgliche Meldung nicht zu einer Entlastung des Versicherungsnehmers führe, da sich zu diesem Zeitpunkt die Interessen des Versicherers an einer umfassenden Aufklärung des Unfallherganges – insbesondere im Hinblick auf den genauen Unfallort und den Fahrer des Fahrzeuges – nicht mehr verwirklichen ließen.[519] Somit komme es auf alles an, was zur Aufklärung des Tatbestandes oder zur Minderung des Schadens dienlich sein kann, und nicht darauf, was nach dem Ergebnis der Prüfung für die Leistungspflicht wesentlich ist.[520]

Die Rechtsprechung des Bundesgerichtshofs bejaht ein schutzwürdiges Aufklärungsinteresse des Versicherers sogar dann, wenn eine eindeutige Haftungslage besteht, da es dem Versicherer in der Kaskoversicherung in erster Linie darum gehe, zu prüfen, ob er nach § 61 VVG (a.F.) von der Verpflichtung zur Leistung frei ist, weil der Versicherungsnehmer den Unfall durch grobe Fahrlässigkeit herbeigeführt habe. Das sei insbesondere dann der Fall, wenn die Ursache für den Unfall in der alkoholbedingten Fahruntüchtigkeit liegt. Wegen einer möglichen Leistungsfreiheit nach § 2 Abs. 2 lit. c AKB 88 bestehe auch in der Kfz-Haftpflichtversicherung ein Interesse des Versicherers daran, die Person des Fahrers festzustellen. Die Aufklärung sei später nicht zuverlässig gewährleistet, da nachträgliche Angaben oft nicht auf deren Wahrheitsgehalt überprüft werden könnten.[521]

---

519 Brandenburgisches Oberlandesgericht, Urteil vom 24.05.2007, 12 U 205/06, RuS 2008, 187 (187 ff.).

520 BGH, Urteil vom 01. 12. 1999 - IV ZR 71/99, NJW-RR 2000, 553 (554).

521 BGH, Urteil vom 01.12.1999, IV ZR 71/99, NJW-RR 2000, 553 (554 f.).

Die Aufklärungsobliegenheit entfalle auch nicht wegen eines unzumutbaren Zwangs zur Selbstanzeige und eines Widerspruchs zur Beweislastregelung des § 61 VVG. Im Rahmen des § 142 StGB könne es bei Beachtung der Rechtspflichten zu einer Strafverfolgung wegen einer Trunkenheitsfahrt kommen.[522] „Der Zweck der Vorschrift bestehe im Wesentlichen darin, den Versicherungsnehmer zu zwingen, an der Aufklärung des Sachverhalts auch insoweit mitzuwirken, als es um Tatsachen gehe, die zum Verlust des Versicherungsschutzes führen können. [...] Zur Ermittlung der ihm günstigen Tatsachen, insbesondere der Anspruchsvoraussetzungen, werde der Versicherungsnehmer im eigenen Interesse von selbst beitragen“.[523]

Zwar ist eine tatsächliche Beeinträchtigung der Interessen des Versicherers, die Verursachung eines konkreten Nachteils bei der Feststellung des Versicherungsfalls oder der Feststellung des Umfangs der Versicherungsleistung, nicht Voraussetzung der Leistungsfreiheit, dennoch macht die Rechtsprechung des BGH eine Ausnahme von der Rechtsfolge des § 7 V (2) AKB a.F.: Der Versicherer kann sich auf die Leistungsfreiheit im Fall einer folgenlosen vorsätzlichen Verletzung einer nach dem Versicherungsfall zu erfüllenden vertraglichen Obliegenheit nur berufen, wenn der Obliegenheitsverstoß generell geeignet war, die Interessen des Versicherers ernsthaft zu gefährden, und wenn den Versicherungsnehmer ein erhebliches Verschulden trifft.[524]

Das OLG Oldenburg hat eine solche Eignung hinsichtlich der Gefährdung der Interessen des Versicherers (für die Kaskoversicherung) wegen § 61 VVG auch bei Vorliegen des § 142 IV StGB bejaht, da dem Versicherer die Möglichkeit der Überprüfung abgeschnitten würde, wenn sich der Versicherungsnehmer bis 24 Stunden nach dem Unfall meldet.[525] Eine Berücksichtigung des § 142 IV StGB führt daher nicht generell zu einem Ausschluss der Leistungsfreiheit im

---

522 BGH, Urteil vom 01.12.1999, IV ZR 71/99, NJW-RR 2000, 553 (555).

523 BGH, Urteil vom 01.12.1999, IV ZR 71/99, NJW-RR 2000, 553 (555).

524 BGH, Urteil vom 16.01.1970, IV ZR 645/68, BGHZ 53, 160 (164 f.) = NJW 1970, 465 (466). Die Relevanz einer Unfallflucht wurde nur in wenigen Fällen verneint. Beispielsweise: BGH, Urteil vom 22.04.1970, IV ZR 87/69, MDR 1970, 748 (748); BGH, Urteil vom 24.6.1970, IV ZR 180/69, VersR 1970, 997 (998); BGH, Urteil vom 12.5.1971, IV ZR 35/70, VersR 1971, 659 (660).

525 OLG Oldenburg, Urteil vom 30.04.2003, 3 U 2/03, NZV 2004, 37 (38).

Sinne der Relevanzrechtsprechung[526], nur im Einzelfall wird man von einer geringen Schuld im Rahmen der Relevanz ausgehen können.[527]

Zusammengefasst bedeutet dies: Bei Begehung eines unerlaubten Sich-Entfernens vom Unfallort lag stets eine Verletzung der Aufklärungsobliegenheit in der Kasko- und Kraftfahrzeughaftpflichtverletzung vor.[528] Nach § 7 V (1) S. 1 AKB a.F. ist die Versicherung bei einer Obliegenheitsverletzung dem Versicherungsnehmer gegenüber (in den Grenzen nach § 7 V (2) und (3)) leistungsfrei.[529] Eine Unbeachtlichkeit der Obliegenheitsverletzung im Sinne der sog. Relevanzrechtsprechung[530] kam nur in Ausnahmefällen in Betracht.[531]

III. Abweichende Positionen

Etwas anders sah dies das OLG Saarbrücken[532]: Die strafrechtliche Wartepflicht des Unfallbeteiligten stimme inhaltlich nicht mit der versicherungsrechtlichen Aufklärungspflicht des Versicherungsnehmers überein.[533] Daher sei eine Verletzung der Aufklärungsobliegenheit nach § 7 I Abs. 2 S. 3 AKB a.F. nicht gegeben in Fällen, in denen die Mitverursachung des Kaskoschadens durch einen Dritten ausscheidet, die Möglichkeit von Rückgriffsansprüchen des Versicherers also von vorneherein nicht besteht.[534]

Wenn der Versicherungsnehmer seine Auskünfte später berichtigt oder ergänzt, liegt eine zur Leistungsfreiheit führende Obliegenheitsverletzung nur vor, falls durch die zunächst unrichtigen oder unvollständigen Angaben Aufklä-

---

526 OLG Oldenburg, Urteil vom 30.04.2003, 3 U 2/03, NZV 2004, 37 (38).

527 *Bauer*, Kraftfahrtversicherung, Rn. 581. *Maier*, NVersZ 1998, 59 (62), geht davon aus, das bei Vorliegen des § 142 IV StGB in der Regel ein erhebliches Verschulden zu verneinen ist. *Bücken*, PVR 2003, 66 (67), weist darauf hin, dass § 142 IV StGB nur in der Kaskoversicherung (nicht aber in der Haftpflichtversicherung) die Leistungsfreiheit des Versicherers ausschließen kann.

528 BGH, Urteil vom 01.12.1999 - IV ZR 71/99, NJW-RR 2000, 553 (554).

529 Das Ergebnis kann somit nur Leistungsfreiheit oder Anspruchsbegründung lauten, aus diesem Grund wurde gesagt, dass das VVG a.F. das Alles-oder-Nichtprinzip enthalte.

530 Vgl. BGH, Urteil vom 22.04.1970, IV ZR 87/69, VersR 1970, 561 (561).

531 Vgl. die Falldarstellungen bei: *Bauer*, Kraftfahrtversicherung, Rn. 582.

532 OLG Saarbrücken, Urteil vom 09.07.1997, 5 U 91-97 – 15, NJW-RR 1998, 816 (816 ff.) und Urteil vom 10.03.1999, 5 U 767/98-66, NVersZ 1999, 382 (382 ff.).

533 OLG Saarbrücken, Urteil vom 09.07.1997, 5 U 91-97 – 15, NJW-RR 1998, 816 (818).

534 OLG Saarbrücken, Urteil vom 09.07.1997, 5 U 91-97 – 15, NJW-RR 1998, 816 (817).

rungsmöglichkeiten verhindert wurden oder der Versicherer schon Maßnahmen getroffen hat.[535]

Andreae sieht im Fall der tätigen Reue keinen Grund für eine Leistungsfreiheit des Versicherers. Sowohl in der Kasko-, als auch in der Haftpflichtversicherung komme eine Leistungsfreiheit wegen der späteren Meldung und der damit verbundenen Ermöglichung der Aufklärung und Regulierung nicht in Betracht. Schwierigkeiten bestünden allerdings im Hinblick auf die dogmatische Begründung dieses Ergebnisses, da nach der sog. Relevanzrechtsprechung die Relevanz der Obliegenheitsverletzung nicht näher geprüft werde.[536]

B. Änderung des VVG

Die umfassende Neugestaltung des VVG zum 01.01.2008[537] hat auch eine Änderung hinsichtlich der Obliegenheitsverletzungen gebracht. Die Reform beabsichtigte von Anfang an die Abschaffung des Alles-oder-Nichts-Prinzips.[538] Ziel des Gesetzes ist die deutliche Stärkung der Stellung des Versicherungsnehmers gegenüber dem Versicherer, zudem soll die Transparenz verbessert werden. Nach Ansicht des Gesetzgebers wird das – im Wesentlichen aus dem Jahr 1908 stammende – Versicherungsvertragsgesetz einem modernen Verbraucherschutz nicht mehr vollständig gerecht.[539] „Um das Versicherungsvertragsrecht mit der rechtspolitischen und -tatsächlichen Entwicklung der letzten Jahrzehnte wieder in Einklang zu bringen, reichen punktuelle Änderungen oder Ergänzungen nicht aus. Es ist daher eine Gesamtreform erforderlich. Das Versicherungsvertragsrecht ist in seinen allgemeinen Bestimmungen, wie auch bei den einzel-

---

535 OLG Saarbrücken, Urteil vom 10.03.1999, 5 U 767/98-66, NVersZ 1999, 382 (382). Das Urteil wurde vom BGH, Urteil vom 01.12.1999, IV ZR 71/99, NJW-RR 2000, 553 (554) aufgehoben.

536 *Andreae*, Handbuch Verkehrsrecht 2000, S. 302.

537 Eine Übersicht hinsichtlich des Reformprozesses findet sich bei: *Niederleithinger*, VVG, S. 15-19.

538 Zum Begriff vgl. Fn. 529. *Meixner/Steinbeck*, VVG, S. 60. Vgl. zum Alles-oder-Nichts-Prinzip die Ausführungen von *Römer*, 38. VGT, S. 239 ff.

539 BT-Drucksache 16/3945, S. 1.

nen Versicherungszweigen, unter Berücksichtigung der bisherigen Rechtsprechung und der Vertragspraxis zeitgemäß und übersichtlich zu gestalten."[540]

Im Folgenden werden die Änderungen des VVG und deren Auswirkungen gegenüber der alten Gesetzeslage in Bezug auf die Obliegenheitsverletzungen dargestellt.

I. Obliegenheit

Im Allgemeinen Teil des VVG befindet sich die Regelung des § 28 VVG über die Verletzung einer vertraglichen Obliegenheit. Auf eine Definition des Begriffes der Obliegenheit wurde seitens des Gesetzgebers weiterhin verzichtet, weil sonst dessen Weiterentwicklung durch die Rechtsprechung erschwert würde.[541]

§ 28 I VVG regelt die Folgen einer Obliegenheitsverletzung vor Eintritt des Versicherungsfalles. In Absatz 2 ist bestimmt, dass der Versicherer im Fall der Obliegenheitsverletzung nur leistungsfrei sein kann, wenn der Versicherungsnehmer die Obliegenheit vorsätzlich verletzt hat. Bei einer grob fahrlässigen Verletzung der Obliegenheit ist der Versicherer berechtigt, seine Leistung in einem der Schwere des Verschuldens des Versicherungsnehmers entsprechenden Verhältnis zu kürzen.[542] Dies gilt nach Absatz 3 aber nicht, soweit die Verletzung der Obliegenheit weder für den Eintritt oder die Feststellung des Versicherungsfalles noch für die Feststellung oder den Umfang der Leistungspflicht des Versicherers ursächlich ist, es sei denn die Obliegenheit wurde arglistig ver-

540 BT-Drucksache 16/3945, S. 1.

541 BT-Drucksache 16/3945, S. 68. Im Zusammenhang mit einem Unfall kommen diverse Obliegenheitsverletzungen in Betracht, beispielsweise gegenüber dem Versicherer werden die Umstände des Unfalls unrichtig vortragen, Zeugen werden verschwiegen oder nicht am Unfallort anwesende Zeugen werden benannt, ohne zwingenden Anlass werden Veränderungen am Unfallort vorgenommen, es wird sich unerlaubt vom Unfallort entfernt oder nach erlaubtem Sich-Entfernen werden nachträgliche Feststellungen nicht unverzüglich ermöglicht, es erfolgen unrichtige Angaben zu dem vor Fahrtantritt genossenen Alkohol oder es werden nach dem Unfall Feststellungen zu Alkoholisierung zum Unfallzeitpunkt erschwert bzw. unmöglich gemacht (*Hällmayer*, NZV 1999, 105 (105)).

542 Nach dem Willen des Gesetzgebers (BT-Drucksache 16/3945, S. 69) trägt der Versicherer die Beweislast für Vorsatz, wenn er Leistungen insgesamt vermeiden will. Der Versicherungsnehmer, der trotz der objektiven Obliegenheitsverletzung die volle Leistung des Versicherers erhalten will, muss sich vom Vorwurf der groben Fahrlässigkeit entlasten. Der Versicherer ist hingegen für das Verschuldensmaß, nach dem sich im Fall grober Fahrlässigkeit der Umfang der Leistungspflicht bestimmt, beweispflichtig.

letzt.[543] Gemäß § 28 IV VVG hat, bei Verletzung einer nach Eintritt des Versicherungsfalles bestehenden Auskunfts- oder Aufklärungsobliegenheit, die Leistungsfreiheit zur Voraussetzung, dass der Versicherer den Versicherungsnehmer durch gesonderte Mitteilung in Textform auf diese Rechtsfolge hingewiesen hat.[544] § 28 V VVG schließt einen Rücktritt durch den Versicherer bei Verletzung einer vertraglichen Obliegenheit aus.

II. (Anteilige) Leistungsfreiheit

Die Formulierung des § 28 VVG zeigt, dass im neuen Versicherungsvertragsgesetz das zuvor maßgebende „Alles oder Nichts-Prinzip" ersetzt wird. Das VVG 2008 sieht nunmehr im Bereich der groben Fahrlässigkeit eine quotale, der Schwere des Verschuldens entsprechende, Kürzung vor.[545] Diese Quotierung gilt für die Herbeiführung des Versicherungsfalles sowie für die Verletzung von Obliegenheiten vor und nach dem Versicherungsfall.[546]

1. Verschulden

Das Gesetz unterscheidet drei Verschuldensformen: Vorsatz, grobe Fahrlässigkeit und einfache Fahrlässigkeit. Vollständige Leistungsfreiheit tritt für den Versicherer nur noch bei vorsätzlichem Verhalten des Versicherungsnehmers ein.[547] Eine vorsätzliche Obliegenheitsverletzung liegt vor, wenn der Versicherungsnehmer um die Obliegenheit weiß und ihre Verletzung zumindest billigend in Kauf nimmt.[548] Kriterien für die Einordnung, wie die Schwere der groben Fahrlässigkeit zwischen Vorsatz und der einfachen Fahrlässigkeit erfolgen kann,

---

543 Das Kausalitätserfordernis des Absatzes 3 sei sachlich gerechtfertigt, da der Versicherer keinen Nachteil erleide, wenn der Versicherungsnehmer nachweist, dass seine Obliegenheitsverletzung irrelevant ist (BT-Drucksache 16/3945, S. 69).

544 Dieses Erfordernis entfalle, wenn es sich bei der Obliegenheit um eine spontan zu erfüllende Obliegenheit, wie z.B. in der Kraftfahrzeugversicherung die (grundsätzliche) Pflicht zum Verbleiben am Unfallort, handelt (*Nugel*, MDR 2007, Sonderbeilage zu Heft 22, S. 23 (23)). Nicht ausreichend ist es, wenn die Belehrung in den AKB oder der Versicherungspolice enthalten ist; umstritten ist, ob die Belehrung zusammen mit dem Schadensanzeigeformular ergehen kann oder auf einem gesonderten Blatt erfolgen muss (Stiefel/Maier-*Maier*, Kraftfahrtversicherung, § 28 VVG Rn. 65).

545 *Rixecker*, ZfS 2007, 15 (16).

546 *Rixecker*, ZfS 2009, 5 (5).

547 Die Leistungsfreiheit für eine vorsätzliche Obliegenheitsverletzung muss im Vertrag klar und deutlich bestimmt sein (*Schwintowski*, VuR 2008, 1 (3)).

548 *Nugel*, MDR 2007, Sonderbeilage zu Heft 22, S. 23 (24).

gibt es im Gesetz nicht.[549] Nach allgemeiner Umschreibung handelt derjenige grob fahrlässig, der die im Verkehr erforderliche Sorgfalt nach den Umständen in ungewöhnlich hohem Maß verletzt und unbeachtet lässt, was im konkreten Fall jedem hätte einleuchten müssen.[550]

2. Kausalität

Eine wichtige Neuerung stellt § 28 III VVG dar. Bisher war bei Obliegenheitsverletzungen aufgrund der Vorsatzvermutung, die der Versicherungsnehmer meist nicht widerlegen konnte, ein Kausalitätsgegenbeweis nicht zu prüfen. Das neue VVG eröffnet nun dem Versicherungsnehmer grundsätzlich die Möglichkeit, auch im Fall einer vorsätzlichen Obliegenheitsverletzung den Kausalitätsgegenbeweis zu führen.[551]

Der Kausalitätsgegenbeweis ist nur im Fall eines arglistigen Verhaltens seitens des Versicherungsnehmers ausgeschlossen (§ 28 III S. 2 VVG).[552] Die Annahme eines arglistigen Verhaltens seitens des Versicherungsnehmers erfordere keinen Betrugsvorsatz[553], ausreichend sei vielmehr, dass der Versicherungsnehmer durch falsche Angaben Einfluss auf die Entscheidung des Versicherers nehmen will.[554] Die Arglist sei bewiesen, wenn ein anderer Grund als ein Beeinflussungswille ausscheidet, insbesondere wenn der Versicherungsnehmer keine plausible Erklärung hat.[555]

Ein Einfluss der (vorsätzlichen bzw. grob fahrlässigen) Obliegenheitsverletzung auf den Versicherungsfall liegt vor, wenn der Versicherungsfall ohne die

---

549 *Hering*, SVR 2008, 5 (7).

550 *Schwintowski*, VuR 2008, 1 (4 f.).

551 *Nugel*, MDR 2007, Sonderbeilage zu Heft 22, S. 23 (24).

552 Aus Sicht des Gesetzgebers soll dieser Ausschluss eine generalpräventive Wirkung entfalten (BT-Drucksache 16/3945, S. 69). Dieser Straf-Charakter des § 28 III S. 2 VVG ist jedoch ein Fremdkörper in einem auf ausgleichende Gerechtigkeit bedachten Privatrecht, daher sollte die Vorschrift entsprechend eng ausgelegt werden (*Unberath*, NZV 2008, 537 (540)).

553 Die Gesetzesbegründung verweist aber in diesem Zusammenhang auf das fehlende Schutzbedürfnis des in betrügerischer Absicht handelnden Versicherungsnehmers (BT-Drucksache 16/3945, S. 49).

554 *Nugel*, MDR 2007, Sonderbeilage zu Heft 22, S. 23 (24).

555 *Günther/Spielmann*, r+s 2008, 133 (141).

Obliegenheitsverletzung nicht oder anders eingetreten wäre.[556] Für die Frage nach dem Einfluss auf die Feststellung ist nicht darauf abzustellen, ob ohne Obliegenheitsverletzung das Feststellungsverfahren anders abgelaufen wäre, sondern darauf, ob die Feststellung durch die Verletzung der Obliegenheit zum Nachteil des Versicherers beeinflusst wurde[557], d.h. die Leistungsfreiheit kann nicht durch eine bloß abstrakte Geeignetheit, die Aufklärung zu erschweren, gerechtfertigt werden[558].

3. Quotelung

Bei grob fahrlässiger Obliegenheitsverletzung ist die Leistung des Versicherers gemäß § 28 II VVG in einem der Schwere des Verschuldens des Versicherungsnehmers entsprechenden Verhältnis zu kürzen.[559] Der Gesetzgeber hat die genaue Ermittlung allerdings offen gelassen[560], daher sind hinsichtlich der Quotenbildung einige Probleme noch nicht geklärt.[561]

Umstritten ist, welche Ausgangsquote bei vermuteter grober Fahrlässigkeit zugrunde zu legen ist[562], ob eine Kürzung trotz grober Fahrlässigkeit ausge-

---

556 *Schwintowski*, VuR 2008, 1 (7).

557 *Schwintowski*, VuR 2008, 1 (7). Im Gegensatz zur Relevanzrechtsprechung muss der Versicherungsnehmer nicht die vollständige Folgenlosigkeit beweisen, sondern kann den Beweis führen, dass die Obliegenheitsverletzung nur in einem bestimmten Maß Auswirkung gezeigt hat (Münchener Kommentar VVG-*Wandt*, § 28 Rn. 294).

558 *Unberath*, NZV 2008, 537 (540) m.w.N. und dem Hinweis, dass die Ausführungen des Gesetzgebers (BT-Drucksache 16/3945, S. 69) hinsichtlich des Verweises auf die Relevanzrechtsprechung missverständlich sind.

559 Zu weiteren Anwendungsbereichen der quotalen Kürzung: *Stahl*, NZV 2009, 265 (266).

560 Der Gesetzgeber hat auch erkannt, dass die „Quotelung […] zwar zunächst mit nicht unerheblichen Problemen in der praktischen Umsetzung verbunden sein“ wird, er war jedoch der Meinung, dass die Schwierigkeiten „im Ergebnis aber nicht größer sein als die bei der Entscheidung, ob im Einzelfall grobe oder nur einfache Fahrlässigkeit vorliegt“ (BT-Drucksache 16/3945, S. 69).

561 Die Abkehr vom bisherigen Alles-oder-Nichts-Prinzip und die Ausgestaltung als Quotensystem sei für die Praxis Neuland und rufe ein Problem hinsichtlich der zweckmäßigen und gesetzeskonformen Umsetzung hervor (*Stahl*, NZV 2009, 265 (266)).

562 Darstellung bei: *Stahl*, NZV 2009, 265 (269 f.). Das LG Münster, Urteil vom 24.09.2009, 15 O 275/09, NJW-Spezial 2010, 363 (363), geht davon aus, dass auf die Umstände des Einzelfalls abzustellen und eine Bildung der Kürzungsquote in Schritten von jeweils 25% geboten sei. Der Arbeitskreis II des 47. VGT (2009) hat die Bildung von Musterquoten mit wenigen Quotelungsstufen empfohlen (vgl. http://www.deutsche-verkehrsakademie.de/images/stories/pdf/empfehlungen_47vgt.pdf (Stand: September

schlossen sein kann[563] und ob in den Fällen „gröbster Fahrlässigkeit" eine Kürzung seitens des Versicherers in Höhe von 100 %[564] vorgenommen werden kann[565] und wie die Schwere innerhalb der groben Fahrlässigkeit abgestuft werden soll[566]. Unklar ist auch, wie die mehrfache Verletzung von Obliegenheiten zu bewerten ist.[567]

Daneben ist für die Kraftfahrzeugversicherung problematisch, wie quotale Kürzung gemäß § 28 II S. 2 VVG und die betragsmäßigen Beschränkungen der

---

2011)); vgl. die Ergebnisse des Symposiums „Goslarer Orientierungsrahmen", ZfS 2010, 12 (14). *Rixecker*, ZfS 2009, 5 (6), lehnt die Einführung von Pauschalquoten für bestimmte Obliegenheitsverletzungen (z.B. Alkoholisierung, Rotlichtverstoß) ab, da diese nur abstrakt-generelle Zuordnungen objektiver Elemente der groben Fahrlässigkeit zulassen, es aber im Rahmen der groben Fahrlässigkeit auch auf die individuellen Umstände ankommt. Nach *Richter*, SVR 2009, 13 (14), könne bei grober Fahrlässigkeit zunächst von einer Leistungsfreiheit zu 50% ausgegangen werden. Gegen diese Einstiegsquote von 50% wendet sich *Kutschera*, VuR 2008, 409 (411), da die Einstiegsquote den Mittelwert zwischen der Grenze der einfachen Fahrlässigkeit und der Grenze des Vorsatzes darstellen müsse und diese Grenzen nicht für alle Gruppen einheitlich zu bestimmen sind.

563 Nach *Richter*, SVR 2009, 13 (15), kommt dies in Einzelfällen in Betracht. Im unteren Bereich der groben Fahrlässigkeit erscheint jedoch eine Kürzung um null Prozent verfehlt, denn wieso sollte zwar das Vorliegen einer groben Fahrlässigkeit festgestellt werden können, diese dann aber bei der Quotelung wie eine (einfache) Fahrlässigkeit behandelt werden? In einem solchen Fall liegt eben nur (einfache) Fahrlässigkeit vor.

564 Dies spielt insbesondere bei der Kraftfahrzeugversicherung in den Fällen einer Unfallverursachung unter erheblichem Alkohol- oder Drogeneinfluss eine Rolle.

565 Das LG Münster, Urteil vom 24.09.2009, 15 O 275/09, NJW-Spezial 2010, 363 (363), nimmt bei einer BAK von 1,67 Promille grobe Fahrlässigkeit und eine Kürzung von 100 % an. Für eine 100 %ige Kürzung: *Heß/Burmann*, NZV 2009, 7 (10); *Rixecker*, ZfS 2009, 5 (7); *Günther/Spielmann*, r+s 2008, 133 (141), da durchaus Konstellationen vorstellbar seien, bei denen eine „gröbste" Fahrlässigkeit (z.B. Trunkenheitsfahrten mit ganz erheblicher Alkoholisierung) so wie eine vorsätzliche Obliegenheitsverletzung gewichtet werden kann.

566 *Heß/Burmann*, NZV 2009, 7 (8), unterscheiden in einem ersten Schritt zwischen leichter grober, normaler grober und schwerer grober Fahrlässigkeit. *Schwintowski*, VuR 2008, 1 (7), unterteilt in leichte, mittelschwere, erhebliche, schwere und schwerste grobe Fahrlässigkeit. Vgl. Fn. 562 zu den Empfehlungen des Arbeitskreises II des 47. VGT (2009).

567 Vgl. die Nachweise bei: *Nugel*, MDR 2008, 1320 (1324). Anwendung der unterschiedlichen Ansichten auf einen Beispielsfall bei: *Heß/Burmann*, NZV 2009, 7 (10). Vorzugswürdig sei die Gesamtbewertung: *Rixecker*, ZfS 2009, 5 (8); *Richter*, SVR 2009, 13 (18); *Heß/Burmann*, NZV 2009, 7 (10); Ergebnisse des Symposiums „Goslarer Orientierungsrahmen", ZfS 2010, 12 (13); *Unberath*, NZV 2008, 537 (541) mit einzelnen Einschränkungen.

Leistungsfreiheit in der Kfz-Haftpflichtversicherung (§§ 5, 6 KfzPflVV[568]) zueinander stehen.[569]

C. Auswirkungen des neuen VVG auf die Folgen einer Verkehrsunfallflucht

Im Folgenden werden die Regelungen auf ihre Auswirkung hinsichtlich der Behandlung von Unfallfluchtfällen untersucht.

I. Obliegenheitsverletzung

Welche Obliegenheiten mit welchen Rechtsfolgen im Fall der Verletzung in die AKB aufgenommen werden können, ist für die Kfz-Haftpflichtversicherung (nicht aber für die Kaskoversicherung) durch die Kraftfahrzeug-Pflichtversicherungsverordnung (KfzPflVV) vorgeschrieben.[570] Im Fall der Obliegenheiten vor dem Versicherungsfall können nur die in § 5 KfzPflVV aufgezählten Obliegenheiten vereinbart werden. Für Obliegenheiten nach dem Versicherungsfall gilt § 6 KfzPflVV, dieser enthält allerdings keinen Katalog der Obliegenheiten, die vereinbart werden dürfen.

Nach einem Verkehrsunfall die Unfallaufnahme durch die Polizei an Ort und Stelle abzuwarten, gehöre zu den grundlegenden allgemein bekannten Verhaltensvorschriften.[571]

Wer trotz Fremdschadens berechtigt die Unfallstelle verlässt, verletzt gegenüber dem Kaskoversicherer keine Obliegenheit, wenn er sich zwar weder an die

---

568 § 5 KfzPflVV regelt die Obliegenheitsverletzungen vor dem Versicherungsfall, § 6 KfzPflVV beinhaltet Vorschriften hinsichtlich der Obliegenheitsverletzungen nach dem Versicherungsfall. Gemäß § 6 I KfzPflVV ist die Leistungsfreiheit des Versicherers auf einen Betrag von höchstens 2.500 Euro beschränkt; bei besonders schwerwiegender vorsätzlich begangener Verletzung der Aufklärungs- oder Schadensminderungspflichten ist die Leistungsfreiheit des Versicherers gemäß Absatz 3 auf höchstens 5.000 Euro beschränkt.

569 *Heß/Burmann*, NZV 2009, 7 (11). Das Symposium „Goslarer Orientierungsrahmen", ZfS 2010, 12 (13), kam zum Ergebnis, dass der Grundsatz Quote vor Regress gilt.

570 Stiefel/Maier-*Maier*, Kraftfahrtversicherung, § 28 VVG Rn. 5.

571 *Schwintowski*, VuR 2008, 1 (4); BGH, Urteil vom 01.12.1999, IV ZR 71/99, NJW-RR 2000, 553 (554).

Polizei noch an den Geschädigten wendet, umgehend aber den Versicherer über das Unfallereignis unterrichtet.[572]

II. Versicherungsrechtliche Folgen des § 142 StGB

Das unerlaubte Sich-Entfernen vom Unfallort stellt weiterhin eine Obliegenheitsverletzung dar, hieran hat das VVG 2008 nichts geändert. Fraglich ist allerdings, wie sich das neue Quotenmodell auf diese Obliegenheitsverletzung auswirkt.

Nach Ansicht von *Rixecker* führt das unerlaubte Sich-Entfernen vom Unfallort stets zur Leistungsfreiheit des Versicherers, da die „gesetzliche Obliegenheit" des § 142 StGB nur vorsätzlich verwirklicht werden könne.[573]

Aus Sicht von *Nugel* werde dem Versicherungsnehmer in der Regel auch der Kausalitätsgegenbeweis verwehrt sein, da sein Verhalten den Schluss zulässt, dass er sich damit abfindet, die Unfallaufklärung zu erschweren und daher arglistig handelt[574], weshalb der Kausalitätsgegenbeweis gemäß § 28 III S. 2 VVG keine Anwendung findet.

Maier sieht dies etwas anders, zwar komme nach dem Wegfall der Relevanztheorie § 142 IV StGB keine Bedeutung mehr zu, allerdings könne es bei einer nachträglichen Aufklärung an der Kausalität nach § 28 III VVG (AKB 2008 E.6.2) fehlen.[575]

Die Annahme, dass der Kausalitätsbeweis in der Regel wegen arglistigen Verhaltens ausscheidet, überzeugt nicht vollständig. Es ist allein nicht ausreichend, wenn der Versicherungsnehmer vorsätzlich im Hinblick auf das unerlaubte Sich-Entfernen vom Unfallort gehandelt hat, da dies erstens nicht in jedem Fall auch eine vorsätzliche Begehung der Obliegenheitsverletzung darstellt[576]. Zweitens ist selbst bei vorsätzlicher Obliegenheitsverletzung nicht

---

572 OLG Karlsruhe, Urteil vom 07.02.2002, 12 U 223/01, NJW-RR 2002, 753 (754).

573 *Rixecker*, ZfS 2009, 5 (6).

574 *Nugel*, ZfS 2009, 307 (313).

575 Stiefel/Maier-*Maier*, Kraftfahrtversicherung, AKB E Rn. 141.

576 Selbst wenn man davon ausgeht, dass das Abwarten für eine Unfallaufnahme nach einem Verkehrsunfall zu den grundlegenden allgemein bekannten Verhaltensvorschriften gehört (vgl. Fn. 571), kann im Einzelfall der Vorsatz hinsichtlich der Verletzung zu verneinen

zwangsläufig von Arglist auszugehen, da sonst der Kausalitätsgegenbeweis nach § 28 III VVG bei vorsätzlichem Verhalten leer laufen würde. Insofern kann Arglist – entgegen einer teilweisen vertretenen Ansicht im Rahmen von Normen des BGB[577] – nicht mit Vorsatz gleichgesetzt werden.[578] Geht man davon aus, dass für ein arglistiges Verhalten eine bewusste Einwirkung auf die Entscheidung des Versicherers vorliegen muss[579], stellen nicht alle Verstöße gegen § 142 StGB auch automatisch arglistige Obliegenheitsverletzungen dar.

Liegen die Voraussetzungen des § 142 IV StGB vor, liegt die Annahme des Kausalitätsgegenbeweises nach § 28 III S. 1 VVG nahe.[580]

III. Eigener Standpunkt

Mit der Neufassung des VVG hätten auch die Obliegenheitsverletzungen überarbeitet werden können. Mag es mit dem vorherigen Alles-oder-Nichts-Prinzip vereinbar gewesen sein, dass die Strafbarkeit aus § 142 StGB eine Obliegenheitsverletzung darstellt, hätte unter Geltung des neuen VVG eine Neubewertung erfolgen sollen. Die Obliegenheitsverletzungen nach einem Unfall sollten unabhängig vom Verstoß gegen § 142 StGB bewertet werden[581], da einer-

---

sein. Vorsatz setzt nämlich die Kenntnis der Verhaltensvorschrift voraus. Typischerweise liegt im Fall der Unkenntnis ein grob fahrlässiges Verhalten (mit der Folge der Quotenbildung) vor.

577 So ausdrücklich: Münchener Kommentar BGB-*Kramer*, § 123 Rn. 9; Bamberger/Roth-*Faust*, § 438 Rn. 39.

578 *Unberath*, NZV 2008, 537 (540); *Knappmann*, ZAP 2009, 815 (823). Auch die Gesetzesbegründung unterscheidet zwischen vorsätzlichem und arglistigem Verhalten (vgl. BT-Drucksache 16/3945, S. 67 und 98).

579 *Nugel*, MDR 2007, Sonderbeilage zu Heft 22, S. 23 (24); Prölss/Martin-*Prölss*, § 28 Rn. 117; *Unberath*, NZV 2008, 537 (540) m.w.N.

580 Vgl. hierzu Fn. 535. Die Entscheidung des OLG Saarbrücken wurde zwar vom BGH, Urteil vom 01.12.1999, IV ZR 71/99, NJW-RR 2000, 553 (553 ff.), aufgehoben, allerdings kann die Entscheidung für die Frage der Kausalität bei nachträglicher Meldung im Rahmen des § 142 StGB herangezogen werden. Bei der Bewertung muss allerdings die Haftungsgrundlage berücksichtigt werden, da das Interesse des Versicherers bei einer eindeutigen Haftungslage (die sich auch später noch nachvollziehen lässt) vom Interesse nach einem Unfall mit möglicherweise beiderseitigem Fehlverhalten der Unfallbeteiligten unterscheidet; ebenso ist die unterschiedliche Interessenlage bei der Haftpflichtversicherung und der Kaskoversicherung zu berücksichtigen.

581 Dies wurde (in anderem Zusammenhang) auch vom BGH, Urteil vom 01.12.1999, Az. IV ZR 71/99, NJW-RR 2000, 553 (554), so gesehen: „Der Inhalt der Aufklärungsobliegenheit wird durch den Schutzzweck des § 142 StGB nur insoweit berührt, als bei fehlendem

seits Fälle denkbar sind, bei denen trotz Verstoßes gegen § 142 StGB das Interesse des Versicherers nicht gefährdet ist[582] und andererseits trotz Verneinung des § 142 StGB das Interesse des Versicherers gefährdet sein kann.[583] Der Pflichtenkatalog des § 142 StGB ist ersichtlich nicht auf das Interesse des Versicherers zugeschnitten[584], daher sollte dieser auch nicht zum Maßstab einer Obliegenheitsverletzung gemacht werden[585]; allenfalls kann der Verwirklichung des § 142 StGB eine indizielle Wirkung hinsichtlich einer Aufklärungsobliegenheitsverletzung entnommen werden. Für die Haftpflichtversicherung schreibt § 6 KfzPflVV keinen (abschließenden) Katalog der Obliegenheitsverletzungen nach einem Versicherungsfall vor, daher besteht für die Versicherer die Möglichkeit, ihre Interessen und die Interessen der Versicherten nach einem Verkehrsunfall zu berücksichtigen.[586] Löst man so die versicherungsrechtlichen Folgen von den strafrechtlichen Vorgaben des § 142 StGB, entfällt für das unerlaubte Sich-Entfernen vom Unfallort eine unmittelbare versicherungsrechtliche Folge.

Versicherungsrechtliche Aspekte sollten nicht die Motivation zur Unfallflucht erhöhen bzw. die Motivation zur nachträglichen Meldung herabsetzen. Nur wenn es gelingt, die strafrechtlichen und versicherungsrechtlichen Aspekte eines Unfalles zu trennen, kann eine Verbesserung der derzeitigen Lage (jedenfalls im Hinblick auf den Schutz der Interessen des Geschädigten) erreicht werden. Verfehlt ist daher die Einschätzung von *Knappmann*, dass die AKB 2008 in E.1.3 eine Ausweitung der Wartepflicht vorsehen[587], die in Einzelfällen zu einer

---

Verstoß gegen die Strafrechtsnorm auch keine entsprechende Verletzung der Aufklärungsobliegenheit gegeben ist. Im Übrigen ist der strafrechtliche Schutzzweck für die versicherungsvertragliche Aufklärungsobliegenheit ohne Bedeutung".

582 Vgl. beispielsweise OLG Hamm, Urteil vom 09.04.2003, 20 U 212/02, NZV 2003, 424 (425): Verstoß gegen § 142 II StGB, aber unverzügliche Unterrichtung des Versicherers.

583 § 142 StGB bietet schon dem Geschädigten nicht das zivilrechtliche Beweisoptimum und die Belange der Versicherer werden durch § 142 StGB ohnehin nur mittelbar geschützt.

584 Dies wurde bei Abfassung der Allgemeinen Bedingungen für die Kfz-Versicherung (AKB) auch erkannt: Die AKB 2008 enthalten in E.1.3 die Pflicht, den Unfallort nicht zu verlassen, ohne die erforderlichen Feststellungen zu ermöglichen, ohne dass zwischen den Pflichten der § 142 I und II StGB differenziert wird.

585 Nach Ansicht von *Hofmann*, NVersZ 1999, 354 (356), lassen sich Strafrecht und Versicherungsschutz hingegen nicht trennen.

586 Für die Benennung der Trunkenheitsfahrt als Obliegenheitsverletzung schon: *Pilger*, Unfallflucht und Haftpflichtversicherung, S. 109.

587 A.A. Stiefel/Maier-*Maier*, Kraftfahrtversicherung, AKB E Rn. 124.

Selbstbezichtigung führen könne. In diesen Fällen müsse der Versicherungsnehmer die eventuelle Straflosigkeit und den Versicherungsschutz gegeneinander abwägen.[588] Die Aufnahme der Passage „die erforderlichen Feststellungen zu ermöglichen" korrespondiert mit der Verpflichtung aus § 142 I Nr. 1 StGB und kann seitens des Versicherungsnehmers nur dahin gedeutet werden, dass er die Vorschrift des § 142 StGB zu beachten hat.[589]

Findet § 142 IV StGB Anwendung, sollte dem Versicherungsnehmer in jedem Fall der Weg zum Kausalitätsgegenbeweis (§ 28 III VVG) offenstehen, d.h. die Verwirklichung des § 142 StGB (jedenfalls bei Vorliegen einer tätigen Reue) ist nicht mit einer arglistigen Obliegenheitsverletzung[590] (§ 28 III S. 2 VVG) gleichzusetzen. Vielmehr sollte eine genaue Prüfung der tatsächlichen Beeinträchtigung der Interessen des Versicherers geprüft werden und nicht bloß auf eine generelle Eignung abgestellt werden. Ansonsten stehen überspannte Anforderungen durch das Versicherungsrecht einer Verbesserung der Interessen der durch einen Unfall Geschädigten im Weg.

---

588 *Knappmann*, VersR 2009, 186 (187). Ebenso: LG Saarbrücken, Urteil vom 01.10.2010, 13 S 75/10, ZfS 2010, 630 (631).

589 Stiefel/Maier-*Maier*, Kraftfahrtversicherung, AKB E Rn. 124 mit weiteren Argumenten.

590 So aber: LG Düsseldorf, Urteil vom 18.06.2010, 20 S 7/10, ZfS 2010, 509 (509 f.); ähnlich LG Saarbrücken, Urteil vom 01.10.2010, 13 S 75/10, ZfS 2010, 630 (631). Unverständlich ist hierbei, warum einerseits die zur Entlastung des Versicherungsnehmers führende sog. Relevanzrechtsprechung nicht mehr beachtet werden darf, andererseits aber die Anforderungen an die Arglist mit Entscheidungen des BGH zum VVG a.F. begründet werden und dabei das Hauptanliegen des Gesetzgebers, nämlich die Stärkung der Stellung des Versicherungsnehmers gegenüber dem Versicherer (vgl. BT-Drucksache 16/3945, S. 1) nicht beachtet wird.

Fünfter Abschnitt: Ergebnis zur Bewertung des § 142 IV StGB

Die Beurteilung des § 142 IV StGB erfolgt anhand einer Gegenüberstellung der Auswirkungen vor und nach der Einführung des § 142 IV StGB n.F.

A. Gegenüberstellung der Rechtslage vor und nach der Einführung des § 142 IV StGB

Die Wirkungen der tätigen Reue (§ 142 IV StGB) werden anhand eines Vergleich der Rechtswirkungen vor und nach der Reform von 1998 aufgezeigt.

I. Rechtslage vor der Einführung der tätigen Reue

Im Jahr 1980 fasste *Hammerstein* den Befund so zusammen:

„Welche Rechtsauskünfte bringt der Verteidiger nun in die Gewinn- und Verlustrechnung des Beschuldigten ein?

1. Mit der Flucht ist der Tatbestand des § 142 StGB vollendet. Die nachträgliche Meldung führt im Regelfall nicht zur Straflosigkeit, weil der Täter den Unfallort unberechtigt und unentschuldigt verlassen hat und weil er durch spätere Meldung die vollendete Unfallflucht nicht mehr beseitigen kann. Das Gesetz kennt keine Straflosigkeit wegen tätiger Reue.

2. Zwar kann die freiwillige Rückkehr den Verschuldungsgrad mindern und bei der Strafzumessung berücksichtigt werden; ob dies geschieht, ist aber höchst ungewiß. Eine sichere Prognose auf eine erhebliche Strafmilderung kann nicht gegeben werden. Der Tatbestand sieht eine Strafdrohung bis zu drei Jahren Freiheitsstrafe oder Geldstrafe vor. Der Einfluß subjektiv richterlicher Bewertung ist je nach Richtereinstellung bei dem weiten Strafrahmen groß, die Strafe daher schwer zu prognostizieren.

3. Da eine Verurteilung wegen Unfallflucht erfolgen muß, wird, wenn ein Regelfall vorliegt, die Fahrerlaubnis entzogen werden; die Sperrfrist wird etwa 8-10 Monate betragen.

4. Der angerichtete Schaden wird zwar von dem Haftpflichtversicherer im Außenverhältnis gedeckt werden. Im Innenverhältnis aber wird die Fahrerflucht

dem Flüchtigen als Obliegenheitsverletzung entgegengehalten werden; dies wird zur Leistungsfreiheit des Versicherers führen und zu dessen Regreßanspruch gegen den Flüchtigen in Höhe von maximal 5000,- DM. Zwar gilt nicht mehr das bis 1970 vom BGH angewendete Alles- oder Nichts-Prinzip[591], aber immerhin kann der Versicherungsschutz auch heute noch versagt werden, wenn das Interesse des Versicherers durch die Fahrerfluchtobjektiv gefährdet wurde und ein erhebliches Verschulden des Versicherungsnehmers vorliegt.

Hinter diesem eher düsteren Rechtsbild der Beratung steht dann verlockend immer noch die Chance und die Hoffnung des Täters, nicht gefaßt zu werden. Viele Täter erliegen auch bei Analyse der Beratungsbilanz dieser Verlockung, unentdeckt bleiben zu können.“[592]

Vor Einführung der tätigen Reue bestanden somit folgende Probleme: Die Auswirkungen einer nachträglichen (freiwilligen) Meldung auf die Strafbarkeit ließen sich nur schwer abschätzen, dem Täter drohte bei Vorliegen eines Regelfalles die Entziehung der Fahrerlaubnis (§ 69 StGB) und der Täter sah sich Regressansprüchen seines Versicherers ausgesetzt, da mit dem unerlaubten Sich-Entfernen vom Unfallort auch eine Obliegenheitsverletzung vorlag.

II. Rechtslage nach der Einführung der tätigen Reue

Trotz Einführung der tätigen Reue in § 142 IV StGB im Jahr 1998 hat sich an dieser Bilanz nicht viel geändert:

1. Das unerlaubte Sich-Entfernen vom Unfallort ist mit dem Verlassen des Unfallortes (§ 142 I StGB) bzw. mit Verstreichen lassen der Möglichkeit zur unverzüglichen nachträglichen Meldung vollendet. Die Ausübung tätiger Reue hat für die Frage der Vollendung keine Bedeutung.

2. Die tätige Reue ist zwar für die Strafe von Bedeutung, da gemäß § 142 StGB die Strafe zu mildern (§ 49 I StGB) ist, einen Strafausschluss hat sie aber nicht zwingend zur Folge. Insofern ist es bei der Prognoseschwierigkeit geblieben.

---

591 Gemeint ist die Anwendung des Alles-oder-Nichts-Prinzips auch bei folgenlos gebliebenen Obliegenheitsverletzungen vor der sog. Relevanzrechtsprechung (vgl. Fn. 530).

592 *Hammerstein*, 20. VGT, S. 132 f.

3. Für die Entziehung der Fahrerlaubnis hat sich im Vergleich zur Rechtslage vor der Einführung der tätigen Reue nichts geändert. Die Voraussetzungen für die tätige Reue sind zwar hinsichtlich der Schadenshöhe an den für § 69 II Nr. 3 StGB maßgebenden Wert orientiert worden, sodass bei Anwendung des § 142 IV StGB auch ein Vorgehen nach § 69 II Nr. 3 StGB ausgeschlossen ist. Dies ist aber keine Verbesserung aufgrund der Vorschrift des § 142 IV StGB, sondern liegt an der Voraussetzung des bedeutenden Schadens bei § 69 II Nr. 3 StGB. Zudem besteht im Fall der Milderung der Strafe die Möglichkeit, ein Fahrverbot als Nebenstrafe zu verhängen.

4. Das unerlaubte Sich-Entfernen vom Unfallort stellt auch nach Einführung des § 142 IV StGB und der Novellierung des Versicherungsvertragsgesetzes (2008) eine Obliegenheitsverletzung dar. Das Vorliegen der Voraussetzungen der tätigen Reue ändert daran nichts. Die nachträgliche Meldung kann allenfalls zum Kausalitätsgegenbeweis gemäß § 28 III VVG führen, mit der Folge, dass sich der Versicherer nicht auf die Leistungsfreiheit berufen kann.

5. Die einzige Verbesserung, die die tätige Reue gebracht hat, liegt im Bereich des Verkehrszentralregisters. Aufgrund der tätigen Reue werden fünf (statt sieben) Punkte im Verkehrszentralregister eingetragen.

B. Beurteilung des § 142 IV StGB

In der Literatur ist § 142 IV StGB zwiespältig aufgenommen worden. Zwar wird die Berücksichtigung des Nachtatverhaltens häufig begrüßt, die Ausgestaltung des § 142 IV StGB wird allerdings in weiten Teilen kritisiert.

I. Stimmen aus der Literatur

Andreae ist der Meinung, dass von der Anwendung der Vorschrift des § 142 IV StGB wenig Gebrauch gemacht wird.[593] Aus seiner Sicht liegt dies an der bloß fakultativen Möglichkeit hinsichtlich des Absehens von Strafe. Dazu komme noch, dass die Verkehrsteilnehmer die Einzelheiten der Regelung nicht kennen und ein Rechtsanwalt innerhalb von 24 Stunden nicht aufgesucht wird oder

---

593 Nach *Fieberg*, 41. VGT, S. 191, ist das Schattendasein von § 142 IV StGB unter anderem darauf zurück zu führen, dass die §§ 153a und 153b StPO einfacher zu handhaben sind und zu günstigeren Ergebnissen führen.

werden kann. Zudem blieben selbst bei Kenntnis der Regelung und anwaltlicher Beratung unaufklärbare Unsicherheiten[594] hinsichtlich der Erfüllung der Voraussetzungen des § 142 IV StGB, insbesondere bezüglich der Schadenshöhe. Zudem lehre die Erfahrung, dass die Ermittlungen entweder innerhalb weniger Stunden zumindest zu einer Befragung des Halters führen oder aber im Sand verlaufen. Melde sich beim Halter nicht innerhalb der ersten Stunden nach dem Unfall ein Ermittlungsbeamter, könne der Unfallbeteiligte fest damit rechnen, dass kein Zeuge vorhanden oder das Kennzeichen nicht notiert worden ist.[595] Unverständlich sei, warum selbst bei einem Absehen von Strafe eine Eintragung von fünf Punkten im Verkehrszentralregister erfolgt.[596]

Bücken ist der Meinung, dass die Vorschrift den betroffenen Autofahrern Steine statt Brot gebracht hat. Sein Fazit fällt, wegen der nachteiligen Folgen wie folgt aus: „All dies sind für den Strafverteidiger Gründe genug, nur dann auf die Anwendung des § 142 Abs. 4 StGB hinzuarbeiten, wenn eine Verfahrenseinstellung nach §§ 153, 153a oder § 153b StPO nicht konsensfähig ist. Die Regelung des § 142 Abs. 4 StGB ist dann das »geringere Übel«, es bleibt aber ein Übel und wird nicht als Gesetzeswohltat empfunden, die eigentlich von den Initiatoren dieser gesetzlichen Regelung beabsichtigt war. Folge ist, dass der § 142 Abs. 4 StGB eher ein Schattendasein führt und letztlich seit seiner Einführung nichts Wesentliches geändert hat.“[597]

Nach Ansicht von *Lenhart* ist Mandanten davon abzuraten, sich nach (vermeintlich) unentdeckter Unfallflucht bei der Polizei stellen zu wollen. Meist lägen in der Praxis die Voraussetzungen des § 142 IV StGB nicht vor. Die Vorschrift schließe eine Verurteilung nicht aus, zudem komme es zu einer Eintragung von fünf Punkten im Verkehrszentralregister. Obwohl dem Geschädigten zur Sicherung seiner Ansprüche verholfen werde, sei die Bereitschaft der Justiz

---

594 Diese Unsicherheiten führen dazu, dass der Anwalt seinem Mandanten nicht unbedingt dazu raten kann, sich zu melden (*Gebhardt*, verkehrsrechtliche Mandat, Rn. 55).

595 *Andreae*, Handbuch Verkehrsrecht 2000, S. 303.

596 *Andreae*, FS Himmelreich, S. 14.

597 *Bücken*, PVR 2003, 66 (66).

erfahrungsgemäß gering, in derartigen Fällen das Verfahren gemäß den §§ 153, 153a StPO einzustellen.[598]

II. Eigene Bewertung

Vom Gesetzgeber mit zum Teil recht hohen Hürden versehen und von der Praxis in ihrem Anwendungsbereich noch weiter beschnitten, ist von der Einführung der tätigen Reue und der damit erhofften Verbesserung der Lage der Geschädigten nichts geblieben.[599] Nichts – dies ist ein wenig zu hart formuliert, fast nichts trifft es besser. Oder als Zahl ausgedrückt: 124[600] (von geschätzten 350.000 Unfallfluchtfällen pro Jahr[601] bzw. über 30.000 Verurteilungen pro Jahr[602]), so oft kam die Vorschrift laut Auskunft des Kraftfahrt-Bundesamts im Jahr 2004 zur Anwendung.[603]

Einhundertvierundzwanzig. Bei dieser Zahl sollten sich alle Beteiligten fragen, ob das Gesetz nicht dringend einer erneuten Reform bedarf. Die Hoffnung, dass die Bedenken gegen die fehlende Attraktivität der Vorschrift durch eine großzügige Anwendung der Norm[604] in der Praxis der Staatsanwaltschaft und Gerichte ausgeräumt werden[605], wurde enttäuscht.

Jahrelange Bemühungen um die Einführung einer tätigen Reue, hunderte Seiten von Literatur, Diskussionen und Gesetzesberatungen waren fast vergebens. § 142 IV StGB erweckt so zwar den Anschein, dass sich im Bereich des uner-

---

598 *Lenhart*, NJW 2010, 2184 (2184).

599 An dieser Stelle soll aber nicht unterschlagen werden, dass potentielle Fälle der tätigen Reue seitens der Täter nicht genutzt werden, da die Täter die Hoffnung haben, nicht ermittelt zu werden bzw. im Falle der Entdeckung mit der Behauptung „nichts bemerkt" zu haben, straffrei ausgehen zu können. Vgl. dazu: *Grohmann* DAR 1998, 487 (489).

600 Auskunft des Kraftfahrt-Bundesamts: „Im Jahr 2004 wurde 124mal eine Unfallflucht in minderschweren Fällen (§ 142 Abs. 4 StGB) begangen." Vgl. Anhang II. Statistik zu den Zahlen in den Jahren 2005 bis 2010.

601 LK-*Geppert* § 142 Rn. 7.

602 LK-*Geppert* § 142 Rn. 6 m.w.N. Verurteilte 2008: 32.994 (Statistisches Bundesamt, Fachserie 10, Reihe 3, Rechtspflege Strafverfolgung 2008, S. 45).

603 *Grohmann*, DAR 1998, 487 (489), stellte fest, dass bei ca. 100-150 Fällen der Unfallflucht in seinem Dezernat bis zum Oktober 1998 in nur zwei Fällen die tätige Reue gemäß § 142 IV StGB zur Anwendung kam.

604 Gründe für die Nichtanwendung der tätigen Reue (aufgrund einer Befragung unter Richtern): *Kubatta*, Verkehrsunfallflucht, S. 143 ff.

605 *Böse*, StV 1998, 509 (514).

laubten Sich-Entfernens vom Unfallort etwas getan hat. Leider sieht die Realität jedoch anders aus. Zwar muss man neben den durchschnittlich 166 Fällen pro Jahr[606] fairerweise noch die Einstellungen nach § 153b StPO und die Einstellungen nach den §§ 153, 153a StPO, die den Rechtsgedanken des § 142 IV StGB ins Feld führen, hinzurechnen, dennoch ist die derzeitige Ausgestaltung des § 142 IV StGB meilenweit von einer wirklichen Verbesserung der Situation für alle Beteiligten entfernt.

Es ist offensichtlich, dass die Vorschrift viel zu restriktiv formuliert und gehandhabt wird. Es bedarf daher dringend einer »tätigen Reue« durch den Gesetzgeber.

Doch wie sollte diese »tätige Reue« aussehen?

606 Vgl. Anhang II. Statistik 1. Eintragungen im Verkehrszentralregister.

Zweiter Teil: Entwicklung und Kommentierung eines neuen § 142 IV StGB

Im Zweiten Teil der Arbeit wird nach der Entwicklung eines neuen § 142 IV StGB dieser auf seine Anwendbarkeit hin untersucht. Ziel ist somit nicht nur ein Vorschlag, sondern auch die Kommentierung und Darstellung der (möglichen) praktischen Auswirkungen.

Erster Abschnitt: Entwicklung eines § 142 IV StGB n.F.

Der Erste Anschnitt beschäftigt sich mit der Entwicklung einer neuen Vorschrift, die die Schwächen des jetzigen § 142 IV StGB vermeidet. Hierzu wird zunächst auf die Entstehungsgeschichte der gesamten Vorschrift eingegangen, um dann die Bedingungen für die neue Vorschrift aufzuzeigen.

A. Entstehungsgeschichte der Vorschrift des § 142 StGB

Die Vorschrift des § 142 StGB über das „Unerlaubte Entfernen vom Unfallort" hatte nicht immer den heutigen Wortlaut und auch nicht diese Überschrift[607]. Gerade die Änderung der amtlichen Bezeichnung[608] hat sich bis heute in der Umgangssprache[609] und häufig auch in der juristischen Literatur und Rechtsprechung[610] nicht durchgesetzt[611]. Selten wird davon gesprochen, dass sich jemand unerlaubt vom Unfallort entfernt hat; fast immer heißt es, dass eine „Unfallflucht" begangen wurde.

---

607 Die Änderung der Überschrift ergab sich aus der Neufassung des Tatbestandes, der auch andere Fälle als den der Flucht erfasst und diesen Begriff nicht mehr verwendet (vgl. BT-Drucksache 7/3503, S. 3).

608 Mit Gesetz vom 13.06.1975 (BGBl. I 1975, 1349 f.) wurde sowohl die Überschrift als auch der Text geändert (vgl. Anhang I. Vorschriften 7. § 142 StGB (1975)).

609 Eine Suche mit einer häufig genutzten Suchmaschine ergab über 400.000 Treffer für „Unfallflucht" und nur knapp 40.000 Treffer für „unerlaubtes Entfernen vom Unfallort". Bei anderen Suchmaschinen liegt die Anzahl noch deutlich höher (über 1,5 Millionen Treffer für „Unfallflucht", bei nur ca. 180.000 Treffern für „unerlaubtes Entfernen vom Unfallort").

610 Beispielsweise: OVG des Saarlandes, Beschluss vom 27.07.2006, 1 W 33/06; BGH, Urteil vom 09.11.2005, 4 ZR 146/04; AG Saalfeld, Urteil vom 15.02.2005, 635 Js 31395/04 - 2 Ds jug, VRS 108, 366 (370); LG Karlsruhe, Urteil vom 29.07.2004, 11 Ns 40 Js 26274/03, NJW 2005, 915 (915).

611 Bereits *Höfle*, AnwBl. 1987, 429 (430) stellte dies 1987 fest. Über 20 Jahre danach hat sich daran nicht viel geändert.

Wie es zur heutigen Fassung kam, wird auf den folgenden Seiten dargestellt. Die Ausführungen umfassen dabei nicht nur die jeweiligen gesetzlichen Vorschriften, sondern auch Gesetzesvorhaben und Reformbestrebungen.

I. § 22 KFG

Gab es zum Ende des 19. Jahrhunderts keine Vorschrift über die strafrechtlichen Folgen[612] hinsichtlich des Verhaltens nach einem Unfall, so trat, nachdem das Reich die Gesetzgebungskompetenz für den Verkehr mit Kraftfahrzeugen erhalten hatte[613], am 01.04.1910 das „Gesetz über den Verkehr mit Kraftfahrzeugen" in Kraft.[614] Die Verbreitung des Kraftfahrzeugs und Zunahme des Straßenverkehrs und die dadurch bedingten höheren Unfallzahlen hatten Forderungen nach gesetzlichen Regelungen laut werden lassen.[615] Bei Zusammenstößen war es aufgrund der Beweglichkeit und Schnelligkeit leichter möglich, die Unfallstelle und damit eventuelle Haftungsansprüche hinter sich zu lassen.[616]

§ 22 KFG[617] beinhaltete das Gebot, die Feststellungen hinsichtlich Fahrzeug und Person des Kraftfahrzeugführers zu ermöglichen; die Vorschrift verpflichtete somit nur den Fahrzeugführer und nicht alle Unfallbeteiligten. Die Ausweitung der Strafbarkeit wegen vollendeter Flucht durch die Formulierung des Tatbestandes als Unternehmensdelikt wurde durch die Möglichkeit der Straflosig-

612 Zur zivilrechtlichen Entwicklung hinsichtlich der Haftung: *Brock*, objektive Tatbestand, S. 15 ff.; *Anton*, Verkehrsunfallflucht, S. 5 ff. Zur anfänglichen Entwicklung: *Olshausen*, DJ 1906, 750 (750 ff.); *Eger*, DJ 1908, 993 (993 ff.); *von Damm*, DJ 1909, 744 (744 ff.); *Öhlert*, Dr. J. A. Seuffert's Blätter für Rechtsanwendung 1909, 539 (539 ff.); *Asholt*, Straßenverkehrsstrafrecht, S. 28 ff.

613 Vgl. Art. 78 der Reichsverfassung. Zuvor war der Verkehr mit Kraftfahrzeugen nach der Reichsverfassung von 1871 der reichsrechtlichen Regelung nicht unterworfen (vgl. *Weigelt*, Verkehrsunfallflucht, S. 9). Aus diesem Grund gab es nur die „Grundzüge, betreffend den Verkehr mit Kraftfahrzeugen" vom 03.05.1906 (Verhandlungen des Reichstags, XII. Legislaturperiode, 253. Band, S. 7634 ff.). Zur Frage der Umsetzbarkeit über landesrechtliche Verordnungen: *Isaac*, DJ 1906, 1146 (1146 f.). Einen Überblick über die Vorschriften gibt: *Olshausen*, DJ 1906, 750 (750 ff.).

614 Erlassen wurde das Gesetz am 3. Mai 1909 (RGBl. 1909 I, 437 (442)). Am 01.03.1906 war dem Reichstag ein Entwurf über die Automobilhaftpflicht vorgelegt worden. Eine Erledigung kam wegen der Auflösung des Reichstages nicht zu Stande (vgl. *Eger*, DJ 1908, 993 (993)). Das KFG enthielt daher auch Vorschriften über die Haftpflicht.

615 Überblick bei: *Brock*, objektive Tatbestand, S. 15.

616 *Säzler*, Verkehrsunfallflucht, S. 1.

617 Vgl. Anhang I. Vorschriften 1. § 22 KFG (1909).

keit bei nachträglicher Anzeige („Tätige Reue“) bei einer inländischen Polizeibehörde und Bewirken der Feststellungen wieder begrenzt.

Die Vorschrift lässt durch ihren Wortlaut nicht eindeutig auf das geschützte Rechtsgut schließen.[618] Aus der Begründung des Gesetzgebers und der Begründung des Bundesrates, der den Entwurf für § 22 KFG vorgelegt hatte, lassen sich mehrere Schutzgüter und damit verschiedene Gesetzeszwecke herleiten[619]: Die Sicherung der Haftpflichtansprüche, die Bestrafung der schlechten Gesinnung und das Interesse der Allgemeinheit an der Feststellung des Fahrzeuges, des Fahrers und des Halters.[620] Die fehlende rein zivilrechtliche Lösung des Problems der Verkehrsfluchtfälle und die unzureichende Diskussion der Vorschrift im Reichstag und in den Kommissionen[621] sorgten für Unsicherheiten und Unklarheiten hinsichtlich des Schutzzwecks der Norm und damit für die Reichweite des Anwendungsbereiches. In dieser Unsicherheit bzw. Unklarheit liegen die Wurzeln für die Schwierigkeiten hinsichtlich der Auslegung (und Ausweitung des Anwendungsbereiches) der Norm und ihrer Nachfolgenormen.[622]

Aus diesem Grund wird nachfolgend die Entstehungsgeschichte des § 22 KFG näher beleuchtet. Die Gesetzesbegründung verweist auf die mannigfachen Vorzüge, die das Kraftfahrzeug auszeichnen und zu einem raschen Aufschwung des Automobilverkehrs geführt haben und weiter führen werden. Die zunehmende Zahl der Kraftfahrzeuge erhöhe aber auch die Gefahren für den Verkehr

---

618 A.A. *Schünemann*, DAR 2003, 207 (208), der aus der Verweisung auf § 7 KFG und der Entstehungsgeschichte entnimmt, dass das Rechtsgut in der Sicherung der zivilrechtlichen Ersatzansprüche bestand. Dieses Ergebnis ist jedoch nicht eindeutig. Die Gesetzesmaterialien lassen auch andere Schlüsse zu und die Verweisung auf § 7 KFG dient dazu, den Begriff des Unfalles zu erläutern. So wurde zu § 22 KFG vertreten, dass neben den zivilrechtlichen Ansprüchen auch die Durchführung des strafrechtlichen Interesses geschützt wird (Lehrbuch des Automobilrechts-*Bittermann* S. 160).

619 Hierbei ist jedoch zu beachten, dass zu dieser Zeit die Ausrichtung der Auslegung an den zu schützenden Rechtsgütern nicht unbedingt den Stellenwert der heutigen Zeit hatte, insofern können die Ausführungen hinsichtlich der Rechtsgüter nur Anhaltspunkte sein.

620 Verhandlungen des Reichstages, XII. Legislaturperiode, I. Session, Band 248, Anlagen zu den stenographischen Berichten, Nr. 988, Seite 5603; *Dünnebier*, GA 1957, 33 (34); *O. Küper*, Verkehrsunfall, S. 18.

621 Vgl. *Brock*, objektive Tatbestand, S. 26 f.

622 Ebenso: *Dünnebier*, GA 1957, 33 (34); *Steenbock*, Unfallflucht als Straftat, S. 15.

auf den öffentlichen Straßen und Wegen. Die vom Bundesrat vorgeschlagenen und seit dem 01.10.1906 in allen Bundesstaaten umgesetzten Vorschriften über den Verkehr mit Kraftfahrzeugen[623] hätten die Hoffnung, dass durch diese Vorschriften die Gefahren des Automobilverkehrs verringert würden, nicht erfüllt. Infolge der streng durchgeführten Kennzeichnung der Fahrzeuge seien zwar die Versuche von Fahrern zurückgegangen, sich nach einem Unfall durch Flucht vor der Verantwortung zu entziehen, allerdings sei die Zahl der Unfälle im gleichen Maß wie die Anzahl der Fahrzeuge gestiegen[624], weshalb die Aufregung über die mit dem Automobilverkehr verbundenen Gefahren nicht nachgelassen habe. Nach wie vor seien die Einführung wirksamerer Maßregeln zur Verhütung von Unfällen und eine Verschärfung sowohl der Haftung für den Schaden als auch der Strafen für Überschreitung der polizeilichen Vorschriften vehement gefordert worden.[625]

Der Entwurf zum KFG war, gegenüber dem Entwurf eines „Gesetzes über die Haftpflicht für den bei dem Betriebe von Kraftfahrzeugen entstehenden Schaden“[626], in einigen Punkten verändert worden, um den Forderungen aus der Praxis Rechnung zu tragen. So wurden Vorschriften über die Erteilung und Entziehung der Fahrerlaubnis und besondere Strafvorschriften gegen die Verletzung der zur Sicherung des Verkehrs erlassenen polizeilichen Anordnungen aufgenommen, zudem wurde die Haftpflicht für Automobilschäden auf eine andere Grundlage gestützt.

„Bei den neuen Vorschlägen war der Gesichtspunkt leitend, daß einerseits dem Bedürfnis eines erhöhten Schutzes des Publikums gegen die Automobilgefahr zu genügen ist, daß andererseits aber vermieden werden muß, durch eine Überspannung der hierauf abzielenden Maßnahmen den Automobilverkehr in einer Weise zu belasten und zu erschweren, die seine Entwicklung hemmen und

---

623 Reichsanzeiger vom 28.05.1906 Nr. 124.

624 So kamen in der Zeit von Oktober 1906 bis September 1907 auf je 100 Kraftfahrzeuge, die dem Personenverkehr dienten, im Deutschen Reich mehr als 13, in der Stadt Berlin allein mehr als 106 Unfälle (und damit mehr als ein Unfall pro Fahrzeug). Vgl. Verhandlungen des Reichstages, XII. Legislaturperiode, I. Session, Band 248, Anlagen zu den stenographischen Berichten, Nr. 988, S. 5595.

625 Verhandlungen des Reichstages, XII. Legislaturperiode, I. Session, Band 248, Anlagen zu den stenographischen Berichten, Nr. 988, S. 5595 f.

626 Vgl. Stenografische Berichte 1905/06 Band 4 Nr. 264.

schädigen würde. […] Der Entwurf sucht dieses Ziel durch eine Verbindung von Bestimmungen privatrechtlichen, verwaltungsrechtlichen und strafrechtlichen Inhalts zu erreichen."[627]

Der Entwurf sah in § 19 vor:

> „Der Führer eines Kraftfahrzeugs, der im Falle eines Zusammenstoßes seines Fahrzeugs mit Personen oder Sachen nicht sofort hält, wird mit Geldstrafe bis zu dreihundert Mark oder mit Gefängnis bis zu zwei Monaten bestraft."

Von mehreren Kommissionsmitgliedern wurde dagegen angeführt, dass die Vorlage nicht das treffe, was bestraft werden sollte. Warum solle beispielsweise ein Fahrer anhalten, der zwar mit einer Sache zusammen gestoßen, diese aber nicht beschädigt worden sei? Wie lange solle er anhalten? Bis jemand käme, um sein Fahrzeug festzustellen? Es könne auch nicht verlangt werden, dass jemand warten müsse, wenn eine Person leicht verletzt worden sei und ein drohender Volkshaufen ihm feindlich gegenübertrete. Zudem wurde darauf hingewiesen, dass die hohen Strafdrohungen und allzu zahlreichen Strafbestimmungen geeignet seien, auch den vorsichtigen Fahrer psychisch ungünstig zu beeinflussen und ihn nervös zu machen.[628]

Von anderer Seite wurden Beschränkungen gefordert. Es sollten nur Zusammenstöße mit Personen oder Fälle erfasst werden, in den der Fahrer Kenntnis vom Zusammenstoß und der Schädigung hatte. Weiterhin wurde angemerkt, dass bei fahrlässiger Körperverletzung bereits eine wesentlich höhere Strafe vorgesehen sei und dass durch die Bestimmung in § 19 in erster Linie erreicht werden solle, dass der Führer sich im Falle eines Zusammenstoßes nicht deshalb durch die Flucht entziehen dürfe, um die Feststellung seines Fahrzeuges und seiner Person zu erschweren. Man müsse ihm daher, wenn er diese Feststellung binnen einer gewissen Frist ermögliche, Straffreiheit gewähren; andererseits empfehle es sich für den Fall, dass Personen geschädigt worden seien und vom

---

627 Verhandlungen des Reichstages, XII. Legislaturperiode, I. Session, Band 248, Anlagen zu den stenographischen Berichten, Nr. 988, S. 5596.

628 Verhandlungen des Reichstages, XII. Legislaturperiode, I. Session, Band 253, Anlagen zu den stenographischen Berichten, Nr. 1250, S. 7599.

Fahrer vorsätzlich in hilfloser Lage zurück gelassen werden, eine erheblich schwerere Strafe anzudrohen.[629]

§ 19 erhielt daher nunmehr folgende Fassung:

„Der Führer eines Kraftfahrzeugs, der im Falle eines Zusammenstoßes seines Fahrzeugs mit Personen oder Sachen es unternimmt, sich der Feststellung des Fahrzeuges und seiner Person durch die Flucht zu entziehen, wird mit Geldstrafe bis zu zweihundert Mark oder mit Gefängnis bis zu zwei Monaten bestraft.

Eine Entziehung der Feststellung des Fahrzeuges und der Person des Führers des Kraftfahrzeuges durch die Flucht liegt nicht vor, wenn der Führer unverzüglich, spätestens innerhalb zwölf Stunden nach dem Zusammenstoße, Anzeige von dem Zusammenstoße bei der Polizeibehörde erstattet und die Feststellung des Fahrzeuges und seiner Person bewirkt.

Der Führer eines Kraftfahrzeuges, der im Falle eines Zusammenstoßes seines Fahrzeugs mit Personen diese vorsätzlich in hilfloser Lage verläßt und nicht sofort hält, wird mit Gefängnis bis zu sechs Monaten bestraft. Sind mildernde Umstände vorhanden, so kann auf Geldstrafe bis zu zweihundert Mark erkannt werden.“

In der Begründung der Regierung wurde hierzu ausgeführt:

„Regierungsseitig wurde den zum Ausdruck gekommenen verschiedenen Ansichten gegenüber ausgeführt: Der Grund für die Bestimmung des § 19 sei, die Feststellung des Führers zu ermöglichen und somit die Haftpflichtbestimmungen zu sichern. Diese Bestimmung sei an sich, weil sie sich im Vergleiche zu anderen Fahrzeugen als Ausnahmebestimmung darstelle, schon hart. Eine Zeit vorzuschreiben, wie lange der Fahrer anzuhalten habe, sei nicht angängig, diese bemesse sich den Tatumständen entsprechend. Die Strafbarkeit auf die Fälle zu beschränken, wo der Fahrer gewußt habe, daß er Schaden angerichtet habe, empfehle sich deshalb nicht, weil der Nachweis, daß ihm dieser Umstand zuzu-

---

629 Verhandlungen des Reichstages, XII. Legislaturperiode, I. Session, Band 253, Anlagen zu den stenographischen Berichten, Nr. 1250, S. 7599.

rechnen sei, oft sehr schwer sei und eine solche beschränkende Bestimmung nur zu leichtfertigen Verteidigungen führen müsse. Das Gesetz sei für normale Fälle geschaffen; führe man schärfere Strafen ein und als Gegengewicht die Strafmilderung, so werde man in der Praxis dahin kommen, daß die Annahme von Milderungsgründen zur Regel werden würde."[630]

Die zweite Lesung führte zu geringfügigen Änderungen. So wurden die Worte „bei der Polizeibehörde" durch die Worte „bei einer inländischen Polizeibehörde" ersetzt, um zu verdeutlichen, dass nicht eine bestimmte Polizeibehörde gemeint sei. Weiterhin wurde die Formulierung „spätestens innerhalb zwölf Stunden nach dem Zusammenstoße" durch die Fassung „spätestens am nächstfolgenden Tage nach dem Zusammenstoße" ersetzt, um die Schwierigkeiten in der Praxis mit der Stundenbestimmung auszuschließen. Zudem wurden in Absatz 3 die Worte „und nicht sofort anhält" gestrichen.

Schließlich wurde darauf hingewiesen, dass der Begriff „Zusammenstoß" nicht nur wörtlich auszulegen sei, sondern dass er auch alle durch ein Kraftfahrzeug verursachten schädigenden Ereignisse umfasse. Letztlich wurde zur Klarstellung das Wort „Zusammenstoß" durch das Wort „Unfall" ersetzt.[631]

Aufgrund von Änderungen der Reihenfolge im Aufbau des Gesetzes[632] wurde § 19 dann zu § 22.[633]

---

630 Verhandlungen des Reichstages, XII. Legislaturperiode, I. Session, Band 253, Anlagen zu den stenographischen Berichten, Nr. 1250, S. 7599.

631 Verhandlungen des Reichstages, XII. Legislaturperiode, I. Session, Band 253, Anlagen zu den stenographischen Berichten, Nr. 1250, S. 7599 f. Der Begriff des Unfalls war jedoch in der Folgezeit in der Literatur nicht unumstritten. Während eine Meinung wegen des Verweises in § 22 KFG auf § 7 KFG den Unfall wie bei der Haftpflichtversicherung bestimmte (*Isaac/Sieburg,* Automobilgesetz, S. 452 m.w.N.; Lehrbuch des Automobilrechts-*Bittermann*, S. 159), nahm eine andere Ansicht (Nachweis bei *Isaac/Sieburg,* Automobilgesetz, S. 452) einen Unfall an, wenn ein zeitlicher und örtlicher Zusammenhang mit einem Vorgang des Fahrverkehrs besteht.

632 Eine Gegenüberstellung des Entwurfes eines Gesetzes über den Verkehr mit Kraftfahrzeugen (Nr. 988 der Drucksachen) mit den Beschlüssen der 29. Kommission findet sich bei: *Hallbauer*, Verkehr mit Kraftfahrzeugen, S. 162 ff.

633 Eine Flucht i.S.d. § 22 KFG lag nur vor, wenn feststellungsbereite Personen anwesend waren (Lehrbuch des Automobilrechts-*Bittermann*, S. 161). Nach überwiegender Auffassung wurde der Tatbestand des § 22 KFG nicht verwirklicht, wenn der Führer zwar sich,

II. Anmerkung

Die Entwicklung und Verbreitung des Automobils zwang den Gesetzgeber zu einer Regulierung des Straßenverkehrs und seiner Folgen. Um den wirtschaftlichen Rang und die Bedeutung für die Landesverteidigung nicht zu schmälern, musste ein Ausgleich zwischen der Verbreitung des Automobils und der damit einhergehenden Ausbreitung der Gefahren durch das Automobil gefunden werde. Dieser Ausgleich konnte aber nicht allein zu Lasten der durch Unfälle Geschädigten erreicht werden. Kernstück der Regelungen war daher die Einführung der Haftpflichtversicherung. Die Zuordnung des Schädigers erfolgte über die Einführung der Kennzeichnungspflicht für Kraftfahrzeuge. Damit diese Zuordnung gelingen konnte, wurde die Vorschrift des § 22 KFG geschaffen, die dem Führer im Falle eines Unfalls die Verpflichtung auferlegte, die Feststellung seines Fahrzeugs und seiner Person zu ermöglichen. Lassen sich aus den Stellungnahmen keine eindeutigen Hinweise hinsichtlich des Rechtsgutes des § 22 KFG entnehmen[634], so ist aber festzuhalten, dass die Eindämmung der Gefahren und die Regulierung des Schadens durch Automobile die Gesetzgebung bewirkt haben. Auslöser war demnach auch das zivilrechtliche Schadensersatzinteresse. Dieses konnte nach Ansicht des Gesetzgebers aber nicht allein durch Regelungen im Privatrecht geschützt werden, es musste vielmehr durch Vorschriften im verwaltungsrechtlichen und strafrechtlichen Bereich ergänzt werden.[635]

Die Regelungen über die Haftpflicht beim Betrieb des Automobils beruhten zunächst auf den strengen Grundsätzen über die Haftung der Eisenbahnen nach dem HaftpflG vom 07.06.1871, diese legten dem Betriebsunternehmer die Er-

---

nicht aber sein Fahrzeug, entfernt hatte (Lehrbuch des Automobilrechts-*Bittermann*, S. 162 f.; *Isaac/Sieburg*, Automobilgesetz, S. 455 m.w.N.) Um die Straffreiheit zu erlangen, musste die Anzeige spätestens am Tag nach dem Unfall erfolgen, unabhängig davon, ob dies ein Sonn- oder Feiertag ist (*Isaac/Sieburg*, Automobilgesetz, S. 456).

634 Vgl. Fn. 620.

635 Deutlich wird dieser Gesichtspunkt auch in der Sitzung des Reichtages vom 05.11.1908. Seitens *Rieberding* wird in der Gesetzesbegründung ausgeführt, dass „das Gesetz, das von uns gedacht war als eine Ergänzung der zivilrechtlichen Bestimmungen des Bürgerlichen Gesetzbuches, in dieser Begrenzung doch nicht genüge, daß es nötig sei, in dem Gesetze noch besondere Fürsorge zu treffen für eine wirksame Kontrolle des Automobilbetriebes, daß außerdem Strafbestimmungen nötig seien für solche Ordnungs- und Polizeiwidrigkeiten, die sich gerade im Automobilverkehr empfindlich bemerkbar machen“ (Verhandlungen des Reichstages, XII. Legislaturperiode, I. Session, Band 233, stenographische Berichte, 154. Sitzung, S. 5264).

satzpflicht für alle beim Betrieb des Automobils entstehenden Schäden auf, soweit nicht der Unfall durch höhere Gewalt oder eigenes Verschulden des Verletzten verursacht wurde.[636] Grund für die Neuregelung waren die Bedenken der Reichstagskommission und der „lebhafteste[n] Widerspruch“[637] seitens der Automobilinteressenten.

Es setzte sich die Ansicht durch, dass die unbedingte Gefährdungshaftung der Eisenbahnen nicht auf die Automobile übertragen werden sollte. Grund hierfür war die unterschiedliche wirtschaftliche Leistungsfähigkeit der Eisenbahnbetreiber als Monopolinhaber einerseits und der Kraftfahrzeughalter andererseits. Zudem wurden erhebliche Steigerungen der Haftpflichtprämien befürchtet, die die Anschaffung von Automobilien beeinträchtigen könnten, da das Automobil sich vom Luxusobjekt zum „allgemeinen Beförderungsmittel, das den Erwerbszwecken weiterer Kreise“[638] dient, entwickelte.

Zudem wurden die Gefahren des Betriebes beim Automobil als geringer und deren Realisierung als leichter zu verhindern eingestuft. Hieraus wurde für die Regelung der Verantwortlichkeit, um den besonderen Gefahren für den Verkehr durch das Automobile zu entsprechen, gefolgert:

„Eine solche Gefahr folgt in erster Linie daraus, daß die Handhabung des Automobils an den Führer, was Vorsicht, Geschick, Geistesgegenwart und Rücksichtnahme auf andere betrifft, weit bedeutendere Anforderungen stellt, als die eines sonstigen Straßenfuhrwerkes. Denn infolge der erhöhten Geschwindigkeit ist die Zahl der Überholungen und Begegnungen mit anderen Benutzern der Straße erheblich größer, und den letzteren fällt es oft schwer, ihr Verhalten dem überraschend herannahenden Automobil gegenüber zweckmäßig einzurichten. Ein großer Teil der Unfälle ist darauf zurückzuführen, daß der Automobilführer das besondere Maß von Sorgfalt, das im Verkehre von ihm gefordert werden muß, außer acht läßt, ohne daß darum angenommen werden könnte, daß der Au-

---

636 Verhandlungen des Reichstages, XII. Legislaturperiode, I. Session, Band 248, Anlagen zu den stenographischen Berichten, Nr. 988, S. 5596.

637 Verhandlungen des Reichstages, XII. Legislaturperiode, I. Session, Band 248, Anlagen zu den stenographischen Berichten, Nr. 988, S. 5596.

638 Verhandlungen des Reichstages, XII. Legislaturperiode, I. Session, Band 248, Anlagen zu den stenographischen Berichten, Nr. 988, S. 5596.

tomobilhalter seinerseits sich einer Fahrlässigkeit bei der Auswahl und der Beaufsichtigung seines Angestellten schuldig gemacht habe. Nach den Vorschriften des BGB (§ 831) genügt aber ein in der letzteren Richtung geführter Entlastungsbeweis, um den Automobilhalter von jeder Haftung für den Unfall zu befreien. Dies erscheint nicht gerechtfertigt. Vielmehr wird demjenigen, welcher ein Verkehrsmittel verwendet, dessen Handhabung ein so bedeutendes Maß von Umsicht und Geschick erfordert, billigerweise die unbedingte Haftung für den Mangel dieser Eigenschaften auferlegt werden müssen.“ [639]

Eine weitere Gefahr des Betriebs eines Autos, die eine verschuldensunabhängige Haftung erfordert, wurde darin gesehen, „daß der Mechanismus des Automobils ein ungleich verwickelter ist, als der der übrigen Fahrzeuge; geringe Fehler in der Beschaffenheit oder Zusammensetzung der einzelnen Teile, kleine Störungen in ihrer Funktion können die Lenkung der Maschine plötzlich unmöglich machen. Dazu tritt bei dem größeren Teile der jetzt üblichen Automobile die Explosionsgefahr. Auch für die Betriebssicherheit seines Fahrzeuges muss daher der Automobilhalter ohne Rücksicht auf sein Verschulden aufkommen.“[640]

Zudem bewirke die schnelle Fortbewegungsmöglichkeit, „daß sie dem Geschädigten den Nachweis der Umstände erschwert, von denen die Haftung des Automobilhalters abhängt. Wie die tägliche Erfahrung zeigt, spielt der Unfall sich meistens zu rasch ab, als daß die Geschädigten die Einzelheiten des Hergangs, insbesondere eine Fahrlässigkeit des anderen Teiles feststellen könnten, während dieser weit eher in der Lage ist, die Umstände des Falles zu überschauen. Es wäre unbillig, den Geschädigten die Folgen eines Beweisnotstandes tragen zu lassen, der nicht durch ihn, sondern durch die dem Betriebe des Kraftfahrzeugs innewohnende Eigenart herbeigeführt wird. Es muß genügen, daß der Geschädigte den ursächlichen Zusammenhang des Schadens mit dem Betriebe des Automobils dartut, wogegen es Sache des in Anspruch genommenen Auto-

---

639 Verhandlungen des Reichstages, XII. Legislaturperiode, I. Session, Band 248, Anlagen zu den stenographischen Berichten, Nr. 988, S. 5597.

640 Verhandlungen des Reichstages, XII. Legislaturperiode, I. Session, Band 248, Anlagen zu den stenographischen Berichten, Nr. 988, S. 5597.

mobilhalters ist, den Beweis zu führen, daß keiner der Haftungsfälle vorliegt.“ [641]

Aus diesen Gründen wurde die Haftung des Automobilhalters einerseits verschärft, andererseits wurde der Umfang der Haftung durch die Festsetzung bestimmter Höchstbeträge beschränkt, weil die feste Begrenzung der Ersatzpflicht den Automobilhaltern die Möglichkeit verschafft, sich gegen die verschärfte Haftung ohne unverhältnismäßige Kosten zu versichern.[642]

Innerhalb der Ausführungen zur Haftpflichtversicherung wurde auch auf die Fälle der Flucht nach einem Unfall eingegangen: „Die Zahl der Fälle, in welchen der Halter des Kraftfahrzeugs nicht ermittelt wurde, betrug im Sommerhalbjahre 1906 noch 12,4 % aller Unfälle, ist aber im zweiten Viertel des Jahres 1908 bereits auf 3,5 % zurückgegangen.“[643]

War zwar die Anzahl der unaufgeklärten Fluchtfälle zurück gegangen, so bestand doch das Bedürfnis, die Zahl der Unfälle zu verringern. Grund für die Vielzahl der Unfälle war häufig die mangelnde Ausbildung der Kraftwagenführer.[644]

Aus der Gesetzesbegründung ergibt sich daher, dass dem Verkehr mit Kraftfahrzeugen nur mit verschiedenen, ineinander greifenden Maßnahmen, begegnet werden sollte. Neben den Verkehrsvorschriften (z.B. über die Fahrerlaubnis und ihre Entziehung), den Strafvorschriften (wie z.B. Fälschung von Kennzeichen, Fahren ohne Fahrerlaubnis und Fluchtversuche) waren die Vorschriften über die Haftpflichtversicherung der zentrale Punkt zur Regulierung des Kraftfahrzeugverkehrs und seiner Auswirkungen. Die Schwierigkeit bestand allerdings darin,

---

641 Verhandlungen des Reichstages, XII. Legislaturperiode, I. Session, Band 248, Anlagen zu den stenographischen Berichten, Nr. 988, S. 5597.

642 Verhandlungen des Reichstages, XII. Legislaturperiode, I. Session, Band 248, Anlagen zu den stenographischen Berichten, Nr. 988, S. 5597. „Schon unter dem geltenden Rechte sind die Prämien, die von den Haftpflicht-Versicherungsgesellschaften den Automobilhaltern berechnet werden, sehr erheblich“ (S. 5579).

643 Verhandlungen des Reichstages, XII. Legislaturperiode, I. Session, Band 248, Anlagen zu den stenographischen Berichten, Nr. 988, S. 5598. Der Rückgang wurde maßgeblich auf die Einführung einer einheitlichen Kennzeichnungspflicht zurückgeführt.

644 Verhandlungen des Reichstages, XII. Legislaturperiode, I. Session, Band 248, Anlagen zu den stenographischen Berichten, Nr. 988, S. 5601.

die Gefahren des Kraftfahrzeugverkehrs zu reduzieren, ohne das wirtschaftliche Wachstum zu hemmen.

Die Haftpflichtversicherung konnte aber nur dann für einen Schaden aufkommen, wenn der Halter des Fahrzeuges bekannt war oder wenigstens ermittelt werden konnte. Aus diesem Grund musste eine Norm geschaffen werden, die diesem Zweck diente. Die Einführung der Vorschrift über die Unfallflucht erfolgte daher hauptsächlich, damit sich der Führer im Falle eines Zusammenstoßes nicht hinsichtlich der Feststellung seines Fahrzeugs und seiner Person durch Flucht entzieht.[645]

Das Dilemma des Gesetzgebers zu Beginn des 20. Jahrhunderts, nämlich die Erstattung von Schäden zu gewährleisten, die durch den Betrieb eines Kraftfahrzeugs entstehen, ohne die wirtschaftliche Entwicklung dieses wichtigen Verkehrsmittels zu vermindern, führte zu einer Vorschrift, die einen gerechten Interessenausgleich schaffen sollte. § 22 KFG darf daher nicht für sich allein betrachtet, sondern kann nur im Zusammenspiel mit den anderen Vorschriften (insbesondere über die Haftpflichtversicherung) gesehen werden. Die Suche nach einem Ausgleich aller Interessen musste aber zu Kompromissen führen, die wiederum zu Einzelfallentscheidungen führen konnten, welche isoliert betrachtet zu „ungerechten“ Ergebnissen beitrugen.

III. § 139a StGB

§ 139a StGB[646] wurde durch die „Verordnung zur Änderung der Strafvorschriften über fahrlässige Tötung, Körperverletzung und Flucht bei Verkehrsunfällen“[647] ins StGB aufgenommen. Dieser Fassung lag ein Entwurf[648] der amtlichen Strafrechtskommission zugrunde. Eine Neufassung war nach damaliger Auffassung erforderlich, da wegen der „sich mit der Zeit und ihrer in jeder Hin-

---

645 Verhandlungen des Reichstages, XII. Legislaturperiode, I. Session, Band 253, Anlagen zu den stenographischen Berichten, Nr. 1250, S. 7599; *Jäger*, objektive Tatbestand, S. 23.

646 Vgl. Anhang I. Vorschriften 3. § 139a StGB.

647 Die Verordnung ist vom 2. April 1940; RGBl. 1940, 606-607.

648 Die Vorschrift des § 22 KFG sollte verändert und in das Reichsstrafgesetzbuch als § 355 übernommen werden: Vgl. *Krug*, DJ 1937, 147 (147). 1939 erfolgte noch eine Umformulierung (vgl. *Magdowski*, Verkehrsunfallflucht, S. 17; vgl. Anhang I. Vorschriften 2. § 22 KFG (1939)).

sicht völlig veränderten Verkehrsgeschwindigkeit das Augenmerk nicht mehr allein auf die Kraftfahrzeuge gelenkt [...]"[649] werden konnte. Nach dem Entwurf sollte jeder am Unfall Beteiligte die Feststellungen ermöglichen müssen, hierbei sollte auch ein Erschweren der Feststellungen unter Strafe gestellt werden, allerdings sollte die Möglichkeit der tätigen Reue beibehalten werden.[650]

In der amtlichen Begründung[651] wird zur Änderung, neben den oben genannten Aspekten, sodann aber zur tätigen Reue (§ 22 Abs. 1 Satz 2 KFG) ausgeführt: „Diese Vorschrift hat zu Missbräuchen geführt. So konnte z.B. ein betrunkener Kraftfahrzeugfahrer durch die Flucht und die Meldung am nächsten Tage erreichen, dass das Maß seines Verschuldens an dem Unfall nicht mehr geklärt werden konnte, da die Blutprobe am folgenden Tage negativ verlaufen musste."[652]

Die Neuregelung erfasste nunmehr nicht nur den Führer eines Kraftfahrzeuges, sondern alle Verkehrsteilnehmer und erweiterte den Katalog der Feststellungen auf die zur Person, zum Fahrzeug und zur Art der Beteiligung. Zudem wurde durch die Neuformulierung klargestellt, dass eine Flucht auch vorliegt, wenn kein Fall der Haftung gemäß § 7 KFG (wegen Vorliegens eines unabwendbaren Ereignisses) gegeben ist.[653] Der im Vergleich zu § 22 KFG drastisch erhöhte Strafrahmen[654] ist vor allem eine Folge der Erfassung und Beseitigung des sog. gemeinschaftsschädlichen Verhaltens[655], da es sich bei der sogenannten

---

649 *Krug*, DJ 1937, 147 (147).

650 Entwurf des § 355 RStGB; *Peeters*, geschichtliche Entwicklung, S. 71; *Krug*, DJ 1937, 147 (150).

651 DJ 1940, 508 (509). *Rietsch*, DJ 1940, 532 (537), führt dazu aus: „Nachdem die Feststellungspflicht auf die Art und Weise der Beteiligung erstreckt ist, besteht an einer späteren Meldung kein Interesse mehr; der Alkoholeinfluß ist am folgenden Tage nicht mehr feststellbar, auch können Mängel des Fahrzeugs inzwischen beseitigt sein".

652 Ausführlicher zur Entstehung des § 139a: *Brock*, objektive Tatbestand, S. 46 ff.; *Jäger*, objektive Tatbestand, S. 27 ff.

653 *Rietsch*, DJ 1940, 532 (536).

654 Die Strafe war bereits durch das Gesetz vom 07.11.1939 (RGBl. I S. 2223) auf Gefängnis bis zu zwei Jahren oder Haft erhöht worden (vgl. *Rietsch*, DJ 1940, 532 (537)).

655 *Werle*, Justiz-Strafrecht, S. 307 f.; *Säzler*, Verkehrsunfallflucht, S. 3; *Jäger*, objektive Tatbestand, S. 29 ff.; *Schünemann*, DAR 2003, 207 (208); *Heidemeier*, FS Hamm, S. 192. *Steiner*, Unfallflucht, S. 73, legt zudem dar, dass die Formulierung „Art der Unfallbeteiligung" primär wegen des Schutzes öffentlicher Interessen aufgenommen wurde.

Führerflucht um eine Straftat handle, die nach der Anschauung des Volkes einen verwerflichen Charakterfehler offenbare, dem nur mit einer eindrucksvollen Abschreckung begegnet werden könne.[656] Zwar wurde die Formulierung als Unternehmensdelikt aufgegeben, aber der Versuch unter Strafe gestellt, für den die Milderung der Strafe gemäß § 44 StGB a.F. aber durch eine Verordnung[657] regelmäßig ausgeschlossen war.

Der damalige Gesetzgeber erstrebte nunmehr vorwiegend die Aufklärung des Unfalles im öffentlichen Interesse.[658]

Unfallflucht im Sinne des § 139a StGB setzt ein vorsätzliches Sich-Entziehen durch die Flucht voraus. Voraussetzung für eine Flucht ist aber, dass jemand

---

Krug, DJ 1937, 147 (151) spricht davon, dass mit der neuen Vorschrift „ein gutes Stück nationalsozialistischen Rechtsdenkens verwirklicht" wird. Noch deutlicher kommt dies zum Ausdruck bei *Freisler*, DJ 1940, 525 (527 f.). Abweichend *Mikla*, unvorsätzliches Entfernen, S. 10, der in § 139a StGB jedenfalls keine typisch vom nationalsozialistischen Gedankengut geprägte Norm sieht, sofern man § 139a III StGB außer Acht lasse. Dies zeige die gleiche Strafandrohung von § 139a StGB und § 142 StGB. Dieser Schluss ist jedoch wenig überzeugend, da zunächst gezeigt werden muss, dass der (spätere) Gesetzgeber hierbei nicht von anderen Voraussetzungen ausgegangen ist bzw. weit über das Ziel hinaus geschossen ist. Insbesondere die Ausweitung des Strafrahmens von zwei auf drei Jahre Freiheitsstrafe (1975) erfolgte nach dem Willen des Gesetzgebers, weil zugleich die erhöhte Strafdrohung für besonders schwere Fälle abgeschafft wurde (vgl. BT-Drucksache 7/2434, S. 8 f.). *Magdowski*, Verkehrsunfallflucht, S. 17 ist ebenfalls der Meinung, dass § 139a nicht auf typisch nationalsozialistischem Ideengut basiert, da die gesetzliche Neuregelung auf früheren Anregungen aus Praxis und Schrifttum beruht. Diese Argumentation ist aber ebenfalls nicht überzeugend, da erstens diese früheren Erwägungen schon nationalsozialistisches Gedankengut enthalten (können) und zweitens in den Gesetzesbegründungen eindeutig von einer ideologisch motivierten Änderung die Rede ist.

656 *Krug*, DJ 1937, 147 (147). Zur Bedeutung der Vergehen gegen die §§ 22-25 des Kraftfahrzeuggesetzes: *Roesner*, DJ 1941, 379 (382). Danach sank die Zahl der rechtskräftig Verurteilten bei Vergehen und Verbrechen gegen die Reichsgesetze von 335.665 (1938) auf 297.353 (1939), allerdings erhöhte sich die Zahl der Verurteilungen bezüglich der §§ 22-25 des Kraftfahrzeuggesetzes von 15.924 (1938) auf 20.521 (1939). Dies entspricht einem prozentualen Anteil von 4,7 % für 1938 und 6,9 % für 1939. Im Jahr 1937 lag die Zahl der Verurteilten bezüglich der §§ 22-25 des Kraftfahrzeuggesetzes bei 20.357 von insgesamt 438.493 Verurteilten, dies entspricht einem Anteil von 4,6 % (vgl. *Roesner*, DJ 1939, 1476 (1477)).

657 Vgl. § 4 der Verordnung gegen Gewaltverbrecher vom 05.12.1939 (RGBl. I 2378).

658 *Roesen*, NJW 1957, 1737 (1737); *Steiner*, Verkehrsunfallflucht, S. 73; *Hartman-Hilter*, Unfallort, S. 90. Zur Bedeutung des Automobils im Dritten Reich: *Rinn*, Automobil, S. 30 ff. und 49 ff.

vorhanden ist, der sich über die Person des Täters vergewissern will. Aus diesem Grund liegt keine Flucht vor, wenn niemand in der Nähe des Unfallortes ist, der die Feststellungen treffen kann. Keine Unfallflucht liegt daher vor, wenn sich der Unfallverursacher vom Unfallort entfernt, wenn niemand vor Ort ist bzw. der Verletzte des Unfalls bewusstlos oder tot ist.[659] Die Pflichten des § 139a StGB wurden in einem solchen Fall durch die Rechtsprechung erweitert: „Für den Verursacher des Unfalls ergibt sich aber in einem solchen Falle aus dem Gedanken des § 330c StGB [unterlassene Hilfeleistung] heraus die Pflicht zur Hilfeleistung oder zur Meldung bei der nächsten Polizeistelle.“[660]

IV. § 139a StGB (nach 1945)

Die Vorschrift des § 139a bestand bis zum Dreizehnten Strafrechtsänderungsgesetz[661] ohne inhaltliche Änderung (1953 wurde § 139a in § 142 umbenannt[662]) fort, d.h. auch die Vorschrift über die tätige Reue wurde nicht wieder aufgenommen. Auch bei der Interpretation hinsichtlich des Rechtsgutes gab es weiterhin zum Teil Ansichten, die nicht nur das zivilrechtliche Beweissicherungsinteresse[663] beinhalteten.[664] Trotz des unveränderten Wortlauts – und der Be-

---

659 RG, Urteil vom 04.05.1942, 3 D 135/42, Deutsches Recht 1942, 1140 (1140). Maßgebend war bei § 22 KFG, ob feststellungsbereite Personen anwesend waren. Auf die bloße Möglichkeit des Erscheinens kam es nicht an, insofern war es „nicht notwendig, daß [der Führer] nach jedem kleinen Unfall etwa stundenlang wartet, bis sich auf einsamer Chaussee ein Interessierter meldet.“ (Lehrbuch des Automobilrechts-*Bittermann*, S. 161).

660 RG, Urteil vom 04.05.1942, 3 D 135/42, Deutsches Recht 1942, 1140 (1140).

661 Dreizehntes Strafrechtsänderungsgesetz vom 13.06.1975 (BGBl. I 1975, 1349 (1349 f.)).

662 Drittes Strafrechtsänderungsgesetz vom 04.08.1953 (BGBl. I 1953, 735 (741)).

663 Begründung hinsichtlich des Schutzgutes „zivilrechtliches Beweissicherungsinteresse“ bei: *Dünnebier*, GA 1957, 33 (42 ff.); *Hoffmann*, Selbstbegünstigung, S. 219; *Pfannmüller*, Verkehrsunfall, S. 90 ff.

664 BGH, Urteil vom 08.07.1954, 4 StR 94/54, VRS 8, 272 (275). *Berger*, DAR 1955, 150 (150): „Das Verbot der Verkehrsunfallflucht dient nicht nur, wie häufig fälschlich angenommen wird, der Sicherung des privaten Feststellungsinteresses an der alsbaldigen Feststellung über Unfallablauf und Unfallbeteiligung, sondern auch dem gleichlaufenden Interesse der Öffentlichkeit“; *Schlotheim*, DAR 1957, 349 (351): „Wenn § 142 StGB die Unfallflucht im Rahmen der Delikte wider die öffentliche Ordnung unter Strafe stellt, so kann dies nur deswegen geschehen sein, weil der Gesetzgeber der Überzeugung war, wer sich nach einem Unfall durch Flucht den gebotenen Feststellungen entziehe, stelle damit entgegen der allgemein anerkannten Ordnung selbstherrlich eine eigene Ordnung auf“; *Erdsiek*, NJW 1963, 632 (634): „Zum andern erfordert der Sühnegedanke eine Ahndung der vor allem in schwereren Fällen zutage tretenden rücksichtslosen Gesinnung des Flüchtigen“; *Luff*, BA 1963, 126 (126). Dennoch stellte *Enskat*, NJW 1962, 332 (332)

schränkung des Schutzgutes allein auf das zivilrechtliche Beweissicherungsinteresse[665] – gab es in der Folgezeit einige Erweiterungen des Tatbestandes[666] durch die Rechtsprechung.[667]

V. § 142 StGB (1975)

Mit Einführung des § 142 StGB (1975)[668] wurde allgemein als geschütztes Rechtsgut das zivilrechtliche Beweissicherungsinteresse der Unfallbeteiligten und Geschädigten angesehen.[669] Für die Praxis hatten sich in der Vergangenheit

---

fest, dass „es […] heute wohl auch kaum noch ernstlich bestritten [wird), daß § 142 StGB gerade das Feststellungsinteresse des Geschädigten schützen soll“. Ein Überblick über weitere vertretene Meinungen findet sich bei: *Weigelt*, Verkehrsunfallflucht, S. 10 f.

665 BGH, Urteil vom 26.05.1955, BGHSt 8, 263 (265 ff.) = NJW 1955, 1078 (1079).

666 *Loos*, JR 1985, 164 (165) nennt dies „die fragwürdige Tendenz der Rechtsprechung zur Perfektionierung eines Rundumschutzes des Geschädigten“. Härter wurde dies auf dem 9. Verkehrsgerichtstag formuliert (zitiert nach *Middendorff*, BA 1982, 356 (363): § 142 StGB sei das „Exerzierfeld absurder juristischer Auslegungen“).

667 BGH, Urteil vom 12.03.1953, 3 StR 819/52, BGHSt 4, 144 (147) = NJW 1953, 1190 (1190 f.) zur Wartepflicht; BGH, Urteil vom 10.11.1953, 1 StR 227/53, BGHSt 5, 124 (125 ff.) = NJW 1954, 400 (400 f.) zur Rückkehrpflicht; a.A. BGH, Urteil vom 25.01.1955, 2 StR 366/54, BGHSt 7, 112 (112 ff.). Eine Besprechung der Urteile findet sich bei: *Schmidhäuser*, JZ 1955, 433 (433 ff.). Weitere Nachweise bei: *Mittelbach*, JR 1955, 390 (390 f.) und *Roesen*, NJW 1957, 1737 (1739). Gegen die teils von der Rechtsprechung geforderte sog. Rückkehrpflicht: *Schröder*, NJW 1966, 1001 (1001 ff.); *Bindokat*, NJW 1966, 1906 (1906 f.); a.A. *Koch*, NJW 1961, 2195 (2195 ff.), weitere Nachweise und Argumente bei: *Krüger*, NJW 1965, 142 (142). Gegen die Begründung einer Wartepflicht durch Auslegung des Merkmals „Flucht“: *Hoffmann*, NJW 1966, 2001 (2001 ff.). Gegen die Bejahung eines Unfalls, auch wenn das Geschehen vorsätzlich herbeigeführt wurde (BGH, Urteil vom 17.09.1958, 4 StR 165/58, BGHSt 12, 253 (256) = NJW 59, 394 (394); BGH, Urteil vom 27.07.1972, 4 StR 287/72, BGHSt 24, 382 (383) = NJW 1972, 1960 (1960)): *Roxin*, NJW 1969, 2038 (2038 ff.); *Hartman-Hilter*, NZV 1995, 340 ff. m.w.N; *Schnabl*, NZV 2005, 281 ff. Gegen die Bejahung des Sich-Entfernens, wenn der Unfallbeteiligte unfreiwillig entfernt wurde (BayObLG, Beschluss vom 23.12.1981, RReg. 1 St 295/81, NJW 1982, 1059 f.): *Schwab*, MDR 1983, 454 (454 ff.); differenzierend: *Joerden*, JR 1984, 51 (51 ff.); Überblick über die verschiedenen Situationen des Entferntwerdens bei: *Volk*, DAR 1982, 81 (83 ff.). Gegen die Annahme der Unfallbeteiligung des auf dem Beifahrersitz mitfahrenden Ehemannes: *Küper*, JuS 1988, 286 (287) m.w.N. in Fn. 7.

668 Dreizehntes Strafrechtsänderungsgesetz vom 13.06.1975 (BGBl. I 1975, 1349 (1349 f.). Zur Intention des Gesetzgebers: BT-Drucksache 7/2434 und *Maier*, JZ 1975, 721 (721 ff.), *ders.*, NJW 1976, 1190 (1190 f.).

669 BT-Drucksache 7/2434; BT-Drucksache 7/3503, S. 3 (wobei sich eine Minderheit der Ausschussmitglieder dafür aussprach, auch das öffentliche Interesse als Schutzgut anzusehen). *Berz,* DAR 1975, 309 (309) mit ausführlichen Nachweisen in Fn. 5. *Bürgel*, MDR

eine Reihe von Fragen gestellt.[670] Der neue § 142 StGB sollte Anwendungs- und Auslegungsschwierigkeiten beseitigen, zu denen die seit 1940 – trotz der Entwicklung des Straßenverkehrs und der damit verbundenen starken Zunahme der Unfälle im Straßenverkehr – unverändert geltende Fassung des Verkehrsunfallflucht-Tatbestandes geführt hatte.[671] Die Rechtsprechung hatte versucht diese Probleme teilweise durch Ausdehnung und Auslegung zu lösen[672], während in der Literatur mehrfach Änderungen gefordert wurden[673].

1976, 353 (353) erwähnt in diesem Zusammenhang, dass die Erleichterung der Strafverfolgung durchaus eine willkommene Nebenfolge der Anwendung des § 142 StGB sei. *Loos*, DAR 1983, 209 (209), findet eine Beschränkung auf das zivilrechtliche Beweissicherungsinteresse nicht unbedingt einsichtig, er hält aber eine Diskussion um das Schutzgut des § 142 StGB (auch de lege ferenda) für kaum erfolgversprechend.

670 Vgl. *Seibert*, NJW 1955, 1428 (1428 f.), der eine Reihe von Problemen und Fragestellungen aufzeigt.

671 So die Zielsetzung des Entwurfs des 14. Strafrechtsänderungsgesetzes durch die Bundesregierung, BT-Drucksache 7/2434. Dieser Entwurf war die Grundlage für das 13. Strafrechtsänderungsgesetz, die Umbenennung basiert auf der Tatsache, dass das zunächst als 13. Strafrechtsänderungsgesetz eingebrachte Gesetz (BT-Drucksache 7/3030) erst nach der Neuregelung des § 142 StGB in Kraft treten konnte (vgl. Verhandlungen des Deutschen Bundestages, 7. Wahlperiode, Stenographische Berichte Band 93, S. 11731 f.). Zur Entstehungsgeschichte des neuen § 142 StGB: *Janiszewski*, Kraftfahrt und Verkehrsrecht 1971, 25 (27 ff.). Zur „Rechtsunsicherheit bei der praktischen Anwendung“: *Imhof*, DAR 1965, 268 (268). *Lackner*, DAR 1972, 283 (287): „Der geltende § 142 StGB ist ein Tatbestand, der wegen der Unbestimmtheit seiner Fassung, der Unklarheit seiner Schutzrichtung und der Unangemessenheit eines Teils seiner Ergebnisse so bald wie möglich abgeschafft gehört“.

672 BGH, Urteil vom 07.06.1951, 4 StR 189/51, VRS 4, 48 (49), ein Entziehen durch Flucht liegt auch vor, wenn sich der Unfallbeteiligte aus dem Krankenhaus entfernt, bevor die Polizei Feststellung zum körperlichen Zustand treffen konnte. BGH, Urteil vom 12.03.1953, 3 StR 819/52, BGHSt 4, 144 (147) = NJW 1953, 1190 (1190 f.) zur Auslegung des Merkmals „Flucht“ und zur Begründung der Wartepflicht; OLG Hamm, Urteil vom 15.12.1970, 3 Ss 964/70, VRS 41, 28 (29), eine Wartedauer von 45 Minuten bei einem Unfall um 3.00 Uhr in der Stadtmitte ist nicht ausreichend; BGH, Urteil vom 10.11.1953, 1 StR 227/53, BGHSt 5, 124 (125 ff.) = NJW 1954, 400 (400 f.) zur Rückkehrpflicht an den Unfallort; OLG Koblenz, Urteil vom 01.02.1973, 1 Ss 286/72, VRS 45, 33 (33), Rückkehrpflicht, nachdem der Unfallbeteiligte erst 10 Minuten nach dem Unfall davon erfahren und sich schon 10 bis 12 Kilometer entfernt hatte. BayObLG, Urteil vom 12.12.1951, III 485/51, VRS 4, 211 (212), hinsichtlich aller Tatbestandsmerkmale genügt bedingter Vorsatz ; ebenso OLG Braunschweig, Urteil vom 09.05.1952, Ss 50/52, VRS 4, 366 (366), allerdings forderte der BGH, Urteil vom 03.08.1951, 4 StR 253/51, VRS 4, 55 (56), bezüglich des Willens zur Flucht bestimmten Vorsatz. KG Berlin, Urteil vom 04.04.1951, 1 Ss 24/51, VRS 3, 202 (203), Erforderlichkeit der Feststel-

Betrachtet man sich die Menge der – nach der Neufassung – veröffentlichten Urteile[674], Aufsätze und Monografien, kann allein daraus geschlossen werden, dass dieser Versuch gründlich fehlgeschlagen ist.[675] Teilweise wird die Vorschrift „zu den am meisten verunglückten Bestimmungen des Besonderen Teils"[676] gezählt.[677] „Fast ist es schon so weit, daß sich auf einen Verbotsirrtum

---

lung zur Alkoholsierung, auch wenn die Alkoholisierung für die Tatzeugen offenkundig war.

673 Beispielsweise: *Berger*, DAR 1955, 150 (Verzicht auf das Erfordernis eines nicht nur belanglosen Schadens (150); Wartepflicht auch beim Fehlen jeglichen privaten Feststellungsinteresses (151); Erfassung des sog. Nachtrunkes (153)); *Ohr*, DAR 1960, 221 (222 f.): Wird der Unfallbeteiligte an einem anderen Ort ermittelt, sei ein neuer Feststellungsbereich entstanden, der dem Kraftfahrer eine neue Duldungspflicht und eine gewisse Wartepflicht auferlege. Unbeachtlichkeit des Umstandes, dass sich der Unfallbeteiligte als letzter von der Unfallstelle entfernt hat. Nachweise und Argumente gegen diese Ansicht bei: *Bauer*, NStZ 1985, 301 (301 f.).

674 Die Suche mit einem juristischen Rechercheprogramm ab dem 21.06.1975 ergab über 1.200 Treffer für § 142 StGB (davon fast 700 Urteile oder Beschlüsse und damit beinahe ebenso viele Treffer wie für § 211 StGB); Stand März 2011.

675 Leider wurde im Vorfeld nicht auf warnende Stimmen gehört. Z.B.: *Beier*, DAR 1973, 85 (85 f.) warnte nachdrücklich vor der Umsetzung auf der Basis des Entwurfes des Bundesjustizministeriums: „Der Entwurf [...] stellt abgesehen von einigen materiellen Änderungen von minderer Bedeutung nichts weiter dar als den Versuch einer Synthese des zur Zeit geltenden Gesetzes mit den Notlösungen, mit denen die Rechtsprechung dessen gröbste Mängel zu überbrücken gewußt hat. Das ist – weit entfernt von einer echten Reform – nichts weiter als die Kodifizierung des status quo. In Anbetracht des Beharrungsvermögens unserer Gesetze und der Schwerfälligkeit der Gesetzgebungsmaschinerie würde der Entwurf einen Rechtszustand zementieren, der längst als sehr unbefriedigend, wenn nicht sogar als unerträglich erkannt worden ist. Die Chance einer echten Reform wäre damit vielleicht für lange Zeit vertan".

676 *Geppert*, GA 1970, 1 (1); *ders.* BA 1986, 157 (157); Schönke/Schröder/*Sternberg-Lieben*, § 142 Rn. 1, so schon *Schröder* § 142 Rn. 1 in der 13. Auflage. Diese Meinung teilen auch Nichtjuristen: *Barbey*, BA 1992, 252 (262): „[...] deshalb kann der in Strafverfahren als Gutachter tätige Psychiater nicht umhin dem [...] zuzustimmen." Schon im Gesetzgebungsverfahren wurde dem Entwurf bescheinigt, dass er sprachlich nicht geglückt sei und der Laie ihn kaum verstehen wird (*Beier*, DAR 1973, 85 (90). Nach *Janker*, NJW 1991, 3113 (3113) gehört sie zu den kompliziertesten und umstrittensten Regelungen des Strafgesetzbuches. *Jagusch*, NJW 1976, 504 (507) ist der Meinung, dass § 142 I Nr. 1 StGB „mehr als eine Magna Charta der Ausflüchte [...] denn als eine Reformvorschrift" anzusehen ist.

677 Allerdings stellte *Hauser*, BA 1989, 237 (244) fest: „Die in die neue Vorschrift gesetzten Erwartungen sind im wesentlichen erfüllt worden. Es ist gelungen, durch eine am geschützten Rechtsgut orientierte Rechtsprechung bei der nachträglichen Meldepflicht[,] die Belange der Geschädigten weitgehend zu wahren, ohne dabei die Meldepflichtigen der Strafverfolgung mehr als unvermeidbar auszusetzen." Ähnlich *Seib*, JR 1986, 397 (401):

berufen kann, wer nur geltend macht, das Gesetz besonders gründlich gelesen zu haben."[678]

Der Begriff des Verkehrsunfalls ist nicht definiert worden, daher ist der Begriff wie zuvor zu deuten[679], es wurde nur die Einschränkung auf den Bereich des Straßenverkehrs[680] zum Ausdruck gebracht.[681] Ein Verkehrsunfall ist danach ein plötzliches, zumindest für einen Beteiligten ungewolltes Ereignis, das im ursächlichen Zusammenhang mit dem öffentlichen Straßenverkehr einen nicht ganz belanglosen fremden Körper- oder Sachschaden bewirkt.[682] Der Kreis der durch die Regelung Begünstigten wurde auf Geschädigte und andere Unfallbeteiligte festgelegt.[683] Zusätzlich zur Wartepflicht (sofern keine feststellungsbereiten Personen anwesend sind) wurde die Vorstellungspflicht[684], d.h. die Pflicht, die (mögliche) Unfallbeteiligung anzugeben, eingeführt.[685] Die „sachlich bedeutsamste Neuerung"[686] stellt die nachträgliche Meldepflicht dar. Nach § 142 II StGB muss sich derjenige nachträglich melden, der zuvor den Ablauf der Wartefrist beachtet oder sich berechtigt oder entschuldigt entfernt hatte. Diese Meldung hat unverzüglich zu erfolgen. Zwar wurde der erhöhte Strafrahmen für

„Für eine Änderung des § 142 StGB besteht daher kein praktisches Bedürfnis; das um so weniger, als die Auslegungsschwierigkeiten der seit 1975 geltenden Fassung durch die Rechtsprechung und das Schrifttum im wesentlichen behoben und die Anforderungen der Vorschrift den Kraftfahrern inzwischen weitgehend bekannt sind".

678 *Volk*, DAR 1982, 81 (87). *Cramer*, ZRP 1987, 157 (158): „In Grenzfällen ist der Verkehrsteilnehmer hoffnungslos überfordert und erfährt erst in 3. Instanz beim OLG, oder nach Vorlage gem. § 120 GVG beim BGH, ob er sich nun strafbar gemacht hat oder nicht".

679 *Bürgel*, MDR 1976, 353 (353).

680 Zur Problematik, ob § 142 StGB auch den nicht öffentlichen Straßenverkehr erfasst: *Wieland*, Freiheit und Verantwortung, S. 112 ff.

681 *Müller-Emmert/Maier*, DRiZ 1975, 176 (177).

682 *Jagusch*, NJW 1975, 1631 (1631).

683 Die Frage, ob eine Vorschrift über die Unfallflucht außer dem Geschädigten auch andere Unfallbeteiligte berücksichtigen soll, war schon Thema der Großen Strafrechtskommission. Die Kommission hielt sich an die Bemerkung von *Gallas*: „Vielleicht sollte man in der Tat den Kreis der Geschützten lieber etwas zu weit als zu eng ziehen" und nahm die Erweiterung auf andere Unfallbeteiligte ohne Gegenstimmen an (Niederschriften über die Sitzungen der Großen Strafrechtskommission, 13. Band, 138. Sitzung, S. 478).

684 Zum Umfang der Vorstellungspflicht: *Jagusch*, NJW 1976, 504 (504 ff.); Münchener Kommentar StGB-*Zopfs*, § 142 Rn. 59 ff.

685 *Jagusch*, NJW 1975, 1631 (1632).

686 So: *Janiszewski*, DAR 1975, 169 (174).

besonders schwere Fälle nicht wieder aufgenommen, jedoch wurde die Obergrenze auf drei Jahre Freiheitsstrafe festgesetzt, was eine Anhebung im Vergleich mit dem früheren allgemeinen Strafrahmen (bis zwei Jahre Freiheitsstrafe) bedeutet.[687] Im Gegensatz zum Entwurf und früheren Gesetzesfassungen ist der Versuch nicht strafbar.[688]

Auch dieser neue „scheinbar so perfekte Tatbestand [... hat] schon binnen kurzer Zeit eine erstaunliche Vielzahl neuer Anwendungsprobleme erzeugt [...]“[689]; allerdings sollte viel Zeit vergehen, bevor eine weitere Änderung (tätige Reue) vorgenommen wurde.

VI. § 142 StGB (1998)

Die Vorschrift des § 142 StGB wurde 1998 um einen Absatz ergänzt. Dieser neue Absatz 4 enthält die obligatorische Strafmilderung und die Möglichkeit, von Strafe abzusehen, wenn die Voraussetzungen für eine tätige Reue[690] vorliegen. Aus dem vorherigen Absatz 4 wurde nun Absatz 5, ohne dass dieser eine inhaltliche Änderung erfahren hat.

---

687 *Müller-Emmert/Maier* DRiZ 1975, 176 (179).

688 *Jagusch*, NJW 1975, 1631 (1633). Ausführlich zu den Beratungen des Sonderausschusses für die Strafrechtsreform: *Janiszewski*, DAR 1975, 169 (175).

689 *Küper*, Richterliche Rechtsfortbildung, S. 452 (455). Beispielsweise: Vgl. BGH, Beschluss vom 30.08.1978, 4 StR 682/77, BGHSt 28, 129 (132 ff.) = NJW 1979, 434 (435); BGH, Beschluss vom 11.06.1981, 4 StR 298/80, BGHSt 30, 160 (164) = NJW 1981, 2366 (2367). Teilweise wurde der Ausdehnung des § 142 II Nr. 2 StGB auf die Fälle des unvorsätzlichen Entfernens zugestimmt: *Bär*, JR 1982, 379 (379); *Janiszewski*, JR 1978, 116 (117); *ders.*, JR 1979, 341 (341 f.). Kritisch zu dieser Entwicklung: *Schünemann*, DAR 2003, 207 (209). Treffend in diesem Zusammenhang: „Bemerkenswert ist auch, dass sich ausgerechnet die so oft als wenig progressiv getadelte Rechtsprechung bei dieser Gesetzesmaterie als viel fortschrittlicher denn die Regierung erwies und die Gesetzesänderungen durch Entscheidungen so weit vorantrieb, dass die Regierung diese Rechtsprechung dann lediglich noch in Gesetzestexte zu gießen brauchte.“; Verhandlungen des Deutschen Bundestages, 7. Wahlperiode, Stenographische Berichte Band 93, S. 11733. Anwendung des § 142 II StGB (entschuldigtes Sich-Entfernen) nach einer Trunkenheitsfahrt: BayObLG, Urteil vom 16.12.1988, RReg 2 St 246/88, JR 1989, 341; *Küper*, NJW 1990, 209 (209 ff.); *Werner*, NZV 1988, 88 (88 ff.); ablehnend: *Keller*, JR 1989, 343 (343 f.).

690 Die einzelnen Tatbestandsmerkmale wurden im 1. Teil dieser Arbeit dargestellt.

Der Regierungsentwurf für das Sechste Strafrechtsreformgesetz[691] enthielt keinen Änderungsvorschlag für den Tatbestand des unerlaubten Entfernens vom Unfallort.

Nach dem Willen des Bundesrates sollte jedoch in § 142 StGB nach Absatz 3 folgender Absatz 3a eingefügt werden:

> „(3a) Das Gericht mildert die Strafe (§ 49 Abs. 1) oder kann ganz von Strafe absehen, wenn der Täter innerhalb von 24 Stunden nach einem Unfall außerhalb des fließenden Verkehrs, der ausschließlich Sachschaden zur Folge hatte, durch freiwillige Meldung die nach Absatz 3 erforderlichen Feststellungen nachträglich ermöglicht hat."

Zur Begründung führte der Bundesrat in seiner Stellungnahme[692] aus:

„Durch den neuen § 142 Abs. 3 a StGB wird dem Verkehrsteilnehmer, der sich nach einem Unfall im ruhenden Verkehr mit ausschließlich Sachschaden zunächst unerlaubt entfernt hat, eine "goldene Brücke" gebaut, wenn er in angemessener Zeit – 24 Stunden – nach Deliktsvollendung die in Absatz 3 umschriebenen Feststellungen ermöglicht. Diese Lösung führt weder zur Aufweichung des Normenbefehls noch zur Schwächung der präventiven Wirkung. Die Tat bleibt grundsätzlich strafbar, das Gericht kann aber nach seinem Ermessen von Strafe (ganz) absehen. Um den Anreiz, sich nachträglich zu melden, noch zu steigern, wird jedoch für jeden, der sich nachträglich innerhalb der Frist meldet, eine zwingende Strafmilderung gemäß § 49 Abs. 1 StGB vorgesehen. Der flüchtende Unfallbeteiligte trägt nach der vorgesehenen Regelung weiterhin das Risiko, vor freiwilliger Meldung entdeckt und bestraft zu werden, er hat aber die begründete Chance, straffrei zu werden, wenn er sich binnen 24 Stunden nach dem Unfall freiwillig meldet. Er hat die Gewißheit, daß eine Strafmilderung erfolgt, wenn er nachträglich die Feststellungen ermöglicht. Die Möglichkeit des Absehens von Strafe macht zudem im Ermittlungsverfahren die Anwendung von § 153 b Abs. 1 StPO möglich."

Die Erwiderung der Bundesregierung lautete:

---

[691] BT-Drucksache 7164, S. 3 und BT-Drucksache 8587, S. 4.

[692] BT-Drucksache 13/8587, S. 57.

„Die Bundesregierung erhebt gegen die vorgeschlagene Regelung keine grundsätzlichen Bedenken, weist jedoch auf folgendes hin: Es erscheint nicht unproblematisch, den Anwendungsbereich der Regelung auch auf bedeutende Sachschäden zu erstrecken. Zum einen würde sich damit ein Spannungsverhältnis zu § 69 Abs. 2 Nr. 3 ergeben, der die Entziehung der Fahrerlaubnis bei Verurteilungen nach § 142 in der Regel vorsieht, wenn an fremden Sachen ein bedeutender Schaden entstanden ist. Zum anderen wird eine Vielzahl der Parkunfälle auch erfaßt, wenn sich die Vorschrift auf nicht bedeutende Sachschäden bezieht. Den Vorschlag einer Ergänzung von § 142 zur Regelung nachträglicher Meldungen nach einem unerlaubten Entfernen vom Unfallort bewertet die Bundesregierung im Grundsatz positiv. Um den Anreiz zur nachträglichen Meldung noch zu erhöhen und damit dem Anliegen des stärkeren Schutzes privatrechtlicher Interessen der Unfallbeteiligten besser zu entsprechen, könnte geprüft werden, ob es vorzugswürdig ist, als Rechtsfolge für die angesprochenen Sachverhalte einen Tatbestandsausschluß vorzusehen.“ [693]

In Anlehnung und im Anschluß an § 142 Abs. 2 und 3 wurde daher folgende Fassung vorgeschlagen:

> „Nach den Absätzen 1 und 2 wird ein Unfallbeteiligter nicht bestraft, der sich nach einem Unfall außerhalb des fließenden Verkehrs, bei dem lediglich nicht bedeutender Sachschaden entstanden ist, vom Unfallort entfernt hat und die Feststellungen innerhalb von vierundzwanzig Stunden nach dem Unfall nachträglich ermöglicht (Absatz 3).“[694]

Die Stellungnahme der Bundesregierung lässt sich auf zwei wichtige Punkte reduzieren. Erstens, die Beschränkung des Anwendungsbereiches auf „nicht bedeutende Sachschäden“ und zweitens, die Erhöhung der Motivation zur nachträglichen Meldung durch einen Tatbestandsausschluss.[695]

Auf die Erhöhung der Motivation zur nachträglichen Meldung wurde allerdings nicht mehr eingegangen. Letztlich haben sich also beide Restriktionen (nur fakultatives Absehen von Strafe und Beschränkung auf nicht bedeutende

---

[693] BT-Drucksache 13/8587, S. 80.

[694] Vgl. (zur Stellungnahme des Rechtsausschusses) BT-Drucksache 13/8587, S. 80.

[695] BT-Drucksache 13/9064, S. 9 f.

Sachschäden) durchgesetzt. Ebenso wenig konnte sich der Vorschlag durchsetzen, den Anwendungsbereich durch die Streichung der Formulierung „außerhalb des fließenden Verkehrs"[696] zu erweitern.

§ 142 IV StGB war somit von Anfang an durch Restriktionen gekennzeichnet, die zum Teil durch die Rechtsprechung und Literatur verfestigt oder ausgeweitet wurden.[697]

VII. Zusammenfassung

Die Norm über die Verkehrsunfallflucht beruht auf dem Versuch, einen Ausgleich zwischen den Interessen der Wirtschaft (insbesondere der Automobilhersteller), den Führern und Haltern von Kraftfahrzeugen, den durch einen Unfall mit einem Automobil Geschädigten und dem Staat (sowohl im Hinblick auf die öffentliche Sicherheit und Ordnung des Straßenverkehrs, als auch im Hinblick auf die Bedeutung des Automobils für die Kriegsführung) herzustellen. Der Wunsch nach einem gerechten Ausgleich aller Interessen führte zu einer Norm, die erstens in vielerlei Hinsicht einen Kompromiss darstellt und daher zweitens nicht jedem Einzelfall gerecht werden konnte.

Die Veränderungen durch den nationalsozialistischen Gesetzgeber waren von dem Gedanken geprägt, die sozialschädliche Gesinnung zu bestrafen, die durch „die Feigheit und Gemeinheit der Fahrerflucht"[698] zum Ausdruck komme.

Diese Ideologie hat nach dem Zweiten Weltkrieg keinen Eingang mehr in die Vorschrift des § 142 StGB gefunden. Vielmehr wurde als geschütztes Rechtsgut ausschließlich das zivilrechtliche Beweissicherungsinteresse in den Mittelpunkt der Vorschrift gerückt.

In den Hintergrund ist aber die ursprüngliche Intention der Vorschrift über das Verhalten nach einem Unfall getreten. Lässt man bei den Überlegungen, die zur Einführung des § 22 KFG geführt haben, diejenigen weg, die mit dem heuti-

---

696 BT-Drucksache 13/9064, S. 7 (der Vorschlag wurde durch die SPD-Fraktion eingebracht).

697 Vgl. A. Voraussetzungen und Rechtsfolge des § 142 IV StGB, S. 2.

698 *Freisler*, DJ 1940, 525 (528).

gen Schutzgut des § 142 StGB nichts zu tun haben, erzielt man folgendes Ergebnis:

Die Vorschrift über das Verhalten nach einem Unfall soll den Nachteil ausgleichen, den der Geschädigte dadurch erleidet, dass der Unfallbeteiligte in der Lage ist, sich mit dem Fahrzeug direkt und unerkannt zu entfernen. Im Gegensatz zu sonstigen Schädigungen, die einen zivilrechtlichen Ausgleichanspruch begründen, kann die zivilrechtliche Beweissicherungsposition bei einem Automobilunfall schnell verschlechtert werden. Die hohe Geschwindigkeit erlaubt es dem Unfallverursacher, sich unmittelbar und unerreichbar zu entfernen. Zudem spielen sich die Unfälle aufgrund der Geschwindigkeit innerhalb weniger Augenblicke ab, was dazu führen kann, dass Zeugen das gesamte Geschehen nicht erfassen können. Und letztlich erlaubt die hohe Verkehrsdichte ein Untertauchen in der Anonymität des Verkehrs. Diese Besonderheiten sind der eigentliche Grund für den strafrechtlichen Schutz, den § 142 StGB gewährt.

Bei den aktuellen Diskussionen sollten die beiden zentralen Aspekte des § 22 KFG nicht ausgeblendet werden. Erstens, der sinnvolle Ausgleich zwischen den Interessen aller Verkehrsteilnehmer, der Wirtschaft und des Staates. Und zweitens, die Beschränkung des Schutzes auf notwendige Fälle und eben nicht die Ausdehnung auf jeden Fall der Beschädigung von Gegenständen im unmittelbaren oder gar mittelbaren Zusammenhang mit einem Straßenverkehrsvorgang.

B. Reformvorschläge zu § 142 StGB

Schon seit der Einführung des § 22 KFG wurden immer wieder Reformvorschläge gemacht.[699] Teilweise wurde die Abschaffung der Vorschrift gefordert[700], teilweise wurden Änderungen[701] und Ergänzungen[702] gefordert, die

---

699 Beispielsweise *Isaac/Sieburg*, Automobilgesetz, S. 451 (zu § 22 KFG): „Die Formulierung des G[esetzes] ist unpraktisch. Es empfiehlt sich, die Pflichten des Führers anläßl. eines Unfalls positiv festzusetzen […]“. S. 452: „Die Ausdehnung dieser Vorschrift auf alle Wegebenutzer ist wünschenswert“.

700 *Leipold*, Verkehrsunfallflucht, S. 228, jedenfalls bezogen auf Sachschäden, da bei diesen nur eine Ordnungswidrigkeit vorliegen soll; *Heublein*, DAR 1985, 15 (17 f.) deutet die Möglichkeit der Abschaffung an, verweist dann aber auf andere Reformmöglichkeiten; Arzt/Weber-*Arzt*, BT, § 38 Rn. 54; *Steenbock*, Unfallflucht als Straftat, S. 23 und 198.

701 So z.B.: *Seibert*, NJW 1955, 1428 (1429); *Krumme*, DAR 1968, 234 (234 ff.); *Steiner*, Unfallflucht, S. 75 und 82; *Lackner*, DAR 1972, 283 (283 ff.); *Haag*, AnwBl 1987, 57

manchmal wie nunmehr die „tätige Reue" (wenn auch spät[703]) Eingang in die gesetzliche Formulierung gefunden haben. An dieser Stelle soll allerdings nur auf Reformvorschläge bezüglich (nachträglicher) Straflosigkeit[704] eingegangen werden.[705] Die überarbeitungswürdige Fassung der Absätze 1 bis 3 wird nicht bzw. nur am Rand untersucht.[706]

(57 ff.); *Park*, DAR 1993, 246 (246 ff.); *Säzler*, Verkehrsunfallflucht, S. 128; Arzt/Weber-*Arzt*, BT, § 38 Rn. 54. Einen Überblick gibt: *Schünemann*, DAR 2003, 207 (207 ff.).

702 *Blum von Ann*, Vermögensdelikt, S. 115. *Frisch*, FS Stree/Wessels, S. 89 ff., fordert einen anderen Zuschnitt der Norm, um einen wertungskonsistenten und materiell legitimierbaren Tatbestand zu schaffen.

703 Der Ruf nach einer Regelung hinsichtlich der Berücksichtigung des Nachtatverhaltens wurde erstmals wieder 1977 (*Schaffstein*, FS für Dreher, S. 153 ff.) laut; bis zur Umsetzung vergingen somit „nur" 21 Jahre. Der zweite Arbeitskreis des 20. Deutschen Verkehrsgerichtstages (1982) war der Ansicht, dass das Feststellungsinteresse der Unfallbeteiligten auch nachträglich (binnen 24 Stunden) im Wesentlichen befriedigt werden kann. Er empfahl daher die Einführung eines Strafmilderungsgrundes (Absehen von Strafe) für die Fälle der nachträglichen (verspäteten) Meldung (20. VGT, S. 8), dazu: *Volk*, DAR 1982, 81 (87). Weitere Forderungen bei: *Schulz,* NJW 1998, 1440 (1442 mit Fn. 24).

704 Seitens *Müller*, Kraftfahrt und Verkehrsrecht 1971, 37 (41), wurde eine Strafmilderung gefordert, wenn der Versicherer beim Unfallbeteiligten Regress genommen hat.

705 Es gab aber auch Vorschläge, die Strafbarkeit auszuweiten. In dieser Richtung: *Middendorff*, Kraftfahrt und Verkehrsrecht 1971, 33 (37), dagegen (jedenfalls bezogen auf den sog. Nachtrunk): *Müller*, Kraftfahrt und Verkehrsrecht 1971, 37 (38). Im Jahr 1973 äußerte *Jäger*, objektive Tatbestand, S. 135 die Überlegung, § 142 StGB um eine Strafbarkeit hinsichtlich eines fahrlässigen Verhaltens zu ergänzen: „Dafür spräche, daß in einzelnen Fällen die Einlassung des Flüchtigen, er habe vom Unfall nichts gemerkt oder verkannt, daß noch eine Unfallaufnahme drohte, zwar häufig falsch sein dürfte, jedoch nicht immer widerlegt werden kann." Zu beachten ist aber, dass *Jäger* damit der Praxis der Gerichte entgegen getreten ist, in diesen Fällen entweder den Unfallbegriff auszudehnen oder von einer Verpflichtung zur Vergewisserung zu sprechen. *Händel*, DAR 1973, 60 (63), hält es für überlegenswert, ob „die fahrlässige Begehung, wobei sich die Fahrlässigkeit auf das Erkennen der Verursachung eines Unfalls zu beziehen hätte, ebenfalls geahndet werden sollte". Weitergehend ist die Überlegung durch *Schlotheim*, DAR 1957, 349 (351): „[...] ob nicht als kriminelle Unfallfolge auch eine fahrlässige Sachbeschädigung bestraft werden müßte". *Erdmann*, Selbstbegünstigungsgedanke, S. 151, leitet aus § 142 StGB und dem Gedanken der gesteigerten Zumutbarkeit grundsätzlich sogar die Möglichkeit des Gesetzgebers ab, das Fluchtverbot auf weitere Gruppen von Fahrlässigkeitsdelikten bzw. auf alle Fahrlässigkeitsdelikte auszudehnen.

706 Vgl. zu Reformvorschlägen, die die Strafbarkeit (tatbestandlich) einschränken: NK-*Schild*, § 142 Rn. 25.

I. Abschaffung des § 142 StGB

Die Abschaffung des § 142 StGB macht selbstverständlich eine Auseinandersetzung mit Änderungsvorschlägen hinsichtlich der Straflosigkeit auf andere Weise überflüssig, daher ist zunächst auf diese Forderung und ihre Stichhaltigkeit einzugehen.

Ausführlich hat sich in jüngerer Zeit *Steenbock* mit § 142 StGB auseinander gesetzt und die Abschaffung der Vorschrift gefordert. Ihre Argumente lassen sich wie folgt zusammenfassen:

Die Vorschrift befinde sich nicht im Einklang mit dem nemo tenetur-Prinzip.[707] Die strafrechtliche Behandlung des Sich-Entfernens könne nicht mit den Besonderheiten des Straßenverkehrs gerechtfertigt werden, da sich aus den Besonderheiten des Straßenverkehrs[708] keine Pflichtenstellung des Unfallbeteiligten ergebe.[709] Im Übrigen sei auch eine andere Lösung möglich, wie ein Blick über die Grenzen, insbesondere nach Italien und Österreich, zeige.[710] Der Schutzrichtung der Norm entspreche eine Normierung der Unfallflucht als Ordnungswidrigkeit.[711]

1. Verstoß gegen den nemo tenetur-Grundsatz

Im Jahr 1963 hat das Bundesverfassungsgericht festgestellt, dass § 142 StGB bei richtiger Auslegung mit dem Grundgesetz vereinbar ist. Das Verbot und die Bestrafung der, nach einem Unfall, durch Flucht begangenen Selbstbegünstigung verstoße nicht gegen das Grundgesetz. Aus dem Rechtsstaatsprinzip lasse sich kein Satz des Verfassungsrechts herleiten, nach dem die Selbstbegünstigung als Ausfluss der persönlichen Freiheit straflos oder sogar immer erlaubt sein müsse.[712]

---

707 *Steenbock*, Unfallflucht als Straftat, S. 81.

708 Zum Teil werden die Besonderheiten mit erhöhtem Aufklärungsrisiko und Aufklärungsinteresse umschrieben (vgl. *Pfannmüller*, Verkehrsunfall, S. 115 f.; *Engelstätter*, Begriff des Unfallbeteiligten, S. 161).

709 *Steenbock*, Unfallflucht als Straftat, S. 83 ff. und S. 199 f.

710 *Steenbock*, Unfallflucht als Straftat, S. 184 f.

711 *Steenbock*, Unfallflucht als Straftat, S. 198.

712 BVerfG, Beschluss vom 29.05.1963, 2 BvR 161/63, BVerfGE 16, 191 (194). Auch im Jahr 1963 gab es einen Vorlagebeschluss des Amtsgerichts Ulm (08.02.1963, 7 Ds

Trotz dieser Feststellung durch das Bundesverfassungsgericht ist die Diskussion um das Problem der Selbstbegünstigung bei § 142 StGB nicht verstummt.[713] Dies liegt zum einen daran, dass die Entscheidung in ihrer Begründung recht knapp ausgefallen ist und zum anderen daran, dass die Entscheidung zu § 142 StGB in der Fassung von 1953[714], also vor der Neufassung im Jahr 1975 und der daraus resultierenden Erweiterung der Pflichten[715], ergangen ist. Entgegen anfänglicher Annahme der Verfassungsmäßigkeit[716] ist im Laufe der

1418/62) in dem die Vorschrift des § 142 StGB für verfassungswidrig gehalten wurde (vgl. NJW 1963, 688, dagegen: *Erdsiek*, NJW 1963, 632 (633 ff.); *Hoffmann*, Selbstbegünstigung, S. 222 f.

713 *Rogall,* Beschuldigte als Beweismittel, S. 163 f.; *Schünemann*, DAR 1998, 424 (424 ff.); NK-*Schild,* § 142 Rn. 18 ff.; *Thirolf*, Täterinteressen und Opferschutz, S. 68 ff.; *Ruck*, Vermögensdelikt, S. 62 ff.; *Magdowski*, Verkehrsunfallflucht, S. 67 ff.; *Pfannmüller*, Verkehrsunfall, S. 34 ff. und 94 ff.; *Schneider,* Selbstbegünstigungsprinzip, S. 131 ff.; *Reiß*, Besteuerungsverfahren, S. 200 ff.; *Zopfs*, Unfallflucht, S. 136 ff. Schon 1958 hatte *Welzel*, JR 1958, 494 (496) die Frage gestellt, ob und wie eine Pflicht, die „im Ergebnis auf eine Art Selbstbezichtigung hinausläuft", gerechtfertigt werden kann – ohne dies aber zu erörtern.

714 Vgl. Anhang I. Vorschriften 4. § 142 StGB (1953).

715 Vgl. oben: Zweiter Teil, Erster Abschnitt, A. V, S. 164. Zum Teil wird dies in der Diskussion um die Verfassungswidrigkeit der Vorschrift verkannt; auch heute wird teilweise die Verfassungsmäßigkeit des § 142 StGB mit der Entscheidung des Bundesverfassungsgerichts (vgl. Fn. 712) begründet (z.B.: *Ternig*, PVR 2002, 194 (194): „Das Bundesverfassungsgericht hat jedoch bereits 1963 gesagt, dass der § 142 StGB mit dem Grundgesetz vereinbar ist".

716 *Jagusch*, NJW 1975, 1631 (1631): „Am 21.06.1975 ist, lange erwartet und, weil konkreter als die alte Vorschrift, sicherlich grundgesetzkonform, der reformierte § 142 StGB in Kraft getreten […]". *Bouska*, VD 1975, 193 (197): „Es ist allerdings nicht zu verkennen, daß die neue Vorschrift den allgemeinen Grundsatz beschränkt, wonach sich niemand selbst »anzeigen« und damit strafrechtliche Folgen auf sich ziehen muss. […] Man wird sich trotz aller grundsätzlichen Bedenken dieser Notwendigkeit nicht verschließen können." *Haubrich*, DAR 1981, 211 (211): „Dem Zweck der Vorschrift […] sind andere, ebenfalls schutzwürdige Interessen untergeordnet. So muß insbesondere das Interesse des Täters an einer straflosen Selbstbegünstigung zurücktreten, auch wenn sein Tun nur darauf gerichtet ist, sich der Strafverfolgung zu entziehen, und die Gefährdung zivilrechtlicher Interessen anderer Unfallbeteiligter und Geschädigter nur eine unvermeidbare, vielleicht sogar unerwünschte Nebenwirkung ist." Nach *Janiszewski,* Kraftfahrt und Verkehrsrecht 1971, 25 (28), sollte mit der Neuregelung des § 142 StGB (1975) „die – sonst grundsätzlich straflose – Selbstbegünstigung […] hier nur in einem bedingt notwendigen und noch vertretbaren Rahmen angetastet werden […]". *Seebode*, JA 1980, 493 (498), nahm jedoch einen Verstoß gegen den nemo tenetur-Grundsatz an.

Jahre dem Tatbestand des unerlaubten Entfernens vom Unfallort immer wieder die Verfassungswidrigkeit vorgeworfen worden.[717]

Im Jahr 2001 hat das Bundesverfassungsgericht in einem Nichtannahmebeschluss bezüglich einer Verfassungsbeschwerde die Verfassungsmäßigkeit der Vorschrift bestätigt: „Die angefochtenen Entscheidungen verstoßen schließlich nicht gegen das Selbstbegünstigungsprinzip. Die Vorschrift des § 142 StGB ist verfassungsgemäß (vgl. BVerfGE 16, 191 (193)); das begrenzte Verbot der Selbstbegünstigung widerspricht weder dem Rechtsstaatsprinzip noch der Unantastbarkeit der Menschenwürde (vgl. BVerfGE 16, 191 (194)).“[718]

Die knappe Begründung des Bundesverfassungsgerichts im Jahr 1963 und die Verweisung auf diese Begründung im Beschluss des Jahres 2001 – der auch häufig gar nicht zur Kenntnis gelangt ist – hat die Kritiker nicht verstummen lassen. Die Fassung des § 142 StGB aus dem Jahr 1975 sieht sich folgender Kritik ausgesetzt:

§ 142 StGB (n.F.) durchbreche den Grundsatz der passiven Feststellungspflicht, indem es dem Unfallbeteiligten zur Pflicht gemacht werde, sich als Unfallbeteiligter zu erkennen zu geben (§ 142 I Nr. 1) oder die erforderlichen Feststellungen nachträglich zu ermöglichen. Aus § 142 III StGB folge mit aller Deutlichkeit, dass der Unfallbeteiligte zu einer aktiven Mitwirkung an der eigenen Strafverfolgung verpflichtet sei.[719]

Soweit der Gesetzgeber 1975 der Auffassung war, den Unfallbeteiligten durch die Verschärfung des Pflichtenkatalogs auch zu aktivem Verhalten zwingen zu

---

[717] Dabei gab es schon unter Geltung der Vorgängervorschrift mahnende Stimmen, die eine Kollision mit der Selbstbelastungsfreiheit gesehen haben: z.B. *Mittelbach*, JR 1955, 390 (390); *Schmidhäuser*, JZ 1955, 433 (440).

[718] BVerfG, Nichtannahmebeschluss vom 16.03.2001, 2 BvR 65/01, Absatz-Nr. 5, http://www.bverfg.de/entscheidungen/rk20010316_2bvr006501.html (Stand: September 2011). Auffällig ist hierbei, dass auf die zwischenzeitliche tatbestandliche Veränderung des § 142 StGB nicht eingegangen wurde.

[719] *Rogall*, Beschuldigte als Beweismittel, S. 163.

können, habe er endgültig die Grenzen eines verfassungsrechtlich legitimierten Strafgesetzes überschritten.[720]

Der Vorschrift des § 142 StGB wird hierdurch vorgeworfen, gegen den Grundsatz „nemo tenetur se ipsum accusare“[721] zu verstoßen. Der nemo tenetur-Grundsatz ist zwar allgemein anerkannt.[722] Probleme bestehen jedoch bei seiner Herleitung[723] und seiner Reichweite.

a) Herleitung des nemo tenetur-Grundsatzes

Zur Herleitung des nemo tenetur-Grundsatzes können eine Reihe von Vorschriften und Prinzipien herangezogen werden. Die Belehrungsvorschriften der StPO (§§ 136 I S. 2, 243 IV S. 1, 115 III S. 1, 128 I S. 2, 163a III S. 2 und IV S. 2) bieten jedoch keinen Ansatzpunkt zur Herleitung des Grundsatzes, da diese Vorschriften den Grundsatz voraussetzen, ihn aber selbst nicht enthalten.[724] Wurde früher zum Teil vertreten, dass zur Begründung des nemo tenetur-Grundsatzes auf die Art. 4 I[725] oder 2 II S. 2[726] oder 2 I[727] GG zurückgegriffen

720 *Ruck*, Vermögensdelikt, S. 108.

721 In der Übersetzung bedeutet dies, dass niemand verpflichtet ist, sich selbst anzuklagen.

722 BVerfG, Beschluss vom 07.07.1995, 2 BvR 326/92, NStZ 1995, 555 (555); *Rogall*, Beschuldigte als Beweismittel, S. 67 ff.; *Verrel*, NStZ 1997, 361 (361 ff.); *Neumann*, FS Wolff, S. 373 ff.; *Roxin*, NStZ 1995, 465 (466); *Aselmann*, Verteidigungsfreiheit, S. 40.

723 Ein rechtsgeschichtlicher Überblick findet sich bei: *Hoffmann*, Selbstbegünstigung, S. 15-24; *Helgerth*, Verdächtige, S. 150-156; *Nothhelfer*, Selbstbezichtigungszwang, S. 3-7 und *Dietrich*, Selbstbelastung, S. 20-29. Ob die historische Entwicklung Rückschlüsse auf die Herleitung und Reichweite des nemo tenetur Grundsatzes bietet, ist umstritten (vgl. *Bosch*, nemo-tenetur-Prinzip, S. 96 mit Fn. 337).

724 BVerfGE 38, 105 (113); BGH, Urteil vom 27.02.1951, 1 StR 14/51, BGHSt 1, 39 (40); *Rogall*, Beschuldigte als Beweismittel, S. 104 f.; *Nothhelfer*, Selbstbezichtigungszwang, S. 1 m.w.N.

725 *Lorenz*, JZ 1992, 1000 (1006); wobei nicht allein auf die Gewissensfreiheit, sondern auch auf die Unschuldsvermutung und das Schuldprinzip abgestellt wird.

726 *Wessels*, JuS 1966, 169 (171); wobei die Aussage konkret das Schweigerecht des Beschuldigten betrifft und dieses im weitesten Sinne auf Art. 2 II S. 2 GG gestützt wird.

727 *Scholler*, Freiheit des Gewissens, S. 149 ff., erwähnt zwar im Zusammenhang mit Polygrafentests auch Art. 2 I GG, allerdings lehnt er diese Herleitung ab und stützt seine Begründung der Selbstbelastungsfreiheit auf Art. 4 I GG. *Rogall*, Beschuldigte als Beweismittel, S. 139 ff., leitet den Grundsatz aus den Art. 2 I, 1 I und 19 I und II GG her (zustimmend: *Dahs*, GA 1978, 89 (90)).

werden könne[728], wird mittlerweile eine Reihe von anderen Quellen angegeben. Grundlage des nemo tenetur-Grundsatzes sollen das Rechtsstaatsprinzip[729], der Grundsatz des fairen Verfahrens, die Unschuldsvermutung, der Anspruch auf rechtliches Gehör (Art. 103 I GG)[730], die Würde des Menschen (Art. 1 I GG)[731] und das allgemeine Persönlichkeitsrecht (Art. 2 I i.V.m. Art 1 I GG)[732] sein.

Einen anderen Ansatz nimmt *Wolff* vor. Er sieht in dem Verbot des Zwanges zur aktiven Mitwirkung einen verfahrensrechtlichen Ausdruck der Besonderheit der Strafe. Der Staat und der Einzelne stünden sich in der Strafsanktion in einer das normale Staat-Bürger-Verhältnis übersteigenden Form als Selbstständige gegenüber. Dieses selbstständige Gegenüber von Staat und Betroffenem kennzeichne auch die Stellung des Betroffenen im Strafverfahren. Durch die (bildlich gesprochen) partielle Herauslösung des Betroffenen aus dem Staatsverband durch die Strafsanktion müsse der Staat den Betroffenen in besonderem Maße von den sonst geltenden staatlichen Bürgerpflichten befreien. Der Schuldgrundsatz erfasse rechtlich die besonderen Verhältnisse, die durch die Strafverhän-

---

728 Aus diesen Vorschriften kann der nemo tenetur-Grundsatz nicht hergeleitet werden. Zwar enthält die Selbstbelastungsfreiheit Elemente der Gewissensfreiheit und ist Ausdruck der persönlichen Handlungsfreiheit, allerdings folgt daraus nicht zwingend, dass eine allgemeine Selbstbelastungsfreiheit gewährleistet sein muss. Ein lückenloser Schutz vor Selbstbelastungen kann sich aus Art. 2 I GG nicht ergeben, da die Rechtsposition aus Art. 2 I GG seine Grenze an den Rechten anderer, der verfassungsmäßigen Ordnung und dem Sittengesetz findet, folglich selbst nicht unbeschränkt gewährt wird. Dies schließt nicht aus, dass eine Pflicht zur Selbstbelastung einen Verstoß gegen Art. 2 I GG darstellt (vgl. BVerfG, Beschluss vom 13.01.1981, 1 BvR 116/77, BVerfGE 56, 37 = NJW 1981, 1431 (1432 f.)), nur kann aus Art. 2 I GG keine allgemeine Selbstbelastungsfreiheit abgeleitet werden. Die Selbstbelastungsfreiheit stellt vielmehr einen zusätzlich gewährten persönlichen Freiraum dar. Ausführlich zur Ablehnung der Herleitung aus diesen Artikeln des Grundgesetzes: *Wolff*, Selbstbelastung, S. 30 ff.

729 *Geppert*, BA 1991, 31 (36).

730 *Böse*, GA 2002, S. 127. Der Anspruch auf rechtliches Gehör sei auf das Gebot der Achtung der Menschenwürde und das Rechtsstaatsprinzip zurückzuführen (S. 127).

731 *Erdmann*, Selbstbegünstigungsgedanke, S. 259; *Kunert*, MDR 1967, 539 (539); *Besson*, Steuergeheimnis, S. 77 ff., der aber auch auf das allgemeine Persönlichkeitsrecht (Art. 2 I i.V.m. Art 1 I GG) abstellt, wenn es sich um Belastungen außerhalb des reinen Strafverfahrens handelt (S. 80 f.).

732 *Günther*, GA 1978, 193 (198); *Nothhelfer*, Selbstbezichtigungszwang, S. 83; *Seebode*, JA 1980, 493 (496) m.w.N; *Wüsteney*, DNA-Massentests, S. 161; *Stürner*, NJW 1981, 1757 (1763). Weitere Nachweise bei: *Böse*, GA 2002, 98 (99 ff.), der aufzeigt, dass dieses Recht allenfalls einen Minimalgehalt der Selbstbelastungsfreiheit begründet.

gung geschaffen werden. Er entfalte diese Besonderheiten auch in das Strafverfahren hinein, daher könne nur er als Grundlage des nemo tenetur-Grundsatzes angesehen werden.[733]

Das Bundesverfassungsgericht zählt den nemo tenetur-Grundsatz zu den seit langem anerkannten Grundsätzen des Strafprozesses.[734] Die geltende Rechtsordnung kenne jedoch kein ausnahmsloses Gebot, dass niemand zu Auskünften oder zu sonstigen Handlungen gezwungen werden darf, durch die er eine von ihm begangene strafbare Handlung offenbart.[735] Ein Zwang, durch eigene Aussagen die Voraussetzungen für eine strafgerichtliche Verurteilung oder die Verhängung entsprechender Sanktionen liefern zu müssen, sei unzumutbar und mit der Würde des Menschen unvereinbar.[736] Ein Zwang zur Selbstbezichtigung greife in das durch Art. 2 I GG geschützte Persönlichkeitsrecht ein.[737]

Problematisch ist somit nicht die Existenz[738], sondern nur die Herleitung des nemo tenetur-Grundsatzes. Probleme für die Anwendung ergeben sich daher nicht aus dem Bestehen des Grundsatzes, sondern allgemein aus seiner Reichweite und speziell bei seiner Anwendung auf einzelne Fallgestaltungen.

---

733 *Wolff*, Selbstbelastung, S. 274.

734 BVerfG, Beschluss vom 08.10.1974, 2 BvR 747/73, BVerfGE 38, 105 (113) = NJW 1975, 103 (104); BVerfG, Beschluss vom 13.01.1981, 1 BvR 116/77, BVerfGE 56, 37 (43) = NJW 1981, 1431 (1431).

735 BVerfG, Beschluss vom 13.01.1981, 1 BvR 116/77, BVerfGE 56, 37 (49) = NJW 1981, 1431 (1431).

736 BVerfG, Beschluss vom 13.01.1981, 1 BvR 116/77, BVerfGE 56, 37 (49) = NJW 1981, 1431 (1432).

737 BVerfG, Beschluss vom 13.01.1981, 1 BvR 116/77, BVerfGE 56, 37 (50) = NJW 1981, 1431 (1433). Zuvor hatte das Bundesverfassungsgericht, Beschluss vom 08.10.1974, 2 BvR 747/73, BVerfGE 38, 105 (115) = NJW 1975, 103 (104) die Unschuldsvermutung, die Menschenwürde und die Einlassungsfreiheit für betroffen gehalten: „Das Recht des Zeugen, in dem Konflikt zwischen Aussage- und Wahrheitspflicht und der Gefahr eigener Belastung bestimmte Angaben zu verweigern, wird in Frage gestellt, wenn man ihn [...] den Reaktionen anderer Verfahrensbeteiligter auf seine besondere Konfliktlage ausliefern würde".

738 Exemplarisch: *Dingeldey*, NStZ 1984, 529 (529); *Matt*, GA 2006, 323 (323); *Niese,* ZStW 63 (1951), S. 219 (219 ff.); *Renzikowski*, JZ 1997, 710 (710); *Roxin*, JZ 1992, 923 (923); *Quentmeier*, JA 1996, 215 (216 ff.); *Herzog*, OLGSt 1989, 4 (8).

b) Reichweite des nemo tenetur-Grundsatzes

Die Bestimmung der Reichweite hat entscheidenden Einfluss auf die Beantwortung der Frage nach einem Verstoß des § 142 StGB gegen den nemo tenetur-Grundsatz.

Der nemo tenetur-Grundsatz schütze – nach überwiegender Ansicht in Rechtsprechung[739] und Literatur[740] – vor aktiven Selbstbelastungen, seine Reichweite ende dort, wo es zu nur passiver Selbstbelastung kommt.

Die Strafprozessordnung schützt den Beschuldigten bzw. Angeklagten vor dem Zwang zu aufklärender Aktivität.[741] Er muss zwar Untersuchungen (§§ 81 ff. StPO) oder Beschlagnahmen und Durchsuchungen dulden (§§ 94 ff. StPO), er kann verhaftet (§§ 112 ff. StPO) und vorgeführt (§§ 134, 163a III, 230 II StPO) werden; jedoch muss er nicht zur Sache aussagen (§§ 136 I 2, 163a III, 243 IV 1 StPO) und ist gegen Manipulationen seines freien Willens durch ein Verwertungsverbot geschützt (§ 136a III 2 StPO)[742], die voll verweigerte Aussage bleibt auch bei Freispruch ohne Kostenfolge (§ 467 I und III Nr. 1 StPO). Der moderne Strafprozess hat die Pflicht des Angeklagten zur aktiven Mitwirkung

---

739 BVerfGE 56, 37 (42 f.); BGH, Urteil vom 09.04.1986, 3 StR 551/85, BGHSt 34, 39 (45 f.) = NJW 1986, 2261 (2263); Urteil vom 24.02.1994, 4 StR 317/93, BGHSt 40, 66 (71 f.) = NJW 1994, 1807 (1808); Beschluss vom 27.02.1992, 5 StR 190/91, BGHSt 38, 214 (220 f.) = NJW 1992, 1463 (1465 f.), ohne die Trennung aktiv/passiv zu erwähnen. Die Reichweite des nemo tenetur-Grundsatzes hätte auch schon in den Entscheidungen BVerfGE 16, 194-203 und 17, 108-120 zum Gegenstand der jeweiligen Entscheidung gemacht werden können. *Schäfer*, FS Dünnebier, S. 13 ff., zeigt, im Zusammenhang mit der Entscheidung BVerfGE 56, 37 (37 ff.), exemplarisch an drei Fällen aus den Jahren 1962 bis 1964 auf, dass das Problem der „Fernwirkung" (d.h. außerhalb des Strafverfahrens) des nemo tenetur-Grundsatzes den Gerichten verhältnismäßig wenig Kopfschmerzen bereitet hat. Sehr abstrakt gehalten ist die Aussage des BGH, Urteil vom 26.05.1955, BGHSt 8, 263 (266 f.) = NJW 1955, 1078 (1079): „Niemand ist verpflichtet, sich wegen einer wirklich oder vermeintlich begangenen Straftat oder Unachtsamkeit zu stellen und zur Beweisführung gegen sich selbst mitzuwirken".

740 *Meyer-Goßner,* § 81a Rn. 11; *Reiß,* Besteuerungsverfahren, S. 176; *Eidam*, Selbstbelastungsfreiheit, S. 370; *Kunert,* MDR 1967, 539 (539); *Erdmann,* Selbstbegünstigungsgedanke, S. 259 ff.; *Arbab-Zadeh*, NJW 1965, 1049 (1050); *Magdowski*, Verkehrsunfallflucht, S. 65; *Geppert*, BA 1991, 31 (36) jeweils mit weiteren Nachweisen.

741 Im Steuerrecht soll dem nemo tenetur-Grundsatz durch die Vorschrift des § 393 AO Rechnung getragen werden (vgl. *Besson*, Freiheit und Verantwortung, 159 ff.).

742 Zum geschichtlichen Hintergrund der Vorschrift: *Schmidt*, StPO, § 136a Rn. 3.

beseitigt[743], die im Inquisitionsprozess zur Zwangswirkung durch Folter und später durch Ungehorsams- und Lügenstrafen führte.[744]

Hieraus wird von der herrschenden Auffassung gefolgert, dass der Strafprozessordnung das Prinzip zugrunde liegt, dem Beschuldigten nur eine passive, nicht aber eine aktive Rolle an seiner Überführung zuzuweisen.[745] Verboten sei demnach nur die Verpflichtung zur aktiven Teilnahme an der Überführung; erlaubt sei hingegen die passive Duldungspflicht des Beschuldigten.[746]

aa) Einzelne (abweichende) Konzeptionen

Nach *Reiß* verläuft die Trennlinie zwischen zulässiger Informationsgewinnung und Verstoß gegen den nemo tenetur-Grundsatz dort, wo der Beschuldigte nicht als ein Augenscheinsobjekt der materiellen Erscheinungswelt in Anspruch genommen wird, sondern als Wissensträger zwangsweise veranlasst werden soll, dieses Wissen in den Dienst der Strafverfolgung zu stellen.[747]

Eine eingeschränktere Sicht nimmt *Nothhelfer*, der den nemo tenetur-Grundsatz aus dem allgemeinen Persönlichkeitsrecht ableitet, ein. Er schließt aus der Unterscheidung aktive/passive Teilnahme, dass die Selbstbezichtigungs-

---

743 Zur Mitwirkung des Angeklagten: *Rüping*, JR 1974, 135 (135 ff.); *Wessels*, JuS 1966, 169 (169 ff.).

744 *Stürner*, NJW 1981, 1757 (1757). „Vielmehr ist die Aussage des Beschuldigten ein Beitrag zur Sacherörterung, den er in voller Selbständigkeit und Freiheit leistet" (*Henkel*, Strafverfahrensrecht, § 39 III Nr. 3 a).

745 Zur Wirkung des nemo tenetur-Grundsatzes auch über das Strafverfahren hinaus in das Verwaltungsverfahren: *Eidam*, Selbstbelastungsfreiheit, S. 163 ff. Vgl. zur sog. Fernwirkung: *Schäfer*, FS Dünnebier, S. 13 bzw. zur sog. Ausstrahlwirkung: *Wolff*, Selbstbelastung, S. 99 ff.

746 Vgl. Fn. 739 und 740. Nach *Aselmann*, Verteidigungsfreiheit, S. 46, ist die Rechtfertigung für diese Differenzierung zumindest in Einzelfällen zweifelhaft. Nach *Erdmann*, Selbstbegünstigungsgedanke, S. 260, darf ein Zwang zur Selbstbelastung nie mit dem Strafverfolgungsinteresse bejaht werden, sondern könne sich nur als Nebenfolge bei der Erfüllung eines anderen Zwecks ergeben. *Eidam*, Selbstbelastungsfreiheit, S. 370, räumt zwar Schwierigkeiten bei der Handhabung aktiv/passiv ein, jedoch seien diese Schwierigkeiten handhabbar. Man müsse die Unterscheidung zwischen aktivem Tun und passiver Duldung nur konsequent anwenden.

747 *Reiß*, Besteuerungsverfahren, S. 178.

freiheit nur vor der Erwirkung neuer Beweismittel schützt, nicht aber vor der Erhebung bereits existenter, schon real zugänglicher Informationen.[748]

Noch weiter geht die Einschränkung der Reichweite nach *Schneider*. Seiner Meinung nach entfalte der im grundgesetzlichen Rechtsstaatsprinzip wurzelnde nemo tenetur-Grundsatz nach seinem historisch gewachsenen und durch Art. 20 III GG rezipierten Inhalt allein in staatlichen Beweisverfahren Wirkung.[749]

Wolff stimmt dem Ansatz von *Schneider* im Grunde zu, wenn er sagt, dass der nemo tenetur-Grundsatz nur im Strafverfahren (und in vergleichbaren Verfahren) gelte; nur dort erfolge der Ausspruch des sozialethischen Unwerturteils.[750] Allerdings gibt es seiner Meinung nach darüber hinaus eine Ausstrahlwirkung des nemo tenetur-Grundsatzes. Die Notwendigkeit der Anerkennung der Ausstrahlwirkung sei bedingt durch den Gedanken des Schutzes vor der Aushöhlung einer verfassungsrechtlichen Garantie (Rechtsstaatsprinzip). Der Inhalt der Ausstrahlwirkung sei demnach, dass Erkenntnisse, die auf Mitwirkungspflichten anderer staatlicher Verfahren (also anderen als dem Strafverfahren) beruhen, dann nicht Grundlage für ein Strafverfahren sein dürfen, wenn die Mitwirkungspflichten im Strafverfahren unzulässig wären.[751] Der Grund der Ausstrahlwirkung liege nicht ausschließlich im nemo tenetur-Grundsatz begründet, sondern in dem Gedanken, dass dessen Schutzwirkung durch das Hineinwirken anderer Verfahren in das Strafverfahren unterlaufen werden könnte. Die Ausstrahlwirkung beruhe daher auf der rechtsstaatlichen Notwendigkeit, staatliche Verfahren, die besondere Schutzregelungen besitzen, von solchen Verfahren, die diese Besonderheiten nicht haben, abzuschotten und auf diese Weise den verfassungsrechtlichen Schutz jener zu erhalten.[752]

---

748 *Nothhelfer*, Selbstbezichtigungszwang, S. 92.

749 *Schneider*, Selbstbegünstigungsprinzip, S. 153. Ähnlich sieht dies *Eidam*, Selbstbelastungsfreiheit, S. 373, der das freiheitsschützende Prinzip des nemo tenetur-Grundsatzes dem Betroffenen erst zur Verfügung stellt, wenn für diesen nach einer abgeschlossenen Straftat die Gefahr besteht, zu einer drohenden strafprozessualen Beweisführung hinsichtlich der Tat betragen zu müssen.

750 *Wolff*, Selbstbelastung, S. 275.

751 *Wolff*, Selbstbelastung, S. 103.

752 *Wolff*, Selbstbelastung, S. 129.

Verrel hält zunächst an der Beschränkung des nemo tenetur-Grundsatzes auf die Freiheit von Mitwirkungszwang fest.[753] Er erteilt aber der Unterscheidung zwischen aktiver und bloß passiver Selbstbelastung eine Absage: Die von der h.M. für maßgeblich gehaltene Unterscheidung zwischen verbotenem Zwang zu selbstbelastenden Aktivitäten und erlaubter Erzwingung von duldender Passivität sei nicht nur mit Abgrenzungsschwierigkeiten und daraus resultierenden Willkürgefahren verbunden, sondern auch insoweit unrichtig, als Duldungspflichten weniger belastend als die Nötigung zu selbstüberführender Aktivität seien. Dieser Annahme stehe bereits die Erkenntnis entgegen, dass viele Beschuldigte versuchen, die Anwendung von Duldungsmaßnahmen durch ihre aktive Mitwirkung an der Beweiserhebung abzuwenden. Zudem ergebe sich keine normative Differenz zwischen Aktivität und Passivität, da ein Beschuldigter in beiden Fällen zum bloßen Objekt staatlicher Strafverfolgung gemacht werde und auch kein Unterschied im Ausmaß der dabei empfundenen Demütigung ersichtlich sei.[754]

Über die Fälle reinen Zwangs seien auch Fälle der Täuschung einzubeziehen, sofern diese dem Täuschungsverbot des § 136a StPO unterfallen, da das Täuschungsverbot den notwendigen Spielraum für die Beurteilung heimlicher, auf unbewusste Selbstbelastungen abzielender Ermittlungstätigkeit bietet.[755] Diese Ermöglichung einer „Abwägungsdogmatik“ berge zwar die Gefahr von Rechtsunsicherheit und übertrage der Rechtsprechung die schwierige Aufgabe der Bestimmung des Umfanges, wann vom gesetzlichen Leitbild der offenen Vernehmung abgewichen werden könne, allerdings führe derzeit kein anderer Weg aus dem Dilemma heraus, da verdeckte Ermittlungsmaßnahmen nicht grenzenlos sein dürfen.[756]

Hingegen kommt *Bosch* durch seine Analyse zu dem Schluss, dass verfassungsrechtliche Überlegungen zur Rechtsnatur des nemo tenetur-Grundsatzes keine abschließende Bestimmung von dessen Zweck und Inhalt ermöglichen.

---

753 *Verrel*, Selbstbelastungsfreiheit, S. 278.

754 *Verrel*, Selbstbelastungsfreiheit, S. 283. Dies wurde exemplarisch anhand des Vergleichs zwischen passiver Blutprobenentnahme und aktivier Atemalkoholanalyse gezeigt (S. 224 ff.).

755 *Verrel*, Selbstbelastungsfreiheit, S. 281.

756 *Verrel*, Selbstbelastungsfreiheit, S. 281.

Der Wertordnung des Grundgesetztes ließen sich allenfalls Leitlinien entnehmen.[757]

bb) Eigener Standpunkt

Als Basis des nemo tenetur-Grundsatzes lassen sich viele Vorschriften und Prinzipien des Grundgesetzes – aber keine für sich allein ausreichende Vorschrift – ausmachen. Insofern ist der Versuch aussichtslos, die Reichweite des nemo tenetur-Grundsatzes von seinem Ursprung her unter Zuhilfenahme einer Vorschrift oder eines Prinzips zu bestimmen. Allenfalls können einige Vorschriften und Prinzipien als Quellen für die Reichweitenbestimmung ausgeschlossen werden.[758]

Die fehlende eindeutige Anknüpfung des nemo tenetur-Grundsatzes an eine einzelne Vorschrift oder ein Prinzip sollte aber nicht überraschen. Zwar hat es in Deutschland recht lange gedauert, bis der Angeklagte nicht mehr Objekt des Strafprozesses war, allerdings geschah die Veränderung und damit die Ausprägung des Satzes „nemo tenetur se ipsum accusare" lange Zeit vor der Schaffung des Grundgesetzes.[759] Es ist daher nicht verwunderlich, dass der Grundgedanke der Selbstbelastungsfreiheit sich an verschiedenen Stellen des Grundgesetzes und im einfachen Recht auffinden lässt. Der nemo tenetur-Grundsatz hat auch das Grundgesetz geprägt, er wurde allerdings nicht in einer eigenen Norm festgeschrieben.[760] Mit einer solchen Festschreibung wäre auch die Antwort auf die Frage nach der Reichweite des nemo tenetur-Grundsatzes noch nicht gegeben. Aufgrund der vielfältigen Erscheinungsform von selbstbelastenden Tendenzen ist es Sache eines jeden Verfahrens, den nemo tenetur-Grundsatz zu wahren.

---

757 *Bosch*, nemo-tenetur-Prinzip, S. 351. Ähnlich: *Kölbel*, Selbstbelastungsfreiheiten, S. 304, der in der Selbstbelastungsfreiheit keine in sich geschlossene Norm sieht, die als selbstständiger Rechtssatz oder als teil-autonomer Bestandteil eines Rechtssatzes mit eigener Gesetzeskraft versehen ist.

758 Vgl. Fn. 728.

759 Zur Entwicklung des Strafverfahrensrecht: *Henkel*, Strafverfahrensrecht §§ 3-12; *Zachariae*, Handbuch Band 1, §§ 18-34 (historische Grundlagen), Handbuch Band 2, §§ 104 bis 107 (Verhör und Wahrheitserforschungsmittel).

760 Überspitzt formuliert: Wer in der Verfassung nach der Verankerung eines Prinzips sucht, das schon vor der Verfassung existiert hat, darf sich nicht wundern, wenn dieses Prinzip an mehreren Stelle seinen Einfluss bei der Abfassung der Verfassung hatte.

Der Begriff „nemo tenetur-Grundsatz" ist daher nicht als Überschrift für eine klar definierte, abgeschlossene Anzahl von Fällen, sondern als Leitgedanke zu sehen, der im Laufe der Zeit viele verschiedene Fallgruppen in sich aufgenommen hat, die alle dem selben Grundsatz folgen: Niemand muss bei der eigenen Überführung hinsichtlich des strafbaren Verhaltens die Rolle des Staates und seiner Strafverfolgungsorgane übernehmen. Offen bleibt aber (immer), ob eine Fallgestaltung so beschaffen ist, dass sie dem nemo tenetur-Grundsatz unterfällt.

Gültigkeit hat dieser Grundsatz nicht nur im Strafverfahren, allerdings liegt dort seine hauptsächliche Bedeutung. Aus diesem Grund finden sich in der Strafprozessordnung mehrfach Hinweise auf die Existenz des nemo tenetur-Grundsatzes. Aus der Strafprozessordnung lässt sich aber auch ersehen, dass die Reichweite bzw. Ausformung des nemo tenetur-Grundsatzes nicht in jedem Fall gleich sein muss. So sind die Rechte des Zeugen nicht so umfassend, wie die des Beschuldigten, da es bei einem Zeugen nur in einigen Fällen angezeigt ist, den Zeugen vor selbstbelastenden Aussagen zu bewahren.[761]

Die Beurteilung, ob der nemo tenetur-Grundsatz Wirkung entfaltet, kann sich nur aus einer Einzelfallbetrachtung ergeben, allerdings lassen sich Fallgruppen bilden, bei denen die Wirkung des nemo tenetur-Grundsatzes feststeht. Für den Strafprozess sind hierzu schon etliche Fälle entschieden und Fallgruppen gebildet worden.[762]

Steht der nemo tenetur-Grundsatz einigen Belastungen des Beschuldigten im Strafprozess entgegen, so muss dieser Grundsatz auch außerhalb des Strafprozesses Wirkung zeigen, da sonst die Gewährung der Selbstbelastungsfreiheit durch Maßnahmen im Vorfeld des Strafprozesses ins Leere läuft bzw. sogar ausgehebelt werden kann. Ebenso wie der nemo tenetur-Grundsatz nicht nur in der Hauptverhandlung, sondern auch im Vor- und Zwischenverfahren gelten

---

761 Vgl. BVerfG, Beschluss vom 08.10.1974, 2 BvR 747/73, BVerfGE 38, 105 (105 ff.) = NJW 1975, 103 (103 ff.).

762 *Hauer*, Geständnis, S. 34 ff.

muss, da er andernfalls seine Wirkung verliert, muss er in vorgelagerten Verfahren bzw. Zuständen[763] berücksichtigt werden.

Allerdings sollte hierbei nicht die Blickrichtung unberücksichtigt bleiben, da diese entscheidenden Einfluss auf die Ausgestaltung der Wirkung hat. Blickt man vom Strafprozess auf die vorgelagerten Verfahren bzw. Situationen[764], so lassen sich zunächst nur zwei Ergebnisse feststellen. Erstens, der nemo tenetur-Grundsatz wäre in einem Prozess betroffen oder zweitens, der nemo tenetur-Grundsatz wäre in einem Prozess nicht betroffen. Mit dieser Feststellung ist nun aber noch nicht gesagt, wie der nemo tenetur-Grundsatz im vorgelagerten Verfahren oder in vorgelagerten Situationen Berücksichtigung finden soll.

Blickt man aber aus dem Vorfeld auf den möglicherweise in Betracht kommenden Strafprozess, so lässt sich leicht sagen, wie die Sicherung des nemo tenetur-Grundsatzes in vorgelagerten Verfahren bzw. Situationen erfolgen muss, damit dieser später nicht nivelliert bzw. betroffen wird. Diese in Frage stehende Sicherungswirkung für den nemo tenetur-Grundsatz erlaubt es nun, das Verfahren bzw. die Situation dergestalt auszugestalten oder anzupassen, dass einerseits der nemo tenetur-Grundsatz später seine volle Wirkung entfalten kann, andererseits aber eine flexible Handhabung möglich bleibt.

Wann es einer solchen Sicherungswirkung bedarf, lässt sich von zwei Richtungen her eingrenzen. Der nemo tenetur-Grundsatz gilt im gesamten Strafprozess und muss daher zu jedem Zeitpunkt berücksichtigt werden. Die Anwendung des nemo tenetur-Grundsatzes bereitet hier auch kaum (noch) Probleme.[765] Außerhalb staatlicher Verfahren oder dem Staat zuzurechnenden Zuständen[766] entfaltet der nemo tenetur-Grundsatz keine Wirkung, weshalb es auch keiner

763 Die neutrale Formulierung „Situationen“ wurde gewählt, um zu verdeutlichen, dass es sich nicht in jedem Fall um ein förmliches Verfahren handeln muss.

764 Diese Blickrichtung nimmt man ein, wenn man mit *Wolff* (vgl. Fn. 733) von einer Ausstrahlwirkung ausgeht.

765 Vgl. beispielsweise: BGH, Urteil vom 26.07.2007, 3 StR 104/07, BGHSt 52, 11 (11 ff.) = NJW 2007, 3138 (3138 ff.).

766 Ein dem Staat zuzurechnende Situation stellt beispielsweise der Einsatz von Vertrauenspersonen der Polizei oder Zeugen außerhalb des Prozesses (vgl. BGH, Beschluss vom 13.05.1996, GSSt 1/96, BGHSt 42, 139 (139 ff.) = NJW 1996, 2940 (2940 ff.) „Zeuge als Augenblickshelfer“) dar.

Sicherungswirkung bedarf. Problematisch verbleibt somit allein der Bereich staatlichen Verhaltens, welches primär nicht der Erlangung von Erkenntnissen für ein Strafverfahren dient.

In diesen Fällen hat die Prüfung zu erfolgen, ob es – hinsichtlich der Geltung des nemo tenetur-Grundsatzes im Strafprozess – einer Sicherungswirkung bedarf.[767] Bedarf es einer solchen Sicherungswirkung, müssen vorgelagerte Verfahren so ausgestaltet werden, dass sie die Wirkung des nemo tenetur-Grundsatzes im Strafprozess nicht nivellieren. Dies kann z.B. durch Einschränkungen auf der Seite der Mitwirkungspflichten erfolgen oder dadurch, dass die Erkenntnisse aus diesen Verfahren nicht bzw. nicht vollständig in den Strafprozess eingebracht werden oder im diesem nicht verwertet werden dürfen.

Zusammengefasst ist festzuhalten: Der nemo tenetur-Grundsatz ist streng von der ihn fördernden Sicherungswirkung zu unterscheiden. Außerhalb des Strafprozesses ist daher zunächst zu fragen, ob es einer Sicherungswirkung bedarf (Frage nach dem Vorliegen einer Maßnahme, die den nemo tenetur-Grundsatz im Strafverfahren beeinträchtigt oder gefährdet). Bei Bejahung dieser Frage ist sodann der Umfang der sichernden Maßnahme zu bestimmen. Diese Vorgehensweise erlaubt eine dem Einzelfall gerecht werdende Betrachtung, da sie eine differenzierende Beschränkung der einzelnen Maßnahme oder ihrer prozessualen Gültigkeit zulässt.

Große Unterschiede ergeben sich hierdurch aber zum Ansatz der herrschenden Meinung[768] nicht. Liegt eine Maßnahme vor, durch die sich der (spätere)

---

[767] Nimmt man diesen Blickwinkel ein, lässt sich auch der von KMR-*Lesch*, § 136 Rn. 16, gebildete Fall, in dem ein observierter Verdächtigter die Polizei unbewusst zum Versteck der Beute führt und deshalb als Täter überführt werden kann, lösen. Zwar wird der Verdächtige in diesem Fall unbewusst hinsichtlich der eigenen Überführung als (Anschauungs-) Objekt aktiv, allerdings bedarf der nemo tenetur-Grundsatz in dieser Konstellation keiner Sicherungswirkung, da die Maßnahme seitens der Strafverfolgungsbehörden nicht (wesentlich) von einer Beobachtung durch Dritte (Privatpersonen) abweicht. Insofern kann der Bürger bei der Strafverfolgung zum unwissenden Objekt werden (a.A. *Fezer*, NStZ 1996, 289 (290), sofern der Bürger nicht eigens nur zur Überwachung in diese Lage gebracht wird (vgl. zu einer solchen Konstellation: BGH, Urteil vom 29.04.2009, 1 StR 701/08, BGHSt 53, 294 (294 ff.) = NJW 2009, 2463 ff.; der Fall wird seitens des BGH allerdings über den Grundsatz des fairen Verfahrens gelöst).

[768] Vgl. S. 179 f. mit Fn. 739 und Fn. 740.

Beschuldigte aktiv selbst belasten müsste, würde diese Maßnahme den nemo tenetur-Grundsatz im späteren Strafprozess leerlaufen lassen, weshalb die Maßnahme auf ein die Wirksamkeit des nemo tenetur-Grundsatzes erhaltendes Maß beschränkt werden muss. In solchen Fällen wird diese Sicherungswirkung aber meist nur durch Unterlassen der Maßnahme eintreten können. Bei rein passiven Duldungspflichten wird zur Sicherung des nemo tenetur-Grundsatzes meist keine Einschränkung der Maßnahme notwendig sein, es sei denn die passive Duldungspflicht hat im Endeffekt dieselbe Wirkung wie eine aktive Selbstbelastung, d.h. sie lässt den nemo tenetur-Grundsatz im Strafprozess inhaltsleer werden.[769]

c) Folgerungen für § 142 StGB

Obwohl der nemo tenetur-Grundsatz allgemein anerkannt ist und die prinzipielle Reichweite überwiegend ähnlich formuliert wird, bestehen doch teils erhebliche Abweichungen bei der Anwendung des nemo tenetur-Grundsatzes auf die Vorschrift des § 142 StGB. Zum besseren Verständnis bedarf es aber zunächst eines Blickes auf die von § 142 StGB geforderten Verhaltensweisen, um diese auf einen Verstoß gegen den nemo tenetur-Grundsatz überprüfen zu können, bevor auf einzelne Ansichten eingegangen wird.

aa) Gefordertes Verhalten nach § 142 StGB

Der Tatbestand des § 142 StGB fordert mehrere Verhaltensweisen seitens der Unfallbeteiligten. Diese richten sich zum einen danach, ob feststellungsbereite Personen am Unfallort anwesend sind oder nicht bzw. danach, ob sich der Unfallbeteiligte vom Unfallort hat entfernen dürfen.

---

[769] Beispielsweise hat die (nur zu duldende) Beschlagnahme eines Tagebuches zwecks Verwertung im Strafprozess für den Beschuldigten die gleiche Wirkung, wie der Zwang die schriftlich niedergelegten Gedanken (aktiv) wörtlich zu wiederholen. Vgl. BVerfG, 14.09.1989, 2 BvR 1062/87, BVerfGE 80, 367 zur Verwertung von Tagebuchaufzeichnungen, das BVerfG geht in diesem Zusammenhang allerdings nicht auf den nemo tenetur-Grundsatz ein, sondern prüft eine Verletzung des allgemeinen Persönlichkeitsrechts gemäß Art. 2 I i.V.m. Art. 1 I GG (woraus auch der nemo tenetur-Grundsatz abgeleitet wird, vgl. Fn.724 734)). Ebenso stellt der Einsatz von Brechmitteln einen Eingriff in den nemo tenetur-Grundsatz dar, obwohl das Verabreichen des Mittels nur passiv geduldet werden muss (vgl. EGMR (Große Kammer), Urteil vom 11. 7. 2006, 54810/00 (Jalloh/Deutschland), NJW 2006, 3117 (3124)).

(1) § 142 I Nr. 1 StGB

Sind feststellungsbereite Personen am Unfallort anwesend, muss der Unfallbeteiligte seine Unfallbeteiligung diesen gegenüber angeben (Vorstellungspflicht) und durch seine Anwesenheit die zur Beweissicherung des zivilrechtlichen Anspruches erforderlichen Feststellungen ermöglichen (Feststellungsduldungspflicht), bevor er sich vom Unfallort entfernen darf.[770] Der Umfang der Vorstellungspflicht beschränkt sich für den Unfallbeteiligten auf die schlichte Erklärung (gegenüber einer feststellungsbereiten Person), durch sein Verhalten möglicherweise am Unfall beteiligt gewesen zu sein.[771] Die Feststellungsduldungspflicht fordert vom Unfallbeteiligten, dass er diejenigen Feststellungen ermöglicht, die zur Sicherung oder zur Abwehr der zivilrechtlichen Ersatzansprüche notwendig sind. Der Umfang der Feststellungen bestimmt sich daher nach der jeweils zugrunde liegenden zivilrechtlichen Anspruchsgrundlage. Ausreichend ist hierbei die Ermöglichung der Feststellungen allein durch Anwesenheit des Unfallbeteiligten, d.h. es muss eine realistische Chance zur Verfolgung und Durchsetzung der Schadensersatzansprüche bestehen.[772]

(2) § 142 I Nr. 2 StGB

Fehlen am Unfallort feststellungsbereite Personen, hat der Unfallbeteiligte am Unfallort eine angemessene Zeit auf das Eintreffen feststellungsbereiter Personen zu warten.[773] Zwar sind die Anforderungen an die Angemessenheit der Wartezeit von vielen Faktoren abhängig und im Einzelnen nicht unumstritten, all-

---

770 Münchener Kommentar StGB-*Zopfs*, § 142 Rn. 52. Zum Verzicht auf Feststellungen durch den Geschädigten oder andere feststellungsbereite Personen: *Bernsmann*, NZV 1989, 49 (49 ff.).

771 Münchener Kommentar StGB-*Zopfs*, § 142 Rn. 60; *Küper*, JZ 1988, 473 (473).

772 Münchener Kommentar StGB-*Zopfs*, § 142 Rn. 64. Die Anwesenheit des Unfallbeteiligten allein wird allerdings die feststellungsbereite Person und damit den Geschädigten meist nicht in die Lage versetzen, die zivilrechtlichen Ansprüche geltend zu machen. Für die weitere Betrachtung der Pflichten hinsichtlich eines Verstoßes gegen den nemo tenetur-Grundsatz spielt dieses Problem aber auch keine Rolle. Weiterführend zu diesem Problem: Münchener Kommentar StGB-*Zopfs*, § 142 Rn. 67 ff.; *ders.* FS Küper S. 747 (748 ff.). *Maier*, NJW 1976, 1190 (1191), sah darin kein Problem, da die Vorschrift dem Unfallbeteiligten die Möglichkeit gibt, „durch zweckmäßiges Verhalten den anderen Unfallbeteiligten vor die Wahl zu stellen, entweder sich auszuweisen oder das Eintreffen der herbeigerufenen Polizei abzuwarten […]". A.A. *Rupp*, JuS 1967, 163 (164).

773 Zur Problematik der Wartepflicht: *Küper*, NJW 1981, 853 (853 ff.).

gemein anerkannt ist jedoch, dass zur Erfüllung der Wartepflicht die bloße Anwesenheit am Unfallort ausreichend ist.[774]

(3) § 142 II StGB

§ 142 II StGB normiert ein echtes Unterlassungsdelikt. Der Unfallbeteiligte hat, wenn er sich nach Ablauf der Wartefrist oder berechtigt bzw. entschuldigt vom Unfallort entfernt hat, die notwendigen Feststellungen nachträglich unverzüglich zu ermöglichen.[775] Für die Ermöglichung der Feststellungen genügt es gemäß § 142 III StGB, wenn der Unfallbeteiligte den Berechtigten oder einer nahe gelegenen Polizeidienststelle mitteilt, dass er an dem Unfall beteiligt gewesen ist, und wenn er seine Anschrift, seinen Aufenthalt sowie das Kennzeichen und den Standort seines Fahrzeugs angibt und dieses zu unverzüglichen Feststellungen für eine ihm zumutbare Zeit zur Verfügung hält.[776]

bb) Restriktive Auslegung

Nach *Schneider* sind sämtliche Passivpflichten des § 142 I StGB in Form der Anwesenheits-, Feststellungsduldungs- und Wartepflicht mit nemo tenetur und damit der Verfassung vereinbar.[777] Bei restriktiver Auslegung des § 142 I StGB

---

[774] Lackner/*Kühl*, § 142 Rn. 19 m.w.N, *Fischer*, § 142 Rn. 35 m.w.N. A.A. *Küper*, JZ 1981, 209 (211), der für ein Warten am Unfallort die Feststellungsbereitschaft voraussetzt, d.h. der Unfallbeteiligte muss sich nicht nur am Unfallort aufhalten, sondern auch für Feststellungen bereithalten. Ausführlich zu § 142 I Nr. 1 und 2 StGB: *Küper*, GA 1994, 49 (49 ff.).

[775] Der zeitliche Aspekt der Unverzüglichkeit der nachträglichen Unfallmeldung bringt in der Rechtspraxis Unklarheiten mit sich. *Schulz*, ZRP 2006, 149 (149 f.): „Die Vagheit des Begriffs der Unverzüglichkeit führte dann zu einer teilweise grotesk anmutenden Rechtsprechung. Auf keinen Fall dürfe der Unfallbeteiligte, auch wenn der Berechtigte schwer zu ermitteln sei, mehrere Tage zuwarten. Auch eine Unfallmeldung nach 28 Stunden sei nicht mehr unverzüglich. Bei einer Unfallverursachung um 18.45 Uhr müsse noch am selben Abend benachrichtigt werden. Dagegen genüge bei einem nächtlichen Unfall bei eindeutiger Haftungslage, auch bei erheblichem Sachschaden, eine Meldung am nächsten Morgen zum frühestmöglichen Zeitpunkt, wobei diesbezüglich teilweise eine Meldung bis 9.30 Uhr, auf keinen Fall aber nach 11.15 Uhr, oder eine äußerste Grenze zwischen 10.30 und 10.45 Uhr gefordert wird. Selbst der Rechtskundige wird dieser Kasuistik kaum eine klare Handlungsanweisung entnehmen können".

[776] Umstritten ist, ob sich das Gebot der Unverzüglichkeit nur auf den beschrittenen Weg oder auch den zu beschreitenden Weg bezieht. Vgl. LK-*Geppert* § 142 Rn. 154 ff. m.w.N.; BGH, Beschluss vom 29.11.1979, 4 StR 624/78, BGHSt 29, 138 (138 ff.) = NJW 1980, 1806 (1806 ff.).

[777] *Schneider*, Selbstbegünstigungsprinzip, S. 148.

gehe von der Vorschrift keinesfalls der Zwang aus, staatlichen Stellen die Feststellung selbstbelastender Informationen zu ermöglichen. § 142 I StGB sei auf Beweisverfahrenskonstellationen zwischen Privaten zugeschnitten, ohne einen selbstbelastenden, mit dem nemo tenetur-Grundsatz kollidierenden Informationsfluss zu den Strafverfolgungsbehörden zu erzwingen. Schließlich könne der Unfallbeteiligte durch seine Kooperationsbereitschaft am Unfallort das Eingreifen der Polizei vermeiden.

Hinsichtlich der Vorstellungspflicht des § 142 I Nr. 1 StGB sei zu beachten, dass der nemo tenetur-Grundsatz zwar strafbewehrte Selbstbelastungsaktivitäten verhindern soll, dies gelte aber aufgrund der verfassungsrechtlichen Rezeption des Grundsatzes durch Art. 20 III GG allein für staatliche Beweisverfahren. § 142 I Nr. 1 StGB regele eine solche Verfahrenskonstellation weder zweckgerichtet, noch sehe er sie notwendigerweise von Rechts wegen vor. Allenfalls sei eine verfassungskonforme Auslegung dergestalt vorzunehmen, dass die Vorstellungspflicht nur gegenüber Privaten, nicht aber gegenüber der Polizei erfüllt werden muss.[778]

Im Hinblick auf § 142 II StGB gestalte sich die Beantwortung der Frage nach der Verfassungsmäßigkeit schwieriger. Zwar scheine § 142 II StGB auf den ersten Blick nicht mit der strafprozessualen Mitwirkungsfreiheit des Beschuldigten zu kollidieren, da die nachträgliche Meldepflicht als Ergänzung zum Pflichtenprogramm des § 142 I StGB ebenfalls einen Informationsfluss zwischen Privaten (und nicht ein staatliches Beweisverfahren) bezwecke. Das Problem der möglichen Selbstbelastung ergebe sich aber aus der Art und Weise der Durchführung der nachträglichen Feststellungpflicht in § 142 III S. 1 StGB. Schränke man (mit der herrschenden Meinung) die Wahlfreiheit des Unfallbeteiligten dergestalt ein, dass der Schutzzweck der Norm es gebiete, den schnellstmöglichen[779], erfolgversprechenden Weg einzuschlagen, so reduziere sich das Wahlrecht weitgehend. Regelmäßig vergehe mehr Zeit beim Versuch des Unfallbeteiligten den Geschädigten zu kontaktieren, als bei einer telefonischen Verständi-

---

778 *Schneider*, Selbstbegünstigungsprinzip, S. 149.

779 Nach der h.M. wird nicht der schnellstmögliche Weg gefordert, sondern nur die unverzügliche Benachrichtigung (vgl. Fn. 775 f.); dennoch kann sich das von *Schneider* aufgezeigte Problem auch bei der Wahl des unverzüglichen Benachrichtigungsweges stellen.

gung der Polizei. Diese Verhaltensweise stelle einen Verstoß gegen den nemo tenetur-Grundsatz dar, weil die unverzüglich informierte Polizei alsbald zwecks Durchführung der Unfallfeststellungen den Unfallbeteiligten aufsuchen, dabei beispielsweise die Alkoholisierung bemerken und entsprechende Strafverfolgungsmaßnahmen einleiten werde. Die Reduzierung des Wahlrechts auf die schnellstmögliche Benachrichtigung des Geschädigten wirke somit tendenziell selbstbelastend. Insofern sei dieser Tendenz aber nicht durch Gewährung eines (generellen) Beweisverwertungsverbotes, sondern durch restriktive Normauslegung dergestalt zu begegnen, dass die Meldung bei der Polizei zugunsten privatrechtlicher Benachrichtigung zurückgestellt wird.[780]

Nach Ansicht von *Schneider* haben damit sämtliche Verhaltensanordnungen des § 142 StGB (auch die Aktivpflichten) vor dem nemo tenetur-Grundsatz Bestand.[781] Er geht bei seiner Analyse allerdings davon aus, dass der nemo tenetur-Grundsatz nur in staatlichen Beweisverfahren Wirkung entfaltet, der nemo tenetur-Grundsatz sei kein globales Freiheitsrecht.[782]

cc) Keine Ausstrahlwirkung bei Duldungspflicht

Wendet man die Ansicht von *Wolff* auf die Vorschrift des § 142 StGB an[783], so gelangt man zu folgendem Ergebnis: Der nemo tenetur-Grundsatz ist direkt nicht anwendbar, da es sich bei einem Unfall und dem sich anschließenden Ablauf nicht um ein Strafverfahren handelt. Zwar können die Ermittlungen seitens der Polizei nach einem Unfall letztlich in ein Strafverfahren münden, sie selbst sind aber noch nicht Teil dieses Verfahrens. In Betracht kommt somit nur die Geltung und Beachtung der Ausstrahlwirkung. Nach Ansicht von *Wolff* entfaltet das nemo tenetur-Prinzip bei Pflichten, die auch im Strafverfahren ihrer Struktur nach zulässig sind, keine Ausstrahlwirkung.[784] Hierzu gehören neben den Ausweispflichten und Erscheinungspflichten auch die Duldungspflichten.[785] Inso-

---

[780] *Schneider*, Selbstbegünstigungsprinzip, S. 151 f.
[781] *Schneider*, Selbstbegünstigungsprinzip, S. 151.
[782] *Schneider*, Selbstbegünstigungsprinzip, S. 153.
[783] *Wolff*, Selbstbelastung, selbst beschäftigt sich in seiner Arbeit nicht mit § 142 StGB, da er die Ausstrahlwirkung des nemo tenetur-Grundsatzes nur im Hinblick auf die gesetzlichen Mitwirkungspflichten des Verwaltungsrechts untersucht hat.
[784] *Wolff*, Selbstbelastung, S. 279.
[785] *Wolff*, Selbstbelastung, S. 129 und S. 186.

fern entfaltet der nemo tenetur-Grundsatz im Rahmen des § 142 I Nr. 1 StGB keine Ausstrahlwirkung. Gleiches gilt für § 142 I Nr. 2 StGB, da dieser nur das Verbleiben (und damit ein Weniger im Vergleich zum Erscheinen) fordert.

Hinsichtlich § 142 II StGB ist folgendes festzustellen: Zwar fordert § 142 II StGB neben den zu duldenden Maßnahmen auch ein Aktivwerden des Unfallbeteiligten, da er die geforderte Benachrichtigung vornehmen muss. Nach *Wolff* verlieren aber Duldungspflichten nicht ihren Charakter als solche, wenn eine aktive Mitwirkung des Betroffenen verlangt wird, solange es sich um eine rein akzessorische Pflicht handelt, die nicht (mittelbar) zur aktiven Selbstbelastung im Strafverfahren führt.[786] Wegen der alternativen Benachrichtigungsmöglichkeiten entfaltet der nemo tenetur-Grundsatz folglich keine Ausstrahlwirkung, da es sich weiterhin im Grunde um eine Duldungspflicht handelt.

dd) Konfliktmindernde Tatbestandsauslegung

Kölbel befürwortet eine konfliktmindernde Tatbestandsauslegung dergestalt, dass der Pflichtenkreis des § 142 StGB nur gegenüber Privaten, nicht jedoch gegenüber der Polizei erfüllt werden muss.[787] Dies komme auch den Feststellungsbedürfnissen des Unfallgegners entgegen, da er die zur Schadensabwicklung erforderlichen Daten in der Privatkommunikation erheben kann. Der Unfallgegner verliere lediglich die Möglichkeit, die Feststellungen mit dem Strafrecht im Rücken auch polizeilich vornehmen zu lassen und sich damit eine amtliche Beglaubigung zu verschaffen.[788]

Nach *Kölbel* gewährleistet das Strafrecht dem Geschädigten des Unfalls kein beweisrechtliches Optimum, sondern allein jene selbstständige Beweissicherung, die einen hinreichenden Erfolg bei Beschreitung des Zivilrechtsweges verspricht. Der Unfallbeteiligte müsse dafür die erforderlichen Feststellungen ermöglichen (§ 142 I Nr. 1 StGB), nicht aber das Eintreffen der Polizei abwarten[789]. Habe er einen informationellen Grundstock bereitgestellt, könne er die

[786] *Wolff*, Selbstbelastung, S. 186.

[787] *Kölbel*, Selbstbelastungsfreiheiten, S. 479.

[788] *Kölbel*, Selbstbelastungsfreiheiten, S. 479.

[789] Vgl. *Zopfs*, FS Küper, S. 750 ff. m.w.N. Gegen die Verpflichtung, auch bei § 142 III StGB auf die Polizei warten zu müssen: *Bernsmann*, NZV 1989, 198 (199 f.)

ihm angesonnene Duldung der Hinzuziehung der Polizei zurückweisen.[790] Anders verhalte es sich nur, wenn sich die erforderliche Beweissicherung im privaten Austausch ausnahmsweise nicht realisieren lässt. Maßgebend für die Einordnung in diese Kategorie seien die zivilrechtlichen Haftungsvoraussetzungen; der Alkoholisierungsgrad des Unfallbeteiligten zähle allerdings nicht zum Kreis der erforderlichen Basisinformationen.[791]

Zur Erfüllung der Pflicht zur nachträglichen Unfallmeldung (§ 142 II, III StGB) reiche es aus, wenn sich Unfallbeteiligte mit dem Unfallgegner in Verbindung setzt. Ungeachtet etwaiger Verzögerungen könne der Unfallbeteiligte den Feststellungsberechtigten auf dem risikoärmeren Weg direkt benachrichtigen, solange dadurch keine haftungsrelevanten Beweisverluste eintreten.[792]

ee) Fehlendes spezifisches Beweisinteresse

Verrel sieht in den Aktivpflichten (Warte- und Anwesenheitspflicht) des § 142 I Nr. 1 und 2 StGB nur die Unterstützung des auf Passivität gerichteten Basis- oder Hauptnormbefehls. Die Erfüllung der Aktivpflichten führe eher zu einer Minderung des Strafverfolgungsrisikos, indem sie zu einer Befriedigung der durch § 142 StGB allein geschützten Informationsansprüche des Unfallgeschädigten beitragen kann, der deswegen keinen bzw. weniger Anlass für eine Hinzuziehung der Polizei hat.[793]

Bewirke die Erfüllung von Pflichten, die den Eintritt eines neuerlichen Rechtsgutsschadens verhindern sollen und kein spezifisches Beweisinteresse

---

790 *Kölbel*, Selbstbelastungsfreiheiten, S. 480; ebenso *Vierhaus*, Unfallverursachung, S. 59.

791 *Kölbel*, Selbstbelastungsfreiheiten, S. 480 f. Diese Ansicht wird von der Rechtsprechung nicht geteilt: BGH, Urteil vom 07.06.1951, 4 StR 189/51, VRS 4, 48 (49); BGH, Urteil vom 06.02.1959, 4 StR 480/58, VRS 16, 267 (267); BGH, Urteil vom 25.06.1970, 4 StR 109/70, VRS 39, 184 (185); OLG Celle, Urteil vom 01.02.1956, 1 Ss 381/55, NJW 1956, 560 (560); OLG Saarbrücken, Urteil vom 09.02.1967, Ss 60/66, NJW 1968, 458 (459); OLG Oldenburg, Urteil vom 02.07.1968, 1 Ss 152/68, NJW 1968, 2019 (2020); OLG Köln, Urteil vom 19.01.1999, Ss 526/98, NStZ-RR 1999, 251 (251 f.); differenzierend NK-*Schild*, § 142 Rn. 68; SK-StGB-*Rudolphi*, § 142 Rn. 26; Schönke-Schröder-*Sternberg-Lieben*, § 142 Rn. 23.

792 *Kölbel*, Selbstbelastungsfreiheiten, S. 481. Unklar bleibt jedoch die Folge, wenn haftungsrelevante Beweisverluste eintreten.

793 *Verrel*, Selbstbelastungsfreiheit, S. 94 (mit Verweis auf *Geppert*, BA 1991, 31 (36) und BT-Drucksache 7/2434, S. 7).

verfolgen, d.h. kein notwendig bzw. regelmäßig zur Selbstbelastung führendes Verhalten einfordern, im Einzelfall zugleich eine Erhöhung der Strafverfolgungsgefahr, so liege darin ein ausnahmsweiser, sozusagen zufälliger Effekt, der die Legitimität der Gebotsnorm im Hinblick auf den nemo tenetur-Grundsatz nicht grundsätzlich in Frage stellen kann.[794]

Hinsichtlich der Vorstellungspflicht des § 142 II, III StGB müsse beachtet werden, dass weder jeder Unfall im Straßenverkehr zugleich eine Straftat sei, noch § 142 StGB dazu nötige, sich einer tatsächlich begangenen Tat mit der Konsequenz einer strafrechtlichen Verfolgung zu bezichtigen. Die Mitwirkungspflichten bestünden in erster Linie gegenüber dem Unfallgegner, dem ein gewisser Mindestsatz an Informationen zur Verfolgung etwaiger zivilrechtlicher Schadensersatzansprüche gewährleistet werden soll, weshalb § 142 StGB weder zu einer Auskunft gegenüber den Strafverfolgungsorganen, noch zu dem Bekenntnis einer Straftat gegenüber dem Unfallgegner führe. § 142 StGB kompensiere lediglich die Nachteile, die sich aus dem spezifisch verkehrsbedingten Selbsthilfedefizit ergeben, aber stelle nicht das beweisrechtliche Optimum sicher. Daher sei es möglich, die Aktivpflichten so auszulegen, dass der Informationsfluss zwischen den Unfallbeteiligten regelmäßig ohne Beteiligung der Polizei zustande kommt.[795]

Da § 142 StGB nicht an eine Straftat anknüpft, sondern an ein Schadensereignis im Straßenverkehr, sei die Teilnahme am Straßenverkehr und die damit einhergehende funktionsnotwendig verbundene Verantwortungsübernahme ein Risiko, das im Einzelfall eine Strafverfolgungsgefahr begründet. Es sei sozusagen das „Pech“ des Straftäters, wenn er in einen Verkehrsunfall verwickelt und aufgrund der daraus resultierenden Mitwirkungspflichten entdeckt wird.[796]

ff) Durchbrechung der passiven Feststellungspflicht

Rogall hält es nicht mehr für haltbar, wenn § 142 StGB den Grundsatz der passiven Feststellungspflicht durchbreche, indem dem Unfallbeteiligten zur Pflicht gemacht wird, sich als solcher zu erkennen zu geben (§ 142 I Nr. 1

794 *Verrel*, Selbstbelastungsfreiheit, S. 91.
795 *Verrel*, Selbstbelastungsfreiheit, S. 96.
796 *Verrel*, Selbstbelastungsfreiheit, S. 99.

StGB) bzw. die erforderlichen Feststellungen nachträglich zu ermöglichen (§ 142 II, III StGB).[797] Aus § 142 III StGB folge mit aller Deutlichkeit, dass dem Unfallbeteiligten eine Pflicht zur aktiven Mitwirkung an seiner eigenen Strafverfolgung zugemutet wird, wenn er die Tatsache seiner Unfallbeteiligung, seine Anschrift, seinen Aufenthalt und das Kennzeichen und den Standort seines Fahrzeugs einer Polizeidienststelle mitzuteilen hat.[798] Dem könne auch nicht entgegen gehalten werden, dass die geforderte aktive Mitwirkung zumutbar sei, denn dem hohen Verfassungswert des nemo tenetur-Grundsatzes stehe nur ein privates Feststellungsinteresse gegenüber. § 142 StGB sei daher wegen Verstoßes gegen den nemo tenetur-Grundsatz verfassungswidrig.[799]

gg) Verletzung der gesetzgeberischen Entscheidungsbefugnis

Nach *Reiß* verstößt § 142 StGB gegen das rechtsstaatliche Gebot des nemo tenetur.[800] Die Strafbewehrung der Verletzung der sich aus § 142 ergebenden Warte- und Anzeigepflichten diene dem Beweisinteresse an der Feststellung und Sicherung der durch einen Unfall entstandenen privatrechtlichen Schadensersatzansprüche. Mit den Mitteln des Strafrechts werde für den von einer Strafverfolgung wegen eines Verkehrsdeliktes Bedrohten ein Verhalten erzwungen, dass von ihm nach prozessualen Grundsätzen weder als Partei noch als Zeuge erzwungen werden dürfe. Eine Rechtfertigung dieses Zwangs ergebe sich nicht daraus, dass es primär um das private und damit ein außerstrafrechtliches Beweisinteresse gehe und die sich daraus ergebenden Beweiserleichterungen für die Strafverfolgung nur eine unvermeidliche Nebenfolge darstellen.[801] Der nemo tenetur-Grundsatz verbiete auch dann erzwingbare Beweisverschaffungspflich-

---

797 *Ruck*, Vermögensdelikt, S. 104, sieht in den Aktiv-Pflichten des § 142 StGB eine unverhältnismäßige Beeinträchtigung des nemo tenetur-Grundsatzes, diese könne auch nicht durch eine verfassungskonforme Auslegung beseitigt werden.

798 *Rogall*, Beschuldigte als Beweismittel, S. 163.

799 *Rogall*, Beschuldigte als Beweismittel, S. 164. *Seebode*, JA 1980, 493 (497 f.), nimmt zwar auch eine aktive Mitwirkung an der eigenen Überführung an, jedoch sei § 142 StGB verfassungsgemäß, wenn die dadurch erlangten Erkenntnisse nicht gegen den Täter verwandt werden würden. Er leitet dieses Beweisverwertungsverbot aus den Art. 2 I, 1 I i.V.m. Art. 20 GG ab.

800 *Reiß,* Besteuerungsverfahren, S. 204.

801 *Reiß*, Besteuerungsverfahren, S. 201 f. mit Verweis auf *Rudolphi*, JR 1979, 208 (211), der klarstellt, dass § 142 StGB keinen Rundumschutz des geschützten Beweissicherungsinteresses bezweckt.

ten bei Gefahr der Strafverfolgung, wenn es primär gar nicht um die Strafverfolgung geht, sondern um die Durchsetzung anderer öffentlicher und privater Beweisinteressen.[802]

Bei Berücksichtigung der Entscheidung des Bundesverfassungsgerichtes[803] hinsichtlich der Auskunftspflicht des Gemeinschuldners im Konkursverfahren bei gleichzeitiger Gefahr strafrechtlicher Verfolgung müsse § 142 StGB verfassungskonform ausgelegt werden. Eine verfassungskonforme Auslegung der Vorschrift, durch die die Regelung des § 142 StGB durch ein Beweisverwertungsverbot für Strafverfolgungszwecke ergänzt wird, scheitere aber daran, dass es dem Gesetzgeber überlassen bleiben müsse, wie weit dieses Verwertungsverbot gehen soll. Das Verwertungsverbot könne nämlich alle im Zusammenhang mit den von § 142 StGB geforderten Verhaltensweisen betreffen oder nur diejenigen Beweismittel umfassen, die gerade deshalb erlangt wurden, weil der Unfallbeteiligte seiner Warte- und Anzeigepflicht genüge, d.h. die auf andere Weise nicht sicher erlangt worden wären. Gerade weil diese Entscheidung aber auch bei der Neufassung des § 142 StGB seitens des Gesetzgebers nicht getroffen wurde und eine verfassungskonforme Ergänzung durch ein Beweisverwertungsverbot das Wahlrecht des Gesetzgebers tangiere, liege ein Verstoß gegen das rechtsstaatliche Gebot des nemo tenetur vor.[804]

hh) Partielle Verfassungswidrigkeit

Nach *Dietrich* ist die Norm des § 142 StGB bei Zugrundelegung der in dem Gemeinschuldnerbeschluss des Bundesverfassungsgerichts getroffenen Ausführungen partiell verfassungswidrig.[805] *Dietrich* sieht das Verbot zwangsweiser Selbstbelastung im allgemeinen Persönlichkeitsrecht (Art. 2 I i.V.m. Art 1 I GG) und im Rechtsstaatsprinzip (Art. 20 III GG) verankert.[806] Der Regelungsumfang des nemo tenetur-Prinzips sei anhand der Kriterien von Aktivität und Passivität zu bestimmen: Der nemo tenetur-Grundsatz schütze vor jeglichem Zwang zu

---

802 *Reiß*, Besteuerungsverfahren, S. 202.

803 BVerfG, Beschluss vom 13.01.1981, 1 BvR 116/77, BVerfG 56, 37 (37 ff.) = NJW 1981, 1431 (1431 ff.).

804 *Reiß*, Besteuerungsverfahren, S. 204.

805 *Dietrich*, Selbstbelastung, S. 136.

806 *Dietrich*, Selbstbelastung, S. 46.

aktiver Selbstüberführung und stelle sich so als globales Recht zur Passivität dar, das den Betroffenen neben der Befugnis zu schweigen auch von jeglicher aktiver Mitwirkung am Verfahren befreie.[807]

Im Hinblick auf § 142 StGB kommt *Dietrich* zu dem Ergebnis, dass der Gesetzgeber bei der Umgestaltung des § 142 StGB im Jahr 1975 einen Schritt zu weit gegangen sei. Er habe in seinem Eifer, die Interessen der Unfallgeschädigten möglichst umfassend schützen zu wollen, unberücksichtigt gelassen, dass er den Unfallbeteiligten Pflichten auferlegt und damit zugleich die Voraussetzung für eine strafrechtliche Verfolgung schafft. Dieser Eingriff in den grundgesetzlich absolut geschützten Bereich sei nicht legitimierbar.[808]

Diese Legitimation lasse sich auch nicht mit einer restriktiven Interpretation erreichen, da selbstbelastende Konstellationen bei § 142 II i.V.m. III StGB denkbar seien, in denen der auskunftspflichtige Unfallbeteiligte selbst die Voraussetzung für seine strafrechtliche Verurteilung schafft. Es stehe fest, dass der vom Bundesverfassungsgericht im Gemeinschuldnerbeschluss beschrittene Weg auf § 142 StGB nicht übertragen werden könne. Anders als bei der Konkursordnung handelt es sich bei § 142 StGB nicht um vorkonstitutionelles Recht, weshalb die Vorschrift seitens des Bundesverfassungsgerichts nicht um ein Verwertungsverbot ergänzt werden könne. Die Statuierung eines Verwertungsverbotes stehe nur dem Gesetzgeber zu. Solange dieser dieses Verwertungsverbot nicht aufnehme, bleibe die Vorschrift wegen Kollision mit dem nemo tenetur-Prinzip verfassungswidrig.[809]

ii) Ungerechtfertigter Eingriff in den Schutzbereich

Nach *Schünemann* stellt die Verpflichtung des Unfallbeteiligten, sich von Anfang an oder nachträglich als Unfallbeteiligter zu melden und dadurch die Fest-

[807] *Dietrich*, Selbstbelastung, S. 57.

[808] *Dietrich*, Selbstbelastung, S. 136.

[809] *Dietrich*, Selbstbelastung, S. 134 f. Hierbei setzt sich *Dietrich* expliziert mit der Auffassung von *Schneider,* Selbstbegünstigungsprinzip, (vgl. Fn. 778) auseinander. Nach *Kubatta*, Verkehrsunfallflucht, S. 80 verbleiben somit verfassungsrechtliche Bedenken, die derzeit nicht ausgeräumt werden können. Sie plädiert für eine Ausweitung des Anwendungsbereiches der tätigen Reue, wodurch aber – so *Kubatta* (S. 166) – „die verfassungsrechtlichen Zweifel hinsichtlich eines Verstoßes gegen das „nemo-tenetur-Prinzip" zwar nicht beseitigt, aber weiter entspannt" werden.

stellung seiner Person, seines Fahrzeugs und der Art der Beteiligung zu ermöglichen, einen ungerechtfertigten Eingriff in den Schutzbereich des nemo tenetur-Grundsatzes dar.[810] Der Unfallbeteiligte werde immer dann, wenn auch nur der Verdacht einer Straftat oder Ordnungswidrigkeit gegen ihn bestehen kann, zu einer Selbstbelastung durch aktives Tun gezwungen. Dies führe (auch beim bloßen Verdacht einer Ordnungswidrigkeit) zu einem Eingriff in das nemo tenetur-Privileg.[811]

Hiergegen lasse sich auch nicht einwenden, dass die Vorstellungspflicht zunächst noch außerhalb eines Straf- und Bußgeldverfahrens gilt. Der nemo tenetur-Grundsatz gelte von Verfassungs wegen auch bei außerhalb des Strafrechts statuierten Pflichten zur Selbstbezichtigung, durch deren Erfüllung es später zur Einleitung eines Straf- oder Bußgeldverfahrens kommen kann. Dies habe das Bundesverfassungsgericht in der sog. Gemeinschuldnerentscheidung deutlich gemacht. Erfolgt die Meldung gemäß § 142 I Nr. 1 bzw. III StGB gegenüber der Polizei, provoziere sie ein Ermittlungsverfahren gegen den Mitteilenden. Dagegen helfe es auch nicht, auf die alternative Möglichkeit der Meldung gegenüber dem Betroffenen hinzuweisen und dem Unfallbeteiligten ein Wahlrecht einzuräumen, da erstens die Rechtsprechung das Merkmal der Unverzüglichkeit dermaßen streng auslegt, dass eine Erfüllung praktisch nur gegenüber der Polizei in Frage kommt und zweitens auch bei Mitteilung gegenüber nicht amtlichen Feststellungsinteressenten die Gepflogenheit aller Unfallgeschädigten bestehe, den Unfall durch die Polizei „aufnehmen“ zu lassen.[812]

Der Einwand, dass § 142 StGB gar nicht spezifisch auf eine strafbare oder bußgeldpflichtige Unfallverursachung durch den Feststellungspflichtigen bezogen sei, weil der Tatbestand jeden erfasse, dessen Verhalten überhaupt zum Unfall beigetragen haben könne, gehe fehl. Schließlich könne auch eine Erstreckung der Meldepflicht in § 142 StGB auf jeden (und nicht nur auf den durch eine rechtswidrig-schuldhafte Handlung) potentiellen Unfallbeteiligten die Anwendbarkeit des nemo tenetur-Grundsatzes nicht hindern. Die Ausgestaltung des § 142 StGB als abstraktes Gefährdungsdelikt impliziere auch eine ebenso abs-

---

810 *Schünemann*, DAR 1998, 424 (428) und DAR 2003, 207 (212).

811 *Schünemann*, DAR 1998, 424 (428).

812 *Schünemann*, DAR 1998, 424 (428).

trakte Berücksichtigung der Aussagefreiheit des Beschuldigten, die daher auch jedem, der für die Tatbestandsverwirklichung in Betracht kommt, zugutegehalten werden müsse. Insbesondere die Rechtswirklichkeit zeige, dass der größte Teil aller Unfallfluchtdelikte durch die Furcht vor Strafverfolgung motiviert sei. Zudem werde immer wieder § 142 StGB als Mittel für die „Ausmerzung" ungeeigneter Kraftfahrer angesehen. Gerade das wohl häufigste Fluchtmotiv, nämlich die Verursachung eines Unfalls während einer Trunkenheitsfahrt, solle von Ausnahmefällen abgesehen ein ganz spezifisches Feststellungsinteresse des Unfallbetroffenen begründen, das praktisch ja nur im Rahmen eines strafrechtlichen Ermittlungsverfahrens befriedigt werden könne. Auch außerhalb von Trunkenheitsfahrten könne nicht anderes gelten, da § 49 StVO den Bereich der Bußgeldhaftung genau so weit wie die zivilrechtliche Verschuldenshaftung ausgedehnt hat, so dass gerade die verschuldensbegründenden Umstände vom Feststellunginteresse umfasst werden und damit die Meldepflicht mit dem nemo teneturGrundsatz kollidiert.[813]

jj) Keine Rechtfertigung wegen der Besonderheiten des Straßenverkehrs

Wie eingangs erwähnt liegt nach Ansicht von *Steenbock* bei § 142 StGB ein Verstoß gegen den nemo tenetur-Grundsatz vor.[814] Ihrer Meinung nach müsse jedoch auf die einzelnen Pflichten des § 142 StGB nicht eingegangen werden, da „die Norm auf andere strafrechtliche Begriffe und Prinzipien hin untersucht" werde. Aus diesem Grund werde der Widerspruch mit dem nemo tenetur-Grundsatz auf eine Legitimation durch die Besonderheiten des Straßenverkehrs untersucht.[815]

Die Besonderheiten des Straßenverkehrs bestünden in äußeren Bedingungen, die sowohl objektiv als auch subjektiv Einfluss auf das Verhalten eines Unfallbeteiligten und auf die Schutzbedürftigkeit Geschädigter haben. Objektiv bestehe im Straßenverkehr ein besonders hohes Schadensrisiko, unterliege die Aufklärung eines Unfalls im Straßenverkehr besonderen Aufklärungsschwierigkei-

813 *Schünemann*, DAR 1998, 424 (428 f.).
814 Vgl. I. Abschaffung; *Steenbock*, Unfallflucht als Straftat, S. 199.
815 *Steenbock*, Unfallflucht als Straftat, S. 88.

ten[816] (selbst wenn alle Beteiligten am Unfallort verbleiben) und biete der Straßenverkehr besonders gute Fluchtmöglichkeiten. Subjektiv werde die innere Fluchtbereitschaft der Unfallbeteiligten durch den Straßenverkehr, insbesondere dessen Schnelligkeit und Anonymität gefördert und es bestehe eine erhöhte Fluchtmotivation durch die Besonderheiten[817] des Straßenverkehrs.[818]

Diese Besonderheiten seien für eine Rechtfertigung (des Verstoßes gegen den nemo tenetur-Grundsatz) nicht geeignet, da sie keine Garantenstellung des Unfallbeteiligten begründen. Weder läge ein Fall der Ingerenz seitens des Unfallbeteiligten vor, noch sei der Unfallbeteiligte Teil einer Verkehrsgemeinschaft.[819] Auch könne § 142 StGB nicht als Normierung einer allgemeinen Solidarpflicht verstanden werden, da § 142 StGB keine ausdrückliche Hilfspflicht im Hinblick auf die Verhinderung einer schweren Gefahr enthalte.[820] Auch sei die These, dass erhöhte Vorteile, Risiken, Chancen oder Rechtsstellungen durch erhöhte Pflichten ausgeglichen werden, nicht für eine Rechtfertigung des § 142 StGB geeignet.[821]

Schon zur Vorgängervorschrift hatte *von Münch* eine Rechtfertigung[822] – auch nicht durch die Besonderheiten des Straßenverkehrs – der Pönalisierung der Selbstbegünstigung abgelehnt.[823] Aus seiner Sicht stellt die Strafbarkeit der Unfallflucht ein im geltenden deutschen Strafrechtssystem außergewöhnliches Faktum dar, da sie den einzigen Fall einer strafbaren Selbstbegünstigung beinhalte. Der Grundsatz von der Straflosigkeit der Selbstbegünstigung dürfe vom Gesetz-

816 Der BGH, Urteil vom 26.05.1955, 4 StR 148/55, BGHSt 8, 263 (266 f.) = NJW 1955, 1078 (1078 f.), sieht den tragenden Grund der Pflicht zum Verbleiben am Unfallort in den Aufklärungsschwierigkeiten, die der Straßenverkehr mit sich bringt.

817 Somit werden die Besonderheiten des Straßenverkehrs subjektiv durch die Besonderheiten des Straßenverkehrs erklärt.

818 *Steenbock*, Unfallflucht als Straftat, S. 88 f.

819 *Steenbock*, Unfallflucht als Straftat, S. 108 f.

820 *Steenbock*, Unfallflucht als Straftat, S. 117 ff.

821 *Steenbock*, Unfallflucht als Straftat, S. 131 f.

822 *Welzel*, JZ 1958, 494 (496) hatte die Frage nach dem Ob und Wie der Rechtfertigung explizit offen gelassen.

823 *Von Münch*, DAR 1957, 205 (205 ff.). Dieser lehnt das private Feststellungsinteresse als Rechtsgut des § 142 StGB a.F. ab. Seine Ausführungen zu dem nemo tenetur-Grundsatz und der fehlenden Rechtfertigung lassen sich aber auch auf § 142 StGB (1975) übertragen.

geber nur aus einem wirklich triftigen Grund durchbrochen werden. Der geschädigte Verkehrsteilnehmer habe zwar unzweifelhaft ein dringendes und auch durchaus schutzwürdiges Interesse an der Feststellung des Unfallablaufes und der Unfallbeteiligung, jedoch sei ein derartiges privates Feststellungsinteresse nirgendwo sonst in unserem Strafrecht geschützt.[824]

Ein solcher Schutz ließe sich auch nicht rechtfertigen.[825] Das Interesse des geschädigten Verkehrsteilnehmers an der Aufklärung des Unfalls sei von dem Interesse, das jeder durch irgendeine Straftat Geschädigte an der Aufklärung dieser Straftat hat, in keiner Weise verschieden. Das Feststellungsinteresse des Verkehrsunfallgeschädigten sei nicht größer und nicht dringender als beispielsweise das eines Bestohlenen.[826] Auch der Gedanke einer Verkehrsgemeinschaft aller Verkehrsteilnehmer könne diesen Schutz nicht rechtfertigen. Eine solche Gemeinschaft möge zwar moralisch bestehen, jedoch sei sie rechtlich nicht konstituiert. Es gebe keine spezifische rechtliche Fürsorgepflicht der Verkehrsteilnehmer untereinander. Die Teilnahme am öffentlichen Straßenverkehr stelle lediglich eine faktisch erhöhte Gefahrensituation dar. Wegen dieser Gefahrensituation seien dem Verkehrsteilnehmer gewisse erhöhte Sorgfaltspflichten auferlegt und diese in den Straßenverkehrsgesetzen sanktioniert. Darüber hinaus könne aber von dem Verkehrsteilnehmer nicht mehr verlangt werden, als vom Täter einer anderen (Verkehrs-) Straftat.[827]

kk) Analyse der Argumente

Reiß, *Rogall, Dietrich, Schünemann* und *Steenbock* halten § 142 StGB demnach wegen Verstoßes gegen den nemo tenetur-Grundsatz (mit unterschiedlicher Begründung) für verfassungswidrig. Die jeweilige Argumentation weist jedoch hinsichtlich der Überzeugungskraft Lücken auf.

Reiß vertritt schon einen gänzlich anderen Ansatz hinsichtlich des nemo tenetur-Grundsatzes.[828] Unabhängig von den Argumenten gegen diesen Ansatz[829] ist

---

[824] *Von Münch*, DAR 1957, 205 (206).
[825] *Von Münch*, DAR 1957, 205 (206 f.).
[826] *Von Münch*, DAR 1957, 205 (206).
[827] *Von Münch*, DAR 1957, 205 (207).
[828] Vgl. die Darstellung oben, S. 181 mit Fn. 747.

auch die Schlussfolgerung in Bezug auf § 142 StGB nicht überzeugend, da er die Wirkung der Grenzen des gesetzgeberischen Spielraums überbewertet. Nach *Reiß* bedarf es einer verfassungskonformen Auslegung der Vorschrift, indem die Regelung des § 142 StGB durch ein Beweisverwertungsverbot für Strafverfolgungszwecke ergänzt wird. Diese Auslegung scheitere aber daran, dass es dem Gesetzgeber überlassen bleiben müsse, wie weit dieses Verwertungsverbot gehen soll. Diese Argumentation ist nicht stichhaltig. Macht der Gesetzgeber von seiner Möglichkeit der Veränderung einer Vorschrift keinen Gebrauch, so ist die Vorschrift dergestalt auszulegen, dass sie die Grenze zur Verfassungskonformität gerade beachtet. Eine darüber hinausgehende Auslegung ist nicht notwendig und würde auch dem gesetzgeberischen Gestaltungsspielraum entgegentreten. D.h. eine verfassungskonforme Auslegung darf einerseits das Notwendige nicht überschreiten, andererseits muss sie den notwendigen Rahmen ziehen. Die verfassungskonforme Auslegung und der gesetzgeberische Gestaltungsspielraum können insofern nicht kollidieren. Handelt der Gesetzgeber nicht, obwohl er das Problem hinsichtlich der verfassungskonformen Ergänzung kennt, ist davon auszugehen, dass er nicht mehr als das Notwendige für erforderlich hält.

Nach *Rogall* bewahrt das nemo tenetur-Prinzip den Menschen davor, zum Beweismittel gegen sich selbst gemacht zu werden, weshalb es dort Geltung hat, wo die Gefahr besteht, strafrechtlich verfolgt zu werden.[830] Insofern liegt aber kein Verstoß gegen das nemo tenetur-Prinzip vor, wenn ein strafbares Verhalten seitens des Unfallbeteiligten nicht vorliegt. Typischerweise beinhaltet aber das Geschehen, das zu einem Unfall geführt hat, kein strafbares Verhalten, folglich kann der nemo tenetur-Grundsatz der Normierung der Verhaltenspflichten nach einem Unfall nicht generell entgegenstehen. Eine Verfassungswidrigkeit liegt demnach nur dann vor, wenn die übrigen Fälle nicht in Einklang mit dem nemo tenetur-Prinzip gebracht werden können. Die Analyse zu § 142 StGB seitens *Rogall* greift daher zu kurz.

Dietrich ist zuzustimmen, dass bei restriktiver Auslegung im Sinne von *Schneider* Konstellationen mit selbstbelastender Tendenz verbleiben, die nicht mit dem Ausnahmecharakter der Fallkonstellation oder der Norm des § 142

---

[829] Vgl. *Dietrich*, Selbstbelastung, S. 55 und *Schneider*, Selbstbegünstigungsprinzip, S. 36.
[830] *Rogall*, Beschuldigte als Beweismittel, S. 149.

StGB gerechtfertigt werden können. Allerdings folgt aus dem Verbleib einiger Fälle nicht die Ablehnung der restriktiven Auslegung und damit die Bejahung des Verstoßes gegen den nemo tenetur-Grundsatz schlechthin, sondern der Auftrag, die Bemühungen um eine restriktive Auslegung zu intensivieren. Lassen sich nämlich alle Konstellationen über eine restriktive Auslegung aus dem Anwendungsbereich des nemo tenetur-Grundsatzes ausscheiden, verbleibt kein Verstoß gegen den nemo tenetur-Grundsatz. Die Ausführungen von *Schneider* oder *Geppert* sind daher ein richtiger und wichtiger Schritt, sie dürfen allerdings nicht der letzte Schritt geblieben sein. Der Hinweis von *Dietrich*, dass § 142 StGB nicht um ein von Verfassungs wegen gebotenes Verwertungsverbot ergänzt werden könne, weil es sich bei § 142 StGB nicht um ein vorkonstitutionelles Gesetz handelt, überzeugt nicht. Zwar hat das Bundesverfassungsgericht im sog. Gemeinschuldnerbeschluss[831] ausgeführt, dass es grundsätzlich dem Gesetzgeber obliegt, ein strafrechtliches Verwertungsverbot näher auszugestalten und mit Offenbarungsverboten abzusichern, allerdings beschränkt sich die Ausnahme der verfassungskonformen Auslegung[832] nicht nur auf vorkonstitutionelles Recht. Dies ergibt sich insbesondere aus der vom Bundesverfassungsgericht angegebenen früheren Entscheidung hinsichtlich der Personenstandsänderung bei Transsexuellen.[833] Das Bundesverfassungsgericht lässt dort für das Personenstandsgesetz eine verfassungskonforme Auslegung auch für nachkonstitutionelles Recht zu, solange der Gesetzgeber nicht tätig geworden ist.[834]

---

[831] BVerfG, Beschluss vom 13.01.1981, 1 BvR 116/77, BVerfGE 56, 37 (37 ff.) = NJW 1981, 1431 (1431 ff.).

[832] Nach *Samson*, wistra 1988, 130 (132), verbietet sich die Lösung über ein von Verfassungs wegen anzunehmendes Verwertungsverbot für nachkonstitutionelles Recht, da eine Korrektur nur durch den Gesetzgeber erfolgen dürfe. Unklar bleibt bei *Henneberg*, BB 1988, 2181 (2187), ob ein Verwertungsverbot nur durch den Gesetzgeber geschaffen werden kann, da er einerseits von der Verfassungswidrigkeit der Norm (§ 393 AO), andererseits von der Feststellung eines aus der Verfassungswidrigkeit resultierenden Verwertungsverbotes spricht.

[833] BVerfG, Beschluss vom 11.10.1978, 1 BvR 16/72, BVerfGE 49, 286 (286 ff.) = NJW 1979, 595 (595 f.).

[834] BVerfG, Beschluss vom 11.10.1978, 1 BvR 16/72, BVerfGE 49, 286 (301 f.) = NJW 1979, 595 (596). Die verfassungskonforme Auslegung durch das Bundesverfassungsgericht (und die Fachgerichte) ist aber nicht unproblematisch, da die verfassungskonforme Auslegung zumindest in Teilbereichen mit der Gesetzgebungsbefugnis durch die Legislative in Konflikt gerät. Vgl. zu Umfang und Grenzen der verfassungskonformen Ausle-

Auch *Schünemann* ist insoweit zuzustimmen, dass § 142 StGB die Möglichkeit einer Verletzung des nemo tenetur-Grundsatzes bei Bestehen des Verdachts einer Straftat oder einer Ordnungswidrigkeit beinhaltet. Dieser Möglichkeit der Verletzung muss entgegengetreten werden. Nicht zuzustimmen ist ihm allerdings, wenn er der Auffassung ist, dass eine Konfliktminderung nicht über ein Wahlrecht hinsichtlich des Adressaten der nachträglichen Meldung erreicht werden kann, weil die Rechtsprechung das Merkmal der Unverzüglichkeit dermaßen streng auslegt, dass eine Erfüllung praktisch nur gegenüber der Polizei in Frage kommt und auch bei Mitteilung gegenüber nicht amtlichen Feststellungsinteressenten die Gepflogenheit aller Unfallgeschädigten bestehe, den Unfall durch die Polizei „aufnehmen" zu lassen. Diese Argumentation begründet nämlich keinen Verstoß des § 142 StGB gegen das nemo tenetur-Prinzip, sondern zeigt nur, dass die Rechtsprechung und die Rechtswirklichkeit sich nicht genügend um die Sicherungswirkung hinsichtlich des nemo tenetur-Grundsatzes bemühen. Sofern der nemo tenetur-Grundsatz eine andere Auslegung des Unverzüglichkeitsgebotes erfordert, ist diese vorzunehmen und nicht die Vorschrift wegen Missachtung der vorzunehmenden Einschränkung für verfassungswidrig zu erklären.[835]

Der Befund der Verfassungswidrigkeit seitens *Steenbock* stützt sich auf die fehlende Rechtfertigung der Kollision der Pflichten des § 142 StGB mit dem nemo tenetur-Grundsatz. Sie verzichtet allerdings auf die konkrete Benennung der kollidierenden Pflicht und nimmt einen Eingriff in den Schutzbereich des nemo tenetur-Grundsatzes an. Begreift man den Schutzbereich aber derart weit, dass jedes Verhalten mit selbstbelastender Tendenz auch den Schutzbereich eröffnet, so ist jedenfalls dieser Weite bei der Prüfung der Rechtfertigung Rechnung zu tragen.[836]

Dies wurde allerdings unterlassen, sodass *Steenbock* letztlich einen ungerechtfertigten Verstoß lediglich behauptet, ohne diesen konkret zu bezeichnen. Zwar bewertet *Steenbock* einige mögliche Rechtfertigungsaspekte, dennoch lässt sie

gung: BVerfG, Beschluss vom 26.04.1994, 1 BvR 1299/89, 1 BvL 6/90; BVerfGE 90, 263 (275) = NJW 1994, 2475 (2476); *Voßkuhle*, AöR 125, 177 (180 ff., 197 f.) m.w.N.; *Zippelius*, Bundesverfassungsgericht und Grundgesetz, S. 121 ff.

835 Zur Problematik der verfassungskonformen Auslegung vgl. Fn. 834.

836 Vgl. *Ipsen*, Staatsrecht II, Rn. 488 in Bezug auf die Kunstfreiheit.

einen entscheidenden Aspekt aus. Grund für die Schaffung eines Tatbestands hinsichtlich der Unfallflucht waren die Besonderheiten des Straßenverkehrs und deren Auswirkungen auf die Verkehrsteilnehmer. Gerade die Verbreitung des Kraftfahrzeugs und Zunahme des Straßenverkehrs und die dadurch bedingten höheren Unfallzahlen hatten Forderungen nach gesetzlichen Regelungen laut werden lassen.[837] Der Gesetzgeber stand vor dem Problem, den Gefahren verursachenden Verkehr einerseits nicht verbieten zu können und zu wollen. Andererseits konnte er ihn auch nicht (relativ) unreglementiert lassen, da dies zu weiteren Schäden und Beeinträchtigungen des Verkehrs selbst führen konnte. Eine rein zivilrechtliche gesetzliche Regelung war jedoch nicht möglich. Das Verhalten einiger Verkehrsteilnehmer – bedingt durch die Besonderheiten des Straßenverkehrs – machte somit eine strafrechtliche Regelung zur Sicherung der zivilrechtlichen Ansprüche notwendig. Die Veränderung der ursprünglichen Norm zu § 142 StGB ist damit aber immer noch Ausdruck der Besonderheiten des Straßenverkehrs. Die verkehrsrechtlichen Pflichten sind die Kehrseite der Medaille einer freien Teilnahme am (funktionierenden) Straßenverkehr. Fraglich bleibt daher nur, ob gerade das von § 142 StGB geforderte Verhalten noch mit diesen Besonderheiten zu rechtfertigen ist. Hierzu müssen aber die Pflichten des § 142 StGB im Einzelnen untersucht werden. Eine fehlende Rechtfertigung kann auf diese Weise zumindest nicht pauschal begründet werden.

II) Begründungsansätze der Verfassungsmäßigkeit

Neben der knappen Rechtfertigung durch das Bundesverfassungsgericht gibt es in der Literatur mehrere Begründungen für die Verfassungsmäßigkeit des § 142 StGB.

§ 142 StGB müsse als eine Ausnahme vom Grundsatz der Straflosigkeit der Selbstbegünstigung gesehen werden.[838] Die durch den Tatbestand auferlegten Pflichten (Warte- und Angabepflicht) kommen häufig einer Selbstbezichtigung gleich; daraus folge zwingend, dass an § 142 StGB als Ausnahmetatbestand „strenge Anforderungen“ zu stellen sind, denn als Ausnahmebestimmung dürfe

---

[837] Vgl. Fn. 615.

[838] So auch: *O. Küper*, Verkehrsunfall, S. 28 f.; *Scholz*, ZRP 1987, 7 (8); *Keller*, JR 1989, 343 (344); *Welzel*, Strafrecht, S. 466.

der Tatbestand im Verhältnis zum Grundsatz der Straflosigkeit der Selbstbegünstigung nur in dem unbedingt notwendigen Umfang Anwendung finden.[839]

Diese Begründung widerspricht dem Verfassungsrang des nemo tenetur-Grundsatzes und ist daher nicht tragfähig. Verbietet der nemo tenetur-Grundsatz die Mitwirkung an der eigenen Überführung, dann kann hiervon keine Ausnahme gemacht werden, auch nicht in einem unbedingt notwendigen Umfang.

Nach *Seib* verkennt die Ansicht, die eine Verfassungswidrigkeit annimmt, dass Selbstbegünstigungshandlungen nicht straflos sind, um einem in den tieferen Persönlichkeitsschichten liegenden menschlichen Urtrieb Rechnung zu tragen. Die Straflosigkeit bestehe vielmehr, weil für eine Pönalisierung keine Notwendigkeit besteht. Selbstbegünstigungshandlungen richteten sich i. d. R. gegen das gleiche Rechtsgut, das bereits ausreichend durch die Strafdrohung für die Vortat geschützt ist, und seien mit der Strafe der Vortat abgegolten. Werde jedoch auch ein anderes Rechtsgut verletzt, seien sie ungeachtet ihrer psychologischen Besonderheit ausnahmslos strafbar; beispielsweise werde der Einbrecher auch wegen Freiheitsberaubung belangt, wenn er den Bestohlenen einsperrt, um unentdeckt fliehen zu können. Auch seien zahlreiche Selbstbegünstigungshandlungen durch Sondervorschriften pönalisiert, wie z. B. die Gefangenenmeuterei (§ 121 StGB), die Verstöße gegen Weisungen während der Führungsaufsicht (§ 145a StGB), das Berufsverbot (§ 145c StGB), der Mord bei einer Tötung zur Verdeckung einer Straftat. Die Haftgründe der Flucht- und Verdunklungsgefahr (§ 112 StPO) belegten im besonderen Maße, dass die Rechtsordnung keineswegs die Selbstbegünstigung ohne Rücksicht auf die Interessen anderer und der Rechtsgemeinschaft privilegiert. Von einem allgemeinen Rechtsprinzip der Straflosigkeit der Selbstbegünstigung könne daher keine Rede sein.[840]

Die Argumentation, dass der nemo tenetur-Grundsatz nicht gelte, weil ein anderes Schutzgut verletzt werde, überzeugt nicht. Wäre dies ein den nemo tenetur-Grundsatz ausschließendes Argument, könnte der Gesetzgeber auch beispielsweise einen Dieb zum Verbleiben am Tatort auffordern, indem er zivil-

---

839 *Engelstädter*, Begriff des Unfallbeteiligten, S. 267 m.w.N. in Fußnote 7. Ähnlich: *Steiner*, Unfallflucht, S. 70.

840 *Seib*, JR 1983, 397 (397 f.).

rechtliche Herausgabeansprüche durch eine gesonderte Strafnorm schützt. Zudem besteht ein Unterschied zwischen der Pönalisierung eines Verhaltens mit Selbstbegünstigungscharakter (z.B. bei § 211 StGB) und dem Gebot, sich selbst der Strafverfolgung auszusetzen. Der Gesetzgeber kann selbstbegünstigendes Verhalten unter Strafe stellen, er kann jedoch nicht erwarten, dass jemand an der eigenen Überführung mitwirkt.

Nach *Höfle* beruht die Sanktionierung der Selbstbegünstigungshandlung nach einem Verkehrsunfall darauf, dass der sich vom Unfallort Entfernende den Generalkonsens eigennützig zum Schaden des anderen Unfallbeteiligten aufgibt. Der Straßenverkehr biete ein unüberschaubares und für den einzelnen nicht beherrschbares Gefahrenpotential, da jeder Verkehrsteilnehmer aber gleichermaßen Gefährdeter und Gefährdender ist, bilden die Verkehrsteilnehmer eine Solidargemeinschaft, der sie zwangsweise angehören.[841]

Unklar bleibt bei dieser Argumentation aber, wieso der Unfallbeteiligte auf die Selbstbelastungsfreiheit verzichten muss. Verzichten etwa alle auf ihr Recht, um den aus der Solidargemeinschaft Ausscherenden zur Rechenschaft ziehen zu können? Oder kann die Teilnahme am Straßenverkehr ohne einen solchen Verzicht nicht gewährleistet werden, sodass der Verzicht auf die Selbstbelastungsfreiheit notwendige Bedingung für die Gewährung des Straßenverkehrs ist? Einer Klärung bedarf auch die Folgefrage: Kann der Einzelne auf sein verfassungsrechtlich gesichertes Recht des nemo tenetur-Grundsatzes überhaupt verzichten[842] und kann dies auch im Vorfeld geschehen? Es ist allgemein anerkannt, dass ein Grundrechtsverzicht unwirksam ist, wenn er gegen die Menschenwürde des Art. 1 I GG verstößt.[843] Ein genereller, zeitlich unbegrenzter Verzicht auf die Ausübung bestimmter Grundrechte ist ausgeschlossen.[844] Aber selbst, wenn man einen Verzicht für grundsätzlich möglich erachtet, kommt ein

---

841 *Höfle*, AnwBl. 1987, 429 (431).

842 Zur Terminologie des sog. Grundrechtsverzichts: Sachs-*Sachs*, Vor Art. 1 Rn. 52 ff.; Dreier-*Dreier*, Vorbemerkung Rn. 129; *Robbers*, JuS 1986, 925 (925 f.).

843 Erfurter Kommentar-*Dieterich,* Art. 1-14 Einleitung Rn. 66 m.w.N.; Dreier-*Dreier*, Vorbemerkung Rn. 133 m.w.N. Dies folgt daraus, dass die Menschenwürde selbst als absolut und unverzichtbar (vgl. *Fischinger*, JuS 2007, 808 (810 m.w.N.)) angesehen wird.

844 Dreier-*Dreier*, Vorbemerkung Rn. 131; VG Neustadt, Beschluss vom 21.05.1992, 7 L 1271/92, NVwZ 1993, 98 (99).

wirksamer Grundrechtsverzicht nur in Betracht, wenn er freiwillig erfolgt.[845] Bedeutet die Teilnahme am Straßenverkehr automatisch einen Verzicht auf die Selbstbelastungsfreiheit, liegt hierin kein freiwilliger Verzicht. Zudem kann der Grundrechtsverzicht in der Regel widerrufen werden[846], ein solcher Widerruf dürfte dann aber grundsätzlich im Sich-Entfernen vom Unfallort zu sehen sein.

Das Problem der Selbstbezichtigung wurde in den Beratungen der Großen Strafrechtkommission gesehen, allerdings war man der Meinung, dass der Unfallbeteiligte wegen der überwiegenden Belange des Geschädigten, die eventuelle Strafverfolgung oder Entziehung der Fahrerlaubnis „sozusagen als Nebenprodukt" hinnehmen müsse.[847] Ähnlich sieht dies *Hoffmann*, da es sich nach seiner Ansicht bei der durch § 142 StGB geschaffenen Gefahr der Selbstbegünstigung nur um eine bloße Nebenwirkung handelt. Die straflose Selbstbegünstigung finde ihre Grenze, wo erneut in strafrechtlich geschützte Rechtsgüter eingegriffen werde. Zudem bewerte das Gesetz in § 142 StGB die Belange der übrigen Unfallbeteiligten und der Geschädigten[848] höher als das Interesse des Täters[849], sich den strafrechtlichen oder verwaltungsrechtlichen Konsequenzen zu entziehen.[850]

Gegen diese Sicht lassen sich drei Punkte einwenden. Erstens, ein Verstoß gegen den nemo tenetur-Grundsatz kann auch vorliegen, wenn die Vorschrift

---

845 BVerfG, Beschluss vom 18.08.1981, 2 BvR 166/81, NJW 1982, 375 (375); BVerwG, Urteil vom 22.10.2003, 6 C 23/02, BVerwGE 119, 123 (127), NJW 2004, 1191 (1192); Epping/Hillgruber-*Hillgruber*, Art. 1 Rn. 73; *Fischinger*, JuS 2007, 808 (809 f.).

846 Sachs-*Sachs*, Vor Art. 1 Rn. 55.

847 *Lackner*, DAR 1958, 286 (293). *Jäger*, objektive Tatbestand, S. 57, geht davon aus, dass die Selbstbegünstigungsfreiheit nach einer Fahrlässigkeitstat eingeschränkt werden darf; die Rechtfertigung für § 142 StGB folge daraus, dass die Beeinträchtigung der Aufklärungsinteressen das Unfallrisiko ausgleichen soll. Ebenso sieht *Magdowski*, Verkehrsunfallflucht, S. 70, das Interesse einer angemessenen Vermögenssicherung wegen des Unfallrisikos im Straßenverkehr als Rechtfertigung für die Beschränkung des Selbstbegünstigungsrechts an.

848 *Arloth*, GA 1985, 492 (494), begründet den Schutz rein zivilrechtlicher Ansprüche durch das bei Verkehrsunfällen gesteigerte Aufklärungsrisiko und -interesse.

849 Nach Ansicht von *Wolters*, JZ 1998, 397 (398), trägt die Regelung des § 142 IV StGB den verfassungsrechtlichen Bedenken gegen die bisherige Fassung Rechnung. Daran ist richtig, dass § 142 IV StGB in Einzelfällen zu einem tragbaren Endergebnis führen kann, allerdings ändert § 142 IV StGB nichts an der Erfüllung des Tatbestandes und kann somit die Bedenken auf der Primärebene nicht ausräumen.

850 *Hoffmann*, Selbstbegünstigung, S. 221.

des § 142 StGB die Aufhebung der Selbstbegünstigung nicht bezweckt, wohl aber in Kauf nimmt. Zweitens liegt ein Zirkelschluss vor[851], wenn behauptet wird, dass § 142 StGB nicht gegen den nemo tenetur-Grundsatz verstößt, weil durch die Tat in das von § 142 StGB strafrechtlich geschützte Rechtsgut eingegriffen wird. Und drittens, selbst wenn man die Folgen der Normbefolgung aus § 142 StGB (Verbleiben am Unfallort; nachträgliche Meldung) für wünschenswert hält, muss doch zunächst festgestellt werden, dass der Schutz eben ohne Verstoß gegen den nemo tenetur-Grundsatz erfolgen kann, d.h. der Wunsch darf die Begründung nicht ersetzen, daher ist auch der Hinweis, dass die Belange der Geschädigten höher eingeschätzt werden, nicht überzeugend.

Überwiegend wird ein Verstoß gegen den nemo tenetur-Grundsatz verneint, da § 142 StGB keine aktive Mitwirkung, sondern bloß die passive Duldung der Feststellungen verlange.[852] Sofern einzelne aktive Maßnahmen (Verpflichtung, nach dem Unfall anzuhalten, und Vorstellungspflicht) vom Unfallbeteiligten gefordert werden, dienten diese nur der Absicherung der Feststellungen und gingen normativ in der Feststellungsduldungspflicht auf.[853]

Der nemo tenetur-Grundsatz schützt davor, dass man sich selbst belasten muss. In der Regel liegt in der bloßen Duldung deshalb auch kein Verstoß gegen den nemo tenetur-Grundsatz. So ist der Zwang zur aktiven Abgabe einer Atemalkoholmessung nicht zulässig, eine Blutentnahme muss (vom Beschuldigten) hingegen geduldet werden.[854] Ein Beschuldigter kann lediglich gezwungen werden, den Augenschein an sich zu dulden: Seine Beweisfunktion als Augenscheinsobjekt darf gegen seinen Willen nur durchgesetzt werden, sofern er lediglich passiv Beteiligter bleibt.[855] Insofern ist es richtig, wenn man die Duldung

---

851 *O. Küper*, Verkehrsunfall, S. 29.

852 Allgemein zu dieser Interpretation des nemo tenetur-Grundsatzes vgl. b) Reichweite des nemo tenetur-Grundsatzes, S. 179 mit Fn. 739 f. Speziell zu § 142 StGB: BVerfG, Beschluss vom 13.01.1981, 1 BvR 116/77, BVerfG 56, 37 (42) = NJW 1981, 1431 (1431); *Kubatta*, Verkehrsunfallflucht, S. 70 (zu § 142 I Nr. 2 StGB).

853 Münchener Kommentar StGB-*Zopfs*, § 142 Rn. 63.

854 BGH, Urteil vom 25.06.1970, 4 StR 109/70, VRS 39, 184 (185); Karlsruher Kommentar-StPO-*Senge*, § 81a Rn. 4; *Wickert*, DNA-Massentest, S. 429 mit beispielhafter Aufzählung unzulässiger Mitwirkungsmaßnahmen.

855 BGH, Urteil vom 09.04.1986, 3 StR 551/85, BGHSt 34, 39 (45) = NJW 1986, 2261 (2263).

der Feststellung als lediglich passive Teilnahme ansieht, allerdings ist bei der Bewertung eine Gesamtschau vorzunehmen. Nicht das am Ende geforderte Verhalten entscheidet über die Frage der aktiven bzw. passiven Teilnahme, sondern jeder einzelne geforderte Teil, der zum Ganzen beiträgt. Wird ein aktives Verhalten gefordert oder auch nur verboten, damit sich daran eine Duldungspflicht anschließen kann, liegt keine rein passive Beteiligung mehr vor. Insofern unterscheidet sich die Situation der passiven Beteiligung als Augenscheinsobjekt von der (aktiven) Bereitstellung als Augenscheinsobjekt. Geduldet werden müssen in diesem Zusammenhang nur die notwendigen, in direktem Bezug stehenden, Maßnahmen zur Inaugenscheinnahme.[856] § 142 StGB verlangt, dass sich der Unfallbeteiligte zur Verfügung stellt, damit dann ggfls. eine zu duldende Maßnahme angeordnet werden kann, folglich beschränkt sich die geforderte Verhaltensweise nicht auf eine rein passive Teilhabe.[857] Der Verwurf eines Verstoßes gegen den nemo tenetur-Grundsatz kann daher auch mit dieser Begründung nicht ausgeräumt werden.

mm) Eigener Standpunkt

In Betracht kommt (nach der hier vorgenommenen Abgrenzung[858]) nur die Frage, ob § 142 StGB aufgrund einer Sicherungswirkung (im Hinblick auf den prozessual zu beachtenden nemo tenetur-Grundsatz) im Einzelfall eingeschränkt ausgelegt werden muss.[859] Nur wenn – trotz Einschränkungen – Fallgestaltungen übrigbleiben, die zu einer Selbstbelastung führen, verstößt § 142 StGB gegen den nemo tenetur-Grundsatz. Bei der Frage, ob § 142 StGB gegen diesen Grundsatz verstößt, ist folgendes zu beachten.

---

856 Wurde beispielsweise eine Blutentnahme angeordnet, ist der Beschuldigte verpflichtet, den Polizeibeamten zum Zwecke der Blutentnahme zu dem zuständigen Arzt zu begleiten (vgl. LG Düsseldorf, Urteil vom 11.07.1973, 11 a S 28/73, NJW 1973, 1930 (1931).

857 Wer seinen Kopf in die Schlinge stecken muss bzw. seinen Kopf nicht mehr herausnehmen darf, wirkt aktiv mit, auch wenn die Schlinge erst durch den Henker zugezogen wird.

858 Vgl. oben bb) Eigener Standpunkt, S. 183.

859 Insofern ist danach zu fragen, ob § 142 StGB verfassungskonform ausgelegt werden muss, weil die verschiedenen Möglichkeiten zur Auslegung sowohl zur Verfassungsmäßigkeit, als auch zur Verfassungswidrigkeit führen. Vgl. zum Begriff der verfassungskonformen Auslegung: *Kuhlen*, verfassungskonforme Auslegung, S. 1 f. m.w.N.

(1) Normalfall

In einer Vielzahl der Fälle des § 142 StGB ist der nemo tenetur-Grundsatz nicht berührt, d.h. es bedarf überhaupt keiner Sicherungswirkung. Wer Unfallbeteiligter ist, lässt sich der Legaldefinition des § 142 V StGB entnehmen[860], also jeder, dessen Verhalten nach den Umständen zur Verursachung des Unfalls beigetragen haben kann.[861] In Fällen, in denen zuvor keine Straftat oder Ordnungswidrigkeit begangen wurde, stellen die Verpflichtungen aus § 142 StGB keine Selbstbelastung dar. Der Unfallbeteiligte hat allenfalls zivilrechtliche Schadensersatzansprüche zu fürchten[862], der nemo tenetur-Grundsatz gilt aber nicht im Zivilprozess, folglich bedarf es auch keiner Sicherungswirkung. Ein Verbleiben am Unfallort, sei es, um der Feststellungsduldungspflicht nachzukommen (§ 142 I Nr. 1 StGB) oder um auf feststellungsbereite Personen zu warten (§ 142 I Nr. 2 StGB), stellt demnach keine Selbstbelastung dar. Ebenso wenig bedarf es einer Sicherungswirkung bei § 142 II StGB. Allein die nach § 142 II i.V.m. III StGB zu machenden Angaben beinhalten keine selbstbelastenden Aussagen.

Festzuhalten ist, dass nicht jeder Unfallbeteiligte (gerade auch wegen der Weite des Begriffs des Unfallbeteiligten nach § 142 V StGB) sich durch die Erfüllung seiner ihm durch § 142 StGB auferlegten Pflichten belastet: Wer seiner Verpflichtung nachgekommen ist, braucht eine Bestrafung aus § 142 StGB nicht fürchten und nicht jeder Unfallbeteiligte hat zuvor eine Straftat (insbesondere eine Trunkenheitsfahrt nach § 316 StGB) begangen.

§ 142 StGB kann daher nur in Fällen vorangegangener Straftat oder Ordnungswidrigkeit mit dem nemo tenetur-Grundsatz kollidieren. Es verbleiben daher folgende Fallkonstellationen: Erstens, die vorherige Begehung einer Straftat, die weder mit dem Führen eines Kfz noch mit der Unfallverursachung im Zusammenhang steht, zweitens die Begehung einer Trunkenheitsfahrt bzw. einer Gefährdung des Straßenverkehrs und drittens die Begehung einer Ordnungswidrigkeit.

---

860 Zu Schwierigkeiten hinsichtlich der Auslegung des Wortlautes des § 142 V StGB: *Arloth*, GA 1985, 492 (495 ff.).

861 Das bedeutet, dass nicht jeder Unfallbeteiligte auch tatsächlich Schadensersatzansprüche zu erfüllen hat.

862 Hinsichtlich eventueller Ordnungswidrigkeiten vgl. (4) Begehung einer Ordnungswidrigkeit, S. 219.

(2) Vorherige Begehung einer Straftat ohne Zusammenhang mit dem Führen eines Kraftfahrzeugs bzw. der Unfallverursachung

Hat der Unfallbeteiligte eine Straftat begangen, die nicht im Zusammenhang mit dem Straßenverkehr steht, – beispielsweise hat der Unfallbeteiligte einen Diebstahl begangen und war gerade dabei, die Beute in Sicherheit zu bringen – könnte es auch einer Sicherungswirkung bedürfen, da sich der Täter durch die Erfüllung seiner Pflichten aus § 142 StGB der Gefahr der Entdeckung der Tat aussetzt. Hierbei ist aber zu beachten, dass es erstens nur um eine vage bestehende Gefahr handelt und eben nicht um eine Pflicht zur Selbstbelastung und zweitens, dass es einer Sicherungswirkung tatsächlich nicht bedarf.

Dies ergibt sich aus folgender Überlegung: Aus Sicht des Täters besteht immer das Risiko, dass er bei oder nach der Tat entdeckt wird oder er später ermittelt werden kann. Dieses Risiko ist gleichermaßen vorhanden, wenn der Täter sich frei bewegen kann oder verpflichtet ist, sich an einem bestimmten Ort aufzuhalten. Die Erfüllung der Pflichten des § 142 StGB zwingen den Täter nicht zu einer Selbstbelastung, sondern setzen ihn nur dem allgemeinen Risiko aus, nach begangener Straftat auffällig zu werden. § 142 StGB schafft damit nur eine faktische Belastungstendenz, die sich gerade nicht als Selbstbelastung, sondern nur als allgemeine Entdeckungsrisiko darstellt.

Ein weiteres Problem mit dem nemo tenetur-Grundsatz ergibt sich daraus, dass die Rechtsprechung einen Verstoß gegen § 142 StGB annimmt, wenn der Täter den Unfall vorsätzlich herbeiführt und sich dann entfernt oder einen Unfall bei Begehung einer anderen Tat verursacht.[863] Auch in einem solchen Fall besteht das zivilrechtliche Beweissicherungsinteresse seitens des Geschädigten, zudem kann die Normbefolgung des § 142 StGB zwangsläufig auf eine Hilfe hinsichtlich der Ermittlung der anderen Tat hinauslaufen[864], allerdings bedarf es auch in diesen Fällen keiner Sicherungswirkung. Dies ergibt sich daraus, dass es

[863] BGH, Urteil vom 17.09.1958, 4 StR 165/58, BGHSt 12, 253 (256) = NJW 1959, 394 (394); BGH, Urteil vom 27.07.1972, 4 StR 287/72, BGHSt 24, 382 (383) = NJW 1972, 1960 (1960); einschränkend allerdings: BGH, Urteil vom 15.11.2001, 4 StR 233/01, BGHSt 47, 158 = NJW 2002, 626 (626 ff.).

[864] Beim Täter eines § 315b StGB, der nach dem Unfall am Unfallort verbleibt und seinen Pflichten aus § 142 StGB nachkommt, sollte dieses Verhalten im Rahmen der Strafzumessung berücksichtigt werden.

für die Feststellungen in Bezug auf das Beweissicherungsinteresse nicht darauf ankommt, ob der Unfall fahrlässig oder vorsätzlich herbeigeführt wurde. Zwar kann die Frage, ob der Unfall vorsätzlich verursacht wurde, im Rahmen der Schadensersatzansprüche eine Rolle spielen, jedoch gehört die Verschuldensfrage nicht zu den notwendig zu ermöglichenden Feststellungen im Sinne des § 142 StGB. Geschah der Unfall bei Begehung einer anderen Straftat gilt das oben Gesagte, d.h. insofern besteht nur eine (ggfls. erhöhte) Gefahr im Hinblick auf das allgemeine Entdeckungsrisiko.

(3) Vorherige Begehung einer Tat, die im Zusammenhang mit dem Führen eines Kraftfahrzeugs bzw. der Unfallverursachung steht

Hat der Unfallbeteiligte zuvor eine Trunkenheitsfahrt (§ 316 StGB), ggfls. sogar eine Gefährdung des Straßenverkehrs (§ 315c I Nr. 1 StGB) begangen, folglich eine Tat, die im direkten Zusammenhang mit dem Führen des Fahrzeuges im Straßenverkehr steht, kann es zu einer Kollision mit dem nemo tenetur-Grundsatz kommen. Einerseits möchte der Unfallbeteiligte nicht am Unfallort verbleiben, da er zu befürchten hat, dass seine Alkoholisierung und damit der Verstoß gegen § 316 StGB bzw. § 315c I Nr. 1 a, III StGB festgestellt wird, andererseits verpflichtet ihn § 142 StGB, die Feststellungen zu seiner Person, seinem Fahrzeug und der Art der Beteiligung durch seine Anwesenheit zu ermöglichen (§ 142 I Nr. 1 StGB).

Diese widerstreitenden Interessen verdeutlicht ein Urteil des OLG Köln[865]. In dem zu entscheidenden Fall hatte der Angeklagte nach vorherigem Alkoholkonsum einen Unfall mit erheblichem Sach- und Personenschaden verursacht.[866] Der Angeklagte hielt an, stieg aus und begab sich zu der Geschädigten, um Erste Hilfe zu leisten. Die von anderen Verkehrsteilnehmern alarmierte Polizei kam später zur Unfallstelle, dabei hatte einer der Polizeibeamten den Eindruck, dass der Angeklagte deutlich unter Alkoholeinfluss steht und ordnete eine Blutentnahme an. Der Angeklagte beschloss, sich der Blutentnahme zu entziehen. Er

865 OLG Köln, Urteil vom 19.01.1999, Ss 526/98, NStZ-RR 1999, 251 (251 f.).

866 Ein Verschulden des Angeklagten konnte nicht nachgewiesen werden, dennoch nahm das Gericht eine Verpflichtung aus § 142 StGB an, weil der Angeklagte gemäß § 142 V StGB Unfallbeteiligter war. Dies begründet das Gericht damit, dass zum Unfallzeitpunkt „der nicht ganz unbegründete Verdacht einer Mitverursachung“ vorlag (OLG Köln, Urteil vom 19.01.1999, Ss 526/98, NStZ-RR 1999, 251 (251)).

verließ die Unfallstelle zu Fuß und begab sich in ein nahe gelegenes Waldgelände, wo er später nicht mehr aufgefunden werden konnte.

Das OLG hat die Verurteilung gemäß § 142 I StGB gebilligt, da der Angeklagte seiner Verpflichtung aus § 142 I Nr. 1 StGB nicht nachgekommen sei, denn zu den Feststellungen zur Art der Beteiligung gehöre auch der körperliche Zustand eines Unfallbeteiligten und damit insbesondere auch die Frage einer Alkoholisierung.[867] Eine Verpflichtung, Feststellungen zur Alkoholisierung zu dulden, bestehe nur dann nicht, wenn solche Feststellungen für das Beweisinteresse des Geschädigten ohne Bedeutung sind, weil die Frage einer Alkoholisierung des Schädigers auf die Haftungsfrage keinen Einfluss haben kann, insbesondere weil der Einwand eines Mitverschuldens oder einer mitwirkenden Betriebsgefahr auf Seiten des Geschädigten von vornherein ausscheidet. Die Frage nach der Alkoholisierung sei immer dann von Bedeutung, wenn es darum geht, die Haftung des Unfallbeteiligten überhaupt festzustellen.[868]

Geht man mit dem OLG Köln[869] davon aus, dass eine Wartepflicht selbst dann noch besteht, wenn nur noch eine körperliche Untersuchung im Sinne einer Blutentnahme ansteht[870], dann tritt das Problem der Selbstbelastung offen zu Tage. Wer an der Unfallstelle warten und Feststellungen zu seiner Alkoholisierung dulden muss, hilft bei der Feststellung seiner vorangegangenen Trunkenheitsfahrt (bzw. einer Gefährdung des Straßenverkehrs).

Besteht somit bei vorheriger Trunkenheitsfahrt die Gefahr der Selbstbelastung, ist fraglich, wie die Sicherungswirkung ausgestaltet werden muss, damit

867 Dies entspricht ständiger Rechtsprechung (vgl. die Nachweise in Fn. 791).

868 OLG Köln, Urteil vom 19.01.1999, Ss 526/98, NStZ-RR 1999, 251 (251 f.). Nach Ansicht der Rechtsprechung soll die Alkoholisierung keine Rolle spielen, wenn nach Lage der Dinge ein Mitverschulden des Geschädigten oder eine Haftung aus Betriebsgefahr nicht in Betracht kommt, z.B. weil ein ordnungsgemäß geparktes Fahrzeug durch Anfahren beschädigt wurde (BayObLG, Beschluss vom 17.05.1983, RReg 2 St 63/83, VRS 65 (1983), 136 (136); OLG Oldenburg, Urteil vom 02.07.1968, 1 Ss 152/68, NJW 1968, 2019 (2020).

869 OLG Köln, Urteil vom 19.01.1999, Ss 526/98, NStZ-RR 1999, 251 (252).

870 A.A.: *Dvorak*, JZ 1981, 16 (19); *ders.* MDR 1982, 804 (804 ff.); *Herzog*, OLGSt 1989, 4 (9); *Weigend*, NZV 1990, 79 (79 f.); *Schwab*, MDR 1984, 538 (538 ff.); *Kölbel*, Selbstbelastungsfreiheiten, S. 480 f., *Hartmann-Hilter*, Unfallort, S. 76 ff.; OLG Zweibrücken, Beschluss vom 18.05.1989, 1 Ss 47/89, NJW 1989, 2765 (2765).

kein Verstoß gegen den nemo tenetur-Grundsatz vorliegt. Hierzu bestehen zwei Möglichkeiten[871]: Erstens, man interpretiert „Art seiner Beteiligung" gemäß § 142 I Nr. 1 StGB so, dass hierzu nicht die Frage der Alkoholisierung gehört[872] oder zweitens, zwar beinhaltet „Art der Beteiligung" auch den Grad der Alkoholisierung, da das zivilrechtliche Beweisinteresse diese Feststellung auch umfasst, allerdings belässt man es bei der „zivilrechtlichen Feststellung", d.h. es werden keine strafrechtlichen Konsequenzen aus der festgestellten Alkoholisierung gezogen.[873]

Zwar können beide Wege zu einer Verneinung eines Verstoßes gegen den nemo tenetur-Grundsatz führen, allerdings scheint eine strikte Außerachtlassung der Alkoholisierung über das Ziel hinauszuschießen und damit den Schutz des zivilrechtlichen Beweissicherungsinteresses unnötig zu schwächen. Indes muss man sich in jedem Fall die Frage stellen, ob die Feststellung hinsichtlich der Alkoholisierung[874] tatsächlich zivilrechtlich[875] von Belang[876] ist.[877]

---

871 Drei, wenn man die Streichung der Vorschrift hinzunimmt. *Steiner* fordert einen Verzicht auf das Merkmal „Feststellung über die Art der Unfallbeteiligung", da das Merkmal primär ein Mittel des nationalsozialistischen Gesetzgebers war (*Steiner*, Unfallflucht, S. 73.), um das öffentliche Interesse zu schützen und das Merkmal den Geschädigten eher schadet als hilft (*Steiner*, Unfallflucht, S. 75).

872 Aus der entgegengesetzten Richtung will *Cramer*, ZRP 1987, 157 (160), das Problem lösen, er fordert (de lege ferenda) nämlich die Möglichkeit, die nachträglichen Feststellung noch zu einem Zeitpunkt erbringen zu können, in denen der Nachweis der Alkoholisierung nicht mehr möglich ist.

873 *Denzlinger*, ZRP 1982, 178 (179), sieht in der Beschränkung der Polizei auf die Feststellung des Unfallhergangs im Interesse der richtigen Abwicklung der Schadensersatzansprüche den Vorteil, dass die Polizei als Dienstleistungsinstanz des Rechtsstaates gesehen und zusätzliche Sympathien erwerben könne.

874 Nach *Hartman-Hilter*, Unfallort, S. 82, erlaubt das Merkmal „Art der Beteiligung" nicht die Feststellung der Blutalkoholkonzentration, da § 81a StPO keine Ermächtigung zur Blutentnahme zwecks Sicherung von Beweisen für den Schadenersatzanspruch gibt und der Private keine Duldungspflichten hinsichtlich einer Blutprobe aus den Selbsthilferechten der §§ 229, 809 f. BGB herleiten kann. A.A. *Pfannmüller*, Verkehrsunfall, S. 337; ausführlich *Zopfs*, FS Küper, S. 750 ff.

875 So ist selbst die absolute Fahruntüchtigkeit nicht zu berücksichtigen, wenn sich die Alkoholsierung nicht auf den Unfall ausgewirkt hat (OLG Frankfurt, Urteil vom 03.02.2010, 12 U 47/08, Schaden-Praxis 2010, 279 (279)). Relevant wird hierbei auch der Hinweis von *Bücken*, PVR 2003, 66 (67). Nach Inkrafttreten des 2. Gesetzes zur Änderung schadensersatzrechtlicher Vorschriften am 01.08.2002 wäre es für den Geschädigten selbst bei Vorliegen eines Personenschadens nicht von Bedeutung, ob dem verursachenden Fah-

An dieser Stelle müssen verschiedene Konstellationen unterschieden und daraufhin überprüft werden, wann und inwieweit Feststellungen zur Alkoholisierung erforderlich sind.

Ist der Unfall auf ein Fehlverhalten beim Führen des Kfz zurückzuführen, das (für sich gesehen) eine Alleinhaftung bewirkt, kommt es auf eine eventuelle Alkoholisierung nicht mehr an.[878] Insoweit besteht somit keine Feststellungsrelevanz für die anderen Unfallbeteiligten, folglich müssen diesbezüglich auch keine Feststellungen geduldet werden. Kommt es für die Frage der Haftungsverteilung jedoch darauf an, inwieweit der Schaden vorwiegend von dem einen oder dem anderen Teil verursacht worden ist (vgl. § 17 StVG), gilt folgendes: Allein der Umstand, dass durch die Alkoholbeeinflussung eine abstrakte Gefahrerhöhung eintritt, darf im Rahmen der Abwägung nach § 17 StVG nicht berücksichtigt werden, da bei dieser nur die feststehenden (d.h. die unstreitigen oder bewiesenen) Umstände Berücksichtigung finden, die darüber hinaus auch tatsächlich mitursächlich geworden sind.[879]

Bedarf es tatsächlich Feststellungen hinsichtlich der Alkoholisierung, ist zu berücksichtigen, dass diese in der Regel nicht 100 %ig exakt festgestellt werden

---

rer oder der Fahrerin ein Verschulden nachgewiesen werden könne, da nach § 11 Satz 2 StVG n. F. Schmerzensgeld auch im Falle der bloßen Gefährdungshaftung verlangt werden kann. Gleichgültig sei deshalb sogar, welche Person das schadensverursachende Fahrzeug gelenkt hat; es müsse nur das Tatfahrzeug und die Art und Weise der Beteiligung, somit der Unfallhergang, zweifelsfrei feststehen.

876 In dieser Richtung OLG Dresden, Beschluss vom 06.11.2007, 2 Ss 543/07, StraFo 2008, 218 (218): § 142 StGB begründe keine allgemeine umfassende Pflicht zur Aufklärung des Unfalls. Auf das Eintreffen der Polizei müsse nicht gewartet werden, es sei denn, ein Unfallbeteiligter gibt seine Personalien nicht an, oder es liegen Anhaltspunkte (beispielsweise für eine Alkoholisierung) vor, die maßgeblichen Einfluss auf die zivilrechtliche Haftungsquote haben können.

877 Dies gibt das Rechtsgut des § 142 StGB zwar schon vor, allerdings wird dies häufig nicht vollständig beachtet, weshalb für den Fall, dass dem zivilrechtlichen Beweissicherungsinteresse Genüge getan wurde, *Anton*, Verkehrsunfallflucht, S. 255, zu folgender Feststellung kam: „Insoweit erweist sich einmal mehr das Merkmal der Art der Beteiligung tatsächlich als Anknüpfungspunkt für das öffentliche Interesse und das durch es legitimierte Strafbedürfnis".

878 Vgl. NK StGB-*Schild*, § 142 Rn. 68 m.w.N.; *Zopfs*, Unfallflucht, S. 80 f.

879 OLG Hamm, Urteil vom 22.11.1993, 6 U 154/9, NZV 1994, 319 (320) m.w.N.

muss,[880] d.h. es bedarf nicht notwendigerweise der Einschaltung der Polizei[881], da hierzu auch der feststellungsbereite Unfallbeteiligte in der Lage ist.[882] Denn für die Haftungsverteilung ist die genaue Bestimmung der Alkoholsierung nicht erforderlich, vielmehr kommt es auf das Maß der Verursachung an.[883] Insofern ist es ausreichend, wenn der Unfallbeteiligte die Alkoholisierung und ggfls. die Art und Menge des konsumierten Alkohols angibt. Diese Angabe allein kann dann auch nicht zu einer Bestrafung aus den §§ 316, 315c StGB führen. Wird die Polizei hinzugezogen, sind dennoch nur Feststellungen hinsichtlich der Alkoholisierung, nicht aber bezogen auf eine Bestimmung der Blutalkoholkonzentration notwendig. Mehr als die zivilrechtlich notwendigen Feststellungen muss der Unfallbeteiligte nicht dulden. Strafrechtliche Aspekte sind in einem solchen Fall außen vor zu lassen, da der Unfallbeteiligte gerade aufgrund der Verpflichtung durch § 142 StGB angetroffen wurde.[884]

Bei Personenschäden kommt i.d.R. auch ein Anspruch auf Schmerzensgeld in Betracht, allerdings bedarf es auch hierfür keiner genauen Feststellung hinsichtlich der Alkoholsierung: Zwar fließt der Grad des Verschuldens des Schädigers (wegen der Genugtuungsfunktion des Schmerzensgeldes) in die Bemessung des Schmerzensgeldes ein[885], jedoch steht bei einem Verkehrsunfall die Ausgleichfunktion des Schmerzensgeldes deutlich im Vordergrund.[886] Zudem kann auch

---

880 Das Problem der Evidenz der Alkoholisierung für den Schadensersatzanspruch kann über das zivilrechtliche Institut der Beweisvereitelung berücksichtigt werden (vgl. X. Zivilrechtliche Beweislastumkehr, S. 264). Zum gleichen Ergebnis gelangt man, wenn man mit der überwiegenden Ansicht einen Verstoß gegen den nemo tenetur-Grundsatz bei bloß passiver Duldung [vgl. b) Reichweite des nemo tenetur-Grundsatzes, S. 179] einer Maßnahme ablehnt, jedoch berücksichtigt, dass eine Duldung nur im Rahmen der notwendigen Feststellungen durchgesetzt werden kann.

881 Vgl. AK-*Schild*, § 142 Rn. 60; *Zopfs*, FS Küper, S. 756.

882 *Zopfs*, FS Küper, S. 756.

883 So darf es doch ernstlich bezweifelt werden, dass es in der Praxis für die Haftungsverteilung jemals auf die genaue Höhe der Blutalkoholkonzentration ankommt.

884 Die Konsequenz ergibt sich eigentlich schon aus dem Grundgedanken des § 142 StGB, der das zivilrechtliche Beweissicherungsinteresse schützt und nicht dazu dient Trunkenheitsfahrten auszudecken.

885 BGH, Urteil vom 16.02.1993, VI ZR 29/92, NJW 1993, 1531 (1532).

886 OLG Saarbrücken, Urteil vom 14.03.2006, 4 U 326/03, Schaden-Praxis 2007, 174 (176) m.w.N.; OLG Celle, Beschluss vom 23.01.2004, 14 W 51/03, NJW 2004, 1185 (1185) m.w.N.

im Rahmen der Gefährdungshaftung ein Schmerzensgeldanspruch (§ 11 S. 2 StVG) berücksichtigt werden, der nicht niedriger zu bemessen ist, als bei einer Haftung aus (einfach) fahrlässigem Verhalten.[887]

Auch bei der Wartepflicht des § 142 I Nr. 2 StGB besteht keine Notwendigkeit einer Sicherungswirkung, da sie allenfalls eine faktische Belastungstendenz[888] bewirkt. Das (Ab-) Warten stellt keine Selbstbelastung dar. Erscheint die Polizei an Unfallort, sind deren Feststellungen auf die zivilrechtlich notwendigen Angaben beschränkt.

Kommt der Unfallbeteiligte seinen Pflichten nicht nach bzw. beschränkt er sich darauf, die Feststellungen zu dulden, wodurch andere Unfallbeteiligte nicht in die Lage versetzt werden, die Feststellungen zu treffen[889], besteht die Notwendigkeit der Hinzuziehung der Polizei[890]. In diesen Fällen resultiert aber die Aufdeckung der Alkoholisierung nicht (allein) aus den Pflichten des § 142 I Nr. 1 StGB, sondern vielmehr aus der fehlenden Kooperationsbereitschaft des Unfallbeteiligten. Diese Konfliktsituation stellt dann aber keine von § 142 StGB zwingend vorgesehene Selbstbelastung dar, weshalb es keiner Sicherungswirkung bedarf. Der Unfallbeteiligte hat es selbst in der Hand, durch seine Mitwirkung strafrechtliche Konsequenzen zu vermeiden, folglich verstößt nicht § 142 StGB gegen den nemo tenetur-Grundsatz, sondern der Unfallbeteiligte liefert sich sozusagen als Beweismittel gegen sich selbst, indem er sich auf die Duldung von Feststellungen zurückzieht.

Bei Begehung einer verkehrsbezogenen Straftat nach den §§ 315c, 316 StGB besteht das Problem des Verstoßes gegen den nemo tenetur-Grundsatz auch bei § 142 II StGB. Zwar könnte man der Ansicht sein, dass eine Aufdeckung der vorherigen Trunkenheitsfahrt nur selten in Betracht kommen dürfte, da der Unfallbeteiligte nicht am Unfallort die Feststellungen ermöglichen musste, jedoch

---

[887] OLG Celle, Beschluss vom 23.01.2004, 14 W 51/03, NJW 2004, 1185 (1185).

[888] Vgl. (2) Vorherige Begehung einer Straftat ohne Zusammenhang mit dem Führen eines Kraftfahrzeugs bzw. der Unfallverursachung, S. 211.

[889] Dieses Problem ist der Gesetzeslage immanent, da der Unfallbeteiligte die Feststellungen nur zu dulden hat, die Duldung aber ohne seine Mitwirkung (jedenfalls ohne Hinzuziehung der Polizei) nicht durchgesetzt werden kann (vgl. *Zopfs*, FS Küper, S. 747 f.).

[890] *Zopfs*, FS Küper, S. 753.

verlangt § 142 II StGB die unverzügliche nachträgliche Meldung. Nach Ansicht der Rechtsprechung ist das Merkmal der Unverzüglichkeit so zu verstehen, dass der zu beschreitende Weg (Meldung bei der Polizei oder Meldung beim anderen Unfallbeteiligten) ohne schuldhaftes Zögern zur Ermöglichung der Feststellungen führen muss. Praktisch läuft die Auffassung des BGH auf die Einengung der Wahlmöglichkeit auf das Beschreiten des Weges zur Polizei hinaus. Eine Wahlmöglichkeit besteht nur in dem seltenen Fall, dass die verschiedenen Wege, Feststellungen nachträglich zu ermöglichen, gleich schnell zum Ziel führen.[891]

Die verfassungskonforme Auslegung erfordert, dass entweder die Pflichten des § 142 II i.V.m. III StGB nicht mehr oder weniger zwangsläufig auf eine Einschaltung der Polizei hinauslaufen[892], oder – wie oben gezeigt – die Feststellungen nicht auf eine Ermittlung hinsichtlich des Normverstoßes hinauslaufen, da es für das zivilrechtliche Interesse ausreichend ist, wenn die Alkoholisierung an sich (nicht aber der exakte Wert) feststeht. Insofern ist es ausreichend, wenn sich der Unfallbeteiligte unverzüglich meldet und generell Angaben zur Alkoholsierung macht, soweit diese für das zivilrechtliche Beweissicherungsinteresse von Belang sind.

(4) Begehung einer Ordnungswidrigkeit

Problematisch ist, ob § 142 StGB gegen den nemo tenetur-Grundsatz verstößt, wenn der Unfallbeteiligte sich durch die Pflichten des § 142 StGB der Gefahr einer Ahndung einer Ordnungswidrigkeit aussetzt. Ordnungswidrigkeiten kommen in vielen Fällen in Zusammenhang mit einem Unfall in Betracht[893],

---

891 *Dornseifer*, JZ 1980, 299 (300). *Cramer*, ZRP 1987, 157 (162), will daher die Regelung des § 142 StGB so ausgestalten, dass „es der Rechtsprechung verwehrt ist, die beiden Möglichkeiten unter dem Gesichtspunkt des Unverzüglichkeitsgebotes auf die Pflicht zur Selbstanzeige einzuschränken". *Hartman-Hilter,* NZV 1992, 429 (431 f.), will diesem Ergebnis mit einer großzügigen Auslegung des Unverzüglichkeitsmerkmals begegnen, indem bei Unfällen mit geringem Schaden und eindeutiger Ersatzpflicht die Zeitspanne vergrößert wird.

892 *Geppert*, BA 1991, 31 (36).

893 Vgl. B. Ordnungswidrigkeiten in Zusammenhang mit einem Unfall, S. 112.

denn „fast jeder Verkehrsunfall war letztlich mit der Verletzung einer straßenverkehrsrechtlichen Vorschrift durch einen der Beteiligten verbunden.“[894]

In § 55 I StPO ist normiert, dass jeder Zeuge die Auskunft auf solche Fragen verweigern kann, die ihn der Gefahr aussetzt, wegen einer Ordnungswidrigkeit verfolgt zu werden. Das Auskunftsverweigerungsrecht des § 55 I StPO ist ein Ausfluss des allgemeinen rechtsstaatlichen Grundsatzes, dass niemand gezwungen werden kann, gegen sich selbst auszusagen.[895] Hieraus folgt im Umkehrschluss, dass der nemo tenetur-Grundsatz auch bei Ordnungswidrigkeiten gilt.[896]

Wie gezeigt[897] kommt im Zusammenhang mit einem Unfall auch die Begehung einer Ordnungswidrigkeit in Betracht; diese sind in der Praxis auch von Bedeutung.[898] Wird ein Unfall von der Polizei aufgenommen, besteht somit die Gefahr der Selbstbelastung hinsichtlich der begangenen Ordnungswidrigkeiten. Im Bezug auf die im direkten Zusammenhang mit dem Unfall stehenden Ordnungswidrigkeiten[899] muss eine Sicherungswirkung eintreten. Für Ordnungswidrigkeiten, die bei Gelegenheit der Unfallaufnahme festgestellt werden (aber nicht im Zusammenhang mit dem Unfall stehen[900]), bedarf es keiner Sicherungswirkung, da sich insofern nur das allgemeine „Entdeckungsrisiko“ auswirkt. Die Sicherungswirkung ist dergestalt vorzunehmen, dass bei Ordnungswidrigkeiten im Zusammenhang mit dem Unfall eine Ermessensreduzierung auf Null im Hinblick auf die Verfolgung der Ordnungswidrigkeit (§ 47 I S. 1

---

894 BT-Drucksache 16/10175, S. 6 (Begründung zum Entwurf des Vierten Gesetzes zur Änderung des Straßenverkehrsgesetzes im Hinblick auf die Notwendigkeit der Verbesserung der Allgemein- und Spezialprävention).

895 BVerfG, Beschluss vom 08.10.1974, 2 BvR 747/73, BVerfGE 38, 105 (113) = NJW 1975, 103 (103).

896 *Pfannmüller*, Verkehrsunfall, S. 69; *Magdowski*, Verkehrsunfallflucht, S. 69; *Rogall*, Beschuldigte als Beweismittel, S. 165; *Weigend*, FS Tröndle, S. 768.

897 Vgl. I. Ordnungswidrigkeiten im direkten Zusammenhang mit dem Unfall, S. 112.

898 LG Berlin, Beschluss vom 08.12.2009, 525 Qs 176/09, VRS 118, 221 (221 f.): Strafbefehl wegen fahrlässiger Herbeiführung eines Verkehrsunfalls beim Ausparken (Ordnungswidrigkeit gemäß §§ 24, 1 II, 49 I Nr. 1 StVO) und wegen anschließenden unerlaubten Entfernens vom Unfallort (§ 142 StGB).

899 Für § 24a StVG gilt das zu den §§ 316, 315c I StGB Gesagte.

900 Beispielsweise: §§ 49 I Nr. 17 i.V.m. 17 I S. 2 StVO bei einem Unfall bei ausreichendem Tageslicht.

OWiG) vorzunehmen ist, insbesondere weil durch die Befolgung des § 142 StGB ein höherrangiges Interesse bedient wird.

(5) Fazit

Die – vom Bundesverfassungsgericht[901] und von einigen Autoren geforderte[902] – verfassungskonforme Auslegung muss im Hinblick auf den nemo tenetur-Grundsatz bei allen Pflichten des § 142 StGB vorgenommen werden. Sie ist jedoch für jeden einzelnen Fall gesondert vorzunehmen, da die Pflichten des § 142 StGB nur punktuell zu einer Kollision führen. Hierbei muss sehr genau untersucht werden, ob die jeweiligen Pflichten auf eine Selbstbelastung hinauslaufen oder ob dadurch nur das allgemeine Entdeckungsrisiko berührt und damit nur eine faktische Selbstbelastungstendenz hervorgerufen wird (bei der keine Verletzung des nemo tenetur-Grundsatzes vorliegt). Bedarf es allerdings einer Sicherungswirkung, so sind die Feststellungen bei Auslegung des Merkmals „Art der Beteiligung" auf das zivilrechtlich Notwendige zu reduzieren. Eine Feststellung der Alkoholsierung ist nur notwendig, wenn sie für die Haftungsverteilung von Belang ist und muss nicht in einer strafrechtlich verwendbaren Art und Weise (Bestimmung der Blutalkoholkonzentration) erfolgen.

Bei konsequenter Beachtung lassen sich Kollisionen der Pflichten des § 142 StGB mit dem nemo tenetur-Grundsatz vermeiden.

2. Abschaffung aus anderen Gründen

Neben dem (letztlich nicht gegebenen) Verstoß gegen den nemo tenetur-Grundsatz könnten andere Gründe für eine Abschaffung des § 142 StGB sprechen.

Dazu ließe sich folgender Gesichtspunkt ins Feld führen: „Es ist nicht [...] Aufgabe des Strafrechts, zu kontroversen zivilrechtlichen Fragen Stellung zu beziehen und sie durch Kriminalisierung, also wirkungsträchtig, zu entscheiden. Das Problem ist vielmehr dort zu behandeln und zu lösen, wo es originär ange-

---

901 BVerfG, Beschluss vom 29.05.1963, 2 BvR 161/63, BVerfGE 16, 191 (194).

902 Vgl. beispielsweise: bb) Restriktive Auslegung, S. 190; dd) Konfliktmindernde Tatbestandsauslegung, S. 192. Weitere Möglichkeiten der Eingrenzung bei *Böse*, Wirtschaftsaufsicht und Strafverfolgung, S. 455 ff.

siedelt ist [...]".[903] „Das Strafrecht hat nicht die Lücken zivilrechtlicher Selbststeuerung zu besetzen; es begleitet die Selbststeuerung und sichert sie ab, ist aber nicht Fremdsteuerung."[904]

Eine solche Sicht sieht sich aber erheblicher, berechtigter Kritik ausgesetzt.[905] *Höfle* wendet sich gegen eine Abschaffung, da der Schutz des Geschädigten allein durch das Zivilrecht nicht effizient genug sei.[906] *Volk* sieht in der Abschaffung der Norm keine Alternative, da man das Schutzinteresse weder ganz dem Zivilrecht überantworten noch eine rein versicherungsrechtliche Lösung vornehmen kann.[907]

In diesem Zusammenhang muss man sich die Wirkungen des § 142 StGB vor Augen führen. Statistisch[908] ereignen sich in Deutschland jährlich über zwei Millionen Unfälle im Straßenverkehr, davon ist der überwiegende Anteil Unfälle mit reinen Sachschäden. Auch wenn die Wirkung der negativen Generalprävention zum Teil als sehr gering eingeschätzt wird[909], so ist doch festzustellen, dass bei einer enormen Anzahl von Unfällen im Straßenverkehr die Anzahl der Unfallfluchten – selbst bei großzügiger Schätzung aufgrund des fehlenden bzw. eingeschränkten statistischen Materials – weit unterhalb der Normbefolgungen liegt.[910] Zwar bedürfte es eingehender Untersuchungen, wie sich die Aufhebung einer Strafnorm auf das Verhalten der Bevölkerung auswirkt, allerdings sollte die Gefahr einer ausufernden Beeinträchtigung des zivilrechtlichen Ausgleichsinteresses nicht zu gering eingeschätzt werden. Man versuche sich nur vorzustellen, wie die Verkehrsteilnehmer reagieren, wenn es in einer Zeitung reißerisch heißt „Unfallflucht nicht mehr strafbar – jeder kann nun wegfahren". Bevor ein

---

903 *Haffke*, KritV 1991, 165 (173). Das Zitat steht nicht im Zusammenhang mit der Vorschrift des § 142 StGB, sondern mit dem Konkurs- und GmbH-Recht.

904 *Haffke*, KritV 1991, 165 (174). Das Zitat steht nicht im Zusammenhang mit der Vorschrift des § 142 StGB, sondern mit dem Konkurs- und GmbH-Recht.

905 *Heublein*, DAR 1985, 15 (17), hält eine Totalreform im Wege einer Aufhebung für nicht realisierbar.

906 *Höfle*, AnwBl. 1987, 429 (432).

907 *Volk*, DAR 1982, 81 (87).

908 Vgl. Anhang II. Statistik 2. Unfälle, Bestand an Kfz und jährliche Gesamtfahrleistung.

909 *Steenbock*, Unfallflucht als Straftat, S. 169 f.

910 Bei angenommenen 400.000 Fällen von Unfallflucht beträgt die Anzahl der Normbefolgungen (bei 2.000.000 Unfällen) immerhin 80 %.

solcher Weg beschritten werden kann, bedarf es wissenschaftlicher Studien hinsichtlich der Auswirkungen.

II. Tatbestandliche Einschränkung

Im Laufe der Zeit gab es etliche Aufforderungen, den § 142 StGB tatbestandlich einzuschränken, da „der Gesetzgeber des 13. Strafrechtsänderungsgesetzes im Jahre 1975 zwar einige Streitfragen aus der Welt geschafft, dafür aber mindestens ebenso viele neue Probleme produziert hat“[911]. Diese tatbestandliche Einschränkung hat zwar nur im weiteren Sinn etwas mit dem Nachtatverhalten des Täters und damit mit einer Verbesserung/Wiederherstellung des zivilrechtlichen Beweissicherungsinteresses zu tun. Die kurze (nicht vollständige[912]) Übersicht erlaubt es aber, den Blick für die Formulierung eines korrigierten § 142 IV StGB zu schärfen.

1. Sichtweise in der Literatur

Die Vorschläge reichen von geringen Änderungen der Norm über die Ergänzung durch neue Tatbestandsmerkmale bis hin zur Schaffung eines straffreien Bagatellbereiches.[913]

a) Ausklammerung von reinen Sachschäden

Nach *Erdsiek* sollte erwogen werden, offensichtliche reine Sachschäden wie bei den alltäglichen Parkplatzkarambolagen oder dem Streifen von Straßenbäumen aus dem Anwendungsbereich des § 142 StGB herauszunehmen, da diese Fälle angesichts der erschreckend hohen Zahl von Verkehrstoten und Verletzten nicht den Kern des § 142 StGB beträfen.[914]

Weigend möchte § 142 StGB dahingehend ändern, dass der Hauptanwendungsbereich auf Unfälle im fließenden Verkehr sowie auf solche mit Personen-

---

911 *Geppert*, BA 1986, 157 (157).

912 Zur teleologischen Reduzierung des Tatbestandes: *Geppert*, FS Eisenberg, S. 287 ff.

913 Zum Teil werden auch Kombinationen verschiedener Lösungsmöglichkeiten vorgeschlagen (vgl. beispielsweise *Thirolf*, Täterinteressen und Opferschutz, S. 186).

914 *Erdsiek*, NJW 1963, 632 (634).

schaden begrenzt wird. Danach sollte § 142 III StGB[915] folgenden Wortlaut erhalten:

Wer bei einem sonstigen Unfall

1. sich entfernt, bevor er sich über die Folgen des Unfalls vergewissert [und einem anwesenden Berechtigten die Feststellungen nach Absatz 1 Nr. 1 ermöglicht] hat, oder

2. die Feststellungen nach Absatz 1 Nr. 1 nicht innerhalb von 24 Stunden nach dem Unfall ermöglicht, wird ... bestraft.[916]

Weigend kommt zu diesem Ergebnis, da seiner Meinung nach § 142 StGB häufig missachtet wird, weil das Gebot dem Unfallverursacher ein zu großes Opfer abverlangt. Daher sei die Grundregel zu modifizieren und nicht die Art und Weise des strafrechtlichen Schutzes. In der überwiegenden Mehrzahl der Unfälle (Kollision mit unbewegten Objekten) erhalte § 142 StGB durch eine solche Modifikation einen klaren Normbefehl: „Besieh dir den Schaden und melde dich innerhalb von 24 Stunden nach dem Unfall".[917]

Eine zumindest teilweise Beschränkung auf Sachschäden enthält auch der Ansatz von *Heidemeier*. Aus seiner Sicht unterfallen Fallkonstellationen, bei denen die Schadensregulierung ohne weitere Feststellungen allein aus § 7 StVG erfolgen können, nicht dem Anwendungsbereich des § 142 StGB. Ist an einem Unfall nur ein einzelnes Fahrzeug beteiligt und wurde der Schaden nur an unbeweglichen Sachen, ihren Bestandteilen und ihrem Zubehör verursacht, sei das Informationsinteresse komplett dadurch gewahrt, dass das schadensverursachende Fahrzeug mit seinem amtlichen Kennzeichen am Unfallort verbleibt, da dann alle für die Schadensregulierung erforderlichen Daten vorhanden sind und darüber hinaus keine Feststellungen zum Fahrzeugführer und der Art seiner Be-

915 Die weiteren Absätze sollten verschoben werden: Der Absatz 3 sollte als Absatz 4 mit der Maßgabe, dass der Unfallbeteiligte seinen Verpflichtungen nur durch Mitteilung an den Berechtigten oder an die Polizei genügt, beibehalten werden (*Weigend*, FS Tröndle, S. 765).

916 *Weigend*, FS Tröndle, S. 764 f.

917 *Weigend*, FS Tröndle, S. 765.

teiligung erforderlich sind. Das Rechtsgut des § 142 StGB brauche daher keinen weiteren strafrechtlichen Schutz.[918]

b) Wegfall der Wartepflicht

Haag möchte eine Rückverlagerung des Strafschutzes erreichen. Seiner Meinung nach trägt eine Rückverlagerung wesentlich mehr zur Befriedigung der Schadensersatzansprüche der durch den Unfall Geschädigten bei, als die Vorverlagerung und Ausweitung der Strafbarkeit. Die Wartepflicht solle daher durch eine Benachrichtigungspflicht ersetzt werden. Innerhalb dieser Benachrichtigungspflicht könne der Schädiger das Unfallereignis entweder bei seiner Haftpflichtversicherung anzeigen oder sich bei dem Geschädigten bzw. der Polizei melden. Diese Benachrichtigungspflicht soll aber nicht dazu führen, dass der Geschädigte insgesamt schlechter gestellt wird, daher erkaufe sich der Schädiger den Wegfall der Wartepflicht durch den Verzicht auf eine Aufklärung des Unfalls und damit auf gegebenenfalls für ihn günstige Umstände. Der Verzicht auf die Wartepflicht solle dadurch kompensiert werden, dass der Schädiger – nachdem er sich straflos vom Unfallort entfernt hat und auf die Aufklärung verzichtet hat – „gegen den Grundsatz des Verbots des widersprüchlichen Verhaltens [verstößt], wenn er im nachhinein aus der von ihm selbst geschaffenen Beweisnot zivilrechtliche Vorteile zu seinen Gunsten ziehen will.“[919]

Geppert ist der Meinung, dass aus Sicht des Geschädigten eine Wartepflicht des Unfallbeteiligten nicht geboten ist, sofern keine feststellungsbereiten Personen anwesend sind. Die Wartepflicht sollte in einem solchen Fall durch eine Benachrichtigungspflicht in Form der schriftlichen Meldung beim Geschädigten, der Polizei oder bei anderen Stellen ersetzt werden.[920] Bei Anwesenheit des Geschädigten sollte sich die Aktivpflicht des Schädigers darauf beschränken, dass

---

918 *Heidemeier*, FS Hamm, S. 200.

919 *Haag*, AnwBl. 1987, 57 (60 f.). Nach *Haag* soll diese Möglichkeit aber nur für Unfälle mit reinen Sachschäden, die sich außerhalb des Begegnungsverkehrs ereignet haben, gelten. Gegenargumente bei: *Höfle*, AnwBl. 1987, 429 (435). Nach *Steiner*, Unfallflucht, S. 77, genügt es, wenn der Unfallbeteiligte verpflichtet ist, am Unfallort Angaben zu seiner Person und seinem Fahrzeug zu hinterlassen oder, wenn dies unmöglich ist, die Informationen dem Geschädigten oder der nächsten Polizeidienststelle unverzüglich mitzuteilen.

920 *Geppert*, BA 1986, 157 (167). *Heublein*, DAR 1986, 133 (136), sah auch in der Verlängerung der Benachrichtigungspflicht ein Möglichkeit zur Verbesserung des § 142 StGB.

er die Angaben auf die Unfallbeteiligung, den Namen des Fahrers, des Halters und der Versicherung beschränkt und ihm auch gegen den Willen des Geschädigten ein Sich-Entfernen vom Unfallort gestattet wird. Im Gegenzug dafür solle der Schädiger die zivilrechtliche Beweislast tragen.[921]

c) Beschränkung des Täterkreises

Nach *Engelstädter* sollte der Täterkreis auf Unfallverursacher beschränkt werden.[922] „Täter ist derjenige, dem der Unfall als sein Werk zugerechnet werden kann, d.h. der Unfall muß kausal und objektiv zurechenbar auf das Verhalten des Täters zurückzuführen sein."[923] Weiterhin sollte der Kreis der Täter auf Kraftfahrzeug- und Radfahrer beschränkt werden, weil nur bei diesen sich die Fluchtchancen – abstrakt betrachtet – durch die Teilnahme am Straßenverkehr vergrößern.[924]

d) Ergänzung des Tatbestandes

Duttge kommt bei seiner Analyse zu dem Ergebnis, dass der Tatbestand des § 142 StGB um ein (derzeit noch) ungeschriebenes Tatbestandsmerkmal ergänzt werden muss. Dieses Merkmal müsse über die bloße Pflichtwidrigkeit der Unfallflucht hinaus eine definitive oder jedenfalls greifbare Beeinträchtigung des Vermögens der Unfallgeschädigten verlangen. Es bestehe kein „berechtigtes Interesse" an einer Aufklärung des Unfallhergangs, wenn „Schadensersatzansprüche überhaupt nicht entstanden sind, durch die Behebung des Schadens erloschen oder auf andere Weise gesichert"[925] sind. Diese „Tatbestandslösung" berge nicht die Gefahr einer „Aushöhlung des Normbefehls", da der spezifische Verhaltensnormenverstoß vollkommen unverändert bleibe.[926] Er schlägt folgen-

---

921 *Geppert*, BA 1986, 157 (167). Ebenso: *Heublein*, DAR 1986, 133 (136).

922 *Engelstädter*, Begriff des Unfallbeteiligten, S. 291.

923 *Engelstädter*, Begriff des Unfallbeteiligten, S. 281.

924 *Engelstädter*, Begriff des Unfallbeteiligten, S. 290 f.

925 *Duttge*, JR 2001, 181 (185). De lege lata ist der Tatbestand des § 142 StGB in einem Teil dieser Fälle nicht erfüllt, weswegen *Duttge* auch die ähnlich gelagerten Fälle der fehlenden Vermögensbeeinträchtigung aus dem Anwendungsfall herausnehmen möchte.

926 *Duttge*, JR 2001, 181 (185), der im weiteren Verlauf eine Orientierung an § 288 StGB vorschlägt (S. 187). *Ders.*, ZStR 119 (2001), 147 (156 ff.).

de Ergänzung vor: „[...] und dadurch die Befriedigung auch nur eines Geschädigten ganz oder teilweise vereitelt, wird [...] bestraft."[927]

e) Straffreier Bagatellbereich

Im Rahmen der Befragung durch *Laumann* ist der Vorschlag, die Unfallflucht durch Etablierung eines Bagatellbereiches zu entkriminalisieren, von 68,1% der Befragten negativ beurteilt worden.[928] Es fiel allerdings auf, dass Amts- und Staatsanwälte diesem Vorschlag vergleichsweise positiv gegenüberstanden, da sie mit dem Vorschlag die Hoffnung verbanden, dass mit Wegfall der Kleinkriminalität eine erhebliche Arbeitserleichterung eintrete.[929]

2. Eigener Standpunkt

Ohne Zweifel ist die tatbestandliche Beschreibung des unerlaubten Sich-Entfernens vom Unfallort nicht gelungen. Vorschläge zur Neufassung[930] und Orientierungsmöglichkeiten im Ausland[931] gibt es ausreichend. Alle oben dargestellten Vorschläge zur tatbestandlichen Einschränkung zeigen einen mehr oder weniger gangbaren Weg aus dem Dschungel des § 142 StGB. Das Ziel muss es jedoch sein, die verschlungenen Pfade durch gerade Wege zu ersetzen. Dies gelingt mit diesen Vorschlägen aber nicht unbedingt.

Der Weg von *Erdsiek* ist heute zwar noch nicht beschritten, dennoch ist das von ihm ins Auge gefasste Ziel zum Teil erreicht, da die Anzahl der Verkehrstoten im Vergleich zwischen damals und heute weit zurückgegangen ist.[932] Die Ausklammerung von reinen Sachschäden aus dem Anwendungsbereich des § 142 StGB ist somit nicht mehr (allein) dadurch zu rechtfertigen, dass das vor-

---

927 *Duttge*, ZStR 119, 147 (167). Dieser Ansatz wurde auch schon von *Berz,* DAR 1986, 251 (252), ins Spiel gebracht, jedoch direkt wieder verworfen.

928 *Laumann*, Kriminologie, S. 201 f.

929 *Laumann*, Kriminologie, S. 201 f.

930 *Schünemann*, DAR 2003, 207; *Zopfs*, Unfallflucht, S. 174 ff.; weitere Nachweise bei: Lackner/*Kühl*, § 142 Rn. 2.

931 *Weigend/Geuenich*, DAR 1988, 258 ff; Münchener Kommentar StGB-*Zopfs*, § 142 Rn. 20 ff; *Himmelreich/Bücken/Krumm,* Verkehrsunfallflucht, Rn. 348 ff.

932 Nach Angaben des Statistischen Bundesamtes wurden im Jahr 2008 bei Unfällen im Straßenverkehr 4877 Personen getötet. In den 60er Jahren lag die Zahl bei über 15.000. Zur Entwicklung der im Straßenverkehr Getöteten in den Jahren von 1953 bis 2008: www.destatis.de/jetspeed/portal/cms/Sites/destatis/Internet/DE/Grafiken/Verkehr/Diagramme/Strassenverkehrstote,templateId=renderPrint.psml (Stand: September 2011).

dringlichere Ziel der Reduzierung der Verkehrstoten erreicht werden muss. Eine Herausnahme aller Fälle bloßer Sachbeschädigung wirkt zudem weitgehend wie eine komplette Streichung des § 142 StGB. Daher ist der Vorschlag auch aus den oben dargelegten Gründen[933] abzulehnen.

Der Vorschlag von *Heidemeier* macht die Anwendung des § 142 StGB im Endeffekt für den Unfallbeteiligten nicht klarer und einfacher. Ob die Voraussetzung einer Schadensregulierung ohne weitere Feststellungen allein aus § 7 StVG erfolgen kann, dürfte insbesondere für Laien nicht ohne Weiteres ersichtlich sein. Insofern wird über das Vorliegen bzw. Nichtvorliegen des § 142 StGB erst nach eingehender Prüfung entschieden werden können. Die Begrenzung der Anwendungsfälle über § 7 StVG sieht sich somit der gleichen Schwierigkeit ausgesetzt, wie die Begrenzung des Anwendungsbereiches der tätigen Reue über die Vorschriften des StVG[934].

Die Ergänzung des Tatbestandes um ein Tatbestandsmerkmal der Vermögensbeeinträchtigung im Sinn von *Duttge* führt entweder zu keiner merklichen Besserung der schwierigen Situation, in der sich die Anwender und Betroffenen des § 142 StGB befinden, oder zu keiner tiefgreifenden Veränderung. Versucht man nämlich, die Vermögensbeeinträchtigung ex ante zu bestimmen, dürfte in den meisten Fällen des Sich-Entfernens vom Unfallort eine Gefahr der Beeinträchtigung bestehen. Inwieweit eine solche Gefahr für eine Beeinträchtigung des Vermögens des Geschädigten ausreichend sein soll, wird aller Voraussicht nach zu einer unüberschaubaren Kasuistik führen, die keine Verbesserung im Vergleich zum jetzigen Zustand darstellt. Bestimmt man die Vermögensbeeinträchtigung allerdings ex post, so befindet sich die Strafbarkeit des Verhaltens sozusagen in der Schwebe. Wie aber sollen die Strafverfolgungsorgane auf diesen Schwebezustand reagieren? Ohne die Feststellung der Vermögensbeeinträchtigung liegt kein strafbares Verhalten vor, d.h. im Grunde besteht kein Bedürfnis nach Ermittlungstätigkeiten. Wird aber in einer Vielzahl der Fälle aus diesem Grund nicht ermittelt, dürfte die Anzahl der Schadensfälle, in denen der Schädiger nicht ermittelt wird, ansteigen. Ermitteln die Strafverfolgungsorgane dennoch und identifizieren den Unfallbeteiligten, stellt sich die Frage, ob dieser

---

933 Vgl. (5) Fazit, S. 220.

934 Vgl. (b) Ergebnis zur zivilrechtlichen Haftung, S. 30.

nun noch die Möglichkeit hat, den Schaden auszugleichen, um damit die Erfüllung des Tatbestandes verhindern zu können? Eine Verbesserung der Lage der Geschädigten tritt durch den Vorschlag jedenfalls nicht ein, ebenso wird der Ermittlungsaufwand seitens der Strafverfolgungsorgane nicht signifikant reduziert. Vor allem aber ist § 142 StGB als Vermögensgefährdungsdelikt ausgestaltet, um dem Geschädigten nicht den Nachweis der Vermögensbeeinträchtigung gerade durch das unerlaubte Sich-Entfernen aufzubürden. Insofern könnte die Einführung des Merkmals „Vermögensbeeinträchtigung" zu einer Verschlechterung der Situation des Geschädigten führen.

Bezüglich des Vorschlages, einen straffreien Bagatellbereichs einzuführen, ist festzustellen, dass hierdurch nur die Anzahl der Verstöße gegen § 142 StGB vermindert wird, ohne dass hierdurch Probleme der Auslegung oder Anwendbarkeit der Norm gelöst werden. Es ist eher zu befürchten, dass es mehr Probleme geben wird: Zu denken ist an zusätzliche Schwierigkeiten bei der Ermittlung des Vorsatzes, da nicht nur geklärt werden muss, ob der Unfall bemerkt worden ist, sondern zudem feststehen muss, dass der Unfallbeteiligte auch von einem Nichtbagatell-Schaden ausging. Wie sich ein Bagatellbereich auf die Bereitschaft zum Schadensausgleich auswirken wird, lässt sich nur erahnen, es ist aber unwahrscheinlich, dass mehr Geschädigte ihren Schaden ersetzt bekommen.

Die vorgeschlagenen tatbestandlichen Einschränkungen können folglich nicht überzeugen. Sie zeigen jedoch deutlich, dass für Fälle mit Sachschäden die Strafwürdigkeit geringer sein kann und es sich daher anbietet, gerade für diese Fälle die Möglichkeit zur nachträglichen Meldung zu schaffen.

III. E 1962 und Alternativentwurf

Im Entwurf eines Strafgesetzbuches (E 1962)[935] war die Unfallflucht in § 347 (Verkehrsflucht) geregelt.[936] In Absatz 4 war festgelegt, dass das Gericht von Strafe absehen kann, wenn sich der Täter wegen der Wahrnehmung eines für ihn wichtigen schutzwürdigen Interesses vom Unfallort entfernt hatte (ohne insofern gerechtfertigt oder entschuldigt zu sein).

---

[935] Vgl. Anhang I. Vorschriften 5. § 142 StGB (E 1962).

[936] Zur Entwicklung der Vorschrift in den Beratungen der Großen Strafrechtskommission: *Schünemann*, DAR 2003, 207 (210).

Der Alternativ-Entwurf eines Strafgesetzbuches und alle weiteren Alternativ-Entwürfe[937] enthalten keine Regelung zur Unfallflucht. Aufgrund der Schwerpunktsetzung der Alternativ-Entwürfe (z.B. Politisches Strafrecht, Sexualdelikte, Straftaten gegen die Wirtschaft) kann hieraus aber nicht der Schluss gezogen werden, dass die Verfasser der Alternativ-Entwürfe die Unfallflucht nicht für strafwürdig erachten.

Der E 1962 und der Alternativentwurf bieten keinen Anhaltspunkt für eine Verbesserung des § 142 StGB im Hinblick auf das Nachtatverhalten des Täters. Allenfalls könnte über die Ergänzung des § 142 StGB in Gestalt des § 142 IV (E 1962) nachgedacht werden.[938] Jedoch erscheint eine Regelung bezüglich des Absehens von Strafe im Fall der Wahrnehmung eines für den Täter wichtigen schutzwürdigen Interesses nicht notwendig, weil der Regelungsgehalt des § 142 IV (E 1962) vollständig über eine Regelung hinsichtlich des Nachtatverhaltens erfasst werden kann.

IV. Antragsdelikt

Im Reformvorhaben, das im Jahr 1975 zur Änderung des § 142 StGB führte, war im Entwurf des § 142 StGB im Absatz 6 ein Antragserfordernis formuliert.[939] § 142 VI StGB sollte lauten: „Die Tat wird nur auf Antrag verfolgt, wenn der Unfall lediglich Sachschaden oder eine leichte Körperverletzung (§§ 223, 230) zur Folge hatte, es sei denn, daß die Strafverfolgungsbehörde wegen des besonderen öffentlichen Interesses an der Strafverfolgung ein Einschreiten von Amts wegen für geboten erachtet." Im Verlauf der Gesetzesberatungen wurde das Antragserfordernis jedoch gestrichen.

---

937 Einen Überblick über die Alternativentwürfe gibt die Internetseite: http://www.alternativentwurf.de/pages/home/ae-entwuerfe.php (Stand: September 2011).

938 Hierbei sollten aber die Einwände, die schon damals gegen eine solche Regelung erhoben wurden, nicht unberücksichtigt bleiben. *O. Küper*, Verkehrsunfall, S. 103 ff. gibt insbesondere zu bedenken, dass schon in der Strafrechtskommission keine Einigkeit hinsichtlich der Reichweite der Merkmale „wichtiges, schutzwürdiges Interesse" erzielt wurde, weshalb er erhebliche Auslegungs- und Anwendungsschwierigkeiten befürchtet.

939 Der Entwurfstext ist abgedruckt bei: *Beier*, DAR 1973, 85 (85); *Händel*, DAR 1973, 60 (61); *Magdowski*, Verkehrsunfallflucht, S. 27.

1. Ausgestaltung als absolutes oder relatives Antragsdelikt

Schon im Jahr 1975, also im Jahr des Inkrafttretens des § 142 StGB n.F., forderte *Jagusch* die Formulierung des § 142 StGB als Antragsdelikt.[940] Es überzeuge nicht, wenn die Einführung eines Antragserfordernisses mit dem Hinweis auf die Betonung der Warte- und Vorstellungspflicht abgelehnt werde. Seiner Meinung nach besteht kein Strafgrund mehr, wenn der Täter des § 142 StGB aus eigenem Antrieb dem geschützten Rechtsgut nachträglich voll genügt. Es wäre besser, wenn sich der Gesetzgeber praktischer Psychologie bediene und den Durchschnittstäter als solchen wahrnimmt. Dieser fliehe nach dem Unfall aus Berechnung, Angst vor Strafe oder Fahrerlaubnisverlust oder zum Teil auch aus Panik, nicht aber, weil er rechtliche Überlegungen über Tatvollendung, tätige Reue und versicherungsrechtliche Nachteile anstellt. Zugleich bereue dieser aber später meist sein Verhalten, weiß aber auch aus der Zeitung, dass es nunmehr für eine straflose Wiedergutmachung zu spät ist. Gerade in den zahllosen Fällen leichterer Schäden hätte der psychologische Anreiz zur Umbesinnung und Wiedergutmachung strafrechtlich nicht erschwert oder verbaut werden sollen.[941]

Fraglich sei, warum die Unfallflucht in stärkerem Maß die Allgemeinheit beeinträchtigen soll als die vorangegangene Sachbeschädigung (die in der Regel fahrlässig und damit straflos erfolgte) und die eventuell eingetretene fahrlässige Körperverletzung. Nicht selten sei es dem Geschädigten peinlich, dass der Staat ein Strafverfahren gegen den Täter der Unfallflucht bis zum Ende betreibt, obwohl der Geschädigte kein Interesse an der Bestrafung, sondern nur an der Durchsetzung seiner zivilrechtlichen Ansprüche hat. § 142 StGB solle durch ein Strafantragserfordernis ergänzt werden, da es am Strafbedürfnis seitens der Allgemeinheit und in der Regel auch seitens des Geschädigten fehlt.[942]

---

940 Ansatzpunkte zur Ausgestaltung als Antragsdelikt finden sich auch schon bei: *Müller*, Kraftfahrt und Verkehrsrecht 1971, 37 (39). Die Einführung eines Strafantrags befürwortet auch: *Heublein*, DAR 1985, 15 (18).

941 *Jagusch*, NJW 1975, 1631 (1633). Ebenso fordert *Arloth*, GA 1985, 492 (506), die Ausgestaltung als Antragsdelikt. Seiner Meinung nach sollte, um der Bagatellisierung des Straftatbestandes entgegen zu wirken, auch die Bejahung des besonderen öffentlichen Interesses durch die Strafverfolgungsbehörden normiert werden. Gleichfalls für eine Formulierung als Antragsdelikt: *Bringewat*, JA 1977, 231 (232) sowie BT-Drucksache 13/2005, S. 5 (Antrag des Abgeordneten Beck und der Fraktion Bündnis 90/Die Grünen).

942 *Heublein*, DAR 1985, 15 (18).

Nach *Höfle* ergebe sich zwar aus dem geschützten Rechtsgut des zivilrechtlichen Beweissicherungsinteresses nicht zwingend die Ausgestaltung als Antragsdelikt, jedoch sei das Strafantragserfordernis die sachgerechteste Lösung, die dem Schutzzweck der Norm entspreche.[943] *Höfle* spricht sich allerdings gegen ein Strafantragserfordernis in allen Fällen des § 142 StGB aus. Ein Strafantrag solle nur bei Unfällen außerhalb des Begegnungsverkehrs mit ausschließlich Sachschaden erforderlich sein. Ein solches Strafantragserfordernis könne auch zu einer höheren Akzeptanz der gesamten Norm führen und zugleich die generalpräventive Wirkung steigern.[944]

2. Kritik

Die Einführung eines Antragserfordernisses sah sich folgendem Einwand ausgesetzt: Diese Änderung sei auf längere Sicht gefährlich; diene § 142 StGB nur dem Schutz des Geschädigten, so dürfe die Verfügungsbefugnis nicht in die Hand des Geschädigten gelegt werden.[945] Die Rechtswidrigkeit und Strafwürdigkeit der Unfallflucht sei im Verkehrsbewusstsein aller Bevölkerungskreise uneingeschränkt anerkannt. Die große Zahl der Verkehrsteilnehmer empfinde sich als Gemeinschaft, innerhalb derer bestimmte Spielregeln der Kameradschaft gelten. Das Interesse der Bevölkerung würde im Fall eines Antragserfordernisses erlahmen und damit die Präsenz einer wachsamen Allgemeinheit verlorengehen, die bereit sei, rechtswidrigem Verhalten entgegenzutreten.[946] Zudem führe das Antragserfordernis zu Inkonsequenzen, da einerseits der Kraftfahrer, der nach Verursachung eines bedeutenden Schadens an fremden Sachen flieht, gemäß § 42m II Nr. 3 StGB (heute: § 69 II Nr. 3 StGB) in der Regel charakterlich ungeeignet zum Führen von Kraftfahrzeugen ist, andererseits seine Tat nur auf Antrag verfolgt werden soll.[947]

Schon in den Beratungen zum E 1962 wurde die Ausgestaltung des § 142 StGB als Antragsdelikt abgelehnt. Zwar sollte § 142 StGB als Rechtsgut nicht

---

943 *Höfle*, AnwBl. 1987, 429 (433).

944 *Höfle*, AnwBl. 1987, 429 (433). Zur Kombination aus Antragserfordernis und Straffreiheit bei Sachschäden: Vgl. *Thirolf*, Täterinteressen und Opferschutz, S. 152 f. (Gegenargumente S. 154 f.).

945 *Beier*, DAR 1973, 85 (89).

946 *Beier*, DAR 1973, 85 (89).

947 *Beier*, DAR 1973, 85 (89).

das öffentliche Interesse, sondern nur das Interesse der Unfallbeteiligten und Geschädigten schützen, jedoch sei damit die Mitberücksichtigung der sozialethisch besonders verwerflichen Gesinnung, die bei schweren Taten häufig in der Rücksichtslosigkeit und der Selbstsucht des Täters zutage tritt, nicht ausgeschlossen.[948] „Der Entwurf trägt vielmehr dem allgemeinen Rechtsempfinden, das die Flucht nach Unfällen gerade unter diesem Gesichtspunkt als schweres kriminelles Unrecht ansieht, dadurch Rechnung, daß er die einzelnen Tatbestände unter der abwertenden Überschrift „Verkehrsflucht" zusammenfaßt, einen verhältnismäßig weiten Strafrahmen zur Verfügung stellt und keinen Strafantrag des Verletzten voraussetzt, obwohl das geschützte Rechtsgut ausschließlich privater Natur ist.“[949]

Maßgebend für die Ausgestaltung als Offizialdelikt war somit die Berücksichtigung der verwerflichen Gesinnung des Täters, auch wenn diese mit dem geschützten Rechtsgut in keinerlei Zusammenhang steht; für den zivilrechtlich auszugleichenden Schaden ist es zudem unerheblich, aus welchen Gründen sich der Unfallbeteiligte entfernt hat, da der Schaden nicht durch die Gesinnung des Täters vermindert oder intensiviert wird.

In der Begründung des Entwurfs eines Vierzehnten Strafrechtsänderungsgesetzes fanden sich die Erwägungen des E 1962 zum Teil wieder, dort hieß es: „Der Entwurf setzt u.a. auch deshalb [weil das allgemeine Rechtsempfinden die Entfernung nach Unfällen als kriminelles Unrecht ansieht[950]] keinen Strafantrag des Verletzten voraus. Würde man die Strafverfolgung, sei es auch nur in einem begrenzten unteren Bereich, von der Stellung eines Strafantrages abhängig machen, so wäre zu befürchten, daß der Tatbestand bagatellisiert und die Grundforderung, am Unfallort verbleiben zu müssen, geschwächt würde. Viele könnten durch die Erwägung, mit dem Verletzten später einen finanziellen Ausgleich, damit die Rücknahme des Strafantrages und so im Ergebnis die völlige Straffreiheit zu erreichen, zum Entfernen vom Unfallort zusätzlich animiert werden.

948 BT-Drucksache IV/650; Bundestagsvorlage E 1962, S. 531. Ebenso lehnte der 2. Verkehrsgerichtstag (1964) die Anregung § 142 StGB als Antragsdelikt auszugestalten ab (vgl. *Händel*, NJW 1964, 584 (584)).

949 BT-Drucksache IV/650; Bundestagsvorlage E 1962, S. 531.

950 BT-Drucksache 7/2434, S. 6.

Die rechtliche Eingriffsgrundlage für die Strafverfolgungsbehörden bliebe zudem vorerst unklar."[951]

Nach *Berz* könne die Ausgestaltung als Antragsdelikt zwar die Anzahl der Verfahren wegen Unfallflucht verringern und damit die Gerichte entlasten, allerdings werde dem Schutzgedanken des § 142 StGB damit nicht optimal gedient, zudem bliebe der Täter vom Wohlwollen des Geschädigten abhängig.[952] Schärfer wurde dies von *Händel* formuliert: „Die Unfallflucht ist ein so schwerwiegendes Delikt, daß es nicht dem Belieben eines Dritten überlassen werden sollte, ob die Tat strafrechtlich verfolgt wird. Zu leicht wird dann die Möglichkeit des Strafantrages mit geldlichen Forderungen verknüpft."[953] Erfahrungen bei fahrlässiger Körperverletzung zeigten, dass der Strafantrag erst dann gestellt wird, wenn die Schadensersatzerwartungen[954] des Verletzten nicht oder nicht ausreichend befriedigt werden; das werde dann entsprechend auch bei der Unfallflucht geschehen.[955]

Scholz befürchtet sogar, dass die Gestaltung als Antragsdelikt nur dazu führt, dass der Täter das Ergebnis der Ermittlungen abwartet und im Fall der Konkretisierung auf ihn, in „Verhandlungen" mit dem Geschädigten tritt, um eine Antragsstellung abzuwenden.[956] *Cramer* sieht dies ebenso und führt zusätzlich an, dass nur ein relatives Antragsdelikt – wie bei den §§ 229 und 303 StGB – in Be-

---

951 BT-Drucksache 7/2434, S. 6. *Sturm*, JZ 1975, 406 (408), der auch darauf hinweist, dass das besondere öffentliche Interesse nicht als Korrektiv dienlich ist, da dann mit der Bejahung in den meisten Fällen zu rechnen sei.

952 *Berz*, DAR 1986, 251 (255).

953 *Händel*, DAR 1973, 60 (63). Ähnlich: *Leipold*, Verkehrsunfallflucht, S. 244; *Park*, DAR 1993, 246 (248); *Wetekamp*, DAR 1987, 11 (13).

954 *Cramer*, ZRP 1987, 157 (162), hat die gleichen Bedenken, insbesondere da bei Beseitigung eines Eigenschadens eher auf das Geld geachtet wird als bei Schäden, für die ein anderer aufkommt.

955 *Händel*, DAR 1973, 60 (63). *Janiszewski*, DAR 1994, 1 (3), weist darauf hin, dass sich das Problem auch bei der derzeitigen Rechtslage stellen kann, wenn der Geschädigte nämlich die Anzeige bei der Polizei zunächst unterlässt, um die Drohung mit der Anzeige als Druckmittel einzusetzen. Ähnlich *Thirolf*, Täterinteressen und Opferschutz, S. 138 f. (ebenso: *Kubatta*, Verkehrsunfallflucht, S. 90), der zwar anerkennt, dass das Strafantragserfordernis eine Verbesserung der Gesetzeslage darstellt, dennoch ist seiner Meinung nach diese Lösung nicht zufriedenstellend, da die Effizienz gering und das Missbrauchsrisiko hoch ist.

956 *Scholz*, ZRP 1987, 7 (10).

tracht kommt, da zwar das Rechtsgut des § 142 StGB ausschließlich das zivilrechtliche Beweissicherungsinteresse schützt, allerdings § 142 StGB kriminologisch in den Bereich der überindividuellen Verkehrskriminalität zu rücken sei.[957]

Ruck sieht in der Ausgestaltung als Antragsdelikt eine unnötige Rücknahme der generalpräventiven Wirkung des § 142 StGB[958], die zu einem uferlosen Ansteigen der Fluchtfälle führt.[959] Das Strafantragserfordernis gebe den Unfallbeteiligten die nahezu kostenlose Möglichkeit, erst mal zu fliehen, um im Fall der Aufdeckung durch „Verhandlungen“ mit dem Antragsberechtigten allenfalls die gleichen Belastungen wie im Fall des Verbleibens an der Unfallstelle zu erreichen.[960]

Eine Befragung durch *Laumann* ergab, dass der überwiegende Teil der befragten Gruppen (63,4%)[961] diesem Reformvorschlag negativ gegenüber stand. Einerseits wurde vielfach die Befürchtung geäußert, die Geschädigten könnten sich zur Durchsetzung überhöhter oder gar ungerechtfertigter Ersatzansprüche den Strafantrag "teuer abkaufen" lassen. Andererseits hatte ein nicht unerheblicher Teil der Praktiker Zweifel an der Effektivität dieses Lösungsansatzes. Zudem bestehe auch für einen reuigen Täter bei nachträglicher Schadensmeldung stets die Gefahr, dass der Geschädigte Strafantrag stellt und aufgrund dessen ein Ermittlungsverfahren eingeleitet wird.[962]

---

957 *Cramer*, ZRP 1987, 157 (162).

958 So auch *Geppert*, BA 1986, 157 (162).

959 *Ruck*, Vermögensdelikt, S. 130. Das Gegenargument von *Heublein*, DAR 1985, 15 (18), dass eine Schmälerung der abschreckenden Wirkung nicht eintritt, da der Tatbestand sowieso kaum abschreckende Wirkung entfaltet, überzeugt nicht. Unabhängig davon, dass jede noch so kleine Verringerung einer Abschreckung eine Verringerung und damit eine Verschlechterung darstellt, muss doch das Ziel einer Reform die deutliche Verbesserung und nicht die Hinnahme eines unzulänglichen Schutzes sein.

960 *Ruck*, Vermögensdelikt, S. 129 f.

961 „Bei der Auswertung der Befragungsergebnisse fielen keine signifikanten Unterschiede auf. Alle an der Strafverfolgung und -verteidigung beteiligten Gruppen lehnten diesen Reformvorschlag ab. Lediglich bei den Anklagevertretern war ein leicht höherer Zuspruch festzustellen. Diese erhofften sich eigenen Angaben zufolge von einer Strafantragslösung eine nicht unerhebliche Arbeitsentlastung“ (*Laumann*, Kriminologie, S. 199).

962 *Laumann*, Kriminologie, S. 199. Die Ausgestaltung als Antragsdelikt ist bei Richtern, Staatsanwälten und Rechtsanwälten auch schon beim 2. Verkehrsgerichtstag (1964) auf Ablehnung gestoßen (vgl. *Händel*, NJW 1964, 584 (584). Nach einer Befragung von

3. Eigener Standpunkt

Die Ausgestaltung des § 142 StGB als Antragsdelikt beseitigt nicht die Hauptprobleme der Unfallflucht. Weder kann die Anzahl der Fluchtfälle dadurch reduziert werden[963] – es verringert sich allenfalls die Anzahl der Fälle, in denen die Ermittlungstätigkeit bis zum Ende durchgeführt werden muss – noch wird ein transparentes Instrument geschaffen, das dem Täter einen Anreiz zur nachträglichen Meldung und zum Schadensausgleich bietet. Zudem könnte das Antragserfordernis auch ein weiteres strafrechtliches Problem schaffen: Wie sind Geschädigte zu behandeln, die den Täter mit der Ankündigung eines Strafantrags zur Zahlung bewegen? In Betracht kommen Nötigung (§ 240 StGB) und Erpressung (§ 253 StGB). Schaut man sich die Situation an, so stellt der Geschädigte einen Strafantrag in Aussicht, – dieses Strafantragsrecht stünde ihm auch von Gesetzes wegen zu – um seinen Schaden ersetzt zu bekommen. Daneben steht dem Geschädigten auch der Ersatz des Schadens im Rahmen der zivilrechtlichen Vorschriften zu. Bei oberflächlicher Betrachtung dürften die §§ 240 und 253 StGB also nicht vorliegen. Bei genauerer Betrachtung gelangt man jedoch zu dem Problem, ob ein erlaubtes Verhalten in seiner konkreten Form dennoch ein empfindliches Übel im Sinne der §§ 240, 253 StGB darstellen kann. Dieses Problem wird kontrovers diskutiert.[964] Rechtsprechung und Teile der Literatur nehmen ein empfindliches Übel an, wenn mit einer Strafanzeige gedroht wird.[965] Ein empfindliches Übel sei ein Nachteil von solcher Erheblichkeit, dass seine Ankündigung geeignet erscheint, den Bedrohten im Sinne des Täterver-

---

Thirolf, Täterinteressen und Opferschutz, S. 175 f., würden fast 40 % der Befragten den Strafantrag trotz Schadensausgleichs durch den Täter nicht zurücknehmen, wenn sie wüssten, dass der Täter beim Unfall alkoholisiert war.

963 Allenfalls verringert sich die statistische Anzahl (bezogen auf die Anzahl der Verurteilungen), weil nicht alle Tatbestandsverwirklichungen zum Strafantrag führen. Hierbei ist zudem zu beachten, dass ein fehlender Strafantrag nicht immer darauf zurück zu führen ist, dass der Schädiger sich vor Antragstellung um einen Schadensausgleich bemüht hat, sondern auch auf mangelndem Interesse, weil die eigene Versicherung für den Schaden aufkommt, Scheu vor zusätzlichem Aufwand, fehlendem Vertrauen in die Aufklärung und Ermittlung des Schädigers oder Hinausschieben bzw. Vergessen der Antragstellung beruhen kann.

964 Zur Schwierigkeit der Konkretisierung des Merkmals „Übel“: Münchener Kommentar StGB-*Gropp/Sinn*, § 240 Rn. 69.

965 BGH, Beschluss vom 13.01.1983, 1 StR 737/81, BGHSt 31, 195 (195 ff.) = NStZ 1983, 765 (765 ff.); Lackner/*Kühl*, § 240 Rn. 13 m.w.N. (der für die Bestimmung aber eine objektive Betrachtung vornimmt); Schönke/Schröder-*Eser*/*Eisele*, § 240 Rn. 9.

langens zu motivieren.[966] Die Frage, ob das Verhalten rechtlich erlaubt sei, wirke sich erst bei der Frage der Verwerflichkeit[967] (§ 240 II StGB[968]) aus. Nach anderer Ansicht fehle es an der Empfindlichkeit des Übels, wenn ein Übel von Rechts wegen zufügt oder die Beseitigung des Übels unterlassen werden darf.[969]

Zu der Schwierigkeit der rechtlichen Bewertung des Ankündigens des Strafantrages kommen noch weitere Probleme, die durch die vielfältigen Sachverhaltsgestaltungen entstehen. Was ist, wenn der Geschädigte neben dem Schadensersatz noch einen darüber hinausgehenden Betrag fordert? Was ist, wenn der Geschädigte zivilrechtlich nur einen Teil fordern kann, weil ihm ein Mitverschulden zur Last fällt? Was ist, wenn der Geschädigte irrtümlich davon ausgeht, dass ihm der geforderte Betrag auch zusteht? Auf diese Fragen sollte man eine Antwort parat haben, falls man § 142 StGB als Antragsdelikt gestalten will, da diese Fälle mit an Sicherheit grenzender Wahrscheinlichkeit auftauchen werden.

Das Gegenargument von *Höfle*, dass den Fällen missbräuchlicher Ausnutzung des Strafantragsrechts seitens des Geschädigten durch eine Anwendung der §§ 153 ff. StPO entgegengewirkt werden kann[970], löst daher nur den kleineren Teil des Problems. Dieses Argument entfaltet nur Geltung, wenn der Unfallbeteiligte einer missbräuchlichen Ausnutzung standhält und die Einleitung eines Strafverfahrens aufgrund des Strafantrages hinnimmt. Die strafrechtliche Beurteilung des Verhaltens des (ursprünglich) Geschädigten ist damit aber nicht erledigt.

---

966 BGH, Beschluss vom 13.01.1983, 1 StR 737/81, BGHSt 31, 195 (201) = NStZ 1983, 765 (767).

967 Im Rahmen der Verwerflichkeit liegt aber auch kein einheitlicher Maßstab zur Bestimmung vor, was zu unterschiedlichen Ergebnissen führen kann. Vgl. beispielsweise: BGH, Beschluss vom 13.01.1983, 1 StR 737/81, BGHSt 31, 195 (195 ff.) = NStZ 1983, 765 (765 ff.); *Roxin*, JR 1983, 333 (336).

968 Bei § 253 StGB kann diese Frage auch schon beim Merkmal der Rechtswidrigkeit der beabsichtigten Bereicherung thematisiert werden.

969 *Horn*, NStZ 1983, 497 (499).

970 *Höfle*, AnwBl. 1987, 429 (434).

Das Gegenargument von *Heublein*[971] (den Bedenken gegen das Antragerfordernis sei keine große Bedeutung beizumessen, da bei verschiedenen Delikten das Antragserfordernis geregelt worden sei) überzeugt nicht. Nur weil der Gesetzgeber auch bei anderen Delikten, trotz der Bedenken bezüglich des „Freikaufens" vom Antrag, ein Antragserfordernis vorgesehen hat, zeigt dies doch nicht, dass das Problem nicht existent ist, sondern nur, dass der Gesetzgeber diese Bedenken nicht teilt oder nicht ernst nimmt.

Zwar dürfte diese Problematik nicht bei jeder Unfallflucht auftreten, die zusätzlichen Schwierigkeiten und die fehlende Motivationslage zur nachträglichen Meldung lassen die Formulierung des § 142 StGB als Antragsdelikt aber nicht als sinnvoll erscheinen. Neue Probleme sollten nur dann in Kauf genommen werden, wenn sich die Lage insgesamt stark verbessert, dies ist aber bei diesem Vorschlag nicht der Fall.

V. Ermessensvorschrift

Nach Ansicht von *Imhof* ist das Nachtatverhalten des Täters entsprechend der Regelung des § 158 StGB zu würdigen. Bezogen auf die Unfallflucht würde dies bedeuten, dass der Richter die Strafe nach seinem Ermessen mildern oder von Strafe ansehen kann, wenn sich der Täter rechtzeitig meldet. Rechtzeitig solle dabei durch eine Fixierung des angemessenen Zeitraums ersetzt werden. Zudem dürfe der Täter noch nicht anderweitig entdeckt sein.[972]

Bei der von *Laumann* durchgeführten Untersuchung fand der Vorschlag, § 142 StGB als Ermessensvorschrift auszugestalten, bei den befragten Personengruppen mit einem Anteil von 29,7 % nur wenig Zustimmung. Einigkeit bestand bei allen Personenkreisen, dass dieser Lösungsansatz unklar definiert sei und zu neuen Anwendungs- und Auslegungsproblemen führe, weshalb eine praktische Realisierungsmöglichkeit nicht gegeben sei.[973]

Die Ausgestaltung als Ermessensvorschrift im Rahmen der Strafzumessung bietet keinen großen Vorteil. Zwar kann auch von Strafe abgesehen werden, al-

---

971 *Heublein*, DAR 1986, 133 (135).
972 *Imhof*, DAR 1965, 268 (270).
973 *Laumann*, Kriminologie, S. 201.

lerdings verbleibt es bei den mittelbaren Folgen[974], zudem besteht aus Sicht des Täters keine echte Anreizwirkung für eine nachträgliche Meldung, da die Rechtsfolge für ihn nicht vorhergesehen werden kann.

VI. Minder schwerer Fall

Hammerstein ist der Ansicht, dass der Täter, der sich innerhalb eines Tages nach dem Unfall meldet, zumindest im Strafmaß privilegiert werden sollte. Dies verstärke auch den gewünschten Schutz des hinter der Norm stehenden Rechtsgutes; statt der Straflosigkeit (also eines persönlichen Strafaufhebungsgrundes) solle der Fall der nachträglichen Meldung bis zum nächstfolgenden Tage nach dem Unfall als minderschwerer Fall in das Gesetz aufgenommen werden.[975] Die dann notwendige Anwendung des § 49 StGB führe mindestens zu dem Ergebnis einer Verengung des Strafrahmens, sodass der sich nachträglich meldende Täter erwarten könnte, dass die Nachtragsmeldung zumindest im Strafmaß honoriert wird. Das Gesetz solle demjenigen, „der sich zwar spät, aber nicht zu spät für das Recht entscheidet, eine Brücke bauen. Die Brücke muß nicht aus Gold – dem Gold der Straflosigkeit – sein, es genügt die einfache Ausführung für minderschwere Fälle".[976]

Hammerstein verspricht sich von dieser Lösung eine Zunahme der Zahl der Nachtragsmeldungen. Erwogen werden sollte aber, die schweren Fälle in Sinn des § 69 II Nr. 3 StGB von dieser Privilegierung auszunehmen, also insbesondere einen minderschweren Fall dann nicht anzunehmen, wenn der Täter weiß oder wissen konnte, dass bei dem Unfall ein Mensch getötet oder nicht nur unerheblich verletzt worden ist. Daneben sollen nach seiner Meinung aber die minderschweren Fälle aus den Regelfällen des § 69 StGB herausgenommen werden, um damit eine individuelle Prüfung der Fahreignung zu ermöglichen.[977]

Denzlinger gibt zu bedenken, dass das Feststellungsinteresse des Geschädigten auch über den Zeitraum von 24 Stunden besteht.[978]

---

[974] Vgl. Fünfter Abschnitt: Ergebnis zur Bewertung des § 142 IV StGB, S. 143.
[975] *Hammerstein*, 20. VGT, S. 133 ff.
[976] *Hammerstein*, 20. VGT, S. 133 ff.
[977] *Hammerstein*, 20. VGT, S. 133 ff.
[978] *Denzlinger*, ZRP 1982, (178) 181.

Zu Recht weist *Hammerstein* darauf hin, dass die Brücke nicht aus Gold sein muss, aber – um bei diesem Bild zu bleiben – sie darf den Unfallbeteiligten nicht mit in die Tiefe reißen. Warum sollte sich ein Unfallbeteiligter auf die schmale Brücke begeben, wenn an deren Ende nur die Strafmilderung steht? Der mindere Fall müsste schon so ausgestaltet[979] sein, dass die zu erwartende Strafe eher im symbolischen Bereich angesiedelt ist, da ansonsten der Anreiz für den Täter zu gering ist. Sollte dies der Fall sein, kann dann aber auch gleich auf die Strafe verzichtet werden.

Der Weg kann also ruhig steinig und beschwerlich sein, er muss sich aber für den Täter insofern lohnen, dass er bereit ist, den Weg bis zum Ende zu gehen. Dies ist beim Vorschlag des minder schweren Falles nicht gegeben.

VII. Tätige Reue

Die Forderung, § 142 StGB um eine Regelung bezüglich der tätigen Reue zu erweitern, kann nicht als neu oder gar innovativ angesehen werden.[980] Schon die erste Vorschrift zur Flucht nach Verkehrsunfällen (§ 22 KFG) enthielt eine solche Regelung. Zudem hat die Forderung hinsichtlich der tätigen Reue schon Tradition: Der 9. Verkehrsgerichtstag hat sich zwar mit weit überwiegender Mehrheit für die Beibehaltung der Unfallflucht ausgesprochen, er forderte jedoch eine Ergänzung dergestalt, dass der Richter von der Strafe absehen können soll, wenn der Täter für die erforderlichen Feststellung nachträglich gesorgt hat.[981] Auch im Gesetzgebungsverfahren zu § 142 StGB (1975) gab es eine Diskussion zur Frage, ob die Möglichkeit zur tätigen Reue gegeben werden sollte.[982] § 142 StGB verbessere den Rechtsgüterschutz durch die Vorverlagerung der Strafbarkeit vor Eintritt eines Schadens für das Rechtsgut Vermögen. Zum Ausgleich dafür müsse dem Umstand Rechnung getragen werden, dass der Täter

---

979 Zudem dürfte dem Täter die Unsicherheit hinsichtlich der Bestimmung des Schadens nicht aufgebürdet werden.

980 *Schünemann*, DAR 2003, 207 (511) spricht von „wenig originell".

981 Vgl. *Meier*, NJW 1971, 692 (693); *Müller*, Kraftfahrt und Verkehrsrecht, 1971, 37 (39). Anders wurde dies noch auf dem 2. Verkehrsgerichtstag gesehen, damals sprach sich eine große Mehrheit gegen die Einführung einer tätigen Reue aus (vgl. *Händel*, NJW 1964, 584 (584)).

982 BT-Drucksache 7/2434, S. 6 und BT-Drucksache 7/3503, S. 5. Die Mehrheit sprach sich aber wegen generalpräventiver Bedenken dagegen aus und verwies auf die Möglichkeit der Einstellung des Verfahrens nach § 153 StPO.

gerade den Eintritt einer solchen Beeinträchtigung – nach Eintritt der formellen Verwirklichung des Gefährdungstatbestands – selbst verhindert.[983]

1. Vorschläge zur Einführung einer tätigen Reue

Geppert kommt bei seiner Analyse zu den Auswirkungen der tätigen Reue zum Ergebnis, dass nach „Maßgabe der Wahl des kleineren Übels" der Weg der tätigen Reue in Form des persönlichen Strafaufhebungsgrundes beschritten werden sollte. Neben dieser strafrechtlichen Maßnahme sollte der Gesetzgeber zudem die Umkehrung der zivilrechtlichen Beweislast in den Fällen der Unfallflucht anordnen.[984]

Nach *Bücken* sollte die tätige Reue an eine Frist von 24 Stunden[985] gebunden sein, die einerseits den Interessen des Täters Rechnung tragen und andererseits dem Interesse des Geschädigten nach Rechtssicherheit entsprechen würde.[986] Die tätige Reue sollte auf Fälle mit lediglich Sachschaden begrenzt sein, eine Einschränkung auf den ruhenden Verkehr und auf eine Schadenshöhe sei entbehrlich.[987] Im Interesse des Opferschutzes müsse es dem Täter so leicht wie möglich gemacht werden, sich nachträglich freiwillig zu melden; hierfür sei es ausreichend, wenn der Täter die wesentlichen Unfalldaten telefonisch, per Fax oder E-Mail an die Polizei oder eine nicht-staatliche, zuverlässige Stelle übermittelt, die diese Daten an den geschädigten Fahrzeughalter weiterleitet.[988] Um

---

983 *Berz*, DAR 1986, 251 (253). *Ruckdäschel*, Absehen von Strafe, S. 47, sieht die Einführung der tätigen Reue als Korrektiv zu § 142 I Nr. 2 StGB, da dessen hohe Anforderungen vom Täter häufig unterschätzt werden. Daher sei die Möglichkeit des Absehens von Strafe aus prozessökonomischen Gründen mit Rücksicht auf das Rechtsempfinden der Allgemeinheit eingeführt worden.

984 *Geppert*, BA 1986, 157 (166). Er gibt allerdings zu bedenken, dass diese Lösung nicht für alle denkbaren Konstellationen gleichermaßen passt.

985 Nach Ansicht von *Leipold*, Verkehrsunfallflucht, S. 243, sind 12 Stunden ausreichend, allerdings sollte während dieser Zeit der Versicherungsschutz (gemeint ist wohl wegen der Obliegenheitsverletzung, vgl. I. Unfallflucht als Obliegenheitsverletzung, S. 127) nicht entfallen.

986 *Bücken*, PVR 2003, 66 (68).

987 *Bücken*, PVR 2003, 66 (68).

988 *Bücken*, PVR 2003, 66 (69). Diese Meldung müsse neben den korrekten Personalien auch Kennzeichen und Standort des beteiligten Fahrzeugs, Unfallort und Unfallzeitpunkt sowie eine Hergangsschilderung enthalten. Melde sich der Täter bei einer nicht-staatlichen Stelle, solle diese unverzüglich eine Kontrollmeldung an die Polizei veranlassen, damit dort unnötige Ermittlungsarbeit vermieden werden kann.

einen wirklichen Anreiz zur nachträglichen Meldung zu schaffen, müsse die tätige Reue tatbestandsausschließend[989], zumindest aber strafbarkeitsausschließend wirken.[990]

Nachfolgend werden einige weitere Reformvorschläge dargestellt, die eine tätige Reue beinhalten.

a) Gesetzesantrag des Landes Berlin

In seiner gegenwärtigen Fassung (bezogen auf das Jahr 1986) erfülle § 142 StGB seine Aufgabe nur ungenügend und erfordert daher eine Umgestaltung[991], hierzu biete sich die Verankerung einer Bestimmung über tätige Reue in § 142 StGB an[992]. Der Vorschlag seitens des Landes Berlin lautete daher: „Nach den Absätzen 1 und 2 wird nicht bestraft, wer innerhalb von 24 Stunden nach einem Unfall, bei dem ausschließlich Sachschaden entstanden ist, durch freiwillige Meldung bei der Staatsanwaltschaft oder den Behörden und Beamten des Polizeidienstes verhindert, daß der dem Geschädigten aus dem Unfall erwachsene Ersatzanspruch beeinträchtigt wird; dies gilt nicht bei Unfällen an Fahrzeugen im fließenden Straßenverkehr. Tritt die Beeinträchtigung ohne Zutun des Täters nicht ein, so bleibt dieser straflos, wenn er sich um die Verhinderung der Beeinträchtigung freiwillig und ernsthaft bemüht hat.“[993]

Nach Ansicht des Landes Berlin fügt sich die Möglichkeit, durch nachträgliche Meldung Strafbefreiung zu erlangen, in die Regelungen des Strafgesetzbuches über die tätige Reue ein, da lediglich eine Gefährdung, aber noch keine

---

989 Hierbei bestehe der Vorteil, dass die oftmals als zusätzliche Bestrafung empfundene Leistungsfreiheit der Versicherung entfiele (*Bücken*, PVR 2003, 66 (69)). Dieses Ergebnis lässt sich (mittlerweile) allerdings nicht in jedem Fall mit der versicherungsvertraglichen Pflicht, am Unfallort die erforderlichen Feststellungen zu ermöglichen (AKB 2008 E.1.3.), vereinbaren. Vgl. oben C. Auswirkungen des neuen VVG auf die Folgen einer Verkehrsunfallflucht, S. 137.

990 *Bücken*, PVR 2003, 66 (69).

991 BR-Drucksache 316/86, S. 2.

992 BR-Drucksache 316/86, S. 4.

993 BR-Drucksache 316/86, S. 1. Hierauf wird im Antrag bezüglich der Einführung der tätigen Reue (neben der Ausgestaltung als Antragsdelikt, vgl. Fn. 941) durch den Abgeordneten Beck und die Fraktion Bündnis90/Die Grünen verwiesen (BT-Drucksache 13/2005, S. 5).

endgültige Schädigung der Vermögensinteressen des Unfallopfers vorliegt.[994] Die Frist von 24 Stunden nach dem Unfall verfolge das Ziel, die zeitliche Nähe zum Unfall zu erhalten und das Einsichtsempfinden derart stark bleiben zu lassen, dass der Schädiger die Nachmeldung auch wirklich vornimmt.[995]

Auf eine Begrenzung der Schadenshöhe wurde verzichtet, da dies unnötige Abgrenzungsschwierigkeiten sowie die Gefahr heraufbeschwören könnte, dass der Täter aus (berechtigten oder unberechtigten) Zweifeln die Nachmeldung unterlässt.[996] Die Unfälle an Fahrzeugen im fließenden Straßenverkehr wurden aus zwei Gründen ausgeklammert: Zum einen können bei solchen Unfällen für die Haftungslage die Frage der Alkohol- oder Medikamenteneinwirkung sowie die Frage, ob und welche technischen Mängel an einem der Fahrzeuge vorgelegen haben, eine Rolle spielen, zum anderen entfielen nur etwa 10 % der Unfallfluchten auf Fälle im Begegnungsverkehr.[997]

§ 142 V S. 2 StGB n.F. soll auch in den Fällen zur Straffreiheit führen, in denen der Täter den Unfallort in der festen Absicht verlässt, sich zu melden, er jedoch vor der Meldung ermittelt wird.[998]

b) Gesetzesantrag des Landes Hessen

Nach dem Vorschlag durch das Land Hessen soll § 142 StGB wie folgt geändert werden: „In Absatz 2 wird das Wort "unverzüglich" durch die Worte "bis zum Ablauf des auf den Unfall folgenden Tages" ersetzt. In Absatz 3 Satz 1 werden die Worte "nahe gelegenen" durch das Wort "inländischen" ersetzt. Nach Absatz 3 wird folgender Absatz 4 eingefügt: Nach Absatz 1 wird nicht bestraft, wer bis zum Ablauf des auf den Unfall folgenden Tages durch freiwillige Meldung die nach Absatz 3 erforderlichen Feststellungen nachträglich ermöglicht. Der bisherige Absatz 4 wird Absatz 5.“[999]

---

994 BR-Drucksache 316/86, S. 7.
995 BR-Drucksache 316/86, S. 8.
996 BR-Drucksache 316/86, S. 8.
997 BR-Drucksache 316/86, S. 9.
998 BR-Drucksache 316/86, S. 9 f.
999 BR-Drucksache 400/93 Anlage.

Nach Ansicht des Landes Hessen soll der Vorschlag eine bessere Sicherung von Schadensersatzansprüchen nach einem Verkehrsunfall durch die Einräumung der Chance einer späteren Meldung des Unfallverursachers erreichen.

Das Verlassen des Unfallortes bleibt Tatunrecht; Straffreiheit tritt nur bei freiwilliger Meldung des Täters und nicht bei polizeilicher Ermittlung während der Meldefrist ein. Der flüchtende Unfallbeteiligte trägt das Risiko, vor freiwilliger Meldung entdeckt und bestraft zu werden. Da die Polizei weiter zu ermitteln hat, sind keine Schwierigkeiten bei der Spuren- und Beweissicherung zu erwarten. Gegen eine Verschlechterung der beweisrechtlichen Situation des Geschädigten spricht zudem die Gefährdungshaftung aus § 7 StVG.

Die Frist bis zum Ablauf des auf den Unfall folgenden Tages gebe dem Unfallbeteiligten ausreichend Bedenkzeit; eine längere Frist würde den grundsätzlichen Normbefehl aushöhlen.[1000] Nach Ablauf der Frist sei davon auszugehen, dass keine Bereitschaft besteht, die erforderlichen Angaben zu machen.[1001] Von einer Gleichstellung des freiwilligen und ernsthaften Bemühens wurde abgesehen, da dies nur den Weg für schwer zu widerlegende Schutzbehauptungen eröffnen würde.[1002]

c) 20. Verkehrsgerichtstag

Der Arbeitskreis des 20. Verkehrsgerichtstages „Gesetzliche Regelung der Unfallflucht" hält es für richtig, dass sich der Gesetzgeber in § 142 StGB darauf beschränkt hat, nur die zivilrechtlichen Feststellungsinteressen der Unfallbeteiligten und Geschädigten zu schützen. Das Feststellungsinteresse der Unfallgeschädigten könne aber im Wesentlichen auch befriedigt werden, wenn eine nachträgliche Meldung innerhalb von 24 Stunden nach Vollendung des Tatbestandes des § 142 StGB erfolgt.[1003] Für ein solches nachträgliches Verhalten solle ein Strafmilderungsgrund geschaffen und das Absehen von Strafe vorgesehen

---

[1000] BR-Drucksache 400/93, S. 9.
[1001] BR-Drucksache 400/93, S. 9 f.
[1002] BR-Drucksache 400/93, S. 10.
[1003] 20. VGT, S. 7 f.

werden. Zudem solle in die RiStBV aufgenommen werden, dass in solchen Fälle das Verfahren regelmäßig einzustellen sei.[1004]

d) 24. Verkehrsgerichtstag

Der Arbeitskreis IV „Wie kann der Schutzgedanke des § 142 StGB bei Sachschäden besser verwirklicht (wiederhergestellt) werden?“ des 24. Verkehrsgerichtstages ist ebenfalls der Auffassung, dass § 142 StGB lediglich die zivilrechtlichen Feststellungsinteressen der Unfallbeteiligten bzw. Unfallgeschädigten schützt. Zwar sei an der Wartepflicht des § 142 I StGB festzuhalten, jedoch solle § 142 StGB um einen Absatz ergänzt werden, der einer größeren Anzahl von Unfallgeschädigten die Durchsetzung ihrer Ansprüche ermöglichen soll. Der 24. Verkehrsgerichtstag schlägt folgende Formulierung vor:

„Nach Absatz 1 und Absatz 2 wird nicht bestraft, wer nach einem Unfall mit lediglich Sachschaden durch freiwillige Meldung innerhalb von 24 Stunden bei dem Geschädigten, einer Polizeidienststelle oder einer sonstigen Stelle verhindert, dass der dem Geschädigten aus dem Unfall erwachsene Ersatzanspruch beeinträchtigt wird. Tritt die Beeinträchtigung ohne Zutun des Täters nicht ein, so bleibt er straflos, wenn er sich um deren Verhinderung freiwillig und ernsthaft bemüht.“[1005]

e) 41. Verkehrsgerichtstag

In Übereinstimmung mit den Empfehlungen früherer Verkehrsgerichtstage hält der Arbeitskreis IV „Verkehrsunfallflucht“ des 41. Verkehrsgerichttages den Straftatbestand der Verkehrsunfallflucht (§ 142 StGB) im Interesse des Opferschutzes für zwingend erforderlich.[1006] Um in Zukunft einer größeren Zahl von Geschädigten die Durchsetzung ihrer Ersatzansprüche zu ermöglichen, schlägt der Arbeitskreis eine Erweiterung des § 142 IV StGB (tätige Reue in Form der freiwilligen Selbstanzeige) vor. Unabhängig von der Schadenshöhe seien alle Sachschäden zu erfassen, der Ausschluss von Personenschäden sei,

---

[1004] 20. VGT, S. 7 f.
[1005] 24. VGT, S. 11.
[1006] 41. VGT, S. 10.

ebenso wie die 24-Stundenfrist, beizubehalten.[1007] Die Auslegung des Merkmals „außerhalb des fließenden Verkehrs" solle auch solche Unfälle erfassen, die aus dem fließenden Verkehr an ruhenden Objekten (parkende Fahrzeuge, Schutzplanken, Straßenschilder u.Ä.) verursacht werden. Die nur obligatorische Strafmilderung bzw. das fakultative Absehen von Strafe aufgrund der tätigen Reue solle allerdings durch einen zwingenden Strafausschluss ersetzt werden[1008], sodass bei tätiger Reue auch keine Punkte wegen Verkehrsunfallflucht im Verkehrszentralregister eingetragen werden.[1009]

f) Laumann: Strafbefreiende Rücktrittsmöglichkeit

Laumann möchte eine strafbefreiende Rücktrittsmöglichkeit einführen, die es allen Tätern, die erkennbar nicht gegen den Schutzzweck des § 142 StGB verstoßen wollen, einen strafbefreienden Rücktritt ermöglicht.[1010] Die Untersuchungen zur Motivation der Täter hätten hierfür ein erhebliches Potential aufgezeigt, zudem hätten die Befragungsergebnisse verdeutlicht, dass eine Verknüpfung der 24-Stunden-Regelung[1011] mit einer Umkehr der Beweislast den Befürchtungen entgegenwirkt, die Situation der Geschädigten könne sich verschlechtern.[1012] Voraussetzung für eine erfolgreiche Etablierung des Reformvorschlages sei aber, dass die Haftpflichtversicherungsbestimmungen und die Regressmöglichkeiten der Haftpflichtversicherer reformiert werden[1013] und dass die

---

[1007] 41. VGT, S. 10. Nach *Schünemann*, DAR 1998, 424 (429), sollte die tätige Reue auf alle Fälle der Unfallflucht ausgedehnt und als obligatorischer Strafaufhebungsgrund ausgestaltet werden; außerdem sollte die Vorstellungspflicht wegen Verstoßes gegen den nemo tenetur-Grundsatz (vgl. oben ii) Ungerechtfertigter Eingriff in den Schutzbereich, S. 197) gestrichen werden.

[1008] Die Frage der Straffreiheit war heftig umstritten (vgl. *Grohmann*, VD 2003, 94 (95)).

[1009] 41. VGT, S. 10. Flankierend soll versicherungsrechtlich nach einer Lösung gesucht werden, die bei tätiger Reue einen Regress gegen den Flüchtigen ausschließt. Die Unfallstatistiken der Bundesländer sollen auf dem Gebiet der Verkehrsunfallflucht bundeseinheitlich ausgestaltet werden. Die positiven Erfahrungen einzelner Bundesländer mit EDV-gestützten Fahndungs- und Recherchesystemen im Bereich der Unfallflucht sollen bundesweit genutzt werden (S. 10).

[1010] *Laumann*, Kriminologie, S. 207.

[1011] Grundlage hierfür soll die Gesetzesinitiative des Landes Berlin (vgl. oben a) Gesetzesantrag des Landes Berlin, S. 241) sein.

[1012] *Laumann*, Kriminologie, S. 207.

[1013] *Laumann*, Kriminologie, S. 208.

Bevölkerung hinreichend über die Möglichkeiten der nachträglichen Erlangung von Straffreiheit aufgeklärt[1014] wird.

Einer Verschlechterung der Beweissituation sei durch eine Beschränkung der Unfälle auf den ruhenden Verkehr und durch eine zivilrechtliche Beweislastumkehr zu begegnen.[1015]

g) Scholz: Tätige Reue als „goldene Brücke“

Scholz fordert, dem Täter eine „goldene Brücke“ zu bauen, wenn der Täter zwecks Schadensausgleichs durch eine nachträgliche (freiwillige) Meldung eine Beeinträchtigung der Vermögensinteressen des Unfallopfers verhindert. Zwar sei der Schutz des § 142 StGB theoretisch betrachtet sehr umfassend, allerdings bliebe davon praktisch nicht viel davon übrig, da der Täter nach der Flucht selbst bei besserer Einsicht keine Möglichkeit mehr zum Verlassen der strafbaren Zone hat. Die Strafverschonung durch tätige Reue stehe auch dogmatisch im Einklang mit § 142 StGB als abstraktem Vermögensgefährdungsdelikt und gleiche die tatbestandliche Vorverlagerung der Vollendung im Sinne des Schutzes vor endgültiger Beeinträchtigung des Rechtsgutes aus.[1016] *Scholz* schlägt als Formulierung für die Berücksichtigung des Nachtatverhaltens vor:

„Nach den Absätzen 1 und 2 wird nicht bestraft, wer innerhalb von 24 Stunden nach einem Unfall, bei dem ausschließlich Sachschaden entstanden ist, durch freiwillige Meldung bei der Staatsanwaltschaft oder den Behörden und Beamten des Polizeidienstes verhindert, daß der dem Geschädigten aus dem Unfall erwachsene Ersatzanspruch beeinträchtigt wird; dies gilt nicht bei Unfällen an Fahrzeugen im fließenden Straßenverkehr. Tritt die Beeinträchtigung ohne Zutun des Täters nicht ein, so bleibt dieser straflos, wenn er sich um die Verhinderung der Beeinträchtigung freiwillig und ernsthaft bemüht hat.“[1017]

[1014] *Laumann*, Kriminologie, S. 209.

[1015] *Laumann*, Kriminologie, S. 210.

[1016] *Scholz*, ZRP 1987, 7 (8).

[1017] *Scholz*, ZRP 1987, 7 (10). Ähnlich ist der Vorschlag der Niedersächsischen Kommission zur Reform des Strafrechts und des Strafverfahrensrechts. Dieser lautet: „Nach den Absätzen 1 und 2 wird nicht bestraft, wer nach einem Unfall binnen drei Tagen durch freiwillige Meldung bei dem Berechtigten oder einer Polizeidienststelle die Angaben gem. Absatz 3 Satz 1 macht und dadurch verhindert, daß der dem Geschädigten aus dem Unfall

Die obligatorische Strafaufhebung und damit die Gewissheit des Täters hinsichtlich der Straflosigkeit solle nachträgliche Meldungen fördern. [1018] Die Frist zur Nachmeldung sei nicht allzu komfortabel ausgestaltet, da die zeitliche Nähe zum Unfall erhalten und das Einsichtsempfinden derart stark bleiben soll, dass eine Nachmeldung auch tatsächlich vorgenommen wird.[1019] Eine Beschränkung der tätigen Reue auf Bagatellschäden bringe nur erstens unnötige Abgrenzungsschwierigkeiten bei Fixierung einer Wertgrenze mit sich und zweitens bestehe die Gefahr, dass die Meldung unterbleibt, weil der Täter die Meldung bei Zweifeln hinsichtlich der Schadenshöhe unterlässt, zudem bestehe gerade bei höheren Sachschäden ein immenses Bedürfnis der Verletzten, durch Nachmeldung einen Schadensausgleich zu erlangen.[1020]

Im Vergleich zur jetzigen Fassung hat der Vorschlag von *Scholz* mehrere Vorteile. Zum einen vermeidet er die schwierige Auslegung des Merkmals „außerhalb des fließenden Verkehrs" und enthält dennoch eine diesbezügliche Beschränkung des Anwendungsbereiches. Zum anderen fasst der Vorschlag genau den durch die Flucht beeinträchtigten Schadenersatzanspruch ins Auge und belässt es nicht bei den nach § 142 III StGB ausreichenden Feststellungen. Der Vorschlag könnte allerdings klarer im Hinblick auf den geforderten Erfolg, nämlich die Verhinderung der Beeinträchtigung des (dem Geschädigten aus dem Unfall erwachsenen) Ersatzanspruchs sein. Unklar bleibt nämlich, ob damit eine – über die durch die Unfallflucht hinausgehende – Beeinträchtigung verhindert werden soll, oder ob es um die Aufhebung dieser (schon eingetretenen) Beeinträchtigung geht. Bei restriktiver Auslegung könnte man der Ansicht sein, dass die Beeinträchtigung mit der Tatbestandserfüllung eingetreten ist und daher vom Täter nachträglich nicht mehr verhindert werden kann. Satz 2 der Vorschrift läuft bei dieser Auslegung leer, da die Beeinträchtigung gerade durch den Täter herbeigeführt wurde und daher ein ernsthaftes Bemühen nicht mehr zielführend ist.

---

erwachsene Ersatzanspruch beeinträchtigt wird. Tritt die Beeinträchtigung ohne Zutun des Täters nicht ein, so bleibt er straflos, wenn er sich um die Verhinderung der Beeinträchtigung freiwillig und ernsthaft bemüht hat." S. bei *Albrecht*, Strafrecht, S. 36.

[1018] *Scholz*, ZRP 1987, 7 (10). Dieser Vorschlag geht auf den Gesetzesvorschlag des Landes Berlin (BR-Drucksache 316/86) zurück.

[1019] *Scholz*, ZRP 1987, 7 (10).

[1020] *Scholz*, ZRP 1987, 7 (10).

h) Kubatta: Persönlicher Strafaufhebungsgrund

Kubatta will neben der Festschreibung der Wartedauer (15 Minuten) die tätige Reue als persönlichen Strafaufhebungsgrund[1021] ausgestalten. Der Vorschlag für § 142 IV StGB lautet: „Das Gericht sieht von Strafe nach diesen Vorschriften ab, wenn der Unfallbeteiligte innerhalb von vierundzwanzig Stunden nach einem Verkehrsunfall, der ausschließlich Sachschaden zur Folge hat, freiwillig die Feststellungen nachträglich ermöglicht (Absatz 3).“[1022]

Der Vorschlag enthält insofern eine Verbesserung zur jetzigen Lage, als er keine Begrenzung hinsichtlich der Schadenshöhe und keine Einschränkung hinsichtlich des Unfallortes enthält und somit die Auslegungsschwierigkeiten der jetzigen Norm diesbezüglich vermeidet.[1023] Allerdings bringt der Vorschlag keine Veränderung hinsichtlich der schwierigen Frage des freiwilligen Ermöglichens und lässt zudem die Frist zur nachträglichen Meldung unverändert, obwohl *Kubatta* selbst feststellt, dass ein Rechtsanwalt innerhalb von 24 Stunden nicht ausgesucht wird bzw. werden kann[1024].

i) Schulz: 48 Stunden zur nachträglichen Ermöglichung der Feststellungen

Aus Sicht von *Schulz* muss die Attraktivität der nachträglichen Meldung erhöht werden, damit für den Täter ein echter Anreiz hierzu besteht.[1025] Wichtig sei insbesondere die zeitliche Komponente, da ein Unfallverursacher nicht von einer nachträglichen Meldung absehen sollte, weil der zeitliche Rahmen zu kurz bemessen ist.[1026] Aus rechtspolitischen Erwägungen sei es eher hinzunehmen, dass eine Straßenverkehrsgefährdung oder Trunkenheitsfahrt ungesühnt bleibt, als dass ein unbeteiligter Kraftfahrzeughalter seinen Schaden zivilrechtlich nicht

---

[1021] *Kubatta*, Verkehrsunfallflucht, S. 165. So auch schon *Thirolf*, Täterinteressen und Opferschutz, S. 186, der aber noch weitere Vorschläge einbezieht.
[1022] *Kubatta*, Verkehrsunfallflucht, S. 170.
[1023] Vgl. I. Außerhalb des fließenden Verkehrs, S. 3 ff. und III. Ausschließlich nicht bedeutender Sachschaden, S. 42 ff.
[1024] *Kubatta*, Verkehrsunfallflucht, S. 131.
[1025] *Schulz*, ZRP 2006, 149 (151).
[1026] *Schulz*, ZRP 2006, 149 (151).

geltend machen kann.[1027] *Schulz* schlägt deshalb folgende Fassung eines Strafaufhebungsgrundes vor:

„Nach dieser Vorschrift wird nicht bestraft, wer innerhalb von 48 Stunden nach einem Unfall die Feststellungen nachträglich freiwillig ermöglicht oder sich freiwillig und ernsthaft um die Ermöglichung der Feststellungen bemüht.“[1028]

Schulz ist der Meinung, dass von einer solchen Fassung des § 142 IV StGB ein großer Anreiz für die nachträgliche Meldung ausgehe, da der Unfallverursacher straffrei und ohne Eintragung in das Verkehrszentralregister bliebe.[1029] Dies wirke sich aber in erster Linie zu Gunsten desjenigen aus, der durch den § 142 StGB geschützt werden soll, nämlich des Geschädigten.[1030] Auf eine Beschränkung auf einen nicht bedeutenden Sachschaden sei zu verzichten, weil gerade bei Verkehrsunfällen mit hohen Sachschäden das Feststellungsinteresse des Geschädigten besonders groß ist; ebenso bedürfe es keiner Einschränkung auf Unfälle im ruhenden Verkehr.[1031]

2. Kritik

Die Forderung nach einer Einführung der tätigen Reue ist seit jeher auf Kritik gestoßen.[1032] Schon der Vorschrift des § 22 KFG wurde entgegengehalten, sie führe zu dem unerträglichen Ergebnis, dass nur derjenige Straffreiheit erlangen kann, dem die Flucht gelingt, so dass gerade ein Anreiz zur rücksichtslosen Ausnutzung der Unfallgegebenheiten geschaffen wird.[1033]

[1027] *Schulz*, ZRP 2006, 149 (151).

[1028] *Schulz*, ZRP 2006, 149 (151). Er erwartet, dass von einer solchen Regelung vermehrt Gebrauch gemacht und damit der Anwendungsbereich vergrößert wird.

[1029] *Schulz*, ZRP 2006, 149 (151).

[1030] *Schulz*, ZRP 2006, 149 (151).

[1031] *Schulz*, ZRP 2006, 149 (151). Er regt an, auch eine Neuregelung der Frage des Regresses des Haftpflichtversicherers des Unfallverursachers zu diskutieren, um die Neuregelung nicht auf Grund drohender zivilrechtlicher Verpflichtungen leerlaufen zu lassen.

[1032] Diese Forderung wurde durch den 2. Verkehrsgerichtstag (vgl. Fn. 948) mit großer Mehrheit abgelehnt.

[1033] *O. Küper*, Verkehrsunfall, S. 102 m.w.N. in Fn. 1.

a) Generelle Argumente gegen die tätige Reue

Nach *Schaffstein* lassen sich zwar Gründe für die Gewährung der tätigen Reue finden, beispielsweise zwecks Ausgleichs der weiten Vorverlagerung der Vollendung des Tatbestandes oder bei Fehlen eines erheblichen Nachteils für das Unfallopfer, dennoch schließt er sich der Meinung des Gesetzgebers des Jahres 1975 an. In den Beratungen des Bundestagsausschusses wurde eine Vorschrift über den strafbefreienden Rücktritt mehrheitlich abgelehnt, da dadurch der Schutzzweck des § 142 StGB gefährdet würde.[1034] Hierauf stützt sich auch *Janiszewski*, zudem merkt er an, dass ein fühlbare Verbesserung der Stellung der Geschädigten durch eine Regelung über die tätige Reue nicht erwiesen und auch bei nüchterner Überlegung nicht zu erwarten sei, eher sei eine bedenkliche Zunahme der Fluchtfälle zu erwarten.[1035]

Gegen eine Ergänzung des § 142 StGB dergestalt, dass der Tatbestand nur erfüllt wird, wenn der Täter durch sein Verhalten nach dem Unfall nicht verhindert, dass die Beweisposition des Berechtigten oder sein Ersatzanspruch beeinträchtigt wird, spreche zum einen, dass damit die plakative, unrechtstypisierende Funktion des Tatbestandes ausgehöhlt werde, wodurch der Normappell („Bleibe am Unfallort!") aufgehoben werde. Zum anderen führe der Ausschluss des Tatbestandes zu einer Strafbarkeitslücke, da für Teilnehmer die Haupttat fehlt. Dem Teilnehmer dürfe aber das Nachtatverhalten des Täters nicht ohne eigenes Tun zu Gute kommen.[1036]

Weigend stellt fest, dass ein Strafaufhebungsgrund „tätige Reue" dem Rechtsgut des § 142 StGB mit der einen Hand den wirksamen Schutz nimmt, den er mit der anderen Hand gibt; wobei er eventuell mehr nimmt als gibt.[1037] Aus seiner Sicht führt eine Vorschrift, die in ihren ersten Ansätzen eine Verhaltensweise nach einem Unfall einfordert und in einem späteren Absatz die Straffreiheit für einen solchen Verstoß vorsieht, in der realen Anwendung zu folgendem: „Bei Unfällen ohne Personenschäden kann man entweder warten oder wegfah-

---

[1034] *Schaffstein*, FS Dreher, S. 154.
[1035] *Janiszewski*, DAR 1994, 1 (2).
[1036] *Berz*, DAR 1986, 251 (252 f.).
[1037] *Weigend*, FS Tröndle, S. 761.

ren und sich am nächsten Tag melden [...]“[1038], da die Bevölkerung nicht zwischen fehlender Tatbestandmäßigkeit und bloßer Straffreiheit unterscheidet.[1039]

Die Einführung einer tätigen Reue lehnt auch *Middendorff* ab. Er sieht in der Einführung eines Strafmilderungsgrundes und dem Absehen von Strafe „eine Aufforderung zu mehr Trunkenheitsfahrten mit der Möglichkeit der häuslichen Ausnüchterung nach dem Unfall“.[1040] Daneben sei zu erwarten, dass sich niemand mehr verpflichtet fühlt, an der Unfallstelle zu warten.[1041] Einer Ergänzung des § 142 StGB in Form einer „Tätige-Reue-Klausel“ zwecks Minimierung der Selbstbelastungszwanges bedürfe es bei zutreffend restriktiver Normauslegung nicht.[1042]

Ruck sieht in der Einführung einer tätigen Reue ebenfalls ein Abschwächen des Normappells. Zwar könne bei alkoholisierten Tätern die Motivation bestehen, sich nachträglich zu melden, allerdings führe die Rechtsfolge der Straflosigkeit bei allen alkoholisierten Tätern zu einer erhöhten Motivation, zunächst den Unfallort zu verlassen, was zu einer nicht hinnehmbaren Verminderung des Rechtsgüterschutzes führe.[1043] Zudem biete das vorläufige Sich-Entfernen, inklusive der Chance der späteren Straffreiheit, allen Unfallbeteiligten Vorteile (z.B. Beweisverluste aufgrund der Karenzzeit), die es lohnenswert erscheinen lassen, sich erst zu entfernen und später zu melden.[1044]

Ein düsteres Bild zeichnet *Eisenberg*. Er sieht in der Einführung einer tätigen Reue ein bedenkliches Moment, da die negativen Folgen eines ohnehin unerwünschten Umstandes (Fahren unter Alkoholeinfluss) abgeschwächt werden. Er

---

[1038] *Weigend*, FS Tröndle, S. 761.

[1039] *Weigend*, FS Tröndle, S. 760 f. *Imhof*, DAR 1965, 268 (270) hatte einen Strafausschließungsgrund 1965 wegen der Gefahr einer Ermunterung zum Wegfahren verworfen.

[1040] *Middendorff*, BA 1982, 356 (364); *ders.* BA 1986, 195 (196).

[1041] *Wetekamp*, DAR 1987, 11 (13).

[1042] *Schneider*, Selbstbegünstigungsprinzip, S. 151. *Peeters*, geschichtliche Entwicklung, S. 85, ist der Meinung, dass die Einführung einer tätigen Reue überflüssig sei, wenn die nachträgliche Meldepflicht verändert werde. *Brauns*, Wiedergutmachung, S. 278, sieht die Lösung hingegen in einer allgemeinen Wiedergutmachungsregel, die nicht nur für § 142 StGB, sondern das gesamte StGB gelten sollte.

[1043] *Ruck*, Vermögensdelikt, S. 119.

[1044] *Ruck*, Vermögensdelikt, S. 120 f.

erwartet keine positiven Begleitfolgen, wie z.B. die Stärkung des Verantwortungsbewusstseins der Verkehrsteilnehmer. Insgesamt erscheine der Vorschlag daher nicht an lerntheoretischen Erkenntnissen anzuknüpfen.[1045] Eine obligatorische Strafbefreiungsvorschrift bestärke den Entschluss zur Flucht.[1046]

Seib lehnt die Einführung einer Vorschrift über die tätige Reue kategorisch ab, da der Vorschlag auf der nicht belegbaren Erwartung aufbaut, die Täter würden bei Straffreiheit nach einer unentdeckt gebliebenen Flucht, vom schlechten Gewissen gebeutelt, die Schadensregulierung in Massen nachträglich ermöglichen und damit zu einem besseren Schutz der Interessen der Unfallgeschädigten beitragen.[1047] Zudem löse dies nur neue Zweifelsfragen aus.[1048] In etwa 50 % der Unfallfluchtfälle sei das Motiv Gleichgültigkeit gegenüber den Belangen anderer, diese Einstellung ändere sich nicht innerhalb von 24 Stunden nach einem Unfall.[1049] Bei Tätern, deren Motiv hauptsächlich die Furcht vor strafrechtlichen Folgen ist, sei die Bereitschaft zur nachträglichen Meldung gleich null, wenn sie hierdurch das Risiko eingehen, wegen unbefugten Gebrauchs eines Kraftfahrzeugs, Kfz-Diebstahls, Fahrens ohne Fahrerlaubnis, Fahrens ohne Haftpflichtversicherungsschutz bestraft zu werden.[1050] Die Einführung der tätigen Reue verkümmere im Rechtsbewusstsein zum Gebot, sich erst innerhalb von 24 Stunden stellen zu müssen.[1051] Zudem führe die Regelung mit Sicherheit auch zu einer beträchtlichen Zunahme der Alkoholfahrten, weil die Kraftfahrer nicht mehr befürchten müssten, selbst anlässlich eines unverschuldeten Unfalls

---

[1045] *Eisenberg*, Kolloquium, S. 389 (404).

[1046] Niederschrift der Großen Strafrechtkommission 13. Band, 138. Sitzung (13.06.1959), S. 483. *Lackner* (S. 483) sah in einer fakultativen Strafbefreiung die Möglichkeit seitens des Richters auf Strafe zu erkennen, wenn dieser der Überzeugung war, dass der Täter nicht nur wegen eines schutzwürdigen Interesses, sondern auch wegen einer Alkoholisierung weggefahren sei.

[1047] *Seib*, JR 1986, 397 (398 f.). Er stützt diese Annahme auf eigene Erlebnisse bei Unfällen, die Beobachtung anderer nach Unfällen und die Anhörung Unfallbeteiligter bei der über 30-jährigen Tätigkeit als Verkehrsrichter, danach reagieren Kraftfahrer im Allgemeinen nach Unfällen normal und situationsgemäß (S. 399).

[1048] *Seib*, JR 1986, 397 (401).

[1049] *Seib*, JR 1986, 397 (399).

[1050] *Seib*, JR 1986, 397 (399), weshalb sich die Reform in einer Art „Naßfahrerprivileg" (S. 399) erschöpft.

[1051] *Seib*, JR 1986, 397 (400).

die Feststellung ihrer alkoholischen Beeinflussung hinnehmen zu müssen.[1052] Auch werde die polizeiliche Ermittlungstätigkeit nachlassen, da die Ermittlungen wegen der nachträglichen Meldung umsonst vorgenommen werden und dies zu Frustrationen seitens der Polizeibeamten führe.[1053]

b) Kritik an einzelnen Bausteinen der Norm

Jäger zweifelt daran, ob man ähnlich wie in § 22 KFG Straffreiheit bei einer nachträglichen Meldung gewähren sollte.[1054] Falls dies allerdings geschehe, so müsse die Vorschrift ähnlich weit gefasst werden wie § 22 KFG. Die Gewährung nachträglicher Straffreiheit könne nur den Sinn haben, im Interesse des Vermögensschutzes einen Anreiz zu geben, die Folgen der Flucht wieder gut zu machen. Hierzu gehören diejenigen, die sich aus Kopflosigkeit entfernen, ebenso wie Trunkenheitstäter, die grundsätzlich zur Schadensersatzleistung bereit sind, aber bei einem längeren Verweilen an der Unfallstelle das Eintreffen der Polizei fürchten. Eine enge Fassung, wie beispielsweise der Entwurf von 1962, wäre wenig effektiv.[1055] Eine weite Fassung berge neben der Chance einer nachträglichen Meldung und damit der Schadensersatzleistung auch die Gefahr des Missbrauchs.[1056]

Nach Meinung von *Berz* ist die Beschränkung der tätigen Reue in zeitlicher Hinsicht überflüssig, da einer Meldung am „Sankt-Nimmerleinstag" bzw. unmittelbar vor Einleitung des Strafverfahrens durch das Erfordernis freiwilligen Handelns begegnet werden könne.[1057] Allerdings sei die Straffreiheit auch für den Fall vorzusehen, dass der Täter sich ernsthaft um die nachträgliche Aufklärung bemüht hat, damit der Täter nicht Gefahr laufe, bestraft zu werden, falls die

---

1052 *Seib*, JR 1986, 397 (401).

1053 *Seib*, JR 1986, 397 (401).

1054 *Jäger*, Verkehrsunfallflucht, S. 133.

1055 Auch *Berz*, DAR 1986, 251 (253), weist in diesem Zusammenhang darauf hin, dass bei einer Unsicherheit seitens des Täters hinsichtlich der Straffreiheit dieser meist darauf vertrauen wird, dass er unentdeckt bleibt.

1056 *Jäger*, Verkehrsunfallflucht, S. 133 f. *Jäger* sieht keinen Bedarf für die Einführung einer tätigen Reue, da er bei § 142 StGB (in der Fassung vor 1975), einen relativ weiten Rücktrittsbereich (vom Verlassen des Aufnahmeortes bis zum endgültigen Scheitern einer ordnungsgemäßen Unfallaufnahme) befürwortet. Dies erschien bei der Vorgängervorschrift möglich, da diese noch eine Versuchsstrafbarkeit vorsah.

1057 *Berz*, DAR 1986, 251 (254).

Polizei ihn schon ermittelt hat, ohne ihn davon in Kenntnis gesetzt oder vernommen zu haben.[1058]

Cramer hingegen wendet sich gegen das Erfordernis der Freiwilligkeit. Eine gesetzliche Frist setze voraus, dass die Frist auch ausgeschöpft werden kann. Diesem Grundsatz laufe ein Freiwilligkeitserfordernis zuwider, denn es schneidet die Möglichkeit einer Fristausnutzung ab, wenn die Meldung zwar noch innerhalb der Frist, aber nicht mehr freiwillig erfolgen kann.[1059]

Aus Sicht von *Park* ist eine Begrenzung auf Sachschäden nicht sinnvoll, da gerade bei Personenschäden ein besonderes Interesse an der Sicherung der zivilrechtlichen Ansprüche besteht.[1060] Die zeitliche Beschränkung sei nicht nachvollziehbar, da auch nach Ablauf von 24 Stunden bzw. drei Tagen[1061] das Interesse des Unfallgeschädigten an einer Schadensregulierung weiterhin bestehe.[1062] Straffreiheit solle auch derjenige erlangen, der sich freiwillig und ernsthaft bemüht hat.[1063]

Umgekehrt wendet sich *Janiszewski* gegen eine Straffreiheit auch im Falle von Personenschäden[1064], da sich diese in Widerspruch zu § 69 II Nr. 3 StGB setze.[1065]

Nach *Zopfs* kann der Vorschlag des Landes Hessen wegen der fehlenden Beschränkung auf Unfälle im ruhenden Verkehr mit ausschließlich Sachschäden nicht überzeugen, da einerseits bei Unfällen im fließenden Verkehr Beweisver-

---

[1058] *Berz*, DAR 1986, 251 (254 f.). Er schlägt folgende Fassung vor: „Nach Abs. 1 und Abs. 2 wird nicht bestraft, wer nach einem Verkehrsunfall freiwillig verhindert, daß die Beweislage des Berechtigten oder der diesem aus dem Unfall entstandene Ersatzanspruch beeinträchtigt wird. Tritt die Beeinträchtigung ohne Zutun des Täters nicht ein, so bleibt er straflos, wenn er sich um deren Verhinderung freiwillig und ernsthaft bemüht.“. Zudem müsse die Hürde im Versicherungsrecht (Obliegenheitsverletzung) beseitigt werden.

[1059] *Cramer*, ZRP 1987, 157 (162). Diese Ansicht hat *Cramer* 1990 wiederholt: *Cramer*, Kolloquium, S. 415 (426 f.).

[1060] *Park*, DAR 1993, 246 (250).

[1061] Vgl. Fn. 1017.

[1062] *Park*, DAR 1993, 246 (250). Der Missbrauchsgefahr könne mit dem Freiwilligkeitserfordernis begegnet werden (S. 250 f.).

[1063] *Park*, DAR 1993, 246 (250).

[1064] Vgl. b) Gesetzesantrag des Landes Hessen, S. 242.

[1065] *Janiszewski*, DAR 1994, 1 (2).

luste seitens des Geschädigten eintreten können[1066] und andererseits die Erfassung von Personenschäden sich wegen der drohenden Bestrafung des Unfallbeteiligten aus § 323c StGB (die durch eine nachträgliche Meldung nicht beseitigt werden kann) als ineffektiv darstellt[1067].

Müller-Metz steht der Einführung einer Vorschrift über die tätige Reue positiv gegenüber, er wendet sich aber gegen das Erfordernis der Verhinderung der Beeinträchtigung des (dem Geschädigten aus dem Unfall erwachsenenden) Ersatzanspruches. Diese Feststellung der Erfolgsverhinderung erfordere nicht nur hypothetische Rekonstruktionen, sondern nötige die Strafgerichte zur Erörterung oft recht komplexer zivilrechtlicher Fragen, die für die gerichtliche Praxis nicht mehr tolerierbar seien.[1068]

Schließlich wird aus der Praxis darauf aufmerksam gemacht, die Empfehlungen des 41. Verkehrsgerichtstages würden nicht berücksichtigen, dass für den Unfallbeteiligten versicherungsrechtliche Nachteile wegen einer Obliegenheitsverletzung zu befürchten sind und aus diesem Grund eine nachträgliche Meldung unterbleibe.[1069]

c) Zusammenfassung der Hauptkritikpunkte

Gegen die tätige Reue bei § 142 StGB werden somit meist folgende Einwände vorgebracht: Erstens, dass die Möglichkeit einer tätigen Reue zu einer Verschlechterung der Situation der Unfallopfer führe, da sie eine Verschlechterung ihrer Beweisposition hinnehmen müssen[1070], zweitens sei zu befürchten, dass die generalpräventive Wirkung herabgesetzt wird[1071], „eine solche Regelung könnte Unfallbeteiligte geradezu ermuntern, zunächst einmal wegzufahren“[1072]. Die Verschlechterung der Beweisposition ergebe sich daraus, dass zu den erforderlichen Feststellungen auch die Art und Weise der Beteiligung gehört, eine spätere

---

[1066] *Zopfs*, DRiZ 1994, 87 (93).
[1067] *Zopfs*, DRiZ 1994, 87 (93).
[1068] *Müller-Metz*, NZV 1994, 89 (93).
[1069] *Kuhlmey/van Stegen*, Die Polizei 2007, 286 (287).
[1070] *Scholz*, ZRP 1987, 7 (8).
[1071] *Scholz*, ZRP 1987, 7 (8); *Imhof*, DAR 1965, 268 (269).
[1072] BT-Drucksache 7/3503, S. 6.

Rückkehr erlaube eine solche Feststellung aber regelmäßig nicht.[1073] In diese Richtung ging auch schon die Argumentation bei Einführung des § 142 StGB (1975): Es sei zu befürchten, dass viele Unfallbeteiligte ihre Verpflichtung gegenüber dem Geschädigten nicht mehr ernst nehmen würden und sich zunächst entfernen. Zudem würden in der Zeit zwischen dem Unfall und der späteren Meldung Beweismittel verlorengehen, die für den Geschädigten von entscheidender Bedeutung seien.[1074] Die Frage nach der Einführung einer tätigen Reue wurde aus diesem Grund auch als „die Wahl des kleineren Übels" bezeichnet.[1075]

3. Gegenäußerungen

Beschränke man die tätige Reue auf Unfälle im ruhenden Verkehr, trete in der Regel keine Schlechterstellung des Geschädigten ein; zudem sei ein teilweiser Ersatz aus Sicht des Geschädigten besser als kein Ersatz.[1076] Der Täter könne trotz der Möglichkeit zur fristgebundenen tätigen Reue nicht beruhigt den Unfallort verlassen, da das Risiko, vor der nachträglichen Meldung ermittelt zu werden, immer noch bestehe.[1077]

Die tätige Reue schaffe keine neuen Straftäter, sondern verhindere die Strafbarkeit.[1078] Zudem würden die Kritiker der Reformvorschläge verkennen, dass die Täter der Unfallflucht, trotz der Möglichkeit zur tätigen Reue, weiterhin das Strafbarkeitsrisiko tragen, da den Strafverfolgungsbehörden durch die tätige Reue nicht verwehrt wird, weiterhin zu ermitteln.[1079]

Die Gefahr der Schwächung des Normbefehls bestehe nicht, wenn die tätige Reue nicht als Schutzbehauptung benutzt werden könne. Dies könne verhindert werden, wenn die Straffreiheit nur bei freiwilliger Meldung erfolgt und nicht,

---

[1073] *Imhof*, DAR 1965, 268 (269).
[1074] BT-Drucksache 7/3503, S. 5. Die Bedenken wurden auch in der Folgezeit von der Bundesregierung im Jahr 1982 geäußert (vgl. BT-Drucksache 9/1388, S. 4 f.).
[1075] *Lackner*, DAR 1972, 283 (291).
[1076] *Scholz*, ZRP 1987, 7 (9).
[1077] *Scholz*, ZRP 1987, 7 (9).
[1078] *Thirolf*, Täterinteressen und Opferschutz, S. 149.
[1079] *Thirolf*, Täterinteressen und Opferschutz, S. 150.

wenn der Täter durch die Polizei ermittelt wurde.[1080] Einer Schlechterstellung des Geschädigten, die wegen § 7 StVG nur bei Unfällen im fließenden Verkehr eintreten könne, sei mit der Einführung einer zivilrechtlichen Beweislastumkehr zu begegnen.[1081] Die tätige Reue sei zwar kein Wundermittel zur Lösung aller Probleme, jedoch sei es besser, wenigstens einen Teil der Täter gerecht zu behandeln, als alle ungerecht.[1082]

Unbestritten liege der Schutzzweck des § 142 StGB darin, die aus dem Unfall entstehenden Ersatzansprüche des Geschädigten zu sichern bzw. die Abwehr unberechtigter Ansprüche zu gewährleisten, die bisherige Gesetzeslage wirke aber im doppelten Sinne kontraproduktiv, da zum einen der Anreiz zur Flucht desto höher ist, je gravierender die Nachteile für den Täter sind und zum anderen in der unfallbedingten Krisensituation überproportional häufig gerade der an sich rechtstreue Durchschnittsbürger versage.[1083] Die Vorschrift über die tätige Reue wirke dem entgegen. Bei der Mehrzahl der in der Praxis vorkommenden Fälle, insbesondere dann, wenn der Geschädigte am fließenden Verkehr nicht teilgenommen hat, sei die Alleinschuld des Verursachers klar, weshalb den Interessen des Geschädigten dadurch gedient wird, wenn der Geschädigte den Unfallverursacher nachträglich erfährt; aber auch in Fällen mit zweifelhafter Verschuldenslage könne durch eine nachträgliche Meldung dem Berechtigten sein zivilrechtlicher Anspruch in einer Vielzahl von Fällen erhalten werden.[1084] Zudem könne der Beweismittelverlust des Geschädigten, der durch die Unfallflucht des Gegners eintritt, durch die Regelungen des geltende Zivilprozessrechts zur Beweisvereitelung kompensiert werden.[1085] Auch der Verlust der zivilprozessua-

1080 *Park*, DAR 1993, 246 (250).

1081 *Park*, DAR 1993, 246 (250).

1082 *Park*, DAR 1993, 246 (251).

1083 *Müller-Metz*, NZV 1994, 89 (92).

1084 *Müller-Metz*, NZV 1994, 89 (92 f.). Er schlägt aber auch eine Änderung des Rabattsystems der Haftpflichtversicherungen und eine Neuregelung ihrer Regressmöglichkeiten vor, da allein die Möglichkeit der Strafbefreiung die Motivation eines Täters zur Nachmeldung nicht ausreichend steigert.

1085 *Müller-Metz*, NZV 1994, 89 (93). Zumindest sei erwägenswert, aus der Tatsache der Unfallflucht nach den Grundsätzen des Beweises des ersten Anscheins auf ein schuldhaftes Verursachen des Unfalls durch den Flüchtigen zu schließen (S. 93).

len Beweiserleichterung[1086], die aus der Alkoholisierung des Gegners folgt[1087], sei hinzunehmen. Zumal sich die Alkoholisierung in aller Regel in einem verkehrswidrigen Verhalten des Gegners äußere, das für sich gesehen bereits einen ausreichenden Anknüpfungspunkt für dessen zivilrechtliche (Allein-)Haftung begründe.[1088]

Der Normappell werde durch die Regelung über die tätige Reue nicht aufgeweicht, da einerseits die Tatbestandsebene völlig unberührt bliebe, so dass die Verhaltenskonzeptionen der Verkehrsteilnehmer nicht untergraben werden und andererseits der Täter sich der Gefahr aussetze, vor Ablauf der 24 Stunden ermittelt zu werden, wodurch ein freiwilliger Rücktritt ausgeschlossen sei.[1089] Schutzbehauptungen, die auf die Erfüllung des Erfordernisses des freiwilligen ernsthaften Bemühens hinauslaufen, sei mit strengen Anforderungen an das vergebliche freiwillige und ernsthafte Bemühen zu begegnen.[1090]

Entgegen *Seib* sei eine erhebliche Einbuße der Verkehrssicherheit nicht zu erwarten, da die bisherige Praxis gezeigt habe, dass sich kaum ein alkoholisierter Kraftfahrer durch den geltenden Unfallfluchtparagraphen zum Verbleib an der Unfallstelle hat motivieren lassen, zudem sei aus dogmatischer Sicht § 142 StGB nicht dazu da, alkoholisierte Kraftfahrer aufzuspüren.[1091]

4. Eigener Standpunkt

Unbestritten bringt eine Vorschrift über die tätige Reue bei § 142 StGB nicht nur Vorteile mit sich. Anders als bei anderen Normen, die auch die Möglichkeit

---

1086 Ausführlicher dazu: AK-*Schild* § 142 Rn. 71.

1087 Beispielsweise ist der Nachweis des fehlenden Verschuldens im Rahmen des § 18 StVG schwieriger, sofern der Fahrzeugführer alkoholisiert war. Hierbei ist aber zu beachten, dass „nicht die Tatsache einer durch alkoholische Beeinflussung verursachten Fahruntüchtigkeit eines Fahrers als solche, sondern nur ein hierdurch bewirktes technisches Fehlverhalten […] die zivilrechtliche Haftung eines Fahrers begründen kann“ (KG, Urteil vom 30.09.1974, 22 U 1402/74, NJW 1975, 266 (267)).

1088 *Müller-Metz*, NZV 1994, 89 (93).

1089 *Laumann*, Kriminologie, S. 211 f.

1090 *Laumann*, Kriminologie, S. 212.

1091 *Laumann*, Kriminologie, S. 214.

der tätigen Reue kennen[1092], besteht bei § 142 StGB die Gefahr, dass es zu einer Zunahme der Tatbestandsverwirklichungen kommt[1093], da sich Unfallbeteiligte vom unerlaubten Sich-Entfernen und einer nachträglichen Meldung Vorteile versprechen.

Diesen tatsächlichen bzw. vermeintlichen Vorteilen kann aber durch die Voraussetzungen der tätigen Reue in gewissem Maß entgegen gewirkt werden. Wie man an den verschiedenen Vorschlägen zur tätigen Reue sieht, konnte bisher allerdings keine Einigkeit hinsichtlich der Voraussetzungen erzielt werden. Schwierigkeiten bereiten insbesondere die zeitliche Beschränkung (sowohl in der Frage des Ob, als auch des Wie), die Art des Schadens (nur reine Sachschäden oder auch Personenschäden) sowie die Beschränkung auf bestimmte Vorgänge im Straßenverkehr (nur ruhender oder auch fließender Verkehr). Diese Beschränkungsmöglichkeiten wirken sich aber nur im Hinblick auf die Gesamtzahl der möglichen Anwendungsfälle (potentielle Fälle) aus. Schwieriger gestaltet sich die Frage, wie das Verhalten des Täters beschaffen sein und welche Rechtsfolge die tätige Reue haben soll. Von diesen Merkmalen hängt nämlich entscheidend die Wirksamkeit der Vorschrift ab. Überspannt man die Anforderungen hinsichtlich der subjektiven Seite, d.h. überfordert man den Täter mit der Bewertung hinsichtlich des Vorliegens der Voraussetzungen oder verlangt man ein Handeln frei von jeglicher äußeren Beeinflussung oder bietet durch die Rechtsfolge keinen vernünftigen Anreiz, wird die Vorschrift kaum praktische Wirkung entfalten, da die Anzahl der tatsächlichen Fälle (wie im Fall des derzeitigen § 142 IV StGB) gering bleibt.

Die tätige Reue kann somit ein geeignetes Mittel sein, um den Täter zur nachträglichen Meldung zu bewegen, sie müsste sich jedoch so fein justieren lassen, dass ein Ausschlag in die eine oder andere Richtung, d.h. zwischen Normschwächung und praktischer Wirksamkeit, verhindert wird. Den bisherigen Vorschlägen ist dies noch nicht gelungen.

1092 Beispielsweise § 306e StGB Tätige Reue bei den Brandstiftungsdelikten der §§ 306, 306a und 306b bzw. 306d StGB.

1093 Das Wissen um die Möglichkeit zur tätigen Reue dürfte in der Praxis nicht dazu führen, dass mehr Brandstiftungen begangen werden und der Täter dann den Brand löscht bevor ein erheblicher Schaden eingetreten ist.

VIII. Prozessuale Lösung

Teilweise werden Vorschläge gemacht, die keine materiell-rechtlichen Veränderungen, sondern eine Lösung über die Vorschriften der Strafprozessordnung beinhalten.

1. §§ 153, 153a StPO

Lackner sah in den Möglichkeiten des § 153 StPO einen besseren Ausweg aus dem Dilemma des § 142 StGB, als in einer obligatorischen Strafmilderung.[1094] Um einen Anreiz zur Offenbarung der Haftungsgrundlagen zu schaffen, sei die Einstellung nach den §§ 153, 153a StPO geradezu zu fordern.[1095] Nach Ansicht von *Riedmeyer* sollte von der Möglichkeit des § 153a I Nr. 6 StPO bei Unfallfluchten im Bereich des ruhenden Verkehrs mehr Gebrauch gemacht werden.[1096]

Nach *Arloth* sollten die bereits bestehenden Möglichkeiten der Strafprozessordnung besser genutzt werden; die Praxis zeige eine unverständliche Scheu, von den Einstellungsmöglichkeiten nach §§ 153 ff. StPO Gebrauch zu machen.[1097] Das Argument, die öffentlichen Interessen an der Sicherheit des Straßenverkehrs stünden entgegen, sei angesichts der privatrechtlichen Ausgestaltung des Rechtsguts bei § 142 StGB nicht überzeugend. Das öffentliche Interesse (im Sinne von § 153a StPO) könne auch nicht damit gerechtfertigt werden, dass § 142 StGB zu den Delikten zähle, die häufig vorkommen und dadurch die Gesellschaft beunruhigen, denn die Bevölkerung werde mehr verunsichert durch die hohen Anforderungen, die an den einzelnen mit § 142 StGB bzw. dessen Auslegung durch die Rechtsprechung gestellt werden.[1098]

2. § 154c StPO

Ruck sieht die Lösung des Problems in der Anwendung des § 154c StPO. Ein Vergleich zwischen der Lage, die § 154c StPO primär ins Auge fasst, und der

---

[1094] *Lackner*, DAR 1972, 283 (291).
[1095] *Denzlinger*, ZRP 1982, 178 (180).
[1096] *Riedmeyer*, 40. VGT, S. 274.
[1097] *Arloth*, GA 1985, 492 (506).
[1098] *Arloth*, GA 1985, 492 (506). Der bisherigen Rechtsprechung könne also durch eine verstärkte Anwendung der §§ 153 ff. StPO bereits jetzt »entgegengesteuert« werden (S. 503). Bei dieser Aussage ist zu beachten, dass sie zur Rechtslage vor dem Jahr 1998 erfolgte, sie lässt sich aber auch auf die Zeit danach übertragen.

Situation des unerlaubten Entfernens vom Unfallort zeige deutliche Parallelen auf.[1099] Sowohl die Delikte Nötigung und Erpressung als auch § 142 StGB litten unter einer hohen Dunkelziffer[1100], das zuvor begangene Unrecht führe in beiden Fallkonstellationen zur Beeinträchtigung hochwertiger Interessen (Beeinträchtigung der Willensfreiheit einerseits, Verlust des zivilrechtlichen Beweissicherungsinteresses andererseits), die mit den zur Verfügung stehenden Aufklärungs- und Überwachungsmitteln seitens der Ermittlungsbehörden nur sehr begrenzt verhindert werden können.[1101] Zudem bestehe in beiden Konstellationen die Furcht vor Strafe, die den Betroffenen Nachteile in Kauf nehmen lasse, um dieser Strafe zu entgehen.[1102]

Ruck gelangt daher zum Ergebnis, dass der Gesetzgeber in Anlehnung an § 154c StPO für Sachschadensunfälle eine verfahrensrechtliche Einstellungsmöglichkeit schaffen soll. Diese solle für bestimmte Straftaten, die die Fluchtmotivation „Angst vor Strafe“ auslösen, gelten und dem Täter mit hinreichender Gewissheit die Folgen der Regelung aufzeigen.[1103]

Ruck verspricht sich von einer solchen Regelung eine radikale Verringerung der Fluchtdelinquenz und eine Auflösung des Widerspruchs zwischen § 142 StGB und dem nemo tenetur-Grundsatz. Zudem könne durch die Einstellung gemäß § 154c StPO n.F. für Unfallbeteiligte mit vorangegangener Straftat auch die Einstellungsmöglichkeit des § 153 StPO in Fällen der schockähnlichen Verwirrung des Unfallbeteiligten gefördert werden, da eine solche Darstellung des Geschehens aufgrund der Möglichkeit der Einstellung nach § 154c StPO n.F. eben nicht mehr als bloße Schutzbehauptung anzusehen sei.

3. Kritik an den strafprozessualen Lösungswegen

Die Lösung des Problems liege nicht darin, die Folgen der Unfallflucht in das Ermessen der Staatsanwaltschaft zu stellen[1104], sondern darin, dem Täter im Fal-

---

1099 *Ruck*, Vermögensdelikt, S. 186.
1100 *Ruck*, Vermögensdelikt, S. 186.
1101 *Ruck*, Vermögensdelikt, S. 187.
1102 *Ruck*, Vermögensdelikt, S. 183.
1103 *Ruck*, Vermögensdelikt, S. 200.
1104 Denn nach *Hund*, ZRP 1994, 4 (7) sind „faktische Entkriminalisierung durch Richtlinien oder eine ständige Einzelfallpraxis, auf die Sanktion nach Opportunitätsbestimmungen zu

le einer nachträglichen Meldung Straffreiheit verbindlich zuzusagen.[1105] Sofern die Verfahrenseinstellung für den Täter nicht sicher sei, d.h. seitens des Täters ein unkalkulierbares Risiko bestehe, werde sich die Anzahl der nachträglichen Meldungen nicht sonderlich erhöhen lassen.[1106] Allein die vage Hoffnung, dass von den Einstellungsmöglichkeiten der §§ 153 ff. StPO Gebrauch gemacht wird, führe nicht zu einer Verminderung der Unfallfluchtfälle bzw. einer Erhöhung der nachträglichen Meldungen.[1107] Hierfür brauche es seitens des Normadressaten die sichere Vorhersehbarkeit der Reaktion der Strafverfolgungsbehörden, nicht aber nur die Einräumung des Ermessens[1108], die intensivere Nutzung des Opportunitätsprinzips führe nicht zu einer größeren Transparenz und sei deshalb ungeeignet[1109].

Geppert steht einer prozessualen Lösung, insbesondere wenn sie als Ersatz für eine nicht zu erzielende materiell-rechtliche Lösung dient, skeptisch gegenüber, da erstens die Lösung wegen ihrer nur vagen Chance kaum motivierend ist[1110] und zweitens die Praxis eine Scheu hinsichtlich Einstellungen bei Unfällen im Zusammenhang mit Alkohol zeigt.[1111] Die Lösung über § 154c StPO greife zu rigoros in das Legalitätsprinzip ein und arbeite mit zu vielen unbekannten Größen.[1112]

Diese Skepsis teilt *Thirolf* zwar nicht, da er im Vorschlag der Anwendung des § 154c StPO jedenfalls unter dem Gesichtspunkt der Verlässlichkeit hinsichtlich der Konsequenzen einen Vorteil gegenüber den anderen prozessualen Lösungswegen sieht[1113], allerdings stellt der Vorschlag seiner Meinung nach nicht das

---

verzichten, [...] ein deutlicher Hinweis darauf, daß dem Gesetzgeber im Kern die Festlegung der Strafbarkeitszone mißlungen ist."

1105 *Berz*, DAR 1986, 251 (255).

1106 *Scholz*, ZRP 1987, 7 (10). Ähnlich: *Geppert*, BA 1986, 157 (163); *Weigend*, FS Tröndle, S. 760.

1107 *Höfle*, AnwBl. 1987, 429 (433); *Park*, DAR 1993, 246 (249).

1108 *Thirolf*, Täterinteressen und Opferschutz, S. 124.

1109 *Park*, DAR 1993, 246 (249).

1110 So auch *Berz*, DAR 1986, 251 (255).

1111 *Geppert*, BA 1986, 157 (163).

1112 *Geppert*, BA 1986, 157 (166).

1113 *Thirolf*, Täterinteressen und Opferschutz, S. 129.

mildeste Mittel zur Lösung des Problems dar, weshalb vorrangig nach anderen Wegen zu suchen ist.[1114]

4. Eigener Standpunkt

Die Vorschriften der StPO über die Einstellung sind nicht dazu da, Auslegungsschwierigkeiten zu beseitigen oder fehlerhaft zu weit gefasste Tatbestände auf zweiter Stufe zu korrigieren. Vorrangig ist zunächst die Optimierung der Strafnorm, weshalb prozessuale Lösungswege erst nachrangig zu beschreiten sind.

Der Vorschlag von *Ruck* führt zwar in der Tat zu einer Harmonisierung des § 142 StGB und dem nemo tenetur-Grundsatz, allerdings sollte auch hier die Auflösung des Widerspruchs zwischen Pflichten und Selbstbelastung auf der Ebene des Tatbestands gelöst werden. Zudem erweist sich der Lösungsvorschlag als zu sehr auf die Begehung einer vorherigen Normverletzung ausgerichtet. Zwar stellt die Unfallflucht nach einer Trunkenheitsfahrt einen nicht unerheblichen Anteil dar, allerdings verliert (derzeit) § 142 StGB den Charakter eines Folgeverstoßes im Zusammenhang mit § 316 StGB[1115], weshalb sich der Anwendungsbereich reduziert. Für alle anderen Fälle der Normverletzung[1116] hält der Vorschlag von *Ruck* nur den Verweis auf die Einstellungsmöglichkeit des § 153 StPO parat, diese Norm führt jedoch nicht zu einer wesentlichen Erhöhung der Bereitschaft zur nachträglichen Meldung, da die Einstellung für den Täter nicht zwangsläufig ist und daher keinen echten Anreiz darstellt.

IX. Beweisverwertungsverbot

Denzlinger plädiert für ein Verwertungsverbot hinsichtlich der Tatsachen, die sich aus dem Verbleiben am Unfallort bzw. der unverzüglichen Meldung ergeben, denn das Strafbedürfnis sei gegenüber denjenigen Unfallbeteiligten gering, die den Pflichten des § 142 StGB nachkommen und damit ihre Selbstschutzinte-

---

[1114] *Thirolf*, Täterinteressen und Opferschutz, S. 130.

[1115] Vgl. *Lutze/Miltner*, BA 2004, 483 (490 f.) und Anhang II. Statistik 3. Übersicht: Prozentuale Veränderungen im Vergleich, dort der Vergleich der Graphen „Unfallflucht bei Personenschäden“ und „Alkoholeinfluss“.

[1116] Schon bei der Untersuchung durch *Kaiser*, Verkehrsdelinquenz, S. 281, ergab sich, dass bei knapp der Hälfte der Unfallflüchtigen das Motiv „Furcht vor Strafe“ keine Rolle spielte.

ressen der Solidargemeinschaft im Straßenverkehr aufopfern.[1117] Häufig werde nur der Pechvogel bestraft, der oft schon „genug bestraft" ist.[1118]

O. Küper stellt einen anderen Aspekt zur Begründung in den Vordergrund. Er ist der Ansicht, dass durch eine Vorschrift, die dem Unfallbeteiligten Straffreiheit hinsichtlich der durch die Erfüllung der Warte- und Meldepflicht bekannt werdenden Straftaten gewährt, der Gefährdung des privaten Feststellungsinteresses entgegen gewirkt werden kann.[1119]

Hingegen verweist *Cramer* zwar auf gute Erfahrungen in Großbritannien hin, er sieht aber wegen der Schwierigkeit, ein Verwertungsverbot fugenlos in das deutsche Rechtssystem einzuführen, keine Realisierungschance.[1120]

Geppert geht sogar noch einen Schritt weiter. Er sieht in diesem recht rigorosen Instrument keine praktikable Lösung, da bei Bestehen eines Verwertungsverbots die Ermittlungen meist schon zu Beginn am Ende wären.[1121]

Andere verweisen darauf, dass die Einführung eines Beweisverwertungsverbots für Feststellungen anlässlich eines Verkehrsunfalles eine Ungleichbehandlung mit sich bringe, da der alkoholisierte Fahrer, der bei einer Kontrolle auf-

---

1117 *Denzlinger*, ZRP 1982, 178 (179). Nach *Seebode*, JA 1980, 493 (498), ist § 142 StGB nur verfassungsgemäß, wenn die, durch die Mitwirkung des Unfallbeteiligten, erlangten Erkenntnisse strafprozessual unberücksichtigt bleiben (vgl. oben Fn. 799). Nach Ansicht von *Schneider*, Selbstbegünstigungsprinzip, S. 151, ist ein Beweisverwertungsverbot überflüssig, wenn die Vorschrift des § 142 StGB verfassungskonform ausgelegt wird.

1118 *Denzlinger*, ZRP 1982, 178 (179). *Peeters*, geschichtliche Entwicklung, S. 85, bezeichnet den Vorschlag als „vielleicht segensreich".

1119 *O. Küper*, Verkehrsunfall, S. 113. Sein Vorschlag (S. 137) lautet: „Ein Unfallbeteiligter, der freiwillig die Feststellungen bewirkt und ermöglicht, obschon er nach den Umständen annehmen konnte, unerkannt fliehen zu können, ist, soweit durch die Unfallfeststellungen andere Straftaten entdeckt werden, von Strafe frei, es sei denn, dass die Schwere der Schuld Strafe unerlässlich macht. In diesem Falle ist das freiwillige Bewirken und Ermöglichen der Feststellungen als besonderer Milderungsgrund zu berücksichtigen."

1120 *Cramer*, ZRP 1987, 157 (161); ebenso *Park*, DAR 1993, 246 (248).

1121 *Geppert*, BA 1986, 157 (163). Die Ansicht von *Berz*, DAR 1986, 251 (252), steht im Grunde zwischen den Ansichten von *Cramer* und *Geppert*. Er ist nämlich der Meinung, dass ein Verwertungsverbot einen so tiefgreifenden Einschnitt in die Prinzipien des geltenden Prozessrechts zur Folge hätte, dass dieser Vorschlag jedenfalls solange nicht praktikabel erscheint, als nicht andere Lösungsmöglichkeiten sich als unwirksam erwiesen haben.

fällt, bestraft werden könne, nicht aber der alkoholisierte Fahrer, der zusätzlich noch einen Unfall verursacht hat.[1122] Schärfer formuliert dies *Müller-Metz*, wenn er sagt, dass ein Beweisverwertungsverbot fundamentalen Grundsätzen des geltenden Strafprozessrechts widerspricht und zu einer inakzeptablen Privilegierung von Tätern führt, die durch die Alkoholisierung oder grob verkehrswidriges Verhalten ein besonderes erhebliches Gefährdungspotential verwirklicht haben.[1123]

Ein Beweisverwertungsverbot, das nicht der Verfassungsmäßigkeit der Norm dient, sondern die nachträgliche Meldung ermöglichen soll, betrifft nur die Fälle mit vorangegangener Straftat. Selbst wenn man die Ordnungswidrigkeiten (vor oder nach dem Unfall) einbezieht, erhöht sich durch das Verwertungsverbot (allein) die Motivation zur nachträglichen Meldung für viele Unfallflüchtige nicht. Erstreckt sich das Verwertungsverbot auf alle Tatsachen, die sich aus dem Verbleiben am Unfallort bzw. der unverzüglichen Meldung ergeben, wie dies *Denzlinger* fordert, kann sich daraus zwar ein erhöhter Nutzen für die Geschädigten (Schadensersatz) und ggfls. auch für die Justiz ergeben (*Denzlinger* hegt die Hoffnung, dass sowohl eine Entlastung im Bereich des Strafrechts als auch im Zivilrecht eintritt[1124]), allerdings gleicht dieser Nutzen die Nachteile nicht aus. Das Verwertungsverbot führt nämlich zu einer Umgestaltung des Rechtsgüterschutzes. Um das zivilrechtliche Beweissicherungsinteresse besser schützen zu können, müssen Verletzungen anderer Rechtsgüter zurücktreten. Warum aber die Sicherheit des Straßenverkehrs (§ 316 StGB) oder gar Individualrechtsgüter (§§ 315c, 229, 222 StGB) in diesem Zusammenhang auf die Sanktion des Verstoßes verzichten sollen, ist allein mit dem Zugewinn an einer Besserstellung der Geschädigten nicht zu erklären.

Die Einführung eines Verwertungsverbotes löst daher zu wenige und schafft darüber hinaus neue Probleme und erweist sich somit als untauglich.

1122 *Höfle*, AnwBl. 1987, 429 (432 f.); zustimmend *Thirolf*, Täterinteressen und Opferschutz, S. 131.

1123 *Müller-Metz*, NZV 1994, 89 (92).

1124 *Denzlinger*, ZRP 1982, 178 (179).

X. Zivilrechtliche Beweislastumkehr

Im Zusammenhang mit anderen Reformvorschlägen wird zum Teil angeregt, eine Umkehrung der zivilrechtlichen Beweislast vorzunehmen.[1125] Dieser Forderung[1126] liegt folgende Erwägung zugrunde: Der Geschädigte muss durch die Vornahme der tätigen Reue durch den Täter in die Lage versetzt werden, seine Ansprüche ohne Beweiseinbußen wegen der zunächst begangenen Unfallflucht zu verfolgen. Aus diesem Grund müsse – jedenfalls in den Fällen, bei denen kein Alleinverschulden vorliegt – im Zivilrecht eine Beweiserleichterung für den Geschädigten geschaffen werden, damit sich der Täter durch die Flucht nicht in eine günstigere Beweissituation bringen könne.[1127]

Thirolf, der vorrangig eine Vorschrift über die tätige Reue einführen möchte, sieht in der zivilrechtlichen Beweislastumkehr den Versuch, sämtlichen Eventualitäten, die mit der tätigen Reue verbunden sind, entgegenzuwirken. Praktisch laufe die Beweislastumkehr nur auf den Fall hinaus, dass der Schädiger dem Geschädigten beweisen muss, dass nicht sämtliche Beschädigungen von ihm verursacht worden sind.[1128] Nach *Peeters* sollte die Beweislast für den Fall einer Unfallflucht so geändert werden, dass der Täter die Früchte seiner Beweisvereitelung durch Flucht nicht ernten kann.[1129]

Nach *Cramer* wirft der Vorschlag komplizierte beweisrechtliche Fragen auf, zudem bedürfe es einer solchen Regelung nicht, da § 142 StGB in seiner jetzigen Form schon beweisrechtliche Verschlechterungen dadurch hinnehme, dass der Unfallbeteiligte die Unfallstelle verlassen dürfe.[1130]

Nach Ansicht des OLG Frankfurt stellt eine generelle Umkehr der objektiven Beweislast nach erfolgter Unfallflucht eine durch nichts zu rechtfertigende Überkompensation des beweisvereitelnden Verhaltens einer Partei dar. Ausrei-

---

[1125] Beispielweise: *Geppert*, BA 1986, 157 (166); *Müller-Metz*, NZV 1994, 89 (93); *Laumann*, Kriminologie, S. 210; *Berz*, DAR 1986, 251 (255).

[1126] Die Forderung nach einer Beweislastumkehr im Zivilverfahren ist schon zur Vorgängervorschrift erhoben worden (beispielsweise: *Imhof*, DAR 1965, 268 (270).

[1127] *Berz*, DAR 1986, 251 (254).

[1128] *Thirolf*, Täterinteressen und Opferschutz, S. 158.

[1129] *Peeters*, geschichtliche Entwicklung, S. 85.

[1130] *Cramer*, ZRP 1987, 157 (161).

chend sanktioniert werde das beweisvereitelnde Verhalten bereits dadurch, dass zugunsten der beweisführungsbelastenden Partei unterstellt wird, dass das vereitelte Beweismittel das von ihr behauptete Ergebnis gehabt hätte, wobei dieses Ergebnis dann aber noch der vollen richterlichen Beweiswürdigung gemäß § 286 I ZPO unterliege. Nur eine derart flexible Lösung werde den vielfältigen Erscheinungsformen der Beweisvereitelung gerecht.[1131]

Die vorgeschlagene Beweislastumkehr[1132] ist aber auch nicht notwendig: Die grundsätzliche Beweislastverteilung[1133] ergibt sich aus den gesetzlichen Regelungen; eine Beweislastumkehr kommt nur in Betracht, wenn ausnahmsweise die Normalverteilung zu evident ungerechten, sozial unerträglichen Ergebnissen führen würde, d.h. bloße Billigkeits- oder Bequemlichkeitserwägungen reichen für eine Umkehr der Beweislast nicht aus.[1134] Die Forderung nach einer Umkehrung der zivilrechtlichen Beweislast (unabhängig davon, ob diese nur im Einzelfall durch die Rechtsprechung oder generell vom Gesetzgeber in den Fällen des unerlaubten Sich-Entfernens vom Unfallort erfolgen soll) würde somit voraussetzen, dass die Beweislast nach einem unerlaubten Sich-Entfernen vom Unfallort gerechterweise vom Täter des § 142 StGB, der von der Möglichkeit zur tätigen Reue Gebrauch gemacht hat, zu tragen ist.

Der Gerechtigkeit entspricht es aber nicht, demjenigen die Beweislast aufzuerlegen, der sich nachträglich gemeldet hat und es bei der gesetzlichen Verteilung der Beweislast zu belassen, wenn der Täter des § 142 StGB von der Polizei ermittelt wurde. Es ist kein Grund ersichtlich, warum der reuige Täter schlechter stehen soll, als andere Täter des § 142 StGB, folglich müsste eine generelle

---

1131 OLG Frankfurt, Beschluss vom 12.07.2010, 4 U 138/10, MDR 2010, 131 (131 f.).

1132 Zur Differenzierung zwischen objektiver und subjektiver Beweislast: *Laumen*, NJW 2002, 3739 (3741 f.).

1133 Die Regeln über die Beweislast bieten dem Richter ein methodisches Instrument zur Entscheidung in der Sache trotz weiterhin bestehendem non liquet (d.h. trotz Ausschöpfung aller möglichen und prozessual zulässigen Beweismittel ist eine gesicherte Überzeugung von den geltend gemachten Tatsachenbehauptungen nicht zu gewinnen), da der Richter auch im Fall eines non liquet zu einer Entscheidung kommen muss (Münchener Kommentar ZPO-*Prütting*, § 286 Rn. 93).

1134 *Oberheim*, JuS 1997, 358 (359). Die Folge einer Beweislastentscheidung für die Parteien ist es, dass derjenige, dem die besonderen Beweislastnormen das Risiko aufbürden, den Prozess verliert (Münchener Kommentar ZPO-*Prütting*, § 286 Rn. 94).

Umkehr der Beweislast in Fällen des unerlaubten Entfernens vom Unfallort erfolgen.

Aber auch diese Beweislastumkehrung für alle Fälle der Unfallflucht erfüllt nicht die Forderung nach Beseitigung eines evident ungerechten, sozial unerträglichen Ergebnisses. Im Zivilrecht ist allgemein als Beweislastprinzip der Grundsatz anerkannt, dass jede Partei, die den Eintritt einer Rechtsfolge geltend macht, die Voraussetzungen des ihr günstigen Rechtssatzes zu beweisen hat.[1135] Ausgehend von dieser sog. Normtheorie ergibt sich die Beweislast aus den Normen des materiellen Rechts.[1136] Im Rahmen des Schadensersatzes aufgrund Sach- und Personenschäden kommen im Zusammenhang mit einem Verkehrsunfall verschiedene Anspruchsgrundlagen in Betracht. Einerseits bestehen die verschuldensunabhängigen Anspruchsgrundlagen des Straßenverkehrsgesetzes, andererseits existiert die Norm des § 823 BGB. Gerade § 823 BGB kommt aber nicht nur bei Schäden im Straßenverkehr in Betracht, sondern in allen Fällen der schuldhaften Verletzung des Eigentums bzw. von Leben, Körper und Gesundheit. Um in den Fällen des § 823 BGB eine Beweislastumkehr zu rechtfertigen, müsste festzustellen sein, dass die beeinträchtigten Rechtsgüter nur im Rahmen eines Verkehrsunfalles (und eben nicht bei jeder anderen Beeinträchtigung außerhalb des Straßenverkehrs) einen besonderen Schutz durch die Beweislastumkehr benötigen, da es sonst zu nicht hinnehmbaren sozial ungerechten Ergebnissen führen würde. Es ist jedoch kein Grund für eine unterschiedliche Behandlung (jedenfalls bezogen auf die Beweislast) von Unfällen im Straßenverkehr und Unfällen außerhalb des Straßenverkehrs bzw. anderen Schadensereignissen festzustellen. Im Einzelfall kann sogar der Geschädigte eines Unfalls besser gestellt sein, wenn der Täter der Unfallflucht ermittelt wurde, da dann Zeugen oder Unfallspuren vorhanden sind, die es dem Geschädigten auch in der Regel ermöglichen, seinen Anspruch dem Grunde nach zu begründen.

Die verbleibenden Probleme hinsichtlich der Beweisbarkeit unterscheiden sich aber nicht derart vom Normalfall der Anspruchsbegründung, dass eine andere Beweislastregel überhaupt erforderlich ist. Im Hinblick auf die Anspruchs-

---

[1135] BGH, Urteil vom 14.01.1991, II ZR 190/89, NJW 1991, 1052 (1053); *Oberheim*, JuS 1996, 636 (637) m.w.N.

[1136] *Oberheim*, JuS 1996, 636 (637).

grundlagen des Straßenverkehrs sieht die Lage noch eindeutiger aus, da der Geschädigte nicht einmal das Verschulden darlegen und beweisen muss. Durch die Flucht kann es zwar zur Unerweislichkeit von gefahrerhöhenden Umständen, die einen höheren Schadensersatzanspruch rechtfertigen, gekommen sein, allerdings rechtfertigt dieser Umstand auch keine Beweislastumkehr. Vielmehr könnte eine generelle Beweislastumkehr, d.h. der Täter der Unfallflucht muss beweisen, dass sein Verhalten den Anspruch nicht oder nicht vollständig begründet, dazu führen, dass der Geschädigte durch die Unfallflucht besser gestellt ist. Lassen sich beispielsweise gefahrerhöhende Umstände nicht nachweisen, kommt es zu einer hälftigen Anspruchsbegründung, im Fall der Umkehr der Beweislast[1137] führt die Unerweislichkeit jedoch zu einer vollen Anspruchsbegründung des Geschädigten. Zwar gibt es Fälle, in denen sich der Täter der Unfallflucht durch die Flucht besser stellt, da ihm ein gefahrerhöhender Umstand oder ein stärkeres Verschulden nicht nachgewiesen werden kann, allerdings kann die Umkehr der Beweislast diesen Umstand nur durch Schlechterstellung von anderen (im Hinblick auf die Beweislage) nicht böswillig agierenden Unfallbeteiligten beheben. Dies stellt eine unbillige Benachteiligung dar.

Zwar ist es auch unbillig, eine reine, von den Ursachen der Beweisfälligkeit losgelöste, Beweislastentscheidung zuungunsten einer Partei zu treffen, wenn die Führung des ihr obliegenden Beweises durch den Gegner unmöglich gemacht wurde[1138], allerdings kann diesem Problem mit anderen Mitteln begegnet werden. Die Zivilprozessordnung enthält mehrere Normen (z.B. die §§ 427, 444, oder 453 II, 454 I i.V.m. 446 ZPO), die Rechtsfolgen bei Vorliegen einer Beweisvereitelung enthalten. Außerhalb der gesetzlich geregelten Fälle greift nach allgemeiner Ansicht das Institut der Beweisvereitelung.[1139] Unter der Beweisvereitelung wird ein schuldhaftes (d.h. vorsätzliches oder fahrlässiges) Verhal-

[1137] Die objektive Beweislast oder Feststellungslast betrifft die Frage, zu wessen Nachteil es geht, wenn das Vorhandensein bzw. Nichtvorhandensein eines entscheidungserheblichen Tatbestandsmerkmals ungeklärt bleibt, somit dient sie der Überwindung des non liquet nach Ausschöpfung der vorhandenen Beweismittel (*Laumen*, NJW 2002, 3739 (3741)).

[1138] *Oberheim*, JuS 1997, 61 (61).

[1139] *Oberheim*, JuS 1997, 61 (62) m.w.N. Eine klare dogmatische Linie besteht innerhalb der Rechtsprechung nicht; auch ergeben sich keine schematischen Rechtsfolgen der Beweisvereitelung (*Jäckel*, Beweisrecht, Rn. 118). Ausführlich zu Beweisvereitelung und § 142 StGB: AK-*Schild*, § 142 Rn. 64 ff.

ten[1140] des Gegners der beweisbelasteten Partei verstanden, das dazu führen kann, einen an sich möglichen Hauptbeweis[1141] zu verhindern oder zu erschweren und dadurch die Beweisführung des Gegners scheitern zu lassen.[1142] Die Rechtsfolge der Beweisvereitelung ist umstritten[1143], der BGH spricht in ständiger Rechtsprechung von „Beweiserleichterungen bis hin zur Beweislastumkehr“[1144]. Ist dabei zwar noch vieles nicht konkretisiert bzw. unklar[1145], liegt hierin aber der gangbare Weg zu einer differenzierten Betrachtung[1146] der Unfallflucht auch unter Berücksichtigung des nachträglichen Verhaltens des Täters.

XI. Verzicht auf Schadensfreiheitsrabatt

Schon 1964 forderte *Bockelmann*, dass die Prämienrückvergütung in der Haftpflichtversicherung abgeschafft wird, da diese versicherungsrechtliche Maßnahme wirkungsvoller als die Reform des § 142 StGB sei.[1147] Die Prämien-

---

[1140] Der subjektive Tatbestand der Beweisvereitelung besteht aus einem doppelten Schuldvorwurf: Einerseits muss sich das Verschulden auf die Zerstörung bzw. Entziehung des Beweisobjekts, andererseits auch auf die Beseitigung seiner Beweisfunktion, also darauf, die Beweislage des Gegners in einem gegenwärtigen oder künftigen Prozess nachteilig zu beeinflussen, beziehen. (BGH, Urteil vom 23.09.2003, XI ZR 380/00, NJW 2004, 222 (222); Musielak-*Foerste*, § 286 Rn. 65).

[1141] Der Beweis der beweisbelasteten Partei für das Vorliegen der Tatbestandsmerkmale der jeweils anzuwendenden Rechtsnorm wird Hauptbeweis genannt; er ist erst erbracht, wenn der Beweisführer dem Gericht die volle Überzeugung von der Wahrheit der behaupteten Tatsache verschafft hat (*Laumen*, NJW 2002, 3739 (3740 f.)).

[1142] Münchener Kommentar ZPO-*Prütting*, § 286 Rn. 80; BGH, Urteil vom 23.10.2008, VII ZR 64/0, NJW 2009, 360 (361).

[1143] Vgl. zu den verschiedenen Ansichten: Münchener Kommentar ZPO-*Prütting*, § 286 Rn. 85 ff.

[1144] BGH, Urteil vom 16.05.1972, VI ZR 7/71, NJW 1972, 1520 (1520); BGH, Urteil vom 27.06.1978, VI ZR 183/76, BGHZ 72, 132 (132 ff.) = NJW 1978, 2337 (2339); BGH, Urteil vom 23.10.2008, VII ZR 64/0, NJW 2009, 360 (362) m.w.N. Vgl. zur Entwicklung der Rechtsprechung: Baumgärtel/Laumen/Prütting-*Laumen*, § 4 Rn. 40 ff.

[1145] Baumgärtel/Laumen/Prütting-*Laumen*, § 4 Rn. 44 ff.; Münchener Kommentar ZPO-*Prütting*, § 286 Rn. 90 ff.

[1146] Zu möglichen Auswirkungen einer Beweisvereitelung im Einzelfall: Musielak-*Foerste*, § 286 Rn. 62 f.; OLG Frankfurt, Beschluss vom 12.07.2010, 4 U 138/10, MDR 2010, 131 (131 f.), im Hinblick auf § 142 StGB.

[1147] *Bockelmann*, DAR 1964, 288 (291). *Arbab-Zadeh*, NJW 1965, 1049 (1053), deutete dies auch als Möglichkeit an, die Zahl der Unfallfluchten zu verringern.

rückvergütung führe die Unfallbeteiligten unnötig in Versuchung, ihrer Pflicht aus § 142 StGB nicht nachzukommen.[1148]

Nach Meinung von *Ruck* ist das Bonus-Malus-System eine unverhältnismäßige und kriminalpolitisch besorgniserregende Regelung und sollte daher vom Gesetzgeber abgeschafft werden, um der Zielsetzung des Unfallopferschutzes in § 142 StGB und § 6 PflVG[1149] gerecht zu werden.[1150] *Steenbock*, befürwortet ebenfalls die Abschaffung des sog. Bonus-Malus-Systems, da wirtschaftliche Interessen der Versicherungswirtschaft keine Benachteiligung der finanziellen Interessen vieler einzelner Versicherten rechtfertigen.[1151]

Denzlinger bestreitet nicht den Nutzen des Schadensfreiheitsrabattes als Begünstigung des Einzelnen und als verkehrserzieherische Maßnahme, allerdings zerstöre er die Solidargemeinschaft der Versicherten (der Verkehrsteilnehmer), da Motive und Tendenzen geschaffen werden, die Haftung für Unfallschäden (im eigenen finanziellen Interesse) abzuwehren.[1152] Aus Sicht von *Cramer* wäre ein Mittelweg zwischen Beibehaltung und Abschaffung der richtige Weg, so sollten sich Ersatzleistungen bis zu einer bestimmten Grenze sich nicht auf den Schadensfreiheitsrabatt auswirken.[1153]

Gegen die Aufhebung des Schadensfreiheitsrabattes wendet sich *Geppert*, da sich das System hinsichtlich der Beeinflussung der Verkehrssicherheit bewährt habe[1154], die „Rechtstreuen" sonst für die „schwarzen Schafe" zahlen müss-

---

1148 *Bockelmann*, DAR 1964, 288 (292).

1149 *Thirolf*, Täterinteressen und Opferschutz, S. 165, bezeichnet die beiden Vorschriften als „Allianz zum Schutze der Unfallgeschädigten".

1150 *Ruck*, Vermögensdelikt, S. 149, wobei er es allerdings nicht belassen will, da die Abschaffung alleine die Hauptprobleme nicht löst (S. 150; vgl. oben 2. § 154c StPO, S. 259).

1151 *Steenbock*, Unfallflucht als Straftat, S. 181.

1152 *Denzlinger*, ZRP 1982, 178 (180); zustimmend *Cramer*, ZRP 1987, 157 (160).

1153 *Cramer*, ZRP 1987, 157 (161). Er sieht aber keine realistische Chance, dass dieser Weg beschritten wird (S. 161). *Peeters*, geschichtliche Entwicklung, S. 85, stellt zur Diskussion, ob nicht Schäden bis zu einem bestimmten Betrag ohne Beeinträchtigung des Schadensfreiheitsrabattes durch den Versicherer reguliert werden könnten.

1154 Ebenso *Leipold*, Verkehrsunfallflucht, S. 19; *Park*, DAR 1993, 246 (248). Aus Sicht von *Bockelmann*, DAR 1964, 288 (292), greift dieses Argument nicht, da die Verheißung des ten[1155] und eine Abschaffung keine Verbesserung hinsichtlich der Unfallfluchten wegen Alkoholgenusses bringe.[1156]

Thirolf bewertet die Abschaffung (insbesondere aufgrund der Ergebnisse eigener Befragungen) als politisch nicht durchsetzbar, da sie nicht dem Willen der Mehrheit entspricht.[1157]

Das Ergebnis der Befragung durch *Laumann* zeigt, dass die relevanten Praktikergruppen den Vorschlag, das gegenwärtige Schadensfreiheitsrabattsystem abzuschaffen, durchweg negativ (74,70 %) beurteilen.[1158] Mehrfach wurde darauf aufmerksam gemacht, dass sich die Einführung des Rabattsystems verkehrspolitisch bewährt und zu einer Erhöhung der Verkehrssicherheit geführt habe.[1159] Nach *Laumann* erscheinen die mit der Abschaffung des Schadensfreiheitsrabattes verbundenen Nachteile aber so schwerwiegend, dass diesem Vorschlag trotz eines erheblichen Reformpotentials letztendlich die Unterstützung zu versagen ist. Aus kriminalpolitischer Sicht sei es nicht zu verantworten, dass Millionen von Kraftfahrern, die durch umsichtige Fahrweise in den Genuss einer niedrigen Versicherungsprämie gelangt sind, durch Einführung einer schadensunabhängigen Versicherungsprämie „bestraft" werden. Zudem sei mit erheblichen Widerständen hinsichtlich der Einführung dieser Reform zu rechnen.[1160]

Zwar gibt es Untersuchungen, die als Motiv für die Unfallflucht auch den Verlust des Schadensfreiheitsrabattes festgestellt haben[1161], allerdings sind diese

---

Vorteils nichts nützt, wenn schon die Einsicht, dass man bei unvorsichtigem Fahren selbst Schaden nehmen kann, nicht zur Vorsicht mahnt.

1155 Zustimmend: *Park*, DAR 1993, 246 (248).

1156 *Geppert*, BA 1986, 157 (163).

1157 *Thirolf*, Täterinteressen und Opferschutz, S. 179.

1158 *Laumann*, Kriminologie, S. 202. Polizeibeamte und Anklagevertreter begrüßten diesen Vorschlag noch relativ häufig, da diese Gruppe dem Fluchtmotiv „Erhaltung des Schadensfreiheitsrabattes" im Rahmen der Befragung eine relativ große Bedeutung beigemessen haben und sich durch eine Änderung des Rabattsystems eine deutliche Senkung der Fluchtfälle erhoffen (S. 202).

1159 *Laumann*, Kriminologie, S. 202.

1160 *Laumann*, Kriminologie, S. 203.

1161 Vgl. *Ruck*, Vermögensdelikt, S. 5 und dort die Nachweise in Fn. 4 und *Eisenberg/Ohder/Bruckmeier*, Verkehrsunfallflucht, S. 55.

Untersuchungen zum Teil schon älter[1162] und haben auch nicht festgestellt, dass diese Erwägung allein ausschlaggebend für die Flucht war. Meist dürfte ein Motivbündel[1163] vorliegen, weshalb die Herauslösung eines Motivs den Entschluss zur Unfallflucht nicht automatisch entfallen lassen wird.[1164]

Zudem muss folgendes beachtet werden: „Die Forschungen nach der Motivation der Unfallflüchtigen leiden daran, daß sie zum Großteil auf die Angaben der Täter angewiesen sind, die aber ein begreifliches Interesse daran haben, ihre Einlassungen zu "frisieren". Daher stimmen die Angaben der Täter als Schutzvorbringen selten mit den wirklichen Tatmotiven überein. Obwohl zu vermuten ist und im Schrifttum immer wieder behauptet wird, daß viele Unfallflüchtige fliehen, da sie den Versicherungs-Bonus für unfallfreies Fahren nicht verlieren wollen, haben die Einzelforschungen dieser Frage kaum nachgehen können, "weil die Akten dazu keinerlei Anhaltspunkte boten". Es bleibt daher weiterhin zweifelhaft, ob die Flucht nach den typischen kleinen Parkunfällen dadurch motiviert ist, daß der Täter den Verlust der Prämienrückvergütung bei der Haftpflichtversicherung befürchtet.“[1165]

Ohne gesicherte Erkenntnisse, dass die Abschaffung des Schadensfreiheitsrabattes sich einerseits positiv im Hinblick auf die Verringerung der Unfallfluchtfälle und andererseits nicht negativ im Hinblick auf das Verkehrsverhalten auswirkt, ist von einer Abschaffung des Schadensfreiheitsrabattes abzusehen. Zudem kann die Abschaffung allenfalls die Anzahl an Unfallfluchten verringern, einen Anreiz zur nachträglichen Meldung schafft sie aber nicht.

[1162] Die Arbeit von *Kaiser*, Verkehrsdelinquenz, stammt aus dem Jahr 1970; die Ausführungen von *Bär* erfolgten im Rahmen des 20. Verkehrsgerichtstages im Jahr 1982.

[1163] Vgl. *Ruck*, Vermögensdelikt, S. 5 und dort die Nachweise in Fn. 4 und *Laumann*, Kriminologie, S. 27 f. m.w.N. *Kaiser*, Verkehrsdelinquenz, S. 281, stellt fest: „Die Befunde über die Tatmotive des Unfallflüchtigen lassen eine solche Vielfalt in den Kombinationen der Tat- und Tätersituation erkennen, daß es unmöglich ist, von einem bestimmten Typ des Unfallflüchtigen zu sprechen.“

[1164] Daher ist der Aussage von *Thirolf*, Täterinteressen und Opferschutz, S. 410, dass die „Abschaffung natürlich eine Senkung der Unfallfluchten zur Folge hätte“ zu widersprechen. Die Abschaffung lässt nur ein Motiv von mehreren entfallen, ob dies aber zugleich das Hauptmotiv ist, lässt sich nicht ohne Weiteres feststellen.

[1165] *Kaiser*, Verkehrsdelinquenz, S. 280 f.

XII. Neutrale Meldestelle

Aus Sicht von *Reisch* sollte der Zentralverband der Autoversicherer (Zentralruf der Autoversicherer) zur Entgegennahme von Verkehrsunfallmeldungen autorisiert werden.[1166] Diese Erweiterung des § 142 III StGB diene dem Schutzzweck des § 142 StGB, da der Gesamtverband der Autoversicherer letztlich von jedem Verkehrsunfall betroffen sei und somit als „neutraler Geschädigter" bzw. als „mittelbar Geschädigter" anzusehen sei.[1167] *Reisch* verspricht sich von dieser Regelung erhebliche Vorteile, so könne die Wartefrist deutlich zugunsten des Unfallschädigers gekürzt werden, Behörden und Gerichte würden arbeitsmäßig entlastet, die Schadensregulierung könne unverzüglich durch die entsprechende Versicherung eingeleitet werden und der Verstoß gegen § 142 StGB könne intensiver, konsequenter und gerechter geahndet werden, da eine Vielzahl von Schutzbehauptungen bedeutungslos werden würden.[1168]

Aus Sicht von *Thirolf* hat der Vorschlag nur eine geringe eigenständige Bedeutung.[1169] Im Zusammenspiel mit anderen Änderungsvorschlägen stelle er jedoch eine sinnvolle Reformidee dar, da damit die vorhandene Hemmschwelle hinsichtlich der Meldung bei der Polizei entfalle.[1170]

Nach *Ruck* betrifft die Forderung nach einer neutralen Meldestelle bei § 142 III StGB nur einen geringen Anteil der Unfallfluchtfälle, daher sei die Einführung allein nicht geeignet, die Unfallfluchtproblematik zu beseitigen.[1171] Gegen die Einrichtung einer allgemeinen Unfallaufnahmestelle spreche zum einen die Schwächung des Normapells und zum anderen die fehlende praktische Realisierbarkeit, da dies einen durchorganisierten, effizienten Verwaltungsapparat mit tausenden, wenn nicht zehntausend Stellen erfordern würde.[1172] Zudem sei die Einrichtung einer von Staatsanwaltschaft und Polizei losgelösten Stelle (faktisch) eine Durchbrechung des Legalitätsprinzips, die nicht in jedem Fall mit den

---

[1166] *Reisch*, ZRP 1988, 46 (47). Nach *Janiszewski*, DAR 1994, 1 (6), kommen als Meldestelle die Automobilverbände oder die Versicherungsunternehmen in Frage.

[1167] *Reisch*, ZRP 1988, 46 (47).

[1168] *Reisch*, ZRP 1988, 46 (47).

[1169] *Thirolf* sieht wohl in der alleinigen Umsetzung keine spürbare Verbesserung.

[1170] *Thirolf*, Täterinteressen und Opferschutz, S. 155 f.

[1171] *Ruck*, Vermögensdelikt, S. 136.

[1172] *Ruck*, Vermögensdelikt, S. 138, ebenso *Park*, DAR 1993, 246 (249).

strafrechtlichen Grundsätzen (auch bei Berücksichtigung des Opportunitätsprinzips) vereinbar sei.[1173]

Bei der Befragung durch *Laumann* wurde ersichtlich, dass die relevanten Praktikergruppen die Einführung von neutralen Meldestellen (in Verbindung mit der Möglichkeit zur tätigen Reue innerhalb von 24 Stunden) überwiegend negativ (76,90%) beurteilen, da erhebliche Beweisprobleme zu erwarten seien, ob die Meldung fristgerecht erfolgt sei.[1174]

Die Einrichtung einer neutralen Meldestelle ist eventuell ein Weg zur Verbesserung des § 142 StGB, sie wird allerdings alleine nicht zu einer signifikant höheren Anzahl von nachträglichen Meldungen führen, da ihr Anwendungsbereich sehr beschränkt ist und keinen Anreiz bietet, sich nach der Tatbestandsverwirklichung zu melden. Außerdem beinhaltet der Vorschlag (neben den oben genannten) noch eine Reihe von weiteren Schwierigkeiten: Soll beispielsweise der Zentralverband der Autoversicherer auch Schadensmeldungen entgegennehmen, wenn kein Versicherungsschutz für das Fahrzeug des Unfallverursachers oder des Unfallbeteiligten bestand bzw. kein Auto in den Unfall (Unfall zwischen Personen oder durch einen Fahrradfahrer) verwickelt war? Wie kann sich ein Geschädigter mit der Meldestelle in Verbindung setzen bzw. wie erfährt er, dass eine Meldung eingegangen ist? Wer soll die Kosten für die Einrichtung und den Betrieb der Meldestelle tragen? Wie soll der Geschädigte ermittelt werden, wenn nur (evtl. vage) Angaben zum Unfallort oder den Geschädigten vorliegen? Solche Fälle setzen Personen vor Ort als Ermittler der Geschädigten voraus, die die Kosten erhöhen und damit die Durchführbarkeit in Frage stellen.

XIII. Ahndung als (bloße) Ordnungswidrigkeit

Seltener – aber immer wieder – wird gefordert, dass die Verkehrsunfallflucht als bloße Ordnungswidrigkeit und nicht als Vergehen geahndet wird.[1175]

[1173] *Park*, DAR 1993, 246 (249).

[1174] *Laumann*, Kriminologie, S. 203. Relativ großen Zuspruch fand dieser Vorschlag bei Polizeibeamten; in der täglichen Praxis sei bei vielen Tätern eine Hemmschwelle festzustellen, nach einem Unfall die Polizeidienststelle aufzusuchen und den Vorfall zu melden (S. 203 f.).

[1175] *Leipold*, Verkehrsunfallflucht, S. 226 ff.; *Steenbock*, Unfallflucht als Straftat, S. 198, die aber nur die prinzipielle Möglichkeit einer Ahndung als bloße Ordnungswidrigkeit fest-

1. Ahndung der Unfallflucht als Ordnungswidrigkeit

Ansatzpunkt für die Aufhebung der Unfallflucht als Straftat ist das Rechtsgut. Das Beweissicherungsinteresse des Unfallgeschädigten nehme keinen hohen Rang innerhalb der sozial anerkannten Werte ein, es werde zudem an keiner anderen Stelle vom Strafrecht geschützt.[1176] Damit belege die Einmaligkeit des Schutzes über § 142 StGB die untergeordnete Stellung im System des Rechtsgüterschutzes.

Aus Sicht von *Duttge* rechtfertigt das unerlaubte Sich-Entfernen vom Unfallort als Maßnahme eines Augenblicksversagens nicht die Kriminalstrafe, vielmehr sollte es als Verwaltungsungehorsam, d.h. als Ordnungswidrigkeit geahndet werden.[1177]

Nach Ansicht von *Steenbock* kann die „Herabstufung" der Unfallflucht zur Ordnungswidrigkeit legitimiert werden, da dies der Schutzrichtung entsprechen würde.[1178] Zudem mache die Kategorisierung als Ordnungswidrigkeit den Weg für eine Berücksichtigung allgemeiner Interessen des Straßenverkehrs frei.[1179]

2. Ahndung der Verkehrsdelikte als Ordnungswidrigkeiten

Der Ansatz von *von Münch* geht auch in die Richtung einer Ahndung der Unfallflucht als Ordnungswidrigkeit, allerdings soll nicht nur § 142 StGB zu einer Ordnungswidrigkeit herabgestuft werden. Der Vorschlag geht darüber weit hinaus: „Man nimmt die Verkehrsdelikte aus dem allgemeinen Strafrecht heraus mit der Folge, daß es sich bei Straftaten im Zusammenhang mit dem Straßenverkehr nicht mehr um echtes kriminelles Unrecht, sondern um ein wertmäßig leichteres Unrecht – eine Art Ordnungswidrigkeit – handelt."[1180]

---

stellt. Arzt/Weber-*Arzt*, BT, § 38 Rn. 54. *Weigend*, FS Tröndle, S. 754, der aber bei seiner Analyse diese Idee verwirft.

[1176] *Weigend*, FS Tröndle, S. 754.

[1177] *Duttge*, JR 2001, 181 (185).

[1178] *Steenbock*, Unfallflucht als Straftat, S. 198. Sie räumt jedoch ein, dass die Normierung im Einzelnen noch überarbeitungsbedürftig ist (S. 198).

[1179] *Steenbock*, Unfallflucht als Straftat, S. 197. Wie sich diese Berücksichtigung allerdings mit dem nemo tenetur-Grundsatz zu vereinbaren ist, lässt *Steenbock* offen, obwohl sie einen Konflikt aufgezeigt hat (S. 81).

[1180] *Von Münch*, DAR 1957, 205 (207).

Diese Sonderbehandlung ließe sich damit rechtfertigen, dass der sich ständig steigernde Verkehr bei fast gleichbleibender Straßenkapazität zu einer derartigen Häufung von Gefahrensituationen führt, dass es nur ein Zufall ist, wenn ein Verkehrsteilnehmer irgendwann einmal nicht einen Unfall verursacht. Aus dieser Häufigkeit leitet *von Münch* ab, dass Verkehrsunfälle eine Art „sozialadäquate Handlung" darstellen. Unfälle seien ein „Tribut der menschlichen Gesellschaft an die Technik, die zwar auch geahndet werden müssen; aber doch nicht echtes kriminelles Unrecht darstellen"[1181]. Seien somit Verkehrswidrigkeiten kein echtes kriminelles Delikt mehr, habe der Verkehrssünder nach einem Unfall eine echte Strafverfolgung (Ahndung kriminellen Unrechts) nicht zu erwarten, so sei ihm ein Verweilen am Unfallort zumuten. Entferne er sich dennoch, so könne diese Flucht nunmehr als echtes kriminelles Unrecht bestraft werden; denn hier handele es sich ja nicht mehr um die Pönalisierung einer Selbstbegünstigung, weil der Gedanke der straflosen Selbstbegünstigung nur für echtes kriminelles Unrecht gelten kann.[1182]

3. Kritik

Der Vorschlag der Herabstufung zur Ordnungswidrigkeit ist nicht ohne Gegenäußerungen geblieben.

Weigend wendet sich gegen die Einstufung der Unfallflucht als Ordnungswidrigkeit. Es gebe „nicht nur in der Theorie Fälle, in denen aus dem Gesamtverhalten des Täters jene egoistische, „sozialschädliche" Gesinnung spricht, die verschiedentlich als eigentlicher Grund für die strafrechtliche Ahndung der Unfallflucht angesehen wird."[1183] Zwar stelle das Beweissicherungsinteresse des Geschädigten kein hochrangiges Rechtsgut dar, es sei jedoch in der Situation des Straßenverkehrs ein besonders verletzliches Rechtsgut. Die typische Lage nach dem Unfall (Anonymität, Abwesenheit des Geschädigten und Beweglichkeit des Schädigers) seien die Begründung für die erhöhte Schutzbedürftigkeit des Geschädigten. Werde diese Lage durch den Schädiger ausgenutzt, stelle dieses ge-

---

[1181] *Von Münch*, DAR 1957, 205 (207).
[1182] *Von Münch*, DAR 1957, 205 (207).
[1183] *Weigend*, FS Tröndle, S. 755.

steigerte Unrecht keinen „neutralen“ Verstoß mehr dar, weshalb eine Ahndung als Ordnungswidrigkeit der Situation nicht gerecht wird.[1184]

Bei einer Herabstufung der Unfallflucht zur bloßen Ordnungswidrigkeit sei zu befürchten, dass diese psychische Bagatellisierung zu einer Abschwächung des Rechtsschutzes führt.[1185] Hiergegen wendet *Steenbock* ein, dass dieses Argument schon prinzipiell nicht haltbar ist und zudem § 142 schon jetzt den Charakters eines Massendelikts habe, weswegen das Argument nicht überzeugend sei.[1186]

4. Eigener Standpunkt

Die Aufhebung des § 142 StGB und die Aufnahme in einen Ordnungswidrigkeitstatbestand ist aus mehreren Gründen abzulehnen. Zwar ist festzustellen, dass das von § 142 StGB geschützte Rechtsgut einzigartig im System ist und auch keinen sehr hohen Rang im Wertgefüge darstellt, dennoch besteht ein gewichtiges Bedürfnis, die Schäden des Einzelnen auszugleichen, die durch den allgemeinen Straßenverkehr entstehen. Dies kann prinzipiell über eine Ahnung der Unfallflucht als Ordnungswidrigkeit geschehen, ob man diesen Schritt allerdings nach über 50 Jahre der Strafbarkeit der Unfallflucht gehen sollte, ist problematisch. Rechtstatsächlich dürfte die Herabstufung zur Ordnungswidrigkeit zunächst wie die Abschaffung jeglicher Norm wirken, da es schwer zu vermitteln sein dürfte, dass man sich zwar nicht mehr strafbar macht, aber dennoch an der Unfallstelle verweilen muss. Insofern gelten die schon ausgeführten Bedenken[1187] gegen die Abschaffung insgesamt auch bei der Herabstufung zur Ordnungswidrigkeit.

XIV. Fazit

Den dargestellten Reformvorschlägen ist es nicht gelungen, alle bzw. die meisten Probleme im Zusammenhang mit der Norm des § 142 StGB zu lösen. Ein solches Unterfangen ist auch (nahezu) unmöglich, da es in der Sache um die strafrechtliche Lösung eines (rein) zivilrechtlichen Problems geht, daher sind

---

[1184] *Weigend*, FS Tröndle, S. 755.

[1185] *Geppert*, BA 1986, 157 (162); *Park*, DAR 1993, 246 (247); *Thirolf*, Täterinteressen und Opferschutz, S. 165.

[1186] *Steenbock*, Unfallflucht als Straftat, S. 201. Unklar bleibt hierbei, weshalb der Einwand prinzipiell unhaltbar sein soll.

[1187] Vgl. 2. Abschaffung aus anderen Gründen, S. 220.

alle Vorschläge, die die zivilrechtlichen Folgen unberücksichtigt lassen – zumindest aus praktischer Sicht – von Vornherein zum Scheitern verurteilt. Ein tauglicher Lösungsvorschlag darf aber nicht nur die zivilrechtlichen Belange der Geschädigten ins Auge fassen, sondern muss auch die rechtlichen Folgen für den Täter berücksichtigen. Ein Täter, für den der Anreiz zur nachträglichen Meldung zu gering ist, weil die Folgen für ihn schwerer wiegen, als der Vorteil der Meldung, wird von einer solchen in der Regel absehen. Aus diesem Grund konnten die Vorschläge Antragsdelikt, Ermessensvorschrift, minder schwerer Fall, tätige Reue und die prozessualen Lösungsvorschläge nicht überzeugen.

Dennoch sollte man daraus nicht die Konsequenz ziehen, die von *Weigend* wie folgt formuliert wurde: „Jedermann soll als selbstverständliche, „instinktive“ Verhaltensregel lernen, daß er nach einem Unfall dem natürlichen Fluchtstreben nicht nachgeben darf, sondern an Ort und Stelle auf das Eintreffen eines Feststellunginteressenten zu warten hat. Diese ratio spricht für ein Festhalten am geltenden Recht und für eine Zurückweisung aller Reformvorschläge. Denn der pädagogische Zweck verlangt die Aufstellung plakativer, einfach zu lernender und zu erfüllender Regeln, die ohne Ausnahme einzuhalten sind.“[1188]

Vielmehr ist zu versuchen, einen Weg zu beschreiten, der den Geschädigten die Möglichkeit zum Schadensersatz eröffnet und die Täter (mittels einfacher Regeln) zur nachträglichen Meldung motiviert.

C. Ziele und Formulierung einer neuen Vorschrift

Die Diskussion um § 142 StGB und den Ruf nach Reformen hat es seit Einführung der Vorschrift gegeben. Im Rahmen eines Vortrag zum Thema „Überkriminalisierung im Verkehrsstrafrecht“ anlässlich der ADAC-Juristentagung 1998 kam Schünemann zu folgendem Ergebnis: „Leider ist Deutschland aber ein Land der *kriminalisierten* Autofahrer, weil die Gesetzgebung und darüber hinaus sogar die gesamte Diskussion zum Verkehrsstrafrecht seit Jahrzehnten in eine höchst einseitige, auf mehr und immer mehr Kriminalisierung setzende Richtung gegangen ist. Die hierdurch eingerissenen Denkgewohnheiten sind nach meinem Eindruck fast schon zu religiöser Orthodoxie erstarrt, weshalb ich auch nicht

---

[1188] *Weigend*, FS Tröndle, S. 758, der im weiteren Verlauf einen Vorschlag zur Änderung auf Tatbestandsebene macht (vgl. a) Ausklammerung von reinen Sachschäden, S. 222).

glaube, sie mit meinen heutigen Überlegungen vollständig umpflügen zu können."[1189]

Leider hatte *Schünemann* mit dieser Schlussbemerkung recht. Ein Umpflügen ist nicht eingetreten; vielmehr haben Rechtsprechung und Literatur sogar den Anwendungsbereich des § 142 IV StGB (zu) restriktiv ausgelegt.[1190] § 142 IV StGB wird damit seiner Rolle (nachträgliche Entkriminalisierung) nicht gerecht. Zwar kann diesem Missstand durch eine veränderte Auslegung der Tatbestandsmerkmale (insbesondere des Merkmals „außerhalb des fließenden Verkehrs") teilweise abgeholfen werden, jedoch erlangt dadurch § 142 IV StGB nicht das Gewicht, das ihm zukommen sollte.

Im Folgenden soll daher das Ziel einer neuen Vorschrift definiert und diese dann formuliert werden.

I. Ziele

Ziel der gesamten Vorschrift des § 142 StGB muss die konsequente Ausrichtung auf das Schutzgut des zivilrechtlichen Beweissicherungsinteresses sein. Leider ist dies bisher weder dem Gesetzgeber noch der Rechtsprechung gelungen.[1191] Insbesondere die Rechtsprechung hat für eine tatbestandliche Ausweitung[1192] gesorgt, die zumindest zweifelhaft und bezogen auf das Rechtsgut un-

---

[1189] *Schünemann*, DAR 1998, 424 (433).

[1190] Vgl. A. Voraussetzungen und Rechtsfolge des § 142 IV StGB, S. 2 ff., insbesondere a) Restriktive Interpretation durch die Rechtsprechung, S. 4.

[1191] *Geppert*, Jura 1990, 78 (79), konstatierte: „Der Bundesgerichtshof bekennt sich zwar ausdrücklich dazu, in § 142 sei nur das private Beweissicherungsrecht geschützt, entscheidet sich bei der Handhabung der Vorschrift dann aber nicht selten für eine besonders extensive Auslegung [...]". *Paeffgen*, NStZ 1990, 365 (371), sieht das Problem der Ausweitung darin, dass „der Norm-Gedanke erheblich weiter reicht als der tatbestandliche Ausschnitt [...]".

[1192] Zur Ausweitung des Tatbestandes (auch über den Wortlaut hinaus) in der Vergangenheit hinsichtlich der vorhergehenden Fassung: *Grünwald*, ZStW 76 (1964), 1 (2 f.). Vgl. zur Anwendung des § 142 II StGB auch auf das unvorsätzliche Sich-Entfernen (und dessen Verfassungswidrigkeit) Fn. 142. Anfänglich wurde sogar eine positive Anzeigepflicht begründet: BGH, Urteil vom 10.11.1953, 1 StR 227/53, BGHSt 5, 124 (125 ff.); OLG Köln VRS 7, 170. OLG Köln, NJW 1981, 2367 (2368 f.): Anwendung des § 142 II Nr. 2 StGB, wenn sich der Unfallbeteiligte entfernt, nachdem der Unfallort mit dem Geschädigten verlassen wurde, weil eine Einigung daran gescheitert ist, dass doch die Polizei hinzugezogen werden sollte. *Roth-Stielow*, NJW 1963, 1188 (1188), spricht in diesem zweckmäßig ist. Auch wenn von allen Seiten immer wieder betont wird, dass allein das zivilrechtliche Beweissicherungsinteresse Bedeutung hat[1193], so wird doch häufig die Feststellung und Aussonderung ungeeigneter Kraftfahrer (insbesondere aufgrund Alkohol- oder Drogeneinfluss) gewünscht bzw. gutgeheißen[1194]. *Krumme* stellte 1968 fest, dass „die alten am „allgemeinen Rechtsempfinden" (= gesundem Volksempfinden) gemessenen Gründe für die Aufrechterhaltung des Vergehenstatbestandes der Verkehrsflucht nicht auszumerzen"[1195] sind.[1196] „Wie sehr sich die vom Opportunismus diktierte Einstufung der Verkehrsunfallflucht als „kriminelle Tat" durchgesetzt hat und ihre ursprüngliche Natur als „Ordnungsvergehen" vergessen ließ, zeigt nicht nur die Übernahme der sachlich unveränderten Strafvorschrift durch den Bundesgesetzgeber bei der Bereinigung des Strafgesetzbuches im Strafrechtsänderungsgesetz [...], sondern auch die Aufnahme der „Flucht bei Verkehrsunfällen" in den Katalog der amnestieunwürdigen Straftaten in § 9 Abs. 1 Straffreiheitsgesetz 1954 neben Mord

---

Zusammenhang davon, dass „die Rechtsprechung zur Auslegung des § 142 StGB [...] auf dem besten Wege zu sein [scheint], auch im Strafrecht wieder „erweiternde Analogie" einzuführen". *Brock*, objektive Tatbestand, S. 157 ff., nennt als mögliche Gründe für diese Ausweitung des Tatbestandes: Schutz des öffentlichen Interesses an der Ergreifung straf- und verwaltungsrechtlicher Maßnahmen gegen alkoholisierte Fahrer und Wahrung der Interessen der Versicherungswirtschaft.

1193 Vgl. *Dünnebier*, GA 1957, 33 (43 ff); *Steiner*, Unfallflucht, S. 9 ff., *Bär*, DAR 1983, 215 (216); *Arloth*, GA 1985, 492 (493) m.w.N.; NK-*Schild*, § 142 Rn. 7; LK-*Geppert*, § 142 Rn. 1 m.w.N.

1194 *Werner*, DAR 1990, 11 (14): „[...] daß § 142 StGB zumindest mittelbar auch dem öffentlichen Interesse an der Erfassung ungeeigneter Kraftfahrer Rechnung trägt [...]". Nach *Höfle*, ZfS 1999, 458 (458) hat es immer noch den Anschein, dass die Vorstellung besteht, § 142 StGB solle dem öffentlichen Interesse dienen. *Herzog*, OLGSt 1989, 4 (5), meint, dass der Ehrgeiz der Polizei an der Aufklärung der Unfallflucht nicht nur aus der Sicherung des Schutzguts des § 142 StGB, sondern „auch aus eigenen generalpräventiven, verkehrspädagogischen Ambitionen der Polizei" erwächst.

1195 *Krumme*, DAR 1968, 234 (235). Zur „ratio legis [als] ein methodisch fragwürdiges Instrument zur Erweiterung des Anwendungsbereichs eines Straftatbestandes": *Grünwald*, ZStW 76 (1964), 1 (15 f.).

1196 Ähnlich *Zopfs*, DRiZ 1994, 87 (90): „Wer dies leugnet [dass § 142 StGB keine Feststellung der Trunkenheit bezweckt], verkennt entweder den Schutzzweck oder will § 142 StGB mittelbar um Ziele erweitern, die [...] nicht mehr vom Schutzzweck umfaßt sind." In dieser Richtung auch: *Heidemeier*, FS Hamm, S. 194: „In den Augen und Köpfen der Strafverfolger bleibt es das primäre Ziel, den feigen Bösewicht aus dem Straßenverkehr zu eliminieren, der sich nicht mannhaft an der Unfallstelle der Polizei ausliefert".

und Totschlag ‚aus kriminalpolitischen Gründen im Hinblick auf die bedrohliche Zunahme der Verkehrsunfälle'".[1197]

Diese Filterfunktion für ungeeignete Fahrer muss aber bei der Auslegung und Anwendung des § 142 StGB – wenn man das Schutzgut ernst nimmt und es nicht nur bei einem Lippenbekenntnis bleiben soll – strikt vermieden werden.[1198]

Ohne Zweifel stellt das Fahren unter Drogen- und/oder Alkoholeinfluss ein großes Problem dar[1199], allerdings ist dieses Problem durch andere (präventive) Maßnahmen[1200] und Vorschriften[1201] anzugehen[1202]. Das Problem sind nämlich

---

[1197] *Krumme*, DAR 1968, 234 (235).

[1198] Im Grunde genommen zeigt aber die Beibehaltung des § 69 II Nr. 3 StGB, dass die Aussonderung ungeeigneter Fahrzeugführer noch immer vorrangig ist. § 69 II Nr. 3 StGB bzw. die Vorgängervorschrift des § 42m StGB a.F. stammt aus dem Jahr 1964, also aus einer Zeit als die Schutzrichtung des § 142 StGB noch nicht vollständig auf das zivilrechtliche Beweissicherungsinteresse konzentriert wurde.

[1199] Zur kriminologischen Sicht und den daraus resultierenden Ansätzen: *Schwind*, 37. VGT, S. 148 ff. Zur Rückfälligkeit von Tätern eines Verkehrsdelikts, insbesondere unter Alkoholeinfluss: *Jehle/Kirchner*, 40. VGT, S. 243 ff., *Piesker*, 40. VGT. S. 254 ff.; *Eisenberg/Ohder/Bruckmeier*, Verkehrsunfallflucht, S. 48 ff.

[1200] Erhöhte Aufklärung und Verkehrserziehung gerade bei Jugendlichen. Vorschläge zur Verbesserung des Kenntnisstandes (insbesondere älterer) Verkehrsteilnehmer finden sich bei: *Himmelreich*, NZV 1992, 169 (172); *Schwind*, 37. VGT, S. 149 ff. *Arbab-Zadeh* regte 1965 (NJW 1965, 1049 (1053)) die Erarbeitung und Verteilung von „Laienkommentaren" zur Straßenverkehrsordnung an. Ein Mehr an Aufklärung forderte auch schon *Müller*, Kraftfahrt und Verkehrsrecht 1971, 37 (41). Zudem sollte die Konfrontation der Täter mit ihrer Tat an Ort und Stelle erfolgen, d.h. auch im Rahmen von Geschwindigkeitskontrollen sollte das „Herauswinken" der „Raser" wieder häufiger geschehen, um bei diesem Personenkreis Trunkenheitstäter aufzuspüren (vgl. *Scheffler/Matthias* NZV 2007, 607 (609)). Nach *Kuhlmey/van Stegen*, Die Polizei 2007, 286 (291), sollte die Aufklärung im Mittelpunkt aller Maßnahmen stehen (zu Möglichkeiten der Sicherung von Unfallspuren: *Neckenbürger*, SVR 2009, 373 (373 ff.)), zudem sollten durch Presse- und Öffentlichkeitsarbeit Tätern, Geschädigten und Zeugen die Rechtslage verdeutlicht werden. *Blum von Ann*, Vermögensdelikt, S. 116, forderte eine verbesserte Fahrschulausbildung. Weitere Maßnahmen und deren Bewertung finden sich bei: *Eisenberg/Ohder/Bruckmeier*, Verkehrsunfallflucht, S. 179 ff.

[1201] Bedenkenswert wäre die Einführung der Null-Promille-Grenze bzw. die Herabsetzung der Promillegrenze, da dann jedem klar sein müsste, dass die Einnahme von Alkohol nicht toleriert wird und so die Unterschätzung der Alkoholmenge bzw. der Überschätzung der Fahrtüchtigkeit keinen Raum mehr hat. Ein Schritt in diese Richtung wurde nun durch das „Gesetz zur Einführung eines Alkoholverbots für Fahranfänger und Fahranfängerinnen" (BGBl. I 2007, 1460) unternommen. Durch dieses Gesetz wurde § 24c StVG eingeführt, danach handelt ordnungswidrig, wer in der Probezeit nach § 2a oder vor Vollnicht nur diejenigen Täter der §§ 315c I Nr. 1 bzw. 316 StGB, die nach einem Unfall unerkannt flüchten, sondern alle Täter der §§ 315c I Nr. 1 und 316 StGB, die am Straßenverkehr teilnehmen. Insofern erscheint es so, als ob man dieses Problem nur angehen will, indem man sich sozusagen die Spitze des Eisberges vornimmt und die viel größere Masse des Eisberges im Verborgenen lässt.

Zudem belegt eine neuere Studie, dass die Unfallflucht nicht mehr unbedingt ein typisches Alkoholdelikt ist.[1203] „Der Praktiker weiß aus seiner täglichen Erfahrung im Umgang mit Unfallflüchtigen, daß es einfach nicht wahr ist, daß Unfallflucht so sehr aus einer verwerflichen Gesinnung oder aus Gemeinheit und Rücksichtslosigkeit anderen gegenüber begangen wird, sondern daß sie vielfach auf einem menschlichen Versagen, oft ausgelöst durch Unkenntnis, beruht, weil

---

endung des 21. Lebensjahres als Führer eines Kraftfahrzeugs im Straßenverkehr alkoholische Getränke zu sich nimmt oder die Fahrt antritt, obwohl er unter der Wirkung eines solchen Getränks steht (§ 24c I StVG). Vgl. dazu: *Hufnagel*, NJW 2007, 2577 (2577 ff.). Seit einigen Jahren wird auch die Installation sog. Interlocks diskutiert. Dieses System soll den Motorstart verhindern, wenn eine bestimmte Atemalkoholkonzentration überschritten wird. Vgl. zum sog. Interlockverfahren: (allgemeiner Überblick) *Evers*, BA 40 (2003), 20 (20 ff.); *Lohkamp*, BA 40 (2003), 208 (208 ff.); (technischer Überblick) *Lagois/Sohège*, BA 40 (2003), 199 (199 ff.); (verfassungsrechtliche Fragen) *Frenz*, BA 44 (2007), 144 (144 ff.); (europäischer Pilotversuch) *Evers*, BA 44 (2007), 154 (154 ff.); (fahrerlaubnisrechtliche Fragen) *Eisenmenger*, BA 44 (2007), 159 (159 ff.); *Geiger*, DAR 2009, 414 (414 ff.). Nach Ansicht des Arbeitskreises V des 45. Verkehrsgerichtstages sind Alkohol-Interlocks zwar geeignete Möglichkeiten zur Prävention von Fahrten unter Alkoholeinfluss. Eine generelle Verpflichtung zum Einbau sei aber eine unverhältnismäßige Einschränkung des Art. 14 GG (vgl. die Empfehlungen des 45. Verkehrsgerichtstages, S. 11).

1202 *Suhren*, 37. VGT, S. 163, forderte die Verkehrsleistungsfähigkeit der Verkehrsteilnehmer zu erhöhen und ein soziales Grundverständnis für die Verkehrsvorschriften zu entwickeln. Neu ist die Forderung nach einer Verbesserung des Kenntnisstandes der Verkehrsteilnehmer selbstverständlich nicht. Schon 1910 forderte *Galli*, DJ 1910, 413 (415): „Die gleichmäßige Durchführung der [...] dem Führer obliegenden Pflichten wird ohne größere Aufmerksamkeit und Initiative des Publikums nicht zu erreichen sein; wenn den anhaltenden Mißständen und Gefahren des Automobilverkehrs, soweit tunlich, ein Ende bereitet werden soll."

1203 *Lutze/Miltner*, BA 2004, 483 (490 f.). Frühere Studien: *Pieper*, Verkehrsunfallflucht, S. 66 und S. 190 ff.; *Eisenberg/Ohder/Bruckmeier*, Verkehrsunfallflucht, S. 48. Vgl. Anhang II. Statistiken 2. Unfälle, Bestand an Kfz und jährliche Gesamtfahrleistung, dort die Spalte „Unfälle mit Alkoholeinfluss".

das Gesetz in der breiten Öffentlichkeit nicht genügend transparent gemacht ist."[1204]

Dies muss bei den Anstrengungen, die Anzahl der Unfallfluchtfälle zu vermindern, berücksichtigt werden, weshalb die Aufklärung und Verkehrserziehung in den Mittelpunkt gerückt werden muss.

Der hinter § 142 StGB stehende Schutzgedanke (Sicherung des Beweisinteresses zum Zwecke der Schadensregulierung) ist in zwei Richtungen zu sichern: Erstens, durch Vermeidung von Unfällen und der daraufhin begangenen Verkehrsfluchtfällen und zweitens, durch die Verbesserung der Vorschrift des § 142 StGB. Der erste Weg muss außerhalb des Strafrechts beschritten werden. Zwar verhält sich die überwiegende Anzahl der Unfallbeteiligten normgerecht – dieser Gesichtspunkt wird sehr häufig bei der Diskussion um § 142 StGB nicht berücksichtigt – dennoch gibt es eine sehr hohe Anzahl von Verstößen gegen § 142 StGB, denen die Existenz des § 142 StGB eben nicht entgegenwirkt. Dieser Weg führt über die Aufklärung der Verkehrsteilnehmer[1205], Verbesserung der Schulung der Verkehrsanfänger[1206], Verfolgung öffentlicher Interessen nicht mittels des § 142 StGB, sondern durch mehr (Alkohol-) Kontrollen[1207] und Ver-

---

1204 *Bär*, 20. VGT, S. 124.

1205 Im telefonischen Gespräch wurde seitens eines Automobilclubs die Bereitschaft signalisiert, das Angebot an die Mitglieder ggfls. um eine Rubrik „Verhalten nach einem Unfall im Hinblick auf § 142 StGB und § 34 StVO" zu erweitern. Die Verbesserung der Aufklärung war auch das Ergebnis einer Befragung von Experten durch *Wetzels*, Bedingungen der Unfallflucht, S. 46. Die Untersuchung von *Wetzels*, Bedingungen der Unfallflucht, S. 130 f., hat ergeben, dass nur ca. 60 % der Autofahrer wissen, wie man sich rechtlich korrekt nach einem Unfall zu verhalten hat. Mehr Aufklärung müsste auch hinsichtlich Alkoholgenuss und BAK erfolgen, wie die Untersuchungen von *Stephan*, Alkohol, S. 170 ff. (insbesondere S. 172), gezeigt haben.

1206 Derzeit finden sich bei den Fragen zur theoretischen Prüfung (Teil 1 Grundstoff) im Kapitel 1.2.34 elf Fragen zum Unfall; davon betreffen nur zwei Fragen das Verhalten nach einem Verkehrsunfall („Sie sind an einem Verkehrsunfall beteiligt. Wozu sind Sie verpflichtet?" und „Sie haben ein geparktes Fahrzeug beschädigt. Trotz angemessener Wartezeit ist der Geschädigte nicht erschienen. Was müssen Sie tun?"). Entsprechend der geringen Bedeutung für die theoretische Prüfung dürfte auch die Unterrichtszeit bezüglich dieses Problem eher gering ausfallen. Dieses Problem ist allerdings nicht neu, schon in den 60er Jahren wussten viele Fahrschulabsolventen nicht, wie sie sich nach einem Verkehrsunfall zu verhalten haben (vgl. *Arbab-Zadeh*, NJW 1965, 1049 (1052)).

1207 Zu spezial- und generalpräventiven Aspekten hinsichtlich der Alkoholdelinquenz: *Schöch*, Alkohol, S. 111 ff.

besserung der Situation im ruhenden Verkehr durch bauliche Maßnahmen[1208]. Je mehr sich die Verkehrsteilnehmer an den Normbefehl des § 142 StGB halten, desto weniger Probleme kann § 142 StGB verursachen. Zudem dürfte die Aufklärungsquote[1209] erhöht werden können, wenn es zu einem wesentlichen Rückgang der Unfallfluchten kommt. Den Strafrahmen zu erhöhen ist hierfür ein untaugliches Mittel; die Erhöhungen des Strafrahmens in der Vergangenheit haben nicht zu einem Rückgang der Anzahl der Unfallfluchten geführt.[1210]

Das Dilemma des § 142 StGB taucht dann auf, wenn der Normbefehl nicht befolgt wurde. Ist der Tatbestand erfüllt, drohen neben der Strafe aus § 142 StGB weitere nachteilige Folgen, wie ein Eintrag ins Verkehrszentralregister (Punkte in der sog. Verkehrssünderkartei), Rückstufung beim Schadensfreiheitsrabatts in der Kraftfahrzeugversicherung, (teilweise) Leistungsfreiheit der Kraftfahrzeugversicherer aufgrund der Obliegenheitsverletzung. Dem Beweissicherungsinteresse des Geschädigten stehen somit teils gravierende Nachteile auf Seiten des Täters gegenüber, die den Täter (meist) dazu bewegen, es darauf ankommen zu lassen, ob er von der Polizei oder dem Geschädigten ermittelt werden kann.

Es liegt generell nicht im Interesse des Geschädigten, dass im Zusammenhang mit dem Unfall Verfehlungen des Schädigers aufgedeckt und sanktioniert werden können. Im Regelfall will der Geschädigte nur den Schaden vollumfänglich ersetzt bekommen. Ist dies geschehen, besteht aus Sicht des Geschädigten kein weiteres Aufklärungs- und Sanktionsbedürfnis. Warum soll aber trotzdem noch ein Strafbedürfnis der Allgemeinheit bestehen, wenn § 142 StGB doch allein das zivilrechtliche Beweissicherungsinteresse des Geschädigten und damit die Geltendmachung von Schadensersatzansprüchen schützt?

§ 142 StGB muss daher durch eine Vorschrift ergänzt werden, die einerseits den Normbefehl nicht aufweicht und andererseits dem Nachtatverhalten des Täters in Bezug auf den Schutz des Beweissicherungsinteresse des Geschädigten

---

[1208] Mehr Platz beim Ein- und Ausparken dürfte zu einer deutlichen Verringerung der sog. „Parkplatzunfälle“ beitragen.

[1209] Zur Aufklärungsmöglichkeiten: *Steinke*, DAR 2005, 527 (527 ff.).

[1210] Nach *Heublein*, DAR 1986, 133 (134), verwundert dies bei einem derart augenblicksgeborenen Deliktstypus wie dem unerlaubten Sich-Entfernen vom Unfallort nicht.

Rechnung trägt. Sie darf also nicht wie *Weigend* es formuliert hat, dem Rechtsgut des § 142 StGB mit der einen Hand geben und mit der anderen (vielleicht) mehr nehmen.[1211] Neben der für das zivilrechtliche Beweisinteresse bedeutsamen Frage der Strafbarkeit ist dabei auch der versicherungsrechtliche Aspekt nicht außer Acht zu lassen.

Spiegel schildert dieses Problem durch ein Beispiel aus dem Verkehrsalltag wie er es als Richter wahrgenommen hat: Viele Verkehrsteilnehmer seien der festen (irrigen) Überzeugung, dass ihre Versicherung aufgrund der Trunkenheitsfahrt berechtigt ist, Regress zu nehmen. „Da umgekehrt über die tatsächlich bestehende Regreßmöglichkeit bei Unfallflucht unter den Kraftfahrern keinerlei Aufklärung besteht, lassen sich diese, als Angeklagte, immer wieder und völlig glaubwürdig dahin ein, sie hätten die Unfallstelle überhaupt nur verlassen, weil sie der Meinung waren, sie würden trotz des bloßen Bagatellschadens von ihrer Versicherung wegen der Trunkenheit in Anspruch genommen. Aber das Karussell geht noch weiter: Weil der Fahrer fürchtet, bei ihm könne eine BAK festgestellt werden, die über den Grenzwert der Fahruntüchtigkeit hinausgeht – auch sie hätte versicherungsrechtlich nicht geschadet[1212] – trinkt er nach dem Unfall, aber noch vor der Blutentnahme zusätzlich Alkohol, begeht damit eine eigenständige Obliegenheitsverletzung, und verliert damit überhaupt erst jetzt, nämlich durch den Nachtrunk, seinen schon verloren geglaubten Versicherungsschutz.“[1213]

Spiegel forderte damals schon zu Recht, dass bei einer „Reform des § 142 StGB strafrechtliche, zivilrechtliche und versicherungsrechtliche Belange synchron verarbeitet werden“[1214] müssen.

[1211] Vgl. Fn. 1037.

[1212] Zur derzeitigen Rechtslage: Nach § 28 II VVG i.V.m. AKB 2008 D.2.1. kommt eine Leistungsfreiheit nur in Betracht, wenn der Versicherungsnehmer das Fahrzeug vorsätzlich in fahruntüchtigem Zustand führt (vgl. 3. Quotelung, S. 136 und Fn. 565 zur 100 %igen Kürzung auch bei gröbster Fahrlässigkeit). Allerdings kommt es bei einem grob fahrlässigen Verstoß zu einer Quotelung, insofern ist der Verstoß nicht (mehr) folgenlos.

[1213] *Spiegel*, DAR 1972, 291 (295). Vgl. zum Nachtrunk: KG Berlin, Urteil vom 26.10.2010, 6 U 209/09, MDR 2011, 291 (291 f.) m.w.N.

[1214] *Spiegel*, DAR 1972, 291 (295). Auch bei einem Wert über 1,1 Promille kann nicht zwangsläufig auf ein vorsätzliches Verhalten geschlossen werden, es gibt keinen Erfah-

Bei all diesen Problemen darf ein Aspekt nicht aus dem Auge verloren werden: Der Tatbestand der Unfallflucht soll ein originär zivilrechtliches Problem lösen. Nimmt man den fragmentarischen Charakter des Strafrechts ernst, ist eine Strafbarkeit nicht notwendig, wenn der entstandene Schaden mit (allein) zivilrechtlichen Mitteln zum Ausgleich gebracht werden kann. Das Strafrecht ist nicht notwendig, wenn der Geschädigte anderweitig geschützt werden kann. Dieser Gesichtspunkt ist zwar auch bei der Frage nach der Bewertung des Nachtatverhaltens zu berücksichtigen, er muss jedoch schon Eingang in die Formulierung des Tatbestandes (de lege ferenda) und die Auslegung (de lege lata) finden.

Zusammengefasst muss eine Vorschrift über das nachträgliche Verhalten des Täters des unerlaubten Sich-Entfernens vom Unfallort Folgendes leisten: Die Normergänzung darf den Normbefehl nicht (unnötig) aufweichen. Sie muss dem Täter bei Abwägung seiner Interessen einen (deutlichen) Vorteil in Aussicht stellen und das geforderte Verhalten muss klar und eindeutig formuliert werden, da Unklarheiten und Unsicherheiten meist zu Lasten des Geschädigten gehen. Daneben dürfen die weiteren Folgen (Verkehrsregister, Versicherung, Entziehung der Fahrerlaubnis) nicht außer Betracht bleiben.

Die Vorschrift über das nachträgliche Verhalten muss keine goldene Brücke[1215] darstellen, sie darf sich aber auch nicht als schwankender Steg[1216] oder verschlungener Pfad erweisen. Ziel muss die Schaffung eines gangbaren, sichtbaren Weges sein, der dem Unfallbeteiligten aber nicht als Abkürzung auf dem Weg der Normbefolgung erscheint.

II. Anknüpfungspunkte

Nachdem sich die bisherigen Reformvorschläge nicht als praktikabel bzw. als untauglich herausgestellt oder nur einen ersten Schritt dargestellt haben, stellt sich nun die Frage, wie § 142 IV StGB formuliert werden könnte. Welche Möglichkeit bietet sich, um die Vorschrift im Hinblick auf die Zielerreichung zu verbessern?

---

rungssatz, wonach ein Fahrzeugführer die Fahruntüchtigkeit ab einem bestimmten Wert kennt (Stiefel/Maier-*Maier*, Kraftfahrtversicherung, AKB 2008 Rn. 16; *Fischer*, § 316 Rn. 46).

1215 So beispielsweise: BT-Drucksache 13/8587, S. 57; *Scholz*, ZRP 1987, 7 (8).

1216 So beispielsweise: *Fieberg*, 41. VGT, S. 190.

1. Anknüpfungspunkte aus dem StGB

Das Strafgesetzbuch bietet mehrere Vorschriften, die eine tätige Reue regeln (z.B. die §§ 83a, 87 III, 98 II, 129 VI, 149 II, 158, 239a IV, 261 IX, 264 V, 265b II, 298 III, 306e, 314a, 320, 330b StGB).

Grundsätzlich beinhalten diese Vorschriften folgende Voraussetzungen: Die Reuehandlung des Täter muss zu einem tatsächlichen Erfolg geführt haben[1217], diese Reuehandlung besteht in einem aktiven Tätigwerden[1218], das je nach Tatbestand entweder ausschließlich eigenhändig[1219] oder auch durch Dritte vorgenommen werden kann[1220]. Die tätige Reue muss freiwillig erfolgen.[1221] Hinsichtlich der Rechtsfolgen der tätigen Reue ergibt sich kein einheitliches Bild.[1222]

2. Anknüpfungspunkte aus anderen Vorschriften und Rechtsgebieten

Hilft das Strafgesetzbuch bei der Beantwortung der Frage nicht weiter, so ist ein Ausflug in andere Vorschriften bzw. Rechtsgebiete zu unternehmen. Bei der Durchsicht gelangt man so zu § 371 Abgabenordnung[1223].

a) Die Vorschrift des § 371 AO

§ 371 I AO (Selbstanzeige bei Steuerhinterziehung) hat folgenden Inhalt: Wer in den Fällen des § 370 unrichtige oder unvollständige Angaben bei der Finanz-

---

[1217] *Blöcker*, tätige Reue, S. 84.

[1218] *Blöcker*, tätige Reue, S. 82.

[1219] *Blöcker*, tätige Reue, S. 83.

[1220] *Blöcker*, tätige Reue, S. 83.

[1221] Vgl. §§ 83a, 87 III, 98 II, 129 VI, 142 IV, 261 IX, 264 V, 265b II, 298 III, 306e, 314a, 320, 330b StGB. Hiermit habe der Gesetzgeber eindeutig klargestellt, dass die Privilegierung des Reuigen von einem freiwilligen Verhalten des Täters abhängt (*Blöcker*, tätige Reue, S. 82).

[1222] Nach Schönke/Schröder-*Eser*, § 24 Rn. 17, „weist die Gesamtheit aller Rücktrittsvorschriften nach wie vor ein so buntscheckiges Bild auf, dass von Rechtsgleichheit und Gerechtigkeit nicht gesprochen werden kann." Aus Sicht von *Blöcker*, tätige Reue, S. 183, ist de lege ferenda die obligatorische Strafbefreiung als Rechtsfolge für eine tätige Reue einzuführen.

[1223] Für eine Übertragung der Vorschrift des § 371 AO auf das allgemeine Strafrecht (oder zumindest das Wirtschaftsstrafrecht) hat sich beispielsweise *Hunsmann*, Selbstanzeigeprivileg, S. 204, ausgesprochen. Zur Frage, ob § 371 AO eine Ausnahmeregelung darstellt: *Breyer*, Selbstanzeige, S. 23 ff. Nach *Fabel*, Geldwäsche und tätige Reue, S. 80, ist die Vorschrift des § 261 IX StGB in ihrer Systematik an die Vorschrift des § 371 AO angelehnt worden.

behörde berichtigt oder ergänzt oder unterlassene Angaben nachholt, wird insoweit straffrei. Die Straffreiheit erfordert gemäß § 371 III AO in den Fällen, in denen Steuerverkürzungen bereits eingetreten sind oder Steuervorteile erlangt wurden, die fristgerechte Nachentrichtung der hinterzogenen Steuern.[1224] Die Straffreiheit ist nach § 371 II AO ausgeschlossen, wenn vor der Berichtigung, Ergänzung oder Nachholung ein Amtsträger der Finanzbehörde zur steuerlichen Prüfung oder zur Ermittlung einer Steuerstraftat oder einer Steuerordnungswidrigkeit erschienen ist oder dem Täter oder seinem Vertreter die Einleitung des Straf- oder Bußgeldverfahrens wegen der Tat bekannt gegeben worden ist oder die Tat im Zeitpunkt der Berichtigung, Ergänzung oder Nachholung ganz oder zum Teil bereits entdeckt war und der Täter dies wusste oder bei verständiger Würdigung der Sachlage damit rechnen musste.

b) Einwände gegen § 371 AO

Allerdings wird behauptet, dass § 371 AO ungeeignet sei, den Täter zur einer Selbstanzeige zu motivieren, vielmehr könne die Möglichkeit der Selbstanzeige gerade einen Anreiz zur Steuerhinterziehung darstellen.[1225] Zudem sieht sich die Norm des § 371 AO verfassungsrechtlichen Bedenken ausgesetzt, einerseits stelle sie eine Benachteiligung von finanziell schwachen Tätern dar, die deswegen keine Straffreiheit erlangen können, andererseits sei sie eine Ungleichbehandlung im Vergleich zu Tätern rechtsähnlicher Taten (z.B. §§ 263, 264 StGB).[1226] Die Forderung, § 371 AO zu streichen, wird immer mal wieder erhoben.[1227]

c) Eignung des § 371 AO und Transformation

Brauns spricht sich gegen eine Übertragung des § 371 AO in das allgemeine Strafrecht aus. § 371 AO sei nicht geeignet, da die in mehrfacher Hinsicht strikte und rigorose Vorschrift des § 371 AO mit den Zielen und Wertungsgesichts-

---

[1224] Franzen/Gast/Joecks-*Joecks* § 371 Rn. 96. Im Fall der Hinterziehung von Steuern ist die fristgerechte Nachzahlung somit Wirksamkeitsvoraussetzung. Vom Täter wird daher mehr gefordert, als er zuvor hätte tun müssen.

[1225] Vgl. die Nachweise bei *Brauns*, Wiedergutmachung, S. 141.

[1226] AG Saarbrücken, Vorlagebeschluss vom 02.12.1982, 35-55/82, NStZ 1983, 176 (176). Vgl. *Hoffmann*, Selbstanzeige, S. 23 ff. m.w.N.

[1227] Vgl. *Frees*, steuerrechtliche Selbstanzeige, S. 107 m.w.N.; in jüngster Zeit (aufgrund der Vorfälle mit dem Ankauf von Steuerhinterzieherdaten) vgl. die Nachweise bei *Wegner*, PStR 2010, 145 (145 ff.). Zu Rechtfertigung und Zweck der Regelung Franzen/Gast/Joecks-*Joecks* § 371 Rn. 18 ff.

punkten im Strafrecht nicht in Einklang gebracht werden kann. Zum einen könne ein Täter auch Straffreiheit erlangen, obwohl die Tat seitens der Steuerbehörde entdeckt ist, sofern der Täter mit dieser Entdeckung nicht rechnen musste (§ 371 II Nr. 2 AO). Zum anderen spiele es für die Straffreiheit keine Rolle, welche Motivationslage beim Täter bestand; so könne selbst derjenige Straffreiheit erlangen, der nur mit Rücksicht auf die angekündigte Außenprüfung und in der sicheren Voraussicht der Entdeckung der Steuerhinterziehung die Selbstanzeige erstattet.[1228] Gerade dies verdeutliche die Unvereinbarkeit des § 371 AO mit den allgemeinen Wertungsgesichtspunkten im Strafrecht, da eine solche Verhaltensweise nach den Maßstäben der Regelungen über den Rücktritt nicht freiwillig erfolgt wäre. Die Erstattung der Strafanzeige habe weder unter general- noch spezialpräventiven Gesichtspunkten eine eindeutig günstige Bedeutung. Eine solch starre Regelung – obligatorische Straffreiheit – könne im Steuerstrafrecht wegen der situationsbedingten Besonderheiten dieses Rechtsgebietes eine Berechtigung haben, um die Aufdeckung und „Wiedergutmachung“ von Steuerstraftaten zu ermöglichen. Im allgemeinen Strafrecht biete sie jedoch nicht die notwendige Differenzierungsmöglichkeit, um das Nachtatverhalten und die daran zu knüpfenden Rechtsfolgen erfassen zu können.[1229]

Eine Übertragung der Vorschrift des § 371 AO auf das allgemeine Strafrecht, also die Schaffung einer Möglichkeit zur Straffreiheit bei allen Delikten kommt tatsächlich nicht in Betracht. § 371 AO ist auf die spezielle Situation im Steuerstrafrecht ausgerichtet. „Den Regelungsgehalt der Vorschrift in das allgemeine Strafrecht zu übertragen, ihm einen breiten Anwendungsbereich zu verschaffen und damit aus einer auf ein Spezialgebiet zugeschnittenen Ausnahmeregelung ein Allgemeingültigkeit beanspruchendes Prinzip zu machen […]“[1230] ist daher zum Scheitern verurteilt. Allerdings bietet sich dennoch die Übertragung des

---

[1228] Eine strafbefreiende Wirkung der Selbstanzeige ist nämlich nur ausgeschlossen, wenn die Tat (objektiv) entdeckt ist. Dies liegt in der Regel bei einer Ankündigung der Außenprüfung (§§ 193 ff. AO) nicht vor, da diese nur ein spezielles Instrument zur Erfüllung der allgemeinen Ermittlungspflicht der Finanzbehörde darstellt und die umfassende Kontrolle sicherstellen soll, dass Einblick in die meist umfangreichen Bücher und betrieblichen Aufzeichnungen genommen wird (BT-Drucksache VI/1982, S. 161).

[1229] *Brauns*, Wiedergutmachung S. 152 f.

[1230] *Brauns*, Wiedergutmachung S. 152.

Regelungsgehaltes auf die Situation der Unfallflucht an, da es sich bei dieser Regelungsmaterie ebenfalls um eine Sondersituation im Strafrecht[1231] handelt.

Zudem lässt sich über eine an § 371 AO angelehnte Vorschrift eine Verbesserung im Hinblick auf die Beweissicherungsmöglichkeiten erreichen, die § 142 StGB selbst nicht beinhaltet. § 142 StGB schützt nämlich nicht das beweisrechtliche Optimum, sondern soll lediglich gewährleisten, dass Schadensersatzansprüche der Unfallbeteiligten mit hinreichend sicherer Aussicht auf Erfolg durchgesetzt werden können.[1232] Eine Vorschrift über die Straffreiheit aufgrund nachträglichen Verhaltens muss nicht unbedingt nur dies gewährleisten, sondern kann vom Täter mehr verlangen, sofern Aspekte des nemo tenetur-Grundsatzes keine Rolle spielen.[1233]

Die Argumente, die gegen § 371 AO vorgebracht werden, könnten auch gegen die Transformation in § 142 StGB sprechen. Hierbei können jedoch alle Argumente, die sich entweder allein auf die steuerrechtlichen (Folge-) Probleme oder auf nicht zu übertragende Teile beziehen, außen vor bleiben. So spielt der Vorwurf der Ungleichbehandlung hinsichtlich der Leistungsfähigkeit für die Übertragung auf § 142 StGB keine Rolle, allerdings ist bei der Übertragung darauf zu achten, dass die Straffreiheit nicht von der Erfüllung der Schadensersatzansprüche abhängt, da ansonsten die Straffreiheit doch von den finanziellen Mitteln abhängig sein kann. Eine Ungleichbehandlung gegenüber anderen Straftaten lässt sich im Rahmen des § 142 StGB nicht feststellen, da sich schon die Ausgangslage einer Unfallflucht erheblich von der eines Betruges bzw. eines Subventionsbetruges unterscheidet, da § 142 StGB ausschließlich das zivilrechtliche Beweissicherungsinteresse schützt. Der Vorwurf hinsichtlich der fehlenden Tauglichkeit zu nachträglichen Meldungen bzw. der Erhöhung der Motivation zur Tatbegehung wurde nicht nur im Rahmen des § 371 AO, sondern auch schon im Rahmen des § 142 StGB erhoben und stellt demnach kein spezifisches Problem der Selbstanzeige nach § 371 AO, sondern ein allgemeines Problem der Vorschriften über tätige Reue[1234] (auch im weiteren Sinn) dar. Der Einwand,

---

[1231] An keiner anderen Stelle wird das zivilrechtliche Beweissicherungsinteresse geschützt.

[1232] *Geppert*, BA 1991, 31 (39).

[1233] Vgl. mm) Eigener Standpunkt, S. 210.

[1234] Vgl. a) Generelle Argumente gegen die tätige Reue, S. 249.

weil andere Vorschriften über den Rücktritt bzw. die tätige Reue das Erfordernis der Freiwilligkeit enthielten, müsse auch bei § 371 AO das Merkmal der Freiwilligkeit eingefügt werden, überzeugt für § 371 AO schon nicht vollständig und führt auch bei einer Übertragung des § 371 AO auf § 142 StGB nicht zu einer Aufnahme eines Freiwilligkeitserfordernisses (sondern nur zu einem Ausschluss der Straffreiheit). Das fiskalische Interesse wird bei § 371 AO dadurch befriedigt, dass der Täter die hinterzogenen bzw. leichtfertig verkürzten Steuern nachzahlt. Das fiskalische Interesse ist aber von der Motivation des Täters völlig unabhängig. Gleiches gilt für den Fall, dass der Geschädigte den Schaden ersetzt bekommen hat bzw. die Chance dazu erhöht wurde, da auch hierfür die Motivation hinsichtlich der nachträglichen Meldung keine Rolle spielt. Fraglich ist allein, ob das strafrechtliche Interesse bestehen bleibt, wenn der Täter nicht freiwillig handelt. Richtet man seinen Blick auf das Rechtsgut des § 142 StGB ist festzustellen, dass das Strafbedürfnis im Fall der Wiedergutmachung wegen der nunmehr ausgeglichenen früheren Beeinträchtigung entfallen ist. Das alleinige Abstellen auf das Erfordernis der Freiwilligkeit (zudem unter Berücksichtigung der Motivationslage) berücksichtigt diesen Aspekt jedoch nicht.

III. Formulierungsvorschlag zur Neufassung

§ 142 IV StGB n.F. sollte daher folgende Formulierung erhalten:

[1]Nach den Absätzen 1 bzw. 2 wird nicht bestraft, wer bei einem Unfall mit ausschließlich Sachschaden innerhalb von 48 Stunden nach dem Unfall gegenüber den Geschädigten bzw. den Haltern von beschädigten Fahrzeugen und den anderen Unfallbeteiligten oder einer inländischen Polizeidienststelle die notwendigen Angaben abgibt, um Schadensersatzansprüche geltend machen oder unberechtigte Ansprüche abwehren zu können. [2]Notwendige Angaben sind Name und Anschrift, der Aufenthaltsort, bei einem Unfall im Zusammenhang mit dem Führen eines Kraftfahrzeugs auch Name und Anschrift des Fahrers und des Halters, Versichertennummer, Anschrift des Versicherers, Unfallort und Unfallzeitpunkt sowie eine Beschreibung des Unfallhergangs. [3]Die Straffreiheit tritt nicht ein, wenn die Belehrung als Beschuldigter der Tat erfolgt ist, bevor mit der Abgabe der Angaben begonnen wurde.

Zweiter Abschnitt: Erläuterung und Überprüfung

In diesem Abschnitt wird die Vorschrift erläutert und dahingehend überprüft, ob sie die gesteckten Ziele erreichen kann.

A. Erläuterung

Die Merkmale des § 142 IV StGB n.F. sind wie folgt zu verstehen.

I. Täter und Teilnehmer des § 142 StGB

Die neutrale Formulierung „wer" verdeutlicht, dass die Straffreiheit nicht nur der Täter, sondern auch ein Teilnehmer der Tat erlangen kann. Der Teilnehmer kann auch unabhängig vom Täter Straffreiheit erlangen, wenn er die notwendigen Angaben tätigt. Die Straffreiheit tritt für alle Beteiligten ein, wenn die nachträglichen Angaben zwar nur von einem Beteiligten vorgenommen werden, jedoch auch die Angaben zu den anderen Beteiligten enthalten und mit deren Billigung erfolgt sind. Die Abgabe kann auch durch (beauftragte) Dritte erfolgen.

II. Sachschaden

Der Unfall darf nur Sachschaden zur Folge gehabt haben. Ein Sachschaden liegt vor, wenn eine Minderung des Gebrauchswertes einer Sache gegeben ist. Bei der Frage, ob ein Sachschaden eingetreten ist, muss – ebenso wie bei der Auslegung des Merkmals „Unfall" – das von § 142 StGB geschützte Rechtsgut berücksichtigt werden. Unbeachtlich sind daher alle Schäden, die an tätereigenen oder dem Täter überlassenen Sachen eingetreten sind.[1235] Das Merkmal des alleinigen Sachschadens schließt alle Fälle aus, in denen es zu einem Personen-

---

[1235] Zwar besteht auch in dem Fällen der Nutzungsüberlassung ein Interesse des Geschädigten hinsichtlich der Beweissicherung, jedoch liegt bei einem solchen Fall nicht die von § 142 StGB typischerweise erfasste Situation vor. § 142 StGB geht davon aus, dass eine feststellungsbereite Person anwesend ist oder zumindest prinzipiell an den Unfallort kommen wird. Bei der Nutzungsüberlassung ist dies in der Regel nicht der Fall, zudem können sich Schadensersatzansprüche in der Regel schon aus der Nutzungsüberlassung selbst herleiten lassen. Im Einzelnen strittig: Die überwiegende Ansicht bejaht einen Fremdschaden, wenn der Täter ein nicht ihm gehörendes Fahrzeug führt; Ausnahmen werden im Rahmen der Sicherungsübereignung und des Eigentumsvorbehaltes gemacht (Münchener Kommentar StGB-*Zopfs*, § 142 Rn. 29 m.w.N.). Beim Führen eines geleasten Fahrzeuges sei ein Fremdschaden abzulehnen, wenn der Leasingnehmer dem Leasinggeber in vollem Umfang einstandspflichtig ist (OLG Hamm, Urteil vom 06.12.1991, 20 U 228/91, NJW-RR 1992, 925 (926); Hentschel-*König*, Straßenverkehrsrecht, § 142 Rn. 23 m.w.N.).

schaden (unberücksichtigt bleiben Verletzungen des Täters) gekommen ist. Das Fehlen von Personenschäden muss objektiv gegeben sein. Falsche Vorstellungen des Täters gehen zu seinen Lasten.

III. 48 Stunden nach dem Unfall

Die Frist beginnt mit dem Unfallereignis. Sollte die Frist vor dem Unverzüglichkeitszeitpunkt des § 142 II StGB ablaufen, verlängert sich die 48-Stundenfrist nicht. § 142 IV StGB beinhaltet eine Ausschlussfrist und schafft keine Sonderregelung zu § 142 II StGB.

IV. Notwendige Angaben

Die notwendigen Angaben sollen den Geschädigten in die Lage versetzen, seine Schadensersatzansprüche gegen die jeweiligen Anspruchsgegner (Verursacher (§ 823 BGB), Fahrer (§ 18 StVG), Halter (§ 7 StVG) und Versicherer (§ 115 VVG)) geltend zu machen bzw. unberechtigte Ansprüche abwehren zu können. Die Angaben können gegenüber den Geschädigten bzw. den Haltern der beschädigten Fahrzeuge und den anderen Unfallbeteiligten oder einer inländischen Polizeidienststelle gemacht werden. Die Unterscheidung zwischen Geschädigten und Haltern soll gewährleisten, dass bei Auseinanderfallen von zivilrechtlichem Eigentümer und Halter des Fahrzeuges die Straffreiheit nicht an einer fehlenden Mitteilung scheitert. So sind Fälle denkbar, in denen zwar der Halter ermittelt werden konnte, dieser aber nicht mit der Person des Geschädigten identisch ist oder der Fahrer zwar der Geschädigte, nicht aber der Halter ist. In beiden Fällen entfaltet die Mitteilung an eine Seite Wirkung für beide Seiten. Die Mitteilung hat auch an die weiteren Unfallbeteiligten zu ergehen, die nicht schon als Geschädigte oder Halter erfasst sind, die aber auch ein Interesse an der Mitteilung haben. In allen Konstellationen ist es jedenfalls ausreichend, wenn die Mitteilung gegenüber einer inländischen Polizeidienststelle erfolgt.

V. Ausschluss nach Satz 3

Satz 3 enthält neben der zeitlichen Begrenzung durch die 48-Stunden-Frist eine Begrenzung des Anwendungsbereiches der Straffreiheit, für den Fall das der jeweilige Beteiligte schon als Beschuldigter vernommen wurde. Die Umschreibung „bevor mit der Abgabe begonnen wurde“ soll sicherstellen, dass nachdem ein Teil der Angaben gemacht wurde, die Straffreiheit nicht, wegen einer dann erfolgten Belehrung, entfällt.

VI. Rechtsfolge

Als Rechtsfolge sieht § 142 IV StGB n.F. zwingend die Straffreiheit vor, sodass keine Verurteilung mit den Folgen des § 69 StGB (Entziehung der Fahrerlaubnis), des § 28 III Nr. 1 StVG (Eintragungen im Verkehrszentralregister) erfolgen kann.[1236]

B. Überprüfung hinsichtlich der zu erreichenden Ziele

Abschließend wird die Vorschrift einer Überprüfung hinsichtlich ihrer Geeignetheit zur Erreichung der Ziele[1237] unterzogen.

I. Sachschaden

Die Begrenzung auf Sachschäden verengt den Anwendungsbereich der neuen Vorschrift. Hiergegen könnte einzuwenden sein, dass auch im Fall eines Personenschadens ein Bedürfnis für eine nachträgliche Meldung besteht. Man könnte sogar der Ansicht sein, dass gerade im Fall von Personenschäden ein viel höheres Interesse an der Meldung und damit an der Chance zur Wiedergutmachung des Schadens besteht. § 142 IV StGB n.F. darf jedoch den schmalen Grat zwischen (nachträglichem) Rechtsgüterschutz einerseits und Aufweichung des Normbefehls des § 142 StGB andererseits nicht verlassen. Führt man sich die Situation eines Unfalls mit Personenschaden vor Augen, so muss unter allen Umständen verhindert werden, dass ein an der Gesundheit Geschädigter an der Unfallstelle der Hilfe bedarf und sich der Täter entfernt, weil er ja auch später noch Straffreiheit erlangen kann. Daher muss die Straffreiheit davon abhängen, dass objektiv kein Personenschaden eingetreten ist. Derjenige, der nicht sicher Personenschäden ausschließen kann, muss sich diesbezüglich vergewissern.

Zudem ereignen sich Unfälle mit Personenschäden seltener als Unfälle mit Sachschäden[1238], außerdem ist die Fluchtquote bei Unfällen mit Personenschä-

---

1236 Die auch nach Wegfall der Strafbarkeit aus § 142 StGB bestehenden Ordnungswidrigkeiten im Zusammenhang mit dem Unfall sollten gemäß § 47 I S. 1 OWiG nicht verfolgt werden (vgl. (4) Begehung einer Ordnungswidrigkeit, S. 219).

1237 Vgl. I. Ziele, S. 278 ff.

den deutlich geringer und die Aufklärungsquote höher. Die Differenzierung dient der Unterstützung des Normbefehls, da erstens einem Entfernen vom Unfallort bei Personenschäden keine Möglichkeit der Nachmeldung eingeräumt wird, d.h. der Unfallbeteiligte zum Anhalten und Vergewissern angehalten wird und zweitens bei Tatbestandsverwirklichungen nach Unfällen mit Sachschäden nicht der Raum für folgende Überlegung gegeben wird: „Wenn auch derjenige sich melden kann, der einen Personenschaden verwirklicht hat, dann kann man sich bei Sachschäden auf jeden Fall erstmal entfernen."

Die Vorschrift enthält keine Begrenzung hinsichtlich der Schadenshöhe, insofern könnte der Vorschrift ein Widerspruch zu § 69 StGB vorgeworfen werden. Im Rahmen des § 69 StGB kann die Berücksichtigung des Nachtatverhalten zu einer fehlenden Ungeeignetheit führen[1239], insofern wirkt sich der Ausschluss der Strafe nur dergestalt aus, dass die Ungeeignetheit nicht im Zusammenspiel mit dem Nachtatverhalten beurteilt werden muss. Ein Widerspruch ist daher nicht gegeben.

Unerheblich ist, wie und wo der Sachschaden entstanden ist. Insofern könnte die Vorschrift als zu weitgehend angesehen werden. Gerade aus versicherungsrechtlicher Sicht ist es bedenklich, ob die Vorschrift nicht eine Begrenzung auf Unfälle, die nicht im Zusammenhang mit Bewegungsvorgängen des fließenden Verkehrs stehen, oder mit sog. eindeutiger Haftungslage enthalten sollte.

Zwar beinhaltet die Vorschrift auch Sachschadensfälle, die versicherungsrechtlich zu Nachteilen (Stichwort (anteilige) Leistungsfreiheit[1240]) führen können, allerdings sollte daraus nicht der Schluss gezogen werden, diese Fälle seien aus dem Anwendungsbereich der Vorschrift herauszunehmen. Hat sich der Täter nach einem Unfall im Begegnungsverkehr oder im fließenden Verkehr oder einer ähnlich umschriebenen Situation unerlaubt vom Unfallort entfernt, ist aber danach bereit, die notwendigen Angaben mitzuteilen, so sollte ihm der Weg zur Straffreiheit nicht genommen werden, weil ein Verhalten vorliegt, das eine versicherungsrechtliche Obliegenheitsverletzung begründet. Gerade diese Fälle, in

---

[1238] Vgl. Anhang II. Statistik 2. Unfälle, Bestand an Kfz und jährliche Gesamtfahrleistung.
[1239] Vgl. 2. § 69 II Nr. 3 StGB und § 142 IV StGB, S. 102.
[1240] Vgl. II. (Anteilige) Leistungsfreiheit, S. 134 ff.

denen trotz Nachteilen die Meldung nachträglich erfolgt, „verdienen" die Rechtsfolge der Straffreiheit. § 142 IV n.F. hat zwar eine Lösung im Blick, die alle Aspekte berücksichtigt, dies schließt aber die Gewährung von Straffreiheit nicht für Fälle aus, bei denen nicht jeder Aspekt im gleichen Maße berücksichtigt werden kann. Zwar wird die Motivation zur nachträglichen Meldung bei Inkaufnahme anderer Nachteile geringer sein, dennoch ist auch in solchen Fällen den Tätern die Möglichkeit zur Straffreiheit und den Geschädigten die Möglichkeit der Schadenswiedergutmachung nicht zu verwehren. Genauso wenig wie das Versicherungsrecht die Strafbarkeit nach § 142 StGB beeinflusst, sollte das Versicherungsrecht auch keine Beschränkung hinsichtlich der Möglichkeit der Straffreiheit bewirken. Zwar sind bei der Auslegung des § 142 StGB alle Aspekte zu berücksichtigen, die fehlende versicherungsrechtliche Folgenlosigkeit hat aber keine Bedeutung für die Frage nach dem Anwendungsbereich des § 142 IV n.F. Eine Begrenzung auf Fälle eindeutiger Haftungslage enthält die Vorschrift ebenfalls nicht. Wie oben schon gezeigt[1241] beschreibt die eindeutige Haftungslage keine klar definierte Menge, zudem finden sich Fälle eindeutiger Haftungslage sowohl bei Vorgängen des ruhenden als auch des fließenden Verkehrs, wodurch die Rechtsfolge der Straffreiheit für die Rechtsanwender als schwer nachvollziehbare Zuordnung erscheinen kann. Letztlich ist das Vorliegen einer eindeutigen Haftungslage auch nicht in jedem Fall leicht zu bestimmen. Auch der Versuch, bei Bestimmung der eindeutigen Haftungslage die Regeln über den Anscheinsbeweis[1242] zu berücksichtigen, führt nicht zu einer besseren Anwendbarkeit der Vorschrift. Insofern müsste dann die Frage geklärt werden, ob § 142 IV StGB n.F. anwendbar ist, wenn sich die Bewertung des Geschehens in Lauf des (Zivil-) Prozesses ändert. Weitere Probleme ergeben sich auch, wenn der Täter den Unfall wahrheitswidrig als „eindeutig" darstellt, um den Anwendungsbereich der Vorschrift zu eröffnen (z.B. Schädigung der Versicherung, da

1241 Vgl. (b) Ergebnis zur zivilrechtlichen Haftung, S. 30 ff.

1242 Beim Anscheinsbeweis handelt es sich nicht um ein besonderes Beweismittel, sondern es geht (im Rahmen der freien Beweiswürdigung) um die Berücksichtigung der allgemeinen Lebenserfahrung durch den Richter. Voraussetzung seiner Anwendung ist ein sog. typischer Geschehensablauf, also ein sich aus der Lebenserfahrung bestätigender gleichförmiger Vorgang, durch dessen Typizität es sich erübrigt, die tatsächlichen Einzelumstände eines bestimmten historischen Geschehens nachzuweisen (Münchener Kommentar ZPO-*Prütting*, § 286 ZPO Rn. 48).

diese die volle Haftung übernimmt). Aus diesen Gründen ist auf eine Beschränkung innerhalb der Sachschadensfälle zu verzichten.

Außerdem beinhalten weitere Einschränkungen des Anwendungsbereichs auch die Schwierigkeit, den verbleibenden Anwendungsbereich exakt zu beschreiben und den Ausschluss anderer Fallgestaltungen plausibel zu erklären. Die Auslegung des Merkmals „außerhalb des fließenden Verkehrs" hat gezeigt[1243], dass die Zuordnung einzelner Verkehrsvorgänge nicht (immer) einfach ist und die Ergebnisse nicht (in jedem Fall) mit dem Zweck der tätigen Reue zu vereinbaren sind, da andere vergleichbare Unfälle[1244] nicht erfasst werden.

II. 48 Stunden nach dem Unfall

Die Anknüpfung an den Unfall lassen praktische Schwierigkeiten hinsichtlich der Bestimmung des Fristbeginns befürchten.

Diese Schwierigkeiten der Bestimmung des Zeitpunktes und damit letztlich hinsichtlich des Nachweises, dass die Frist abgelaufen ist, begünstigen zwar den Täter, der durch falsche Angaben die Frist „hinausschiebt", dennoch ist diese Unsicherheit hinzunehmen, da andere Anknüpfungspunkte sich im Zweifel auch nicht bestimmen lassen (z.B. Vornahme der Tathandlung) oder nicht vorhanden sind bzw. ihrerseits am Zeitpunkt des Unfall (wie die Wartefrist des § 142 I Nr. 2 StGB) anknüpfen. Eine Differenzierung zwischen § 142 I und § 142 II StGB erscheint nicht notwendig.

Die 48-Stundenfrist[1245] sieht sich Einwänden aus beiden Richtungen ausgesetzt. Zum einen lässt sich anführen, dass die Frist zu lang ist. Der Täter könne in Ruhe abwarten, ob hinsichtlich seiner Person Ermittlungen aufgenommen werden. Berücksichtigt man allerdings die Intention einer Vorschrift über die Straffreiheit wegen nachträglicher Meldung, nämlich die Besserstellung der durch den Unfall Geschädigten, darf die Frist nicht zu kurz bemessen sein. Man stelle sich vor, der Unfall ereignet sich früh morgens auf dem Weg zur Arbeit; bis sich der Täter um einen Termin bei einem Anwalt kümmern kann, vergehen

---

[1243] Vgl. I. Außerhalb des fließenden Verkehrs, S. 3 ff.

[1244] Vgl. das Beispiel bei 4. Zusammenfassung, S. 34 oder den Fall des OLG Köln, Urteil vom 28.09.1999, Ss 390/99, VRS 98, 122 (124) = NStZ 1999, 299 (299 f.).

[1245] Die 48-Stundenfrist findet sich auch bei *Schulz*, ZRP 2006, 149 (151).

etliche Stunden, weshalb der Täter erst am nächsten Tag Rechtsrat einholen und sodann die notwendigen Schritte einleiten kann. Für diesen – wohl nicht ganz untypischen – Fall wären weniger als 48 Stunden ungeeignet, um eine nachträgliche Meldung zu fördern. Zudem wirkt der Ausschluss der Straffreiheit gemäß § 142 IV S. 2 StGB n.F. dem Bestreben entgegen, die nachträgliche Meldung so lange wie möglich hinauszuzögern.

Zum anderen könnte man einwenden, dass jegliche Frist der Intention zur nachträglichen Meldung entgegen wirkt, da es auch Täter geben könnte, die sich erst nach Ablauf von 48 Stunden zur Meldung entschließen. Dies mag richtig sein, allerdings dürfte sich die Frist (sofern der Täter diese kennt[1246]) auch hinsichtlich der Reflexion über das Geschehen positiv auswirken, da der Täter nicht die Möglichkeit hat, die Meldung „auf die lange Bank zu schieben". Insofern wirkt die Frist der Neigung des Menschen (oder zumindest einiger Menschen) entgegen, wichtige Dinge auf später zu verschieben.

Die zeitliche Begrenzung steht zwar im Widerspruch zur Fortdauer des Interesses der Geschädigten auch nach Ablauf der 48 Stunden, allerdings wirkt sie dem Hinausschieben der nachträglichen Meldung entgegen. Zwar muss es nicht unbedingt so sein, dass das Interesse des Täters nach Ablauf der Frist nicht mehr besteht, allerdings soll der Täter zu einer Auseinandersetzung mit der Frage der nachträglichen Meldung noch unter dem Eindruck des Unfallgeschehens bewegt werden. Auf der anderen Seite sollte die Frist nicht zu kurz bemessen werden, sodass Meldungen unterbleiben, weil – wie dargelegt – innerhalb der Frist kein Rat von Dritten Seite bzw. keine anwaltliche Hilfe eingeholt werden konnte.[1247]

III. Notwendige Angaben

Der Vorschrift lässt sich nicht entgegenhalten, dass die notwendigen Angaben eine übermäßige Belastung des Täters darstellen. Die erforderlichen Angaben

---

[1246] Die Kenntnis der Norm ist allerdings zwingende Voraussetzung für ein Gelingen des § 142 IV StGB n.F. Wünschenswert wäre selbstverständlich, dass die von § 142 I und II StGB geforderten Verhaltensweisen einen höheren Bekanntheitsgrad erlangen.

[1247] Auch bei der Gewährung einer 48 Stundenfrist sollte sich in der Praxis nicht das Problem stellen, dass der Täter vor seiner nachträglichen Meldung aufgrund einer Beschlagnahme der Schadensmeldung (sofern diese erfolgt ist) bei seinem Versicherer ermittelt werden kann (vgl. A. §§ 94 ff. StPO, S. 119 ff.).

stellen die Kehrseite des Vorteils der Straffreiheit dar. Zudem können demjenigen, der selbst die Freiheit des Straßenverkehrs in Anspruch nimmt und seine Sicherheit gewährleistet wissen will, auch Pflichten auferlegt werden, die gerade der Gewährleistung dieser Freiheit und Sicherheit für alle zu dienen bestimmt und geeignet sind.[1248] Gleiches gilt auch für den Ausgleich der entstandenen Schadensersatzansprüche zwecks Erlangung der Straffreiheit. Einer Angabe hinsichtlich des Vorliegens einer Alkoholsierung bedarf es nicht. Sollten Anhaltspunkte für eine solche vorliegen und für den zivilrechtlichen Anspruch relevant sein, kann diese Problematik über die Regeln der Beweisvereitelung gelöst werden.[1249]

§ 142 IV StGB n.F. nötigt die Strafgerichte auch nicht zur Erörterung recht komplexer zivilrechtlicher Fragen[1250], weshalb sich die aus der Vorschrift resultierenden Schwierigkeiten für die Praxis als handhabbar darstellen.

IV. Ausschluss nach Satz 3

Die Ausschlussklausel des Satzes 3 dürfte sich folgenden Kritikpunkten ausgesetzt sehen:

Aus Sicht von *Brauns* besteht keine Veranlassung bei einer Vorschrift über die Wiedergutmachung einer Tat auf das Erfordernis der Freiwilligkeit zu verzichten; das Merkmal habe seinen festen Platz im Gesetz und sei in langer Rechtsentwicklung inhaltlich hinreichend konturiert worden.[1251]

§ 142 IV StGB n.F. verzichtet nicht vollständig auf eine Einschränkung bezüglich der Motivationslage des Beteiligten, diese wurde nur auf den Hauptfall der fehlenden Freiwilligkeit[1252] reduziert und als Ausschluss – ähnlich wie die

---

[1248] BVerfG, Beschluss vom 07.12.1981, 2 BvR 1172/81, NJW 1982, 568 (568), zur Frage einer Fahrtenbuchauflage.

[1249] Vgl. X. Zivilrechtliche Beweislastumkehr, S. 264.

[1250] *Müller-Metz*, NZV 1994, 89 (93), hat diese Schwierigkeiten dem Erfordernis der Verhinderung von Beeinträchtigungen der Schadensersatzansprüche entgegen gehalten.

[1251] *Brauns*, Wiedergutmachung, S. 218.

[1252] Vgl. a) Auslegung de lege lata, S. 78.

Regelung bei § 371 AO[1253] – und nicht im Sinn einer zusätzlichen Anforderung beschrieben.

Dem Ausschluss könnte auch entgegen gehalten werden, dass Täter begünstigt werden, die von der bevorstehenden Vernehmung wissen und ihr Verhalten entsprechend ausrichten.

Dieser Einwand mag zwar im Einzelfall richtig sein, jedoch berücksichtigt er nur die Situation des Täters, aber nicht die Interessen des Geschädigten. Für die Befriedigung des Ersatzanspruchs des Geschädigten ist es unerheblich, aus welchen Gründen der Beteiligte sich meldet, wichtig ist nur, dass er die notwendigen Angaben erhält.

VI. Rechtsfolge

Wurden alle notwendigen Angaben seitens des Beteiligten gemacht, besteht kein Grund für eine gestufte, flexible Rechtsfolge. Erwägungen, die zu einer Einschränkung der Straffreiheit (beispielsweise Alkoholisierung, Wiederholungstat, etc.) führen könnten, lassen sich in der Regel nicht mit dem Schutzgut des § 142 StGB vereinbaren und sind daher außer Betracht zu lassen. Zudem liefert nur die vollständige Straffreiheit mit den Folgewirkungen hinsichtlich der Fahrerlaubnis und des Verkehrszentralregisters einen hohen Anreiz zur nachträglichen Abgabe der notwendigen Angaben.

VII. Tauglichkeit

§ 142 IV StGB n.F. stellt nur dann ein taugliches Mittel dar, wenn der Normbefehl des § 142 StGB nicht aufgeweicht wird, den Anreiz zur nachträglichen Meldung erhöht und vor allem die Interessen der Unfallgeschädigten berücksichtigt und verbessert.

[1253] Vgl. zur Freiwilligkeit bei § 371 AO Franzen/Gast/Joecks-*Joecks*, § 371 Rn. 15 ff. *Mitsch*, FS Geppert, S. 344, will aufgrund eines Vergleiches von § 142 IV StGB und § 371 AO auf das Freiwilligkeitserfordernis bei § 142 IV StGB in den Fällen verzichten, in denen der Geschädigte zur Anspruchsdurchsetzung bzw. –abwehr auf die Aufklärungshilfe angewiesen ist.

1. Keine Aufweichung des Normbefehls

§ 142 IV StGB n.F. hat keine direkte Wirkung auf die Tatbestandsmäßigkeit des § 142 StGB, da die Pflichten unberührt bleiben.

Auch eine mittelbare Wirkung dergestalt, dass mehr Unfallbeteiligte sich zunächst entfernen, weil sie die Möglichkeit zur späteren Meldung haben, dürfte allenfalls nur sehr gering sein. Wird die Tatbestandserfüllung bemerkt, kann und wird die Polizei die Ermittlungen hinsichtlich des Täters aufnehmen, da ein Abwarten von 48 Stunden die Aufklärungswahrscheinlichkeit erheblich herabsetzen wird. Infolgedessen besteht aber für den Täter die Befürchtung, ermittelt und vernommen zu werden, bevor er die notwendigen Angaben machen konnte. Gerade diese Befürchtung wirkt aber der Aufweichung des Normbefehls entgegen.

Eine Aufweichung des Normbefehls ist daher nicht gegeben.

2. Hohe Anreizwirkung

Die Motive für eine Unfallflucht sind vielgestaltig, so dass es unmöglich ist, von einem bestimmten Typ des Unfallflüchtigen zu sprechen. Grob kann man jedoch von zwei Hauptmotiven sprechen, einerseits der Furcht vor Bestrafung und andererseits die Zurückstellung fremder Belange hinter eigenen Interessen.[1254]

§ 142 IV StGB n.F. kann selbstverständlich nicht in allen Fällen der erst genannten Motivation zu einer nachträglichen Meldung führen. Wer den Unfallort unerlaubt verlassen hat, weil er nicht im Besitz einer Fahrerlaubnis ist oder dessen Fahrzeug keinen Versicherungsschutz hat, wird wahrscheinlich von der Möglichkeit des § 142 IV StGB n.F. keinen Gebrauch machen, auch wenn Kollisionen mit dem nemo tenetur-Grundsatz schon bei Auslegung des Tatbestandes zu vermeiden sind[1255]. Allerdings stellt § 142 IV StGB n.F. auch bei vorheriger Begehung einer Straftat (bei der, durch das Verbleiben am Unfallort, die Entde-

---

[1254] *Kaiser*, Verkehrsdelinquenz, S. 281. Daneben dürfte noch der der Fluchtimpuls treten, der in der Regel auch bei denjenigen vorliegt, die aus Furcht vor Strafe fliehen.

[1255] Vgl. mm) Eigener Standpunkt, S. 210.

ckung drohte) eine Möglichkeit dar Straffreiheit zu erlangen, ohne diese andere Tat offenbaren zu müssen.

Innerhalb der zweiten Gruppe der Hauptmotive bietet § 142 StGB n.F. einen hohen Anreiz zur nachträglichen Meldung, da nicht nur die strafrechtlichen Konsequenzen einer Begehung des § 142 StGB, sondern auch die Entziehung der Fahrerlaubnis und Eintragungen im Verkehrszentralregister vermieden werden.

Zudem können auch die versicherungsrechtlichen Folgen vermieden oder zum Teil abgemildert werden.[1256]

§ 142 IV StGB n.F. erhöht somit den Anreiz im Vergleich zur jetzigen Vorschrift in weiten Teilen.

3. Verbesserung des Interesses der Geschädigten

Der wichtigste Baustein der neuen Vorschrift ist die Verbesserung der Interessen der durch den Unfall Geschädigten, da § 142 StGB nur dem Schutz der zivilrechtlichen Interessen dient. Nur wenn die nachträgliche Meldung den Geschädigten in die Lage versetzt, seine Ansprüche durchzusetzen, ist die Gewährung der Straffreiheit angemessen.

Meldet sich der Täter des § 142 StGB innerhalb der Frist und teilt alle notwendigen Angaben mit, erlangt der Geschädigte (direkt oder durch Mitteilung der Polizei) die Informationen zu den jeweiligen Anspruchsgegnern. Insbesondere bei den häufig vorkommenden Parkplatzunfällen, die der Gesetzgeber bei Schaffung des § 142 IV StGB ins Auge gefasst hat, besteht eine deutliche Verbesserung der Interessenlage, da mit der Mitteilung des Unfallhergangs die Ansprüche aus den §§ 7 und 18 StVG ohne größere Schwierigkeiten durchgesetzt werden können.

Wird von der Möglichkeit des § 142 IV StGB n.F. Gebrauch gemacht, tritt eine deutliche Verbesserung der Interessen der Geschädigten ein.

[1256] Vgl. VI. Rechtsfolge, S. 299.

4. Versicherungsrechtliche Aspekte

Wie gezeigt[1257] ergeben sich aus einem unerlaubten Sich-Entfernen in der Regel versicherungsrechtliche Nachteile, die sich negativ auf die Motivation zur nachträglichen Meldung auswirken können. Diese dem Willen zur nachträglichen Meldung entgegenwirkende Kraft kann (und soll[1258]) nicht in jedem Fall durch § 142 IV StGB n.F. neutralisiert werden. Hat sich beispielsweise der Unfall im Begegnungsverkehr ereignet, liegt mit dem unerlaubten Sich-Entfernen eine Obliegenheitsverletzung vor, bei der der Kausalitätsgegenbeweis (sofern man ihn zulässt[1259]) in der Regel nicht gelingen wird. Durch das unerlaubte Sich-Entfernen, also durch die Verletzung der Obliegenheit, ist grundsätzlich die Möglichkeit zur Feststellung von Umständen, die für die Schadensregulierung bedeutsam sind, zum Nachteil des Versicherers beeinflusst worden. In Fällen klarer Haftungslage besteht jedoch durch die nachträgliche Meldung die Chance für den Täter des § 142 StGB, dass ihm dadurch auch der Kausalitätsgegenbeweis (§ 28 III VVG) gelingt. Sollte dies nicht der Fall sein, kann die Motivation zur nachträglichen Meldung insofern durch das Versicherungsrecht erhöht werden, wenn man beim Vorliegen des § 142 IV StGB n.F. nicht ohne Weiteres von einem vorsätzlichen Obliegenheitsverstoß[1260] ausgeht. An dieser Stelle zeigt sich wiederum, dass die Lösung des Problems nicht nur durch die strafrechtlichen Bestimmungen erzielt werden kann. Solange die Rechtsprechung einen Kausalitätsgegenbeweis ausschließt[1261] oder die Begehung des Vorsatzdelikts des § 142 StGB zugleich als Begehung einer vorsätzlichen Obliegenheitsverletzung ansieht, wird die positive Anreizwirkung einer Vorschrift über die nachträgliche Meldung in ihrer praktischen Wirksamkeit vermindert, worunter hauptsächlich der von § 142 StGB geschützte Unfallbeteiligte zu leiden hat.

1257 Vgl. II. Versicherungsrechtliche Folgen des § 142 StGB, S. 138.

1258 § 142 IV StGB n.F. soll dem Täter kein Instrument zur Verfügung stellen, um die Versicherer zu benachteiligen.

1259 Vgl. II. Versicherungsrechtliche Folgen des § 142 StGB, S. 138 mit Fn. 574. Dies setzt aber voraus, dass seitens des Unfallbeteiligten keine arglistige Obliegenheitsverletzung vorliegt. In der Regel dürfte bei Vorliegen des § 142 IV StGB n.F. die Obliegenheit aber nicht zum Zweck der Beeinträchtigung der Interessen des Versicherers verletzt worden sein.

1260 Vgl. II. Versicherungsrechtliche Folgen des § 142 StGB, S. 138 mit Fn. 573.

1261 Vgl. Fn. 590.

C. Fazit

Wer glaubt, dass § 142 StGB wenigstens mittelbar dazu geeignet ist, das Problem von alkoholisierten Verkehrsteilnehmern zu lösen, befindet sich in einem Irrglauben, der die Sicht auf die sinnvollen Lösungswege des Problems verschleiert. § 142 StGB verhindert wohl kaum eine Trunkenheitsfahrt, allenfalls wird ein Täter diesbezüglich entdeckt, weil er einen Unfall verursacht hat. Das Ziel sollte aber nicht die Entdeckung von Trunkenheitsfahrten, sondern ihre Verhinderung sein. Reichen dazu allein die Strafnormen der §§ 315c und 316 StGB nicht aus, wird auch § 142 StGB nicht dazu beitragen können. Prävention lautet in diesem Zusammenhang das Schlagwort.

Ausgehend vom Schutzgut des § 142 StGB, nämlich dem Schutz des zivilrechtlichen Beweissicherungsinteresses, hat die Auslegung des Tatbestandes zu erfolgen. Wurde dies bisher in der Vergangenheit nicht immer konsequent berücksichtigt, so muss künftig die Aussage des Bundesverfassungsgerichts, dass „§ 142 StGB bei richtiger Auslegung mit dem Grundgesetz vereinbar ist“[1262] beachtet werden. Der Tatbestand ist im Einzelfall von allen Verpflichtungen, die auf eine Verletzung des nemo tenetur-Grundsatzes hinauslaufen, zu befreien.[1263]

Die derzeitige Fassung des Tatbestandes trägt nicht dazu bei, die Normklarheit herzustellen und die Rechtsanwendung zu erleichtern. Leider hat sich der Gesetzgeber in den Jahren seit 1975 als sehr unbeweglich hinsichtlich einer Veränderung der Norm gezeigt. Erst nach wiederholter Forderung, eine Vorschrift über die tätige Reue aufzunehmen, hat er mit § 142 IV StGB eine solche Norm im Jahr 1998 in das Gesetz aufgenommen. Geht man davon aus, dass die derzeitige Ausgestaltung der Pflichten seitens des Gesetzgebers keine Änderung erfahren wird, bleibt nur, die Novellierung des § 142 IV StGB zu fordern, insbe-

---

[1262] BVerfG, Beschluss vom 29.05.1963, 2 BvR 161/63, BVerfGE 16, 191 (194); BVerfG, Nichtannahmebeschluss vom 16.03.2001, 2 BvR 65/01, Absatz-Nr. 5, http://www.bverfg.de/entscheidungen/rk20010316_2bvr006501.html (Stand: September 2011).

[1263] Vgl. oben mm) Eigener Standpunkt zur Verfassungsmäßigkeit, S. 210 ff.

sondere da dieser die hochgesteckten Erwartungen des Gesetzgebers[1264] nicht erfüllt[1265] und auch nicht erfüllen kann[1266].

Zwar gab es zur Berücksichtigung des Nachtatverhaltens etliche Reformvorschläge, allerdings konnten diese insgesamt oder doch wegen Einzelheiten nicht überzeugen.

Die Berücksichtigung einer nachträglichen Meldung sieht sich aber immer dem Vorwurf ausgesetzt, dass sie den Normbefehl untergräbt. Ziel einer Verbesserung des § 142 IV StGB muss daher sein, einerseits die Wirkung des Normbefehls nicht zu schwächen und andererseits dem Täter, einen echten Anreiz zur nachträglichen Meldung zu bieten. Dieser Anreiz kann nur in der Strafbefreiung gesehen werden, allerdings bedarf es hinsichtlich der Bewertung des Anreizes auch eines Blickes über den Rand des Strafgesetzbuches hinaus, da der Verstoß gegen § 142 StGB nicht nur strafrechtliche Konsequenzen beinhaltet.

Hinsichtlich des Verhaltens, das vom Täter des § 142 IV StGB n.F. gefordert wird, ist zu berücksichtigen, dass dieses Verhalten auch über die Pflichten des § 142 I bzw. II und III StGB hinaus gehen darf, da ein Konflikt mit dem nemo tenetur-Prinzip schon auf Tatbestandsebene auszuräumen ist und später auch nicht wieder aufleben sollte, da dies die Motivation zur nachträglichen Meldung mindert.[1267] Das Schutzgut des § 142 StGB fordert geradezu eine Verpflichtung des Täters zu größerer Informationsbereitstellung, da § 142 StGB in seiner derzeitigen Konzeption nicht das beweisrechtliche Optimum erfordert. Insofern bietet sich eine Anknüpfung an die steuerrechtliche Vorschrift des § 371 AO (strafbefreiende Selbstanzeige) an, da diese vom Täter für die Straflosigkeit mehr fordert, als der Steuerpflichtige hätte zuvor erfüllen müssen. § 142 IV StGB hat – in Anlehnung an § 371 AO – die Verhaltensweise einzufordern, die von einem Schädiger zu erwarten ist, der bereit ist, für den aus seinem Verhalten entstande-

---

[1264] Vgl. BT-Drucksache 13/9064, S. 10.

[1265] Vgl. B. Beurteilung des § 142 IV StGB, S. 145.

[1266] Vgl. 4. Eigener Standpunkt zur tätigen Reue, S. 257.

[1267] Dies kann gewährleistet werden, wenn die Angaben unterhalb der Schwelle zur Selbstbezichtigung wegen einer Ordnungswidrigkeit liegen (*Weigend*, FS Tröndle, S. 768) oder durch Einstellung der Ordnungswidrigkeit (§ 47 OWiG).

nen Schaden einzutreten. Hierzu gehören die Angaben zu den jeweiligen Anspruchsgegnern und eine Schilderung des Unfallhergangs.

Wird dieser Weg zur Straflosigkeit vom Täter begangen, erlangt das zivilrechtliche Interesse des Unfallbeteiligten seine volle Wirksamkeit, dennoch stellt sich dieser Weg nicht als der leichtere Weg im Vergleich zur Normbefolgung des § 142 StGB dar, weshalb eine Schwächung des Normbefehls nicht eintritt.

Die derzeitige Vorschrift der tätigen Reue des § 142 StGB ist ein begrüßenswerter Schritt zur Verbesserung der Norm. Anders als andere Vorschläge (beispielsweise kann ein Beweisverwertungsverbot nur bei vorangegangener Straftat die Motivation zur Erfüllung der Pflichten erhöhen) trägt sie den unterschiedlichen Fluchtmotiven Rechnung und kann in allen Fällen des unerlaubten Sich-Entfernens einen Anreiz zur nachträglichen Meldung bieten. Dies setzt aber voraus, dass die unterschiedlichen Aspekte bei der Formulierung der Vorschrift über die tätige Reue berücksichtigt werden, dass der Anreiz zur nachträglichen Meldung hoch und die Vorschrift gut verständlich ist. Dieses Ziel[1268] ist allerdings noch lange nicht erreicht, es bedarf daher der „tätigen Reue“ des Gesetzgebers.

1268 *Bockelmann*, DAR 1964, 288 (289): „Vielmehr wird es in aller Zukunft dabei bleiben, daß der wichtigste Beitrag zur Verkehrssicherung von den Kraftfahrern selbst geleistet werden muss. Es kommt deshalb darauf an, dafür zu sorgen, daß möglichst viele Kraftfahrer in möglichst jeder Verkehrssituation sich verkehrsrichtig verhalten.“ Hieraus ergibt sich der Auftrag zur Vermeidung von Unfällen, aber auch für die Schaffung von Normklarheit und Rechtssicherheit bei der Ausgestaltung des § 142 StGB.

Anhang

Im Anhang finden sich die im Text erwähnten Vorschriften, sowie Statistiken.

I. Vorschriften

1. § 22 KFG[1269] (1909)

Der Führer eines Kraftfahrzeuges, der nach einem Unfall (§ 7) es unternimmt, sich der Feststellung des Fahrzeuges und seiner Person durch die Flucht zu entziehen, wird mit Geldstrafe bis zu dreihundert Mark oder mit Gefängnis bis zu zwei Monaten bestraft. Er bleibt jedoch straflos, wenn er spätestens am nächstfolgenden Tage nach dem Unfall Anzeige bei einer inländischen Polizeibehörde erstattet und die Feststellung des Fahrzeuges und seiner Person bewirkt.

Verläßt der Führer des Kraftfahrzeugs eine bei dem Unfalle verletzte Person vorsätzlich in hilfloser Lage, so wird er mit Gefängnis bis zu 6 Monaten bestraft. Sind mildernde Umstände vorhanden, so kann auf Geldstrafe bis zu dreihundert Mark erkannt werden.

2. § 22 KFG[1270] (1939)

Der Führer eines Kraftfahrzeuges, der nach einem Unfall (§7) es unternimmt, sich der Feststellung des Fahrzeuges oder seiner Person durch die Flucht zu entziehen, wird mit Geldstrafe bis zu dreihundert Mark oder mit Gefängnis bis zu zwei Jahren oder Haft oder mit Geldstrafe bestraft. Er bleibt jedoch straflos, wenn er spätestens am nächstfolgenden Tage nach dem Unfall Anzeige bei einer inländischen Polizeibehörde erstattet und die Feststellung des Fahrzeuges und seiner Person bewirkt.

Verläßt der Führer des Kraftfahrzeugs eine bei dem Unfalle verletzte Person vorsätzlich in hilfloser Lage, so wird er mit Gefängnis bis zu zwei Jahren oder Haft bestraft.

1269 RGBl. 1909 I, 437-444 (442).

1270 Durch das „Gesetz über die Einführung der Pflichtversicherung für Kraftfahrzeughalter und zur Änderung des Gesetzes über den Verkehr mit Kraftfahrzeugen sowie des Gesetzes über den Versicherungsvertrag" vom 07.11.1939 (RGBl. 1939 I, 2223-2228 (2225) wurde die Fassung des § 22 KFG geändert.

3. § 139a[1271] (1940)

Wer sich nach einem Verkehrsunfall der Feststellung seiner Person, seines Fahrzeugs oder der Art seiner Beteiligung an dem Unfall vorsätzlich durch Flucht entzieht, obwohl nach den Umständen in Frage kommt, daß sein Verhalten zur Verursachung des Unfalls beigetragen hat, wird mit Gefängnis bis zu zwei Jahren oder mit Haft und mit Geldstrafe oder mit einer dieser Strafen bestraft.

Der Versuch ist strafbar.

In besonders schweren Fällen ist die Strafe Gefängnis nicht unter sechs Monaten oder Zuchthaus.

4. § 142 StGB[1272] (1953)

Wer sich nach einem Verkehrsunfall der Feststellung seiner Person, seines Fahrzeugs oder der Art seiner Beteiligung an dem Unfall vorsätzlich durch Flucht entzieht, obwohl nach den Umständen in Frage kommt, daß sein Verhalten zur Verursachung des Unfalls beigetragen hat, wird mit Gefängnis bis zu zwei Jahren oder mit Haft und mit Geldstrafe oder mit einer dieser Strafen bestraft.

Der Versuch ist strafbar.

In besonders schweren Fällen ist die Strafe Gefängnis nicht unter sechs Monaten oder Zuchthaus.

5. § 142 StGB[1273] (E 1962)

Wer sich nach einem Verkehrsunfall der Feststellung seiner Person, seines Fahrzeugs oder der Art seiner Beteiligung an dem Unfall vorsätzlich durch Flucht entzieht, obwohl nach den Umständen in Frage kommt, daß sein Verhalten zur Verursachung des Unfalls beigetragen hat, wird mit Gefängnis bis zu

---

1271 In das Strafgesetzbuch eingeführt durch die „Verordnung zur Änderung der Strafvorschriften über fahrlässige Tötung, Körperverletzung und Flucht bei Verkehrsunfällen" vom 02.04.1940 (RGBl. 1940 I, 606-607 (606).

1272 Durch das Dritte Strafrechtsänderungsgesetz vom 04.08.1953 (BGBl. I 1953, 735-750 (741) wurde aus § 139a StGB der § 142 StGB.

1273 Entwurf eines Strafgesetzbuches (StGB) E 1962, BT-Drucksache IV/650.

zwei Jahren oder mit Haft und mit Geldstrafe oder mit einer dieser Strafen bestraft.

Der Versuch ist strafbar.

In besonders schweren Fällen ist die Strafe Gefängnis nicht unter sechs Monaten oder Zuchthaus.

(1) Ein Unfallbeteiligter, der sich nach einem Verkehrsunfall vom Unfallort entfernt, bevor er

1. zugunsten der anderen Unfallbeteiligten und der Geschädigten die Feststellung seiner Person, seines Fahrzeuges und der Art seiner Beteiligung durch seine Anwesenheit ermöglicht hat oder

2. eine nach den Umständen angemessene Zeit gewartet hat, ohne daß jemand bereit war, die Feststellungen zu treffen, wird mit Gefängnis bis zu zwei Jahren, mit Strafhaft oder mit Geldstrafe bestraft.

(2) Der Versuch ist strafbar.

(3) Nach Absatz 1 wird auch ein Unfallbeteiligter bestraft, der nicht unverzüglich, nachdem er sich

1. unter den Voraussetzungen des Absatzes 1 Nr. 2 oder

2. berechtigt oder entschuldigt vom Unfallort entfernt hat, die Feststellungen nachträglich ermöglicht.

(4) Hat sich der Täter in den Fällen des Absatzes 1 zur Wahrnehmung eines für ihn wichtigen schutzwürdigen Interesses vom Unfallort entfernt, so kann das Gericht von Strafe absehen, wenn er am Unfallort seine Anschrift und das Kennzeichen seines Fahrzeuges angegeben und unverzüglich die übrigen Feststellungen nachträglich ermöglicht hat.

(5) Der Verpflichtung, die Feststellungen nachträglich zu ermöglichen, genügt der Unfallbeteiligte, wenn er den Berechtigten (Absatz 1 Nr. 1) oder der nächsten Polizeidienststelle mitteilt, daß er an dem Unfall beteiligt gewesen ist, und wenn er seine Anschrift, seinen Aufenthalt sowie das Kennzeichen und den Standort seines Fahrzeuges angibt und dieses zu unverzüglichen Feststellungen für eine ihm zumutbare Zeit zur Verfügung hält. Dies gilt nicht, wenn er durch sein Verhalten die Feststellungen absichtlich vereitelt.

(6) Unfallbeteiligter ist jeder, dessen Verhalten nach den Umständen zur Verursachung des Unfalls beigetragen haben kann.

6. § 142 StGB[1274] (1974)

Wer sich nach einem Verkehrsunfall der Feststellung seiner Person, seines Fahrzeugs oder der Art seiner Beteiligung an dem Unfall durch Flucht entzieht, obwohl nach den Umständen in Frage kommt, daß sein Verhalten zur Verursachung des Unfalls beigetragen hat, wird mit Gefängnis bis zu zwei Jahren oder mit Haft und mit Geldstrafe oder mit einer dieser Strafen bestraft.

Der Versuch ist strafbar.

In besonders schweren Fällen ist die Strafe Gefängnis nicht unter sechs Monaten oder Zuchthaus.

7. § 142 StGB[1275] (1975)

(1) Ein Unfallbeteiligter, der sich nach einem Unfall im Straßenverkehr vom Unfallort entfernt, bevor er

1. zugunsten der anderen Unfallbeteiligten und der Geschädigten die Feststellung seiner Person, seines Fahrzeugs und der Art seiner Beteiligung durch seine Anwesenheit und durch die Angabe, daß er an dem Unfall beteiligt ist, ermöglicht hat oder

2. eine nach den Umständen angemessene Zeit gewartet hat, ohne daß jemand bereit war, die Feststellungen zu treffen,

wird mit Freiheitsstrafe bis zu drei Jahren oder mit Geldstrafe bestraft.

(2) Nach Absatz 1 wird auch ein Unfallbeteiligter bestraft, der sich

1. nach Ablauf der Wartefrist (Absatz 1 Nr. 2) oder

2. berechtigt oder entschuldigt

vom Unfallort entfernt hat und die Feststellungen nicht unverzüglich nachträglich ermöglicht.

[1274] Durch das Einführungsgesetz zum Strafgesetzbuch (EGStGB) vom 02.03.1974 (BGBl. I 1974, 469-650 (483) geänderte Fassung.

[1275] Durch das Dreizehnte Strafrechtsänderungsgesetz vom 13.06.1975 (BGBl. I 1975, 1349-1350 (1349f.) geänderte Fassung.

(3) [1]Der Verpflichtung, die Feststellungen nachträglich zu ermöglichen, genügt der Unfallbeteiligte, wenn er den Berechtigten (Absatz 1 Nr. 1) oder einer nahe gelegenen Polizeidienststelle mitteilt, daß er an dem Unfall beteiligt gewesen ist, und wenn er seine Anschrift, seinen Aufenthalt sowie das Kennzeichen und den Standort seines Fahrzeugs angibt und dieses zu unverzüglichen Feststellungen für eine ihm zumutbare Zeit zur Verfügung hält. [2]Dies gilt nicht, wenn er durch sein Verhalten die Feststellungen absichtlich vereitelt.

(4) Unfallbeteiligter ist jeder, dessen Verhalten nach den Umständen zur Verursachung des Unfalls beigetragen haben kann.

8. § 142 StGB[1276] (1998)

(1) Ein Unfallbeteiligter, der sich nach einem Unfall im Straßenverkehr vom Unfallort entfernt, bevor er

1. zugunsten der anderen Unfallbeteiligten und der Geschädigten die Feststellung seiner Person, seines Fahrzeugs und der Art seiner Beteiligung durch seine Anwesenheit und durch die Angabe, daß er an dem Unfall beteiligt ist, ermöglicht hat oder

2. eine nach den Umständen angemessene Zeit gewartet hat, ohne daß jemand bereit war, die Feststellungen zu treffen,

wird mit Freiheitsstrafe bis zu drei Jahren oder mit Geldstrafe bestraft.

(2) Nach Absatz 1 wird auch ein Unfallbeteiligter bestraft, der sich

3. nach Ablauf der Wartefrist (Absatz 1 Nr. 2) oder

4. berechtigt oder entschuldigt

vom Unfallort entfernt hat und die Feststellungen nicht unverzüglich nachträglich ermöglicht.

(3) [1]Der Verpflichtung, die Feststellungen nachträglich zu ermöglichen, genügt der Unfallbeteiligte, wenn er den Berechtigten (Absatz 1 Nr. 1) oder einer nahe gelegenen Polizeidienststelle mitteilt, daß er an dem Unfall beteiligt gewesen ist, und wenn er seine Anschrift, seinen Aufenthalt sowie das Kennzeichen

---

[1276] Durch das Sechste Strafrechtsreformgesetz vom 26.01.1998 (BGBl. I 1998, 164-188 (171) wurde die tätige Reue als Absatz IV eingeführt.

und den Standort seines Fahrzeugs angibt und dieses zu unverzüglichen Feststellungen für eine ihm zumutbare Zeit zur Verfügung hält. [2]Dies gilt nicht, wenn er durch sein Verhalten die Feststellungen absichtlich vereitelt.

(4) Das Gericht mildert in den Fällen der Absätze 1 und 2 die Strafe (§ 49 Abs. 1) oder kann von Strafe nach diesen Vorschriften absehen, wenn der Unfallbeteiligte innerhalb von vierundzwanzig Stunden nach einem Unfall außerhalb des fließenden Verkehrs, der ausschließlich nicht bedeutenden Sachschaden zur Folge hat, freiwillig die Feststellungen nachträglich ermöglicht (Absatz 3).

(5) Unfallbeteiligter ist jeder, dessen Verhalten nach den Umständen zur Verursachung des Unfalls beigetragen haben kann.

9. § 371 AO

(1) Wer in den Fällen des § 370 unrichtige oder unvollständige Angaben bei der Finanzbehörde berichtigt oder ergänzt oder unterlassene Angaben nachholt, wird insoweit straffrei.

(2) Straffreiheit tritt nicht ein, wenn

1. vor der Berichtigung, Ergänzung oder Nachholung
   a) ein Amtsträger der Finanzbehörde zur steuerlichen Prüfung oder zur Ermittlung einer Steuerstraftat oder einer Steuerordnungswidrigkeit erschienen ist oder
   b) dem Täter oder seinem Vertreter die Einleitung des Straf- oder Bußgeldverfahrens wegen der Tat bekannt gegeben worden ist oder
2. die Tat im Zeitpunkt der Berichtigung, Ergänzung oder Nachholung ganz oder zum Teil bereits entdeckt war und der Täter dies wusste oder bei verständiger Würdigung der Sachlage damit rechnen musste.

(3) Sind Steuerverkürzungen bereits eingetreten oder Steuervorteile erlangt, so tritt für einen an der Tat Beteiligten Straffreiheit nur ein, soweit er die zu seinen Gunsten hinterzogenen Steuern innerhalb der ihm bestimmten angemessenen Frist entrichtet.

(4) [1]Wird die in § 153 vorgesehene Anzeige rechtzeitig und ordnungsmäßig erstattet, so wird ein Dritter, der die in § 153 bezeichneten Erklärungen ab-

zugeben unterlassen oder unrichtig oder unvollständig abgegeben hat, strafrechtlich nicht verfolgt, es sei denn, dass ihm oder seinem Vertreter vorher die Einleitung eines Straf- oder Bußgeldverfahrens wegen der Tat bekannt gegeben worden ist. [2]Hat der Dritte zum eigenen Vorteil gehandelt, so gilt Absatz 3 entsprechend.

II. Statistik

1. Eintragungen im Verkehrszentralregister (§ 142 IV StGB)

	2005	2006	2007	2008	2009	2010
Januar	23	27	16	21	13	8
Februar	30	27	7	16	17	12
März	31	24	19	13	5	5
April	26	21	10	17	18	10
Mai	25	19	16	6	13	6
Juni	31	15	6	11	20	5
Juli	23	12	8	7	9	9
August	13	18	15	11	9	6
September	13	10	9	11	4	9
Oktober	22	15	10	11	11	9
November	32	27	18	9	4	8
Dezember	29	26	8	9	5	7
Gesamt	298	241	142	142	129	94

Quelle: Mitteilung des Kraftfahrt-Bundesamtes (Sachgebiet 341 – Kraftfahrerstatistik)

2. Unfälle, Bestand an Kfz und jährliche Gesamtfahrleistung

Jahr	Unfälle	Unfälle mit Sachschaden	Unfälle mit Personenschaden	Beteiligte an den Unfällen
1960	990127	640812	349315	
1965	1099346	782985	316361	
1970	1392007	1014397	377610	
1975	1264567	926835	337732	638594
1980	1684604	1305369	379235	725778
1985	1840295	1512550	327745	636001
1990	2010575	1670532	340043	676363
1991	2311466	1926319	385147	751939
1992	2384579	1989117	395462	773819
1993	2345396	1960012	385384	752104
1994	2270818	1878064	392754	769502
1995	2238301	1850298	388003	761792
1996	2269570	1896488	373082	730251
1997	2232379	1851544	380835	747256
1998	2257649	1880392	377257	740237
1999	2413473	2017784	395689	775950
2000	2350227	1967278	382949	750315
2001	2373556	1998211	375345	733761
2002	2289474	1927420	362054	708800
2003	2259567	1905033	354534	688254
2004	2261689	1922379	339310	659646
2005	2253992	1917373	336619	652487
2006	2235318	1907334	327984	634947
2007	2335005	1999160	335845	648796
2008	2293663	1973049	320614	616741
2009	2313453	2002647	310806	595702
2010	2411271	2122974	288297	554491

Jahr	Unfallflüchtige bei Unfällen mit Personenschaden	Unfälle unter Alkoholeinfluss	Bestand Kfz	Fahrleistung in Millionen km
1960			10216787	115,8
1965			13375155	186,6
1970			17837430	251
1975	25973		22942757	301,8
1980	32986		29226359	367,9
1985	28616		32091256	384,3
1990	29927		36702727	488,3
1991	34569		38236491	574,1
1992	35974		44050788	590
1993	35496		47190932	608,5
1994	36215		48235781	613,6
1995	35938	91897	49152894	624,5
1996	34571	87710	50069781	630,9
1997	36445	81891	50686051	636,6
1998	35298	71381	51220571	648
1999	38711	69976	52356281	668,6
2000	35193	68133	53107377	663,3
2001	33357	64386	54082044	682,7
2002	32380	62873	54988453	687,3
2003	32049	59758	55239752	682,2
2004	29707	55991	55744934	696,4
2005	29723	53394	56305273	684,3
2006	29361	51053	56728496	687,3
2007	29777	51153	57441559	692
2008	28812	48226	51313882	690,1
2009	27301	43821	51796316	699
2010	25401	39345	52288623	705

Quelle: Bericht des Statistischen Bundesamtes "Verkehrsunfälle – Zeitreihen 2010"http://www.destatis.de/jetspeed/portal/cms/Sites/destatis/Internet/DE/Content/Publikationen/Fachveroeffentlichungen/Verkehr/Verkehrsunfaelle/VerkehrsunfaelleZeitreihen5462403107005,property=file.xls

3. Übersicht: Prozentuale Veränderungen im Vergleich

Schriften zum Verkehrsstrafrecht

Herausgegebenvon Jan Zopfs

Band 1 Sven Henseler: § 142 IV StGB. Ist eine tätige Reue des Gesetzgebers erforderlich? 2011.

www.peterlang.de

For the avoidance of doubt, input of the whole or any part of this publication into any generative artificial intelligence model, chatbot, program, software or technology is expressly prohibited without the prior written consent of the publisher.